刑法罪名精释与案例百选

职务犯罪

罪名精释与案例百选

陈洪兵　著

ZHIWU FANZUI
ZUIMING JINGSHI YU ANLI BAIXUAN

法律出版社 LAW PRESS · CHINA | 北京

图书在版编目(CIP)数据

职务犯罪罪名精释与案例百选 / 陈洪兵著. -- 北京:
法律出版社, 2023(2025.11 重印)
(刑法罪名精释与案例百选)
ISBN 978 - 7 - 5197 - 7470 - 7

Ⅰ. ①职… Ⅱ. ①陈… Ⅲ. ①职务犯罪 – 罪名 – 法律
解释 – 中国②职务犯罪 – 案例 – 中国 Ⅳ.
①D924.393.5

中国国家版本馆 CIP 数据核字(2023)第 004997 号

职务犯罪罪名精释与案例百选
ZHIWU FANZUI ZUIMING JINGSHI YU ANLI BAIXUAN

陈洪兵 著

策划编辑 张 珺
责任编辑 张 珺
装帧设计 汪奇峰

出版发行 法律出版社
编辑统筹 法商出版分社
责任校对 张翼羽 李景美
责任印制 胡晓雅
经　　销 新华书店

开本 710 毫米×1000 毫米 1/16
印张 21.75 **字数** 308 千
版本 2023 年 4 月第 1 版
印次 2025 年 11 月第 4 次印刷
印刷 天津嘉恒印务有限公司

地址:北京市丰台区莲花池西里 7 号(100073)
网址:www.lawpress.com.cn
投稿邮箱:info@lawpress.com.cn
举报盗版邮箱:jbwq@lawpress.com.cn

销售电话:010 - 83938349
客服电话:010 - 83938350
咨询电话:010 - 63939796

书号:ISBN 978 - 7 - 5197 - 7470 - 7
定价:89.00 元
凡购买本社图书,如有印装错误,我社负责退换。电话:010 - 83938349

出版说明

新中国成立以来，在几代刑法学者和实务工作者的辛勤耕耘下，我国刑法学和刑事审判实践取得了辉煌的历史成就，积累了丰富的实践经验，逐步建立健全了有中国特色的刑法学体系及其知识结构、话语体系等。[①] 刑法是维护社会秩序、保持社会的稳定利器，是具有现实引导意义的规范，谦抑性是对其的基本要求，但同时，“刑法是时代的一面镜子，敏感地反映着社会的各种变化”，[②]面对着纷繁复杂的社会关系和云谲波诡的客观变化，刑事立法必须紧紧跟随。

每一次刑事立法，无论是条文修改还是增设新罪，对于刑事法律适用过程中的每一位参与者而言，对每一项罪名的理解可能都有出入。如何准确理解立法本意，如何将言词简洁的条文适用于错综复杂的实践中，如何运用刑法逻辑推理出符合罪刑法定原则的结果，如何确保同案同判、统一裁判尺度等问题现于每一起刑事案件中，也是每一位刑法学人面临的现实问题，而解决这些问题的最佳路径就是研究《刑法》分则中的罪名和尽可能多的案例。

在笔者看来，写进《刑法》分则的每一项罪名都是悬在头上的“达摩克利斯之剑”，可能随时吞噬每一个人，“刑法学并不是一个智力游戏，它背后是沉甸甸的社会责任”[③]。研究关系生杀予夺、关乎每个人命运的《刑法》分则，是让每个

---

① 高铭暄：《习近平法治思想指导下中国特色刑法学高质量发展论纲》，载《中国应用法学》2023 年第 2 期。

② 张明楷：《外国刑法学》第 2 版，法律出版社 2019 年版，第二版前言。

③ 张明楷：《张明楷刑法学讲义》，新星出版社 2021 年版，序言。

人在合法的范围内充分发挥社会主体作用的保障，更是真正实现《宪法》规定的“国家尊重和保障人权”的抓手。创制法律条文是为了适用于个案，抽象、概括、原则的法律条文具象后形成了案例。案例本身是具有重要法治价值的，是法律生命的住所，也是法治的生成方式，法律规则及法治经验多潜藏于已经处理的各类案例之中。[①] 对法学学科发展和法治社会建设而言，案例研究具有重大意义。

研究离不开阅读，笔者在教学研究工作中发现，市面上的刑法书大多是有关客观归责、不作为、因果关系、故意、过失、正当防卫、紧急避险、被害人承诺、共犯、罪数之类理论性极强的小众图书，或是实务人员编写的实操性很强但理论深度有所欠缺的汇编图书，抑或有关罗列类罪概念、特征、主体、客体、主观方面、客观方面、此罪与彼罪的区别等的教科书式图书，却少见对《刑法》分则的理论和实务都深入研究，将罪名阐释与案例充分恰当结合的图书。鉴于此，笔者在长期研究和积累的基础上，在法律出版社的策划和支持下，为广大司法实务工作者、研究人员和法科生献出这样一套《刑法》分则“宝典”——《刑法罪名精释与案例百选》，以丰富的案例贯穿于对抽象法律条文的解释之中，旨在打通刑法理论与司法实务的脉络，展现刑事司法逻辑的推演过程。

本丛书内容追求简洁、明快、实用，对每一项罪名的犯罪构成和实务疑难问题作精准阐释和解读，对收录的大量案例作精简呈现，不罗列理论学说和司法解释条文。对于分册安排，由于《刑法》分则第一章危害国家安全罪、第七章危害国防利益罪与第十章军人违反职责罪理论研究和实务适用较少，本丛书未特别设置相应分册；渎职罪内容不多，故将其与贪污贿赂罪合并为职务犯罪分册。各分册中详细解读了相关的每一项罪名，均按照“导读”“条文”“罪名精释（穿插案例）”三个部分编排。

本丛书分册包括：

《职务犯罪罪名精释与案例百选》；

《财产犯罪罪名精释与案例百选》；

《经济犯罪罪名精释与案例百选》；

---

① 胡云腾：《加强案例法学研究 提高案例研究水平》，载《法律适用》2020 年第 10 期。

《人身犯罪罪名精释与案例百选》;

《危害公共安全罪罪名精释与案例百选》;

《妨害社会管理秩序罪罪名精释与案例百选》。

见出以知入,观往以知来。在刑法研究之路上,笔者真心希望能为解释《刑法》分则尽一位刑法学人应尽的责任,为我国犯罪治理体系优化,治理能力提高贡献微薄之力。

2023年4月

目 录 | CONTENTS

第一章　贪污犯罪

第一节　贪　污　罪

·导　读·

贪污罪，是指国家工作人员以非法占有为目的，利用职务上的便利，侵吞、窃取、骗取或者以其他手段非法占有公共财物的行为。

贪污罪构成要件的内容：国家工作人员利用职务上的便利，侵吞、窃取、骗取或者以其他手段非法占有公共财物，数额较大或者有其他较重情节。

只有当国家工作人员基于职务直接管理（占有）了公共财物，或者基于职务对公共财物享有支配权、决定权，或者对具体支配公共财物的人员处于领导、指示、支配地位（主管），进而利用了职务上的便利的，才能认定为贪污罪。

贪污罪的认定要点：（1）“国家工作人员”“利用职务上的便利”“侵吞”“窃取”“骗取”“其他手段”“非法占有目的”“公共财物”的认定；（2）通过职务行为套取补偿款的行为性质；（3）贪污罪与侵占罪、职务侵占罪、盗窃罪、诈骗罪、滥用职权罪、受贿罪、挪用公款罪之间的界限与竞合。

条 文

第三百八十二条 【贪污罪】国家工作人员利用职务上的便利,侵吞、窃取、骗取或者以其他手段非法占有公共财物的,是贪污罪。

受国家机关、国有公司、企业、事业单位、人民团体委托管理、经营国有财产的人员,利用职务上的便利,侵吞、窃取、骗取或者以其他手段非法占有国有财物的,以贪污论。

与前两款所列人员勾结,伙同贪污的,以共犯论处。

第三百八十三条 【贪污罪的处罚规定】对犯贪污罪的,根据情节轻重,分别依照下列规定处罚:

(一)贪污数额较大或者有其他较重情节的,处三年以下有期徒刑或者拘役,并处罚金。

(二)贪污数额巨大或者有其他严重情节的,处三年以上十年以下有期徒刑,并处罚金或者没收财产。

(三)贪污数额特别巨大或者有其他特别严重情节的,处十年以上有期徒刑或者无期徒刑,并处罚金或者没收财产;数额特别巨大,并使国家和人民利益遭受特别重大损失的,处无期徒刑或者死刑,并处没收财产。

对多次贪污未经处理的,按照累计贪污数额处罚。

犯第一款罪,在提起公诉前如实供述自己罪行、真诚悔罪、积极退赃,避免、减少损害结果的发生,有第一项规定情形的,可以从轻、减轻或者免除处罚;有第二项、第三项规定情形的,可以从轻处罚。

犯第一款罪,有第三项规定情形被判处死刑缓期执行的,人民法院根据犯罪情节等情况可以同时决定在其死刑缓期执行二年期满依法减为无期徒刑后,终身监禁,不得减刑、假释。

第三百九十四条 【贪污罪】国家工作人员在国内公务活动或者对外交往中接受礼物,依照国家规定应当交公而不交公,数额较大的,依照本法第三百八十二条、第三百八十三条的规定定罪处罚。

罪名精释

1. 贪污罪与受贿罪的罪质是否相同？

虽然贪污罪与受贿罪同属于《刑法》分则第八章贪污贿赂罪的罪名，但不能认为二者的罪质相同。

在1979年《刑法》中，贪污罪与受贿罪分别归属于侵犯财产罪与渎职罪。1997年修订《刑法》时，原委托最高人民检察院起草反贪污贿赂法作为单行刑法颁布，但后又考虑到制定一部“大一统”的刑法典，遂将最高人民检察院起草的反贪污贿赂法相关内容纳入刑法典，作为其中的一章。即使二罪共处一章，但是，贪污罪是侵犯财产的犯罪，或者说贪污罪的本质还是侵犯财产，是侵害个人法益的犯罪，而不是侵害国家法益的犯罪。因此，所贪污的财产应该返还被害单位，而不是上缴国库。受贿罪所侵害的法益是职务行为的不可收买性，是典型的亵渎职务的渎职性犯罪，是侵害国家法益的犯罪，没有被害人，所以，受贿的财产应当追缴后上缴国库，而不是返还被害人。

由于贪污罪存在被害人，受贿罪不存在被害人，从刑法的终极目的是保护个人的角度考虑，在贪污罪与受贿罪竞合时，应当尽可能评价为贪污罪，以便通过追缴、退赔、返还的方式，最大限度地弥补被害人所遭受的财产损失。在受贿罪和敲诈勒索罪、诈骗罪竞合时，也应当优先考虑适用敲诈勒索罪、诈骗罪，以便通过追缴、退赔、返还的方式，最大限度地挽回被害人所遭受的财产损失。

由于贪污罪与受贿罪二者的罪质不同，退赃对二者的意义就不同。对于贪污而言，积极退赃是挽回被害人（单位）的损失，降低了行为的违法性，所以可以从宽处罚。对于受贿，由于没有被害人，积极退赃给行贿人（不是受害人），就不是挽回损失从而降低违法性，而是属于毁灭证据妨害司法“对抗组织”。国家不是被害人，就算积极退赃给国家，也不能降低行为的违法性，至多属于认罪态度好，特殊预防的必要性降低，故属于预防情节。虽然《刑法》第383条第3款规定对于积极退赃的可以从轻、减轻或者免除处罚，但这是针对贪污罪作出的规定。虽然《刑法》第386条规定受贿的依照第383条的规定处罚，但由于二者罪质不同，同样是积极退赃，也应区别对待。当然，司法实践中由于没有认识到贪污罪与受贿罪的罪质差异,并没有进行区别对待。

2. 何谓"国家工作人员"?

《刑法》第93条规定,国家工作人员是指国家机关中从事公务的人员。国有公司、企业、事业单位、人民团体中从事公务的人员和国家机关、国有公司、企业、事业单位委派到非国有公司、企业、事业单位、社会团体从事公务的人员,以及其他依照法律从事公务的人员,以国家工作人员论。

理论与实务普遍认为,"从事公务"是国家工作人员这一主体的本质特征。但何谓"从事公务",理论与实务争议很大。例如,有观点认为,"从事公务"是指依法履行职责的职务行为以及其他办理国家事务的行为;有观点认为,"从事公务"是指依法进行的管理国家、社会或集体事务的职能活动;还有观点认为,"从事公务"是指在各级机关、国有公司、企业、事业单位、人民团体等单位中履行组织、领导、监督、管理等职责;等等。2003年11月13日,《全国法院审理经济犯罪案件工作座谈会纪要》(以下简称《经济犯罪纪要》)指出:"从事公务,是指代表国家机关、国有公司、企业、事业单位、人民团体等履行组织、领导、监督、管理等职责。公务主要表现为与职权相联系的公共事务以及监督、管理国有财产的职务活动。如国家机关工作人员依法履行职责,国有公司的董事、经理、监事、会计、出纳人员等管理、监督国有财产等活动,属于从事公务。那些不具备职权内容的劳务活动、技术服务工作,如售货员、售票员等所从事的工作,一般不认为是公务。"

可见,无论是理论研究还是实践中,有关公务的关键词无非"组织""领导""监督""管理",而且在对公务以及国家工作人员内涵的把握上都强调"职权性"或者"管理性"。而域外刑法理论研究与实践未必如此。日本刑法理论与判例认为,所谓"公务",泛指国家或者地方公共团体的事务(不限于权力性事务),即便是单纯从事机械性、体力性的劳务者,如果其所从事的事务属于国家或者地方公共团体的事务,仍应属于公务员,如邮政收发员。《联合国反腐败公约》亦认为,所谓公职人员是指履行公共职能或者提供公共服务的人员。

在我国,国家工作人员的范围非常广泛,不仅包括国家机关工作人员,还包括大量"以国家工作人员论"的准国家工作人员。所谓从事公务,就是指从事公共性事务、提供公共性服务、履行公共性职能。可以说,只要是为了公共利益以公权力为依托而进行的管理和服务行为,都应当认定为从事公务,即将所有与公共职能、公共服务有关的活动,都作为公务活动予以认定。例如,国有媒体记者因为要履行社会舆论监督职能,行使对国家公共事务的监督权力,属于国有事业单位中从事公务人员。律师、税务咨询代理人员等,属于为社会提供中介服务的人员,这类人从事的代理咨询等活动,是一种服务性质的劳务活动而非公务。

关于国家工作人员,经历了从"身份论"到"公务论"的转变过程。以前实务中司法人员在认定贪污贿赂罪的主体时,总是围绕行为人是否填写过国家人事部门编制的干部履历表,是否属于国家干部编制,是正式职工还是临时工等问题。这被形象地称为"身份论""血统论",即注重对行为人本身是否具有干部身份的资格。后来,最高人民法院、最高人民检察院在有关合同制民警、属于工人编制的乡镇工商所所长、企事业单位公安机构工作人员、狱医等一系列的司法解释文件中均指出,不管行为人是否具有干部身份或者编制,只要实际在依法执行公务、履行国家机关工作人员职责,就应认定为国家机关工作人员。这被称为"公务论""职责论"。可见,关于国家工作人员的认定,实务中有从形式到实质、从"身份论"向"公务论"演变的趋势。

既然国家工作人员的本质特征在于从事公务,那么无论行为人原来是什么身份,只要其实际从事的是公务,就应认定为国家工作人员,故"公务论"具有合理性。不过,司法实务中似乎还有在"身份论"与"公务论"之间摇摆不定的迹象。

主张"身份论"的判例如下:

> 案1:1994年10月5日,河南省西峡县某乡党政联席会议商定让被告人李某到乡救灾扶贫互助储金会(系社会团体法人)工作,按乡招聘人员对待,被告人先后担任出纳和会计。工作期间,李某利用职务之便挪用资金。检察院以挪用公款罪起诉,法院认为,被告人李某不属于国家工作人员,应构成挪用资金罪。①

---

① 河南省西峡县人民法院刑事判决书,(2000)西刑初字第37号。

案2:被告人姚某系海口市邮政局解放路分局合同制职工。1997年4月17日12时许,其乘人不注意,利用同事的工号和密码操作电脑,将30万元转入自己所支配的账户中。检察院以侵占罪起诉,法院亦以"海口市邮政局是国有企业,被告人姚某是该局的合同制工人"为由,认定构成侵占罪(全国人大常委会《关于惩治违反公司法的犯罪的决定》中规定的罪名)。①

案3:被告人王某于1988年11月14日被招入某市建设银行,成为"全民单位合同制工人"。1995年5月29日,被告人王某利用担任某市建设银行某储蓄所所长的职务之便,在自己所支配的账户上虚增存款。检察院以贪污罪起诉,一审法院亦认定成立贪污罪。之后,法院再审认为,被告人王某的身份是企业职工,与贪污罪的主体不符,故改判为侵占罪(全国人大常委会《关于惩治违反公司法的犯罪的决定》中规定的罪名)。②

上述三个判例中,虽然被告人系临时招聘的人员或是"合同制工人",但实际从事的都是公务,而判例否定行为人的国家工作人员主体地位,显然坚持的是"身份论"立场。

坚持"公务论"的判例如下:

案4:被告人李某系某大学师范学院的工人,其利用自己负责教职工医疗费报销发放工作之便,冒领医疗费并侵吞。检察院以贪污罪起诉,法院也以"被告人李某在某大学师范学院担负教职工医疗费的发放职责,属于在国有事业单位中从事公务的人员,其身份依法应以国家工作人员论"为由,认定成立贪污罪。③

案5:被告人蔡某系合同制工人,被某市某区公所(今为某市某镇人民政府)任命为电管站站长,负责本辖区的供用电管理及电费的收取、上缴等

① 海南省海口市新华区人民法院刑事判决书,(1997)新刑初字第197号。另参见江苏省徐州市泉山区人民法院刑事判决书,(1999)泉刑初字第278号。

② 浙江省兰溪市人民法院刑事判决书,(1995)兰刑初字第120号;浙江省兰溪市人民法院刑事判决书,(1996)兰刑再初字第02号。

③ 河南省开封市龙亭区人民法院刑事判决书,(2001)龙刑初字第31号。

工作。其在任站长期间，集抄表、收款、开据、付款、记账等财会业务于一身，其利用职务上的便利侵吞、挪用公款。检察院以贪污罪、挪用公款罪起诉，法院也以被告人“是代表镇政府履行《某镇人民政府关于供用电管理暂行规定》中的职责，因此，被告人蔡某具有国家工作人员身份”为由，认定成立贪污罪、挪用公款罪。①

案6：被告人郑某系临时工，任某银行某支行某分理处复核员。其利用自己作为复核员的职务之便，向自己所支配的账户中虚增存款。检察院以贪污罪起诉，一审法院认定为盗窃罪。二审法院则认为，上诉人郑某身为国有企业的工作人员，其行为符合贪污罪构成要件，故改判为贪污罪。②

上述三个判例中，被告人虽然本身系工人或者临时工身份，但实际从事的是公务，因此认定为国家工作人员。法院显然坚持的是“公务论”立场。应该说，坚持“公务论”立场认定国家工作人员，是完全正确的。

3.“国家工作人员”的内涵和范围具有相对性吗？

由于《刑法》第93条对国家工作人员的含义进行了统一界定，因此理论研究与实践中很少有人考虑，以国家工作人员为犯罪主体的5类犯罪中的“国家工作人员”的内涵和范围，是否具有相对性的问题。

我国台湾地区“刑法”也是在总则中对“公务员”概念进行的定义，其第10条第2项规定，称公务员者，谓下列人员：(1)依法令服务于机关、团体，而具有法定职务权限，以及其他依法令从事于公共事务，而具有法定职务权限者。(2)受所属机关依法委托，从事与委托机关权限有关之公共事务者。在美国，刑事法并未在总则中单独明文定义“公务员”，而是针对各种不同犯罪类型，基于规范目的之不同，个别赋予公务员概念不同的内涵。也就是说，美国法关于公务员身份是否成立之判断，原则上系以各该犯罪之规范目的（保护法益）为判断基础。

---

① 海南省三亚市中级人民法院刑事判决书，（2000）三亚刑初字第20号。

② 福建省泉州市中级人民法院刑事判决书，（1999）泉刑终字第296号。

本书认为，即便我国《刑法》在总则中对国家工作人员进行了统一界定，但考虑到各罪行为方式、行为对象以及法益的差异性，还是应对国家工作人员的内涵和范围在各罪中进行相对性把握。事实上，各罪主体的范围也不可能完全相同。

首先，贪污罪与挪用公款罪的对象限于公物、公款，虽然按照《刑法》第93条第2款的规定，国有单位委派到非国有单位从事公务的人员属于国家工作人员，但如果被派往的单位根本没有公共财物存在，如国有单位为了加强指导、监督，而委派到没有公共财产成分的非国有公司、企业、事业单位、社会团体从事公务的人员，行为人虽然符合贪污罪、挪用公款罪的主体条件，也不可能成立贪污罪、挪用公款罪。以往刑法理论与实务似乎存在认识误区，认为因受委派的人员属于国家工作人员，所以即便所侵吞、挪用的并非公物、公款，也能成立贪污罪、挪用公款罪。例如，有观点认为，因为非国有公司、企业、事业单位从事公务的人员贪污本单位财产的也能成立贪污罪，所以有关非国有单位的财产也能成为本罪的犯罪对象。这显然是对《刑法》第93条的误解。被委派到没有公共财产成分的单位从事公务的人员，即便符合贪污罪、挪用公款罪的主体要件，也因不符合"公共财物""公款"之对象要件，而不可能成立贪污罪、挪用公款罪。但行为人若是利用职务上的便利索取或者非法收受他人财物，则可能成立受贿罪。因为成立受贿罪只要求主体属于国家工作人员，所收受的财物与其职务(行为)之间具有对价关系，即具有职务关联性，而不像贪污罪、挪用公款罪具有对象条件要求。

其次，虽然根据2000年4月29日第九届全国人民代表大会常务委员会《关于〈中华人民共和国刑法〉第九十三条第二款的解释》，村民委员会等基层组织人员在协助人民政府从事行政管理工作时，可以成为贪污罪、受贿罪、挪用公款罪的主体，但这类人员不可能成为巨额财产来源不明罪以及隐瞒境外存款罪的犯罪主体。因为依法履行职责的各级人民代表大会代表、依法履行审判职责的人民陪审员、协助乡镇人民政府、街道办事处从事行政管理工作的村民委员会、居民委员会等农村和城市基层组织人员，这些人在日常工作中大多数时候从事的并不是公务。如果能够查明巨额财产或者境外存款源于协助人民政府从事行政管理工作时贪污、受贿所得，直接以贪污罪、受贿罪定罪处罚即可。因此，巨额财产来源不明罪与隐瞒境外存款罪的主体相当于前述“身份论”所主张的国家工作人员，即填写过干部履历表、具有干部身份和正式编制的国家干部。

最后，泛泛地讨论行为人从事的是公务还是劳务，职业是出纳、会计、仓库保管员，还是售货员、售票员、收费员并没有实际意义。只能根据贪污罪、挪用公款罪、受贿罪等罪的行为方式、行为对象以及法益的要求，在个罪和个案中具体判断。例如，无论行为人从事的是什么职业，只要基于业务而事实上管理、控制、支配着公共财物、公款，就贪污罪、挪用公款罪而言，行为人所从事的就是公务，因而符合犯罪主体要件。但如果没有可与他人进行交易的职权或者权力存在，由于“无权力就无受贿犯罪，权力是受贿犯罪的基本范畴”，行为人从事的活动就不属于受贿罪中的公务，没有职务上的便利可以利用，因而不可能成立受贿罪。如车间操作工与他人串通盗窃本单位丙烯而收受他人财物的案件，其没有职权可以利用，从事的活动不能评价为受贿罪的公务，不符合受贿罪中“利用职务上的便利”要件，故不成立受贿犯罪。其行为的实质是利用自己管理国有财产的职务上的便利，侵吞国有财产，符合贪污罪中“利用职务上的便利”要件，应当成立贪污罪。

案7：被告人谢某系某电力建设公司物资供应公司发电厂物资站库房班班长，受单位委托处理废旧钢材，负责检尽、过磅等勤杂工作。谢某经物资供应公司副经理介绍，将废旧钢材卖给蓟县某大酒店经理张某和廊坊市某公司。被告人谢某收受张某现金18,000元。检察院以受贿罪指控。被告人辩称，其“对处理废旧钢材没有处置权，他履行的是上级意图，是临时指派的，他只是一个班长，又系工人，班长不符合法律意义上的职务，不具备受贿罪的主体资格，也不符合受贿罪的职务特征”。法院认为，被告人谢某身为国有企业的工人，理应遵纪守法，但其利用公司处理废旧钢材之机，收受他人钱财的行为妨害了公司的正常管理秩序，已构成公司、企业人员受贿罪。因被告人系工人，不具备受贿罪主体资格，故指控受贿罪有误。[①]

---

① 天津市蓟县人民法院刑事判决书，(2000)蓟刑一初字第180号。

本书认为，由于被告人负责对废旧钢材的检尽、过磅等勤杂工作，从事的是管理、监督国有财物的公务活动，故可以成立贪污罪和受贿罪。法院以“被告人系工人，不具备受贿罪主体资格，故指控受贿罪有误”，而认定构成公司、企业人员受贿罪（非国家工作人员受贿罪）。这显系“身份论”，本书认为是不符合主流观点的。

4. 应否区分所谓公务与劳务？

《经济犯罪纪要》指出：“国家机关工作人员依法履行职责，国有公司的董事、经理、监事、会计、出纳人员等管理、监督国有财产等活动，属于从事公务。那些不具备职权内容的劳务活动、技术服务工作，如售货员、售票员等所从事的工作，一般不认为是公务。”

对于上述司法解释的立场，刑法理论界普遍持肯定态度。为何出纳、会计所从事的工作就具有管理性而属于公务，而售货员、售票员、收款员所从事的工作虽也同样负有保管国有财产的职责，却认为不具有管理性而属于劳务呢？售货员、售票员售货、售票所收取的货款、票款在与财务（会计）交接账之前（也许是一天，也许一周甚至一个月），这一款项不属于他们所管理支配中的财物吗？他们经手、管理财物与出纳经手、管理财物有什么本质区别呢？其实，公务与劳务有时是交织在一起的，售货员、售票员所从事的工作主要是劳务活动，但是他们在提供劳务的同时，还兼做管理公共财物的工作，以劳务为主、公务为辅。

事实上，公务是与私务（私人事务）相对应的概念，而非与劳务相对应。从本来意义上讲，公务也是一种劳务，所有国家工作人员都是在从事劳务，都是在以某种活劳动的形式为社会提供服务的劳动者。质言之，仅仅从行为人所从事的是公务还是劳务的角度，区分其行为是构成贪污罪还是其他犯罪，是不正确的，还必须结合行为人是否利用了职务上的便利，即行为人是否拥有并且利用了自己职务上主管、管理公共财物的职务或方便条件。因此，国有单位售货员、售票员等所从事的工作，通常包括对公款、公物的管理，这种管理公共财物的行为也是一种从事公务的行为，如果国有单位售货员、售票员等利用职务上的便利将公款、公物非法占为己有的，与通常的侵占罪、盗窃罪、诈骗罪还是不同的，应当以贪污罪定罪处罚。

综上，我们不应简单地根据工种来划分公务与劳务，而应结合其具体担负的工作职责，结合具体罪名对“公务”与“利用职务上的便利”的要求，进行具体分析处理。虽然司法解释及理论通说对所谓的公务与劳务进行了明确的划分，但是在司法实践中，对于同一类人员所从事的究竟是公务还是劳务，是否属于国家工作人员，在个案的定性上却大相径庭。

案8：被告人韦某系南宁市邮政局某分局邮政储蓄点的出纳员，其利用职务之便，多次挪用储蓄准备金和储户存款。南宁市检察院以挪用公款罪起诉，南宁市中级人民法院一审以“被告人韦某只是依照合同受国有企业委托的从事劳务的非国家工作人员，其犯罪主体不符合挪用公款罪的犯罪构成要件而符合挪用资金罪构成要件”为由，认定成立挪用资金罪。对于一审判决，南宁市检察院抗诉认为，被告人韦某依法应视为国家工作人员。理由是，根据邮政法规，邮政企业属于全民所有制企业，被告人韦某身为国有企业的出纳，负有邮政法授权管理、监督所在企业国有资产的职责，是依照法律从事公务的人员；原判认定韦某只是依照合同受国有企业委托的从事劳务的非国家工作人员，与本案事实不符，也违反了国家的基本法律；韦某的劳动报酬、福利待遇由谁解决，只是国有企业管理方式的不同，并不影响韦某办理邮政业务这一依法从事公务行为的性质；韦某身为储蓄所的出纳，代表储蓄所办理邮政业务，从事管理、监督储蓄所国有财产的职务活动，其所从事的是具有职权内容的管理活动，是从事公务，而非“从事劳务”。广西壮族自治区检察院支持南宁市检察院的抗诉意见，广西壮族自治区高级人民法院二审肯定了检察院的抗诉意见，改判为挪用公款罪。①

本书认为，二审改判是正确的。出纳作为管理国有财产的人员，即便是合同工，其所从事的工作也应认为是公务，故属于国家工作人员。一审法院显然将《刑法》第382条第2款的规定看作法律拟制或者特殊规定，如后所述，其实是注

① 广西壮族自治区南宁市中级人民法院刑事判决书，(2004)南市刑二初字第20号；广西壮族自治区高级人民法院刑事判决书，(2004)桂刑经终字第40号。

意规定。

案9:被告人苏某系某林业科学研究院后勤服务中心卫生所的收款员,其利用职务之便,截留所收医药费44,000元。检察院以贪污罪起诉,法院以“被告人苏某身为全民所有制事业单位聘用的人员,在受委托管理国有财产的过程中,利用职务之便”为由,肯定了贪污罪的成立。①

案10:被告人丁某在担任昆明市某医院财务科住院部收费员期间,利用职务之便挪用公款。检察院以挪用公款罪起诉,一审法院以“被告人丁某身为在国有事业单位从事公务的国家工作人员”为由,认定成立挪用公款罪。二审法院则以“所谓从事公务,是行为人在工作中对本单位的人、财、物等在职责范围内具有一定的支配、使用或者其他形式的管理权力。本案中,现有证据证实丁某是医院的合同制工人,且其岗位是收费员,其工作仅是收取有关费用并即刻上交给本单位出纳,并没有支配、使用所收取费用的权力,是一种劳务性质的工作,并不具有公务性质,之所以造成所收取费用长时间滞留在其手中导致其挪用,是其本单位执行财务制度不力造成的,并非利用了其职责,不能适用《中华人民共和国刑法》第九十三条第二款之规定,认定其以国家工作人员论”为由,改判为挪用资金罪。②

案11:被告人王某受西安某建筑安装工程有限公司供水分公司聘用,从事水费款的收取、保管和上缴工作。其利用职务之便截留侵吞单位水费款。检察院以贪污罪起诉,法院以“其工作性质属于从事经手、保管生产服务性费用的具体劳务活动”为由,认定为职务侵占罪。③

本书认为,国有单位的收费员与出纳、会计一样,都负有管理(保管)国有财产的职责,就侵吞、挪用其所管理的资金而言,其利用了自己从事公务的职务上的便利,应当认定为国家工作人员。所以,上述案9适用法律正确,对案10的二审和案11的认定存在异议。

案12:被告人吕某系社区卫生服务中心网络管理员,在负责管理本单

① 北京市海淀区人民法院刑事判决书,(1999)海刑初字第1777号。

② 云南省昆明市中级人民法院刑事判决书,(2006)昆刑终字第258号。

③ 西安铁路运输法院刑事判决书,(2010)西铁刑初字第121号。

位医药信息的过程中,多次擅自对外提供医生药品用量等信息并收受医药销售代表财物两万余元。一审法院以“吕某身为国有事业单位中从事公务的国家工作人员”为由,认定为受贿罪。吕某以自己“作为单位的网络管理员,从事的是劳务活动,而非公务活动,不属于国家工作人员”为由提出上诉。二审法院以被告人“在事业单位中履行了对国有资产的管理,对公共事务的监督职责,从事的活动具有公务性质,应当认定为国家工作人员”为由,维持一审受贿罪的判决。①

法院认定被告人属于国家工作人员是正确的。被告人作为社区卫生服务中心的网络管理员,负责医疗信息的管理,其从事的工作属于公共服务,符合受贿罪中“利用职务上的便利”或者从事公务要件,故认定其为受贿罪的主体是正确的。

案 13:被告人付某系某石化公司炼油厂一油品车间丙烯罐区操作工、班长。2000 年 12 月,山东某公司副经理唐某找到被告人付某,要求付某从其单位通过管道秘密向该公司输送丙烯,并许诺每输一吨丙烯送给付某 1500 元。2000 年 12 月至 2001 年 4 月,被告人付某利用其值班之机,先后 10 余次关闭丙烯管道流量计,使其不显示数量,将本单位价值约 40 万元的丙烯 100 余吨私下秘密输送给山东某公司。唐某先后数次送给付某现金 16.8 万元,付某全部收受并将其中 5500 元送给同班工人韩某,以防止其检举揭发。该案控方以贪污罪起诉。法院认为:“被告人付某身为公司、企业的工作人员,利用职务之便,将本单位财物(丙烯)私自送于他人,收受他人贿赂,数额巨大,其行为构成公司、企业人员受贿罪。被告人付某是国有公司的操作工,是从事劳务的人员,不是从事公务的人员,不属于国家工作人员或以国家工作人员论的人员,不符合贪污罪的犯罪主体;且被告人付某并无占有本单位财物的目的,而是有将本单位财物非法送给他人,收取他人财物的目的,其客观行为和主观目的均不符合贪污罪的构成要件。对公诉机

① 上海市虹口区人民法院刑事判决书,(2011)虹刑初字第 668 号;上海市第二中级人民法院刑事裁定书,(2012)沪二中刑终字第 49 号。

关指控被告人付某犯贪污罪的意见,不予支持。”①

笔者对案13的定性有异议,对付某应当认定为贪污罪。付某作为值班班长,控制、支配、占有着本单位的丙烯,其利用职务上的便利将自己占有支配下的财物据为已有,系贪污罪中的“侵吞”。贪污罪中的非法占有目的,显然包括使与自己有密切关系的第三人占有。判决书以付某无占为“己”有的目的而否定贪污罪的成立,显系对贪污罪中“非法占有目的”主观要件的“重大误解”。将本案定性为受贿,显然未能充分评价犯罪行为给被害单位实际造成的价值40万元财产损失的事实,不利于保护法益。而且,认定为贪污罪,对付某和唐某以贪污罪共犯论处,并对40万元的犯罪数额而不是16.8万元的贿赂负责,才能做到罪刑相适应。总之,该案应认定为贪污罪共犯,而不是受贿罪。

上述判例表明,认定行为人所从事的活动是否属于“从事公务”,以及行为人是否属于国家工作人员,并不在于其实际从事的工种以及有没有职权或者权力,而是只要其实际从事的是主管、管理公共财物的活动,就贪污罪、挪用公款罪而言,其从事的就是公务。至于其工作性质是否具有职权(权力)性,则是认定受贿罪时需要判断的问题。例如,出纳、会计、收费员、售货员、售票员、库管员、车间操作工,虽然其工作性质为劳务,但实际上担负着管理(占有)公共财物的职责,虽难以成立受贿罪,但完全可能成立贪污罪、挪用公款罪。网络管理员,从事的工作也是劳务,因不实际主管、管理公共财产而不可能成立贪污罪、挪用公款罪,但完全可能因其从事的工作具有公共事务的性质而可能成立受贿罪。这说明,“公务”和“国家工作人员”的内涵均具有相对性。

5. 第382条第2款是注意规定还是法律拟制?

《刑法》第382条第2款规定:“受国家机关、国有公司、企业、事业单位、人民团体委托管理、经营国有财产的人员,利用职务上的便利,侵吞、窃取、骗取或者以其他手段非法占有国有财物的,以贪污论。”如果认为本规定属于注意规

① 山东省淄博市临淄区人民法院“付某公司、企业人员受贿案”刑事判决书,载北大法律信息网2014年9月3日,http://www.lawyee.net/Case/Case_Display.asp?ChannelID=2010100&keyword=&RID=30159#。

定,那么,受国家机关、国有公司、企业、事业单位、人民团体委托管理、经营国有财产的人员原本就属于国家工作人员,因此,他们收受贿赂、挪用国有资金时,应认定为受贿罪、挪用公款罪;如认为本规定属于法律拟制,那么,上述人员就不是国家工作人员,所以他们收受贿赂、挪用国有资金时,只能认定为非国家工作人员受贿罪、挪用资金罪。当然,对于本规定性质的理解,还取决于如何理解“委托”的含义。

刑法理论通说及实务中均采法律拟制说立场,即受委托管理、经营国有财产的人员,只能是贪污罪的主体,其挪用国有资金、索取或者非法收受他人财物的,不成立挪用公款罪、受贿罪,而是成立挪用资金罪、非国家工作人员受贿罪。

主张法律拟制说的理由主要有以下两方面:(1)立法草案的说明。1997 年 3 月 13 日,时任全国人大法律委员会主任委员薛驹在第八届全国人大法律委员会《关于〈中华人民共和国刑法(修订草案)〉审议结果的报告》中指出:“有的代表提出,贪污罪的主体中未能包括受国家机关、国有公司、企业、事业单位委托管理、经营国有财产的人员,不利于对国有财产的保护。因此,建议在贪污罪中增加一款规定:‘受国家机关、国有公司、企业、事业单位、人民团体委托管理、经营国有财产的人员,利用职务上的便利,侵吞、窃取、骗取或者以其他手段非法占有国有财物的,以贪污罪论。’”(2)从刑法体系解释的角度分析,这类人员也根本不属于《刑法》第 93 条规定的“国家工作人员”,包括国家机关工作人员和“以国家工作人员论”的人员,因为如果这类人员本身属于国家工作人员,《刑法》第 382 条第 2 款的规定就显得多余,也势必造成逻辑上的混乱。所以,这类人员不属于受贿罪的主体范围。

本书认为,法律拟制说的上述理由,是不足为据的。首先,我国刑法的起草与修改说明,只是立法理由的简短陈述,并不是真正意义上的立法理由书,其意在说明为什么制定、修改《刑法》、为什么作出某种规定,使审议者了解制定、修改《刑法》的目的,从而便利立法机关通过《刑法》。立法机关所审议和通过的是《刑法》本身,而不是起草说明与修改说明。换言之,起草说明与修改说明本身并没有被立法机关审议和通过。既然如此,《刑法》的起草说明与修改说明,也不属于立法解释。再者,所谓罪刑“法”定,是指罪刑由“刑法”定,不是罪刑由“立法解释”定,更不是罪刑由“修订说明”定。

其次,上述立法规定固然是出于严惩贪污犯罪、更为广泛地保护国有财产的目的,但是,既然以委托方式将国有财产交其管理、经营,并且赋予其一定的职权,为什么其只能成为贪污罪的主体而不能成为挪用公款罪的主体呢?如果说上述规定的出发点是为了更有力地保护国有财产,为什么在挪用公款上不需要有所体现呢?如果说,考虑到对非国家工作人员应当与国家工作人员有所区别,又为什么对前者侵吞公款与挪用公款不采取同样的从宽政策呢?其立法理由并不是很容易使人理解的。

再次,有观点认为,“如果这类人员本身属于国家工作人员,《刑法》第 382 条第 2 款的规定就显得多余,也势必造成逻辑上的混乱”。① 这种说法完全是建立在对“注意规定”误解的基础上的。“注意规定”是在《刑法》已作基本规定的前提下,提示司法工作人员注意,以免司法工作人员忽略的规定。事实上也有设立上述“注意规定”的必要,因为这类受委托管理、经营国有财产的人员在接受委托前,本身可能并不是国家工作人员,因此有必要提醒司法人员注意,即使受委托前不是国家工作人员,但现在既然接受委托管理、经营国有财产,从事的是公务,其就符合贪污罪主体条件。

复次,按照主张法律拟制说的司法解释立场(《经济犯罪纪要》),会出现承包、租赁国有企业的负责人(如总经理),在管理、经营国有财产的过程中收受他人财物或者挪用本单位资金的,仅成立法定刑相对较轻的非国家工作人员受贿罪、挪用资金罪,而该单位的中层干部甚至普通职工实施同样的行为,将要承受法定刑较重的受贿罪、挪用公款罪的刑罚。这显然有违罪刑相适应和平等适用刑法的原则。

最后,既然国家工作人员的本质特征系“从事公务”,我们就没有理由认为,连国有公司、企业的普通会计、出纳从事的都是公务,而承包、租赁国有公司、企业,负责管理、经营国有财产的人员的活动反而不属于从事公务。

① 赵震:《职务犯罪重点疑难精解》,法律出版社 2013 年版,第 128 页。

综上，本书认为，《刑法》第 382 条规定的“受国家机关、国有公司、企业、事业单位、人民团体委托管理、经营国有财产的人员”，其受托的是国有财产管理、经营活动，本身就是典型的“公务活动”，应作为国家工作人员统一认定，不但可以成为贪污罪的主体，也应成为挪用公款罪、受贿罪的主体。

6. 应否区分“委托”与“委派”？

《刑法》第 93 条规定了“委派”型国家工作人员类型，第 382 条第 2 款规定了受“委托”管理、经营国有财产的人员可以成立贪污罪。对此，无论是理论还是实务，都为“委派”与“委托”的认定而深感“纠结”。理论与实务中认为，委托双方属于平等的民事主体，本质上是民事委托关系，是国有单位以平等主体身份就国有财产的管理、经营与被委托者达成的协议，受托前后受托人与委托单位之间并不存在行政上的隶属关系，但是在委托期间，委托单位与被委托人之间可能形成了一种监督关系。委派的实质是任命，具有一定的行政性，被委派者在委派事项和是否接受委派方面，与委派方并不处于平等地位而是具有行政隶属性质，两者之间的关系具有隶属性和服从性，双方不是平等的关系。

问题的关键在于，《刑法》规定“委派”与“委托”的目的是什么？本书认为，一是就委派而言，在贪污、挪用公款罪中是为了加强对国有资产的监督、管理。具体而言，就是为了监督、管理国有控股、参股的公司、企业，以及国家全部或者部分投资的事业单位、社会团体中的国有资产。因而，委派到不具有公共财产成分的单位中的人员，即便因出于加强指导、管理而委派，虽可能成为受贿罪的主体，却不可能成为贪污罪、挪用公款罪的主体。二是“委托”的规定属于注意规定，只需判断行为人的活动是否属于从事公务，有无职务上的便利可以利用，即可认定成立贪污罪、受贿罪、挪用公款罪与否。

也就是说，“从事公务”其实是“委派”与“委托”的共同特征，亦是认定是否属于国家工作人员的关键。无论哪一种，都应根据是否实际管理、监督或者控制国有财产，判断其活动是否符合贪污罪、挪用公款罪所要求的“从事公务”。此外，根据是否具有职权性，认定是否符合受贿罪中“利用职务上的便利”要件。二者的细微区别仅在于从事公务的依据不同。前者源于原国有单位的任命、指派、提名、批准，而后者源于承包、租赁合同及临时聘用关系。其实，在全部资产属于国有的单位中只可能是“委托”，而在国有控股、参股公司中，只能是委派。也就是说，二者实际上并不会发生交集。

7.“伙同贪污的，以共犯论处”，是注意规定还是法律拟制？

《刑法》第382条第3款规定，伙同贪污的，以共犯论处。若认为本款是法律拟制，就会得出因为相应条文没有规定“伙同受贿的，以共犯论处”“伙同挪用公款的，以共犯论处”“伙同刑讯逼供的，以共犯论处”“伙同渎职的，以共犯论处”等，所以伙同受贿、挪用公款、刑讯逼供、渎职的都不能成立相应犯罪的共犯的结论。若认为是注意规定，即使没有各条款的具体规定，根据《刑法》总则的规定和共同犯罪原理，也可得出非身份者伙同身份者实施只有具有特定身份才能实施的犯罪的，构成共犯的结论。

有观点认为，因为1997年全面修订《刑法》时只吸收了1988年1月21日《关于惩治贪污罪贿赂罪的补充规定》中的“伙同贪污的，以共犯论处”的规定，却没有保留其中“伙同受贿的，以共犯论处”的规定，就说明今后“伙同受贿的，不能以受贿罪共犯追究其刑事责任”。很显然，该观点将上述规定理解成了法律拟制或者特殊规定。如果没有具体规定，非身份者就一概不能成立身份犯的共犯，则《刑法》总则中关于共同犯罪的规定就成为一纸空文。

应当认为，不仅“伙同贪污的，以共犯论处”的规定，而且《刑法》分则中有关共同犯罪的规定都是注意规定；也就是说，即便没有这个规定，只要符合共同犯罪的成立条件，都应以共犯论处。不过，“伙同贪污的，以共犯论处”，只是说可以成立共犯，并不意味着最终只能以贪污罪共犯定罪处罚。也就是，完全可能分别定罪或者认定为职务侵占罪的共犯。

8.公司人员与国家工作人员共同非法占有本单位财物，一定成立贪污罪共犯吗？

实践中，均具一定身份者共同犯罪时如何定罪处罚，一直是我国共犯与身份问题争论的焦点。

(1)主犯性质决定说

该说认为,共同犯罪的罪名应由主犯所触犯的犯罪的性质所决定。这基本上是司法实务的立场。例如,《经济犯罪纪要》指出,对于在公司、企业或者其他单位中,非国家工作人员与国家工作人员勾结,分别利用各自的职务便利,共同将本单位财物非法占有的,应当尽量区分主从犯,按照主犯的犯罪性质定罪。司法实践中,如果根据案件的实际情况,各共同犯罪人在共同犯罪中的地位、作用相当,难以区分主从犯的,可以贪污罪定罪处罚。

主犯性质决定说存在的问题:第一,在我国,行为人在共同犯罪中所起的作用大小,是确定共犯人种类的依据,而不是定罪的依据;主从犯是在确定了共同犯罪性质的前提下认定的,而不宜相反,否则便是先确定量刑情节后认定犯罪性质。第二,如果一般公民与国家工作人员在共同犯罪中都起相同的主要作用,便无法确定罪名,为共犯人避重(刑)就轻(刑)指明了方向。第三,按照该说,若公司人员在共同犯罪中起主要作用,全案成立职务侵占罪共犯,若公司人员在共同犯罪中不是那么积极,与国家工作人员所起作用"半斤八两"的,则全案成立处罚更重的贪污罪,这明显有悖常理和罪刑均衡原则。

(2)实行行为决定说

该说认为,共犯的性质决定于实行犯的实行行为的性质。该说的问题在于,实行行为具有相对性,两种不同身份者均为实行犯时,以谁的行为定性,存在疑问。

(3)为主职权行为决定说

有观点认为,在定罪关系方面,两种纯正身份犯互相加功而实施共同犯罪的情况下,全案要反映共同犯罪的性质,确定一个合适的罪名,而不能分别定罪,在一般情况下应根据为主的职权行为来认定;在两种职权行为分不清主次的情况下,应采取就低不就高的原则来认定共同犯罪的性质。

为主职权行为决定说同样难以克服上述主犯决定说遇到的理论障碍。而且,就低不就高的原则还违背《刑法》第382条第3款的规定,最终导致放纵犯罪。

(4)义务重要者正犯说

有观点认为,在某种身份所对应的义务相对而言显得特殊和重要时,违反该义务的行为就是正犯行为,根据其身份不可能直接违反该重要义务者,只能成立共犯。该说的问题在于,义务之有无是一个决定性质的问题,而义务之大小(重要者与次要者)则是一个程度或者数量的问题。因此,将义务是重要还是次要这个标准作为界定是否构成对方的共犯的根据,是存在疑问的。

(5)想象竞合犯说

张明楷教授认为,由于正犯行为具有相对性,所以在定罪时应当注意运用想象竞合犯原理。在有身份与无身份者共同犯罪,而有身份者为 A 罪的正犯(可能是 B 罪的从犯),无身份者为 B 罪的正犯(可能是 A 罪的从犯),即无身份者与有身份者的共同故意犯罪行为同时触犯了两个以上罪名的情况下,应认定为较重罪的共同犯罪。但是,如果将其中一方认定为较重罪的从犯,导致对其处罚轻于较轻罪的正犯时(按较轻罪的正犯处罚更符合罪刑相适应原则时),则应将其认定为较轻罪的正犯。因此,有身份者与无身份者存在罪名不同的可能性。

该说的问题在于:一是该说没有分析身份的不同性质,未能合理说明身份发挥不同作用的实质根据;二是直接根据行为人的身份确定其所构成的罪名,通过简单推理,确定想象竞合关系的存在,在方法论上显得比较粗疏。

(6)立法解决说

我国不少学者主张,应在我国《刑法》总则中确立处理共犯与身份关系的通则性规范,以解决共犯与身份的难题。的确,一些国家和地区在刑法总则中就设有处理共犯与身份的明文规定,例如,《德国刑法》第 28 条、第 29 条,《日本刑法》第 65 条,我国台湾地区“刑法”第 31 条。但仍有不少学者坚持认为,总则中共犯与身份的条文系无用或者不必要的规定。应该说,通过借鉴域外刑法理论与判例经验,共犯处罚根据中的因果共犯论,共犯从属性中的限制从属性说,以及《刑法》第 5 条罪刑相适应原则,完全能够妥当解决共犯与身份问题。若不能合理确定有关共犯与身份的适用规则,即使将来在《刑法》总则中增设了相关规定,仍然避免不了理论与实务中的争执。

(7)分别定罪说

有观点认为,在双重身份犯中,职务侵占罪的主体既是贪污罪的帮助犯又是职务侵占罪的共犯,贪污罪的主体也是如此。根据正犯优于共犯的原则,分别应以职务侵占罪的正犯与贪污罪的正犯论处,因此,应坚持在承认身份犯的互相竞合的基础上,对具有不同身份的人分别定罪。应该说,从结论上看,“分别定罪说”是合理的,但缺乏说理论证。

(8)违法/责任身份区分说

这是国外一种有力的理论观点。日本西田典之教授认为,《日本刑法》第65条第1项、第2项分别规定了违法身份的连带作用与责任身份的个别作用,应据此消除两项之间的矛盾。具体而言,不拘泥于是构成身份还是加减身份,如果身份对“行为的法益侵害性”这一意义上的违法性提供根据,或者加重、减轻这一意义上的违法性,则作为第1项的“因犯罪人的身份才构成的犯罪行为”,该身份连带地作用于无身份的共犯;相反,如果身份对“针对行为人的非难可能性”这一意义上的责任提供根据,或者加重、减轻这一意义上的责任,则根据第2项的规定,该身份仅个别地作用于身份者。“违法/责任身份区分说”在日本得到了山口厚、内藤谦、林干人、平野龙一、堀内捷三等著名学者的支持。我国台湾地区学者黄荣坚也持类似主张。

本书赞成违法/责任身份区分说。其一,该说强调了“违法是连带的,责任是个别的”的原理,坚持了共犯从属性理论中的限制从属性的基本思想,能够为身份是发挥连带作用还是个别作用提供实质性根据,因而相对于区分真正身份犯与不真正身份犯的形式区别说,更具有合理性。其二,由于相对于形式区别说,违法身份与责任身份是一种实质的区分,故相比较而言,准确区分可能会困难一些,但违法身份与责任身份的区分,本来就只能委之于刑法分则具体条文的解释。其三,将违法(不法)与责任作为构建犯罪论体系的支柱,是刑法学最为重要的进步,具有充分根据与内在合理性。身份作为构成要件要素,要么为违法性提供根据,要么为有责性提供依据。从结果无价值所提倡的“违法是客观连带的,责任是主观个别的”这一原理可知,将身份实质性地与违法和责任相挂钩,区分违法身份、责任身份,以违法身份起连带作用、责任身份起个别作用的原理来解决我国问题,不仅符合我国的刑法立法现状,也符合我国的共犯理论。其四,主张共犯的罪名必须完全相同,是早已失去支持者的犯罪共同说(乃至是完全犯罪共同说)的观点。我国通说刚刚接受部分犯罪共同说的主张,但现在行为共同说正变得日益有力。需要指出的是,分别定罪说与行为共同说最为契合,但不能以“老眼光”认为行为共同说是“建立在主观主义基础之上”。虽然日本刑法学界早期支持行为共同说的牧野英一等学者属于主观主义阵营,但现在支持行为共同说的学者几乎无一例外地均为客观主义者。其五,自德国齐默尔(Zimmerl)首先提倡区分违法身份与责任身份以来,该理论已经被瑞士、奥地利等国刑法所采纳。

结合我国《刑法》规定,可以认为,对于侵占罪(《刑法》第270条第1款)、职务侵占罪与贪污罪,受委托保管财物的人是一种违法身份,职务侵占罪相当于域外刑法中的业务侵占罪,公司业务人员相对于侵占罪主体而言,是一种责任身份,而贪污罪的主体国家工作人员相对于非国有公司的业务人员而言,又是一种责任身份,因而相对于侵占罪主体而言,国家工作人员可谓一种二重的责任身份。所以,非他人财物占有者无论教唆还是与公司人员、国家工作人员共同将占有的财物占为己有,前者始终成立侵占罪,后者始终成立职务侵占罪或者贪污罪。委派到非国有公司从事公务的国家工作人员无论相互教唆还是共同实施将本单位财物非法占为己有的行为,分别成立职务侵占罪与贪污罪。

需要说明的是,委派到非国有公司从事公务的国家工作人员,教唆公司人员将公司人员基于职务占有的财物占为己有,国家工作人员没有利用职务便利,这时国家工作人员的身份不起作用。尽管“对于公务员仅仅以职业关系的本身而认为其对于任何犯罪都具有较高的可非难性,这样的说法是欠缺说服力的。毕竟公务员是职业选择中的一种,实在看不出来,为什么选择公务员为职业就在任何犯罪的免疫上有比较高的期待可能性”,但还是可以认为,公务员身份对于贪污贿赂渎职罪而言,是一种类似于国外具有行为人属性的“赌博常习者”身份。也就是说,被委派到非国有公司从事公务的国家工作人员,具有保护公司财物和保持本人清正廉明的义务,即使其只是教唆公司人员实施侵占本单位财物的行为,作为教唆者其也具有相对于公司人员更高的非难可能性。故此,受委派的国家工作人员教唆公司人员将公司人员基于业务占有的本单位财物占为已有的,对于国家工作人员也应以贪污罪定罪处罚。这样处理,并不是因为存在《刑法》

第382条第3款“伙同贪污的，以共犯论处”的规定，该款规定只是一种注意性规定，故可以忽略。再说，也只是规定以“共犯”论处，并未明确必须以贪污罪共犯论处。

9. 应否严格限制“利用职务上的便利窃取、骗取公共财物”的成立范围？

2016年4月18日，最高人民法院、最高人民检察院《关于办理贪污贿赂刑事案件适用法律若干问题的解释》（以下简称《贪贿案件解释》）将贪污罪和受贿罪的数额较大的立案标准确定为3万元，远远高于盗窃罪的2000元和诈骗罪的3000元的数额较大的立案标准。贪污受贿属于“寄生型犯罪”，盗窃和诈骗，尤其是盗窃，属于“求生型犯罪”，结果盗窃、诈骗两三千元构成犯罪，而国家工作人员利用职务上的便利“窃取”“骗取”公共财物的，达到3万元才构成犯罪，这无疑是失衡的。

由于司法解释具有法律效力，又由于《刑法》第382条第1款有明文规定，故对于国家工作人员利用职务上的便利实施的窃取、骗取行为，仍然应认定为贪污罪。就此而言，解释者无能为力。但是，为了维护刑法的公平正义性，当下的刑事司法应当严格限制“利用职务上的便利窃取、骗取公共财物”的适用范围，将贪污罪的中心内容限定于国家工作人员将基于职务（公务）占有的公共财物据为己有的情形（侵吞或侵占），即将贪污罪限缩解释为一种公务侵占罪。

案14：某单位工作人员甲向社保局上报相关资料时，伪造了部分资料，社保局工作人员没有发现，甲从社保局骗取了8万多元，法院以贪污罪作出判决。

很显然，某单位工作人员不可能事先占有并支配社保局的社保资金。对于自己事先并不占有支配的财物，不可能成立贪污罪，所以本案应认定为诈骗罪。

案15：某地政府出台了拨款补贴农民危房改造的政策。某村村支书甲等以该村已去世村民乙的名义谎报需要改造1067平方米的危房。得到政府补贴后，该村“两委”7名班子成员私自分掉了补贴款。法院认定该7人构成贪污罪。

很显然，村支书甲等人事先并不占有政府的危房补贴款，其采用欺骗手段取得政府对危房的补贴款，不成立贪污罪，而是成立诈骗罪。至于该村“两委”7名班子成员事后私分补贴款，属于诈骗既遂之后的分赃行为。其中，事先参与诈骗的成员仅成立诈骗罪，未参与诈骗的，成立掩饰、隐瞒犯罪所得罪。

10. 何谓贪污罪中“利用职务上的便利”？

根据1999年9月16日最高人民检察院《关于人民检察院直接受理立案侦查案件立案标准的规定（试行）》规定，在贪污罪中，“利用职务上的便利”是指利用职务上主管、管理、经手公共财物的权力及方便条件。

由于贪污罪的本质是国家工作人员将基于职务（公务）占有、支配下的公共财物非法占为己有，所以，所谓“利用职务上的便利”，只是强调公共财物事先在国家工作人员的占有支配之下，并不是说侵吞、窃取、骗取行为本身需要利用职务上的便利。例如，国有仓库的保管员将所保管的仓库中的公共财物拿回家，以及国有企业中掌管现金的出纳将所保管的现金拿回家，并不需要“利用职务上的便利”，但国有仓库保管员和出纳非法占为己有的仓库中的公共财物和国有企业的现金事先在其占有之下。又如，国有企业的财务总监指使出纳将企业的现金交给自己使用，之所以构成贪污罪，是因为其作为财务总监能够支配直接占有现金的出纳的职务行为。再如，国有公司、企业的董事长、总经理，虽然实际并不直接占有企业的一钱一物，但其能够支配直接占有公司企业财物的职员的职务行为。“经手”公共财物的人，未必占有公共财物，可能只是公共财物的占有辅助者。例如，车间流水线上的工人并不占有流水线上的产品（车间主任占有），邮包分拣员并不占有所“经手”的邮包（部门负责人占有）。传统观点认为“经手”公共财物就是占有支配公共财物，其实是错误的。

贪污罪中“利用职务上的便利”，强调的是国家工作人员对公共财物要么直接占有，即管理公共财物（如出纳、仓库保管员、收费员），要么对直接占有公共财物的工作人员的职务行为能够进行支配，即主管公共财物（如国有公司、企业的董事长、总经理、厂长、财务总监）。质言之，贪污罪中的“利用职务上的便利”，就是国家工作人员将自己事先占有、支配下的公共财物非法占为己有。

案16：某国有公司总经理甲要求下属在通信公司做活动期间预存20

万元话费,移动公司免费赠送了总价值3万元的两部手机,甲将获赠手机据为己有。

既然两部手机是因为用公司资金充值话费获得的,应属于公司所有。甲作为公司总经理,显然对作为公司财产的两部手机具有支配权,其利用职务上的便利将两部手机占为己有,成立“侵吞”型贪污罪。

案17:甲负责A国有单位招标项目,乙是B单位负责人。甲在负责的某个招标项目竞标前主动向乙表示,如果B单位想中标,就得先给甲100万元。乙交给甲100万元后,B单位中标。中标后,甲把项目中的某一原材料从单价20元提高到25元,A国有单位因此多向B单位支出200万元。

甲要求乙先给其100万元,属于索贿,构成受贿罪,受贿金额为100万元。事后甲为了回报乙,而向B单位高价采购原材料,属于一种变相贪污。使第三者非法占有也是非法占有,所以甲还成立贪污罪。对于乙送给甲100万元的行为,若是为谋取不正当利益,则构成单位行贿罪。乙事后伙同甲向A单位高价销售原材料的行为,与甲成立贪污罪的共犯。所以,就全案而言,甲成立受贿罪(100万元)与贪污罪(200万元),应数罪并罚。乙作为主管人员成立单位行贿罪(100万元)和贪污罪共犯(200万元),数罪并罚。

案18:钱某为国有邮政储蓄单位的工作人员。钱某在为自己的父亲办理存款业务时,将父亲分4次交给他的6万元先办理存款手续,将存折交给父亲以后,钱某利用自己的职务之便,将父亲存款记录从电脑中销掉,然后将6万元用于个人投资。父亲以为自己的钱已经存在了银行,实际上银行电脑中并没有父亲的存款记录。父亲发现自己无法取款时,向公安机关报案导致案发。

本案中,虽然6万元形式上存入了银行,但是钱某立即将存款记录删除了,所以可以认为,6万元实际上没有存入银行,6万元没有成为国有邮政储蓄单位占有的公共财物。钱某将6万元形式上存入银行,只是为了给父亲一个存单或者存折,而不是真的让这6万元存入银行。从钱某的内心来看,他实际上是想使用父亲的钱投资,而不是想使用银行的钱投资。从这一点来看,不宜将钱某的行为认定为贪污罪。也就是说,钱某并不是将自己占有支配下的公共财物据为己有,而是将其父亲让其存入银行(指定用途)的6万元据为己有,所以构成侵占罪。事实上,6万元自始至终都没有离开钱某本人。

案19:甲在某小学施工后,校方欠甲工程款12万元,甲多次要债无果,后该小学的校长对甲说,"有人想出8万元钱买你的这笔债"。甲意识到该校长只愿意出8万元,迫于资金紧张,甲就同意将该12万元的债权折抵成8万元,然后,该校长将其中的4万元差价据为己有。

应该说,如果校长从学校拿出12万元之后,产生了想从中捞取4万元的想法,因此认定为受贿罪更符合法律规定。因为这笔钱实际上是校长通过一种巧妙的索贿方式,迫使甲放弃的。更直接一点说,这4万元原本是学校支付给甲的,甲迫于无奈被校长索贿要走了。如果校长先和甲说好了只给8万元,甲被迫同意后,校长从学校拿走12万元,将其中8万元给甲,4万元据为己有,则认定为贪污罪更符合法律规定。在后一种情况下,既然校长以其身份与甲谈好了只给8万元,那么,学校就只需要支付8万元,剩下的4万元就仍然是学校的公款,校长据为己有,就是贪污。

11.何谓贪污罪中的"侵吞"?

贪污罪中的"侵吞",就是国家工作人员将自己事先占有支配下的公共财物占为己有。就是说,所"侵吞"的公共财物,必须事先在其占有支配之下。《刑法》第394条中规定的"国家工作人员在国内公务活动或者对外交往中接受礼物,依照国家规定应当交公而不交公",其实就是将自己合法占有的财物非法占为己有,因而属于"侵吞"。

案20:国有A公司董事会决定,将公司的1000万元借给B民营企业使用,每月利息50万元。但A公司与B公司签订的是无息借款合同,B公司将每月50万元利息交给A公司董事会,A公司董事会成员将利息私分。

既然是公司董事会决定将公司的资金借给民营企业使用,出借行为就没有违背单位的意志,不构成挪用公款罪。出借所获得的每月50万元利息应属于公司所有,公司董事会成员将之私分,成立贪污罪。

案21:甲是某国有房地产公司的负责人。在该国有公司建设的某栋住宅楼竣工后，甲交给公司10万元定金，预定其中的一套公寓。两年以后，房价大涨，该套公寓的市价由500万元上升到了1000万元。该公司以1000万元将该套公寓出售以后，甲让公司将其中的500万元作为“损失费”补偿给自己。

表面上看，该500万元是其预定的“房子”涨价后出售的差价，但甲除交付10万元定金外，并没有交付其余房款，也未办理房产手续，不能认为甲已经对其“预定”的房子享有了所有权。所以，甲实际上是利用职务上的便利，将其支配下的公司的500万元据为己有，构成贪污罪。

就“侵吞”型贪污罪而言，其与国外刑法中的业务侵占罪没有区别（不考虑主体），都是将自己基于职务而管理、控制、支配、占有的本单位财物非法占为己有。其与职务侵占罪的区别仅为主体的不同。其与侵占（委托物）罪的对象不同在于：除自己实际占有的财物之外，还包括作为单位领导，如董事长、总经理、财务总监，基于职权能够调度、支配、控制的财物。例如，国有公司的总经理虽然并不实际占有本单位的一钱一物，但无疑能够调度、支配、控制本单位的财物，其利用职权将单位的财物非法占为己有的，自然成立“侵吞”型贪污罪。理论上界定“侵吞”或许并不难，但司法裁判中常常将“侵吞”与“窃取”、“骗取”等行为方式相混淆。

案22：在黄某某受贿、贪污案中，经审理查明：“1997至1998年，广东某人民法院审理的某公司破产还债一案，由广东两家拍卖公司进行了资产拍卖。被告人黄某某利用担任该院党组书记、院长的职务便利，隐瞒事实真相，伙同时任某市司法局副局长的陈某、某代办处负责人项某，以该代办处参与中美公司资产拍卖操作的名义，将该院取得的对该资产拍卖佣金中的308万元，通过某协会转入某代办处账户，由三人非法占有，黄某某分得120万元。”一、二审法院均认为，黄某某利用职务便利，伙同他人骗取本单位公款的行为还构成贪污罪。①

该案中，被告人贪污上述财物时任法院院长，对上述财物当然有控制、支配

① 该案例载于《最高人民检察院公报》2010年第4期，第25～27页。

权,根本无需欺骗本单位具有主管上述财物的人员使其做出财产处分的决定。因此,本案的贪污事实,应为被告人利用主管、控制上述财物的便利,"侵吞"本单位财物,而非"骗取"本单位财物。

案23:在孙某贪污、受贿案中,2004年下半年至2006年11月,孙某指使贺某虚构需要政府资金扶持的农业项目,通过桂林市政府上报广西壮族自治区政府请求项目资金扶持,孙某利用自己担任政府领导主管广西壮族自治区农业的职务便利,在报告上批示同意由农业厅、财政厅直接下拨农业专项资金予以"扶持"。之后二人私分上述"扶持"款。对于上述贪污事实,法院认为是共同"骗取"国家专项资金。①

应该说,由于被告人孙某作为上述专项资金的主管领导,具有最终的处分决定权,根本无需欺骗他人做出财产处分决定,故属于"侵吞",而非"骗取"公共财物。如果被告人孙某批示同意后还需上级领导进一步批示同意,才可能属于"骗取"公共财物。

案24:在许某贪污一案中,起诉书指控,被告人许某在某市国债委员会办公室(以下简称市国债办)任出纳兼会计,后又负责市财政局预算外资金专户的出纳和部分会计工作,并负责代保管有关单位国库券、保管支取市国债办资金所需的3枚印章和市财政局局长印鉴章。从1997年10月31日至2000年2月24日,被告人许某利用职务上的便利,采取私开现金支票和转账支票,假以付手续费、奖励费、兑付款、业务费、事业支出等为名,私盖印鉴章和偷盖他人保管的综合计划处专用印鉴章,隐匿支票存根、不登记支出账;在银行存款余额调节表上虚列"未达账"和加大每月单位银行存款余额,将账做平;用复印、挖补后再复印的方法伪造、涂改、加大年终银行存款余额数,使之与银行应有存款余额数相符,向处、局领导报送其编制不实的"综合财政收支执行情况表"等窃取、骗取手段,将市国债办资金857.01万元、市财政局预算外资金6220万元和代保管的国库券195万元,合计7272.01万元非法占为己有。法院认为:"被告人许某身为国家机关工作人

① 该案例载于《最高人民检察院公报》2009年第6期,第22~24页。

员，利用职务上的便利，伙同被告人杜某采取侵吞、窃取手段，直接占有国有资金 7272.01 万元，数额特别巨大，情节特别恶劣，其行为已构成贪污罪。”①

本书认为，被告人许某出卖代为保管的国库券属于“侵吞”，利用自己独自保管的印鉴章开具支票，亦属于“侵吞”，因为保管印鉴章就意味着事实上可以独自控制、支配相关财物。偷盖他人保管的综合计划处专用印鉴章时，如果没有使用自己所保管的印章，则应评价为盗窃罪（评价为诈骗也有可能，取决于具体的案件事实），如果同时私盖了自己保管的印章，则属于将共同占有（保管）的公共财物占为己有，应认定为“窃取”型贪污。至于事后向处、局领导报送其编制不实的“综合财政收支执行情况表”，则属于事后掩盖犯罪事实的行为，不应认定为“骗取”。正如已经将受委托保管的财物占为己有后谎称被盗而免除返还责任的，应被另外评价为诈骗罪一样。

综上，基于职务（公务）而能够独立支配、控制、占有的本单位财物，属于侵吞的对象，否则只能是窃取或者骗取的对象。

12. 何谓贪污罪中的“窃取”？“监守自盗”是“窃取”吗？

理论上对“窃取”的理解五花八门，例如，（1）窃取，是指将自己管理、使用的公共财物以秘密窃取手段转归自己控制的行为（监守自盗），如国有金融机构出纳员利用保管存款的条件窃取存款。盗窃罪中的窃取是以平和方式取得财物，并不以秘密实施为限，贪污罪中的窃取一般限于秘密实施取得财物的行为，所以其比盗窃罪中窃取的含义狭窄，否则就可以认定为侵吞。② （2）窃取，是指利用职务的便利以平稳方式转移公共财物的占有。至于窃取与侵吞的区别，有人认为在于手段的秘密性或公开性，有人认为在于窃取只能针对其保管的公共财物，而侵吞则针对行为人合法占有的、应当上交或者下发的财物，因此侵吞局限于监

---

① 贵州省贵阳市中级人民法院刑事判决书，（2000）筑刑二初字第 58 号。

② 周光权：《刑法各论》（第 2 版），中国人民大学出版社 2011 年版，第 405 页。另参见黄京平主编：《刑法学》（第 2 版），中国人民大学出版社 2011 年版，第 405 页；王作富主编：《刑法》（第 5 版），中国人民大学出版社 2011 年版，第 502 ~503 页。

守自盗的情形。但是,从占有是否转移的角度区别侵吞和窃取的观点更为合理,因此,应当认同对于自己占有、管理的财物以所有之意进行处分的,实际上属于侵吞而非窃取的观点。因为通常所谓的监守自盗情形下的占有转移行为所针对的对象也是行为人合法控制的公共财物。[①] (3)人们通常将保管员利用职务之便占有自己或者自己与他人共同保管财物的行为作为"窃取"认定("监守自盗")。此外,行为人对某项公物有管理职责和职权,但没有使用的权限,行为人利用职务之便盗用该公物进行个人消费,则应属于典型的窃取。[②]

张明楷教授认为,所谓窃取,是指违反占有者的意思,利用职务上的便利,将他人占有的公共财物转移给自己或者第三者占有。刑法理论一般认为,这里的窃取就是指"监守自盗",如出纳员窃取自己管理的保险柜内的金钱。可是,这种"监守自盗"行为属于将自己占有、管理的财物据为己有的"侵吞"。其实,只有在行为人与他人共同占有公共财物时,行为人利用职务上的便利窃取该财物的,才属于贪污罪中的"窃取"。例如,单位保险柜需要同时使用钥匙与密码才能打开,而钥匙与密码由甲、乙二人分别保管时,甲利用自己掌管的钥匙并猜中密码取得保险柜中的现金的,或者乙利用自己掌管的密码和私自配制的钥匙取得保险柜中现金的,可以认定为利用职务上的便利窃取公共财物。除共同占有的情形以外,其他情形都不可能被评价为利用职务上的便利盗窃。[③]

近来有学者从业务侵占的角度认为应当在侵占的含义内解释贪污罪的"窃取","窃取"是指以秘密获取的方式侵占,即常说的"监守自盗"。"窃取"与"侵吞"一样,不过是对侵占的具体手段的列举。[④]

应该说,上述学者试图从业务侵占的方向限缩贪污罪中"窃取""骗取"的适用范围,立场是可取的。但是,将贪污罪中的"窃取"解释为"以秘密获取的方式

---

① 谢望原、赫兴旺主编:《刑法分论》(第2版),中国人民大学出版社2011年版,第403页。

② 孙国祥主编:《刑法学》(第2版),科学出版社2012年版,第640页。

③ 参见张明楷:《刑法学》(第6版),法律出版社2021年版,第1558页。由此看来,张明楷教授试图将贪污中的"窃取"解释掉。

④ 参见王彦强:《业务侵占:贪污罪的解释方向》,载《法学研究》2018年第5期,第136页以下。

侵占,即常说的‘监守自盗’”,明显不符合国内刑法理论与实务对侵占与盗窃的通常理解,所以并不可行。

认为“窃取”与“侵吞”的区别在于手段是秘密还是公开,则意味着出纳员、仓库保管员大摇大摆地将自己占有、保管的财物拿回家的,就是“侵吞”,趁夜深人静时悄无声息地拿回家的,就属于“窃取”。这种行为无价值论的区分方法显然未能抓住问题的本质,因而不具有合理性。其实,只要是将自己控制、占有、保管的财物非法占为己有,包括人们通常所说的“监守自盗”,都是不转移占有的侵占犯罪,理当属于“侵吞”。我们在解释“窃取”时,一方面要注意与“侵吞”相区别,另一方面又要将其与普通的盗窃行为相区别。首先应当认为,“窃取”型贪污罪仍属于转移占有的夺取罪范畴,因而所谓的监守自盗,应属于“侵吞”而非“窃取”。其次,“窃取”型贪污罪与普通盗窃罪的区别在于,所夺取的对象与其职务有关。正如通说所言,利用因工作关系熟悉作案环境、凭工作人员身份便于接近作案目标等与职务无关的便利条件,不属于利用职务之便。这种情形不能成立贪污罪,而只能成立普通的盗窃罪。因而,“窃取”的对象既要求不是国家工作人员独自占有、支配的财物,又要求与其职务有关。

笔者曾经认为,除张明楷教授所主张的行为人将与他人共同占有的财物利用职务上的便利占为己有的属于“窃取”外,考虑到立法者在狭义的侵吞之外增设窃取、骗取等行为方式的目的在于,突出和加强对公共财物的特殊保护这一点,还应将行为人利用职务上的便利将自己辅助或者监视占有的财物占为己有的认定为贪污罪中的“窃取”。例如,装卸工、流水线上的工人等车间人员,虽然他们都可能现实地经手财物,但一般还存在对财物的其他监管者,车间人员利用值夜班之机将车间财物拿回家,必然要避开工厂门卫。从这个意义上讲,车间工人并未占有单位财物,只是单位财物的辅助占有者。他们将自己辅助占有的财物非法占为己有的,可以评价为贪污罪中的窃取(这里不考虑其从事的是公务还是劳务的因素)。此外,单位的安保人员并未占有单位财物,只是单位财物的监视占有者,其利用值班之机将单位财物非法占为己有的,也应认定为贪污中的“窃取”(同样不考虑所从事的是公务还是劳务这一因素)。因为没有理由认为国有单位的仓库保管人员将所保管的公共财物拿回家的,成立贪污罪,而国有单位的安保人员将看护下的财物拿回家的,却成立法定刑相对较低的盗窃罪。①

以前贪污罪条文规定的定罪起点为5000元,而且数额不满5000元但情节较重的也能定罪处罚,所以从法律规定上看,贪污与盗窃定罪处刑不至于过于悬殊。但是,现在《贪贿案件解释》直接将贪污罪的立案标准提高到了3万元,远远高于盗窃罪的立案标准(2000元)。所以,笔者赞同张明楷教授将贪污罪中的“窃取”限定为窃取共同占有的财物的一种情形的主张。

司法实践中,对于贪污罪中“窃取”的认定标准不清。

案25:被告人郑某曾在兴业银行某支行一储蓄所任负责人,后调到兴业银行某支行一分理处任复核员,但其住宿仍在原储蓄所宿舍。1998年6月2日7时许,被告人郑某利用在储蓄所住宿的便利,进入该所营业厅,并利用其掌握的柜员密码及该所负责人放于桌面的授权卡操作电脑,采用自行列支利息的手段,将兴业银行的10万元资金转入户名为朱某的存折中。数日后,郑某将该存折加入密码,实现通存通兑。1998年6月28日,郑某利用担任兴业银行一分理处复核员的职务之便,将存入朱某存折中的10万元全部领出。该案控方以贪污罪起诉。一审法院认为,“被告人郑某以非法占有为目的,采用秘密手段窃取数额特别巨大的公有财产,因其进入储蓄所操作电脑并非利用职务之便,故不构成贪污罪,而构成盗窃罪”。二审法院则认为,“上诉人郑某身为国有企业的工作人员,利用职务之便,采用窃取、骗取手段,非法占有现金10万元的国有财物,其行为构成贪污罪”。②

对于该案,有人认为,纵观全案,郑某窃取兴业银行10万元资金的行为可以分为两个阶段:第一阶段是郑某利用在储蓄所住宿的便利进入该储蓄所操作电脑、列支利息并存入名为朱某的户头上;第二阶段是郑某在某分理处的工作岗位上将10万元中的9万元领出存入自己的顺通卡中,另1万元支取现金。前一阶段是利用住宿之便,后一阶段是利用职务之便。从作案的全过程来看,郑某利用了自己职务上的便利,因此其行为构成的是贪污罪,而不是盗窃罪,二审法院的

---

① 参见陈洪兵:《贪污贿赂渎职罪解释论与判例研究》,中国政法大学出版社2015年版,第123页。

② 福建省泉州市中级人民法院刑事判决书,(1999)泉刑终字第296号。

改判是正确的。

本书认为,第一阶段的行为的确只是利用熟悉作案环境、容易进出工作场所而实施的。第二阶段的"数日后,郑某将该存折加入密码,实现通存通兑。1998年6月28日,郑某利用担任兴业银行某分理处复核员的职务之便,将存入朱某存折中的10万元全部领出",到底利用的是怎样的一种职务之便,似乎语焉不详。如果所实施的上述行为,非其身份或者岗位职责不能完成,则可认为利用了职务之便。相反,若类似于第一阶段因熟悉作案环境而实施,则难以认定利用了职务之便,不能评价为贪污罪中的"窃取"。如果郑某第一阶段的行为就已经使得储蓄所失去了对这笔钱的控制,行为就已既遂。事后如何支配这笔钱,不影响行为性质的认定。故而,是成立盗窃罪还是窃取型贪污罪,关键取决于其行为的完成是否依赖于行为人本身的职务或者职责,以及能否认为郑某第一阶段的行为就使得储蓄所失去了对这笔钱款的控制。就本案而言,本书倾向于认为郑某第一阶段的操作就已经控制支配了这笔钱款而已经既遂,应成立未利用职务便利的普通的盗窃罪。

案26:1998年7月初,中国人民银行陕西省某分行业务部出纳申某某(在逃),多次找被告人高某商议盗窃自己与另一出纳共同管理的保险柜内的现金。7月30日7时,申某某将被告人高某带进该行业务部套间,藏在自己保管的大壁柜内。其他工作人员上班后,申某某与另一出纳员从金库提回现金40万元,放进保险柜内的顶层。10时许,该市邮政财务科承兑现金10万元。10时30分左右,申某某进入套间向被告人高某指认了放款的保险柜,后与本行其他职员聊天。10时40分,申某某乘其他工作人员外出吃饭离开办公室之际,打开壁柜将自己保管的保险柜钥匙交给高某,并告知人都走了,自己即离开业务部去吃饭。被告人高某撬开另一出纳员的办公桌抽屉,取出钥匙打开保险柜,将30万元装入旅行袋里,又在办公室将申某某等人的办公桌撬开以伪装现场,然后从后窗翻出逃离。对于该案,控方以贪污罪起诉。一审法院认定为盗窃罪。二审法院亦认为:"上诉人高某撬开另一出纳员的抽屉,窃取另一把保险柜钥匙,后用该钥匙和申某某交给的钥匙打开保险柜,窃走柜内存放的现金30万元,这些行为都是高某单独实施的,也是造成30万元现金脱离存放地点、失去该款保管人控制的直接原因。申某某虽为业务部出纳,也掌管着另一把保险柜钥匙,作案前进行了周密的准备,将高某带进业务部藏匿,将其他工作人员叫出去吃饭,是利用职务之便为高某实施盗窃提供和创造条件,但是,仅以其个人职务便利尚不足以与高某共同侵吞这笔巨额公款,因而不能以申某某的身份和其行为确定本案的性质……上诉人高某犯盗窃罪。”①

本书认为,上述判决定性错误,本案应定贪污罪。在逃的申某某系本案的主谋,其掌管着保险柜的另一把钥匙,可以认为其与另一出纳员共同占有保险柜中的钱款。其利用自己保管的一把钥匙,指使他人窃走另一出纳员的钥匙后盗取保险柜中的钱款,可谓利用职务之便将共同占有的财物非法占为己有,应当评价为贪污罪中的“窃取”而成立贪污罪,高某亦成立贪污罪的共犯。

案27:身为某铁路房产段保卫科科长的被告人杜某重,与郑某民、单某双、韩某丰等人事先串通,以值班或蹲坑抓偷煤的为由将与单某双同班的另一巡守员支回家,单某双为郑某民及随行车辆开门,杜某重在院内接应并望风。该案以贪污罪起诉。法院则认为,“被告人郑某民、杜某重、单某双、韩某丰相互勾结,共同盗窃公共财物,数额特别巨大,均已构成盗窃罪……被告人杜某重身为某铁路房产建筑段保卫科科长,对本段储煤场的取暖用煤负有安全保卫职责,但不具有经营管理职权。杜某重伙同他人肆意秘密窃取煤炭,其行为没有利用职务上的便利,不符合贪污罪的法律特征,检察机关认定被告人犯贪污罪的起诉意见缺少法律依据,予以改正”。②

本书认为,上述判决错误,本案应定贪污罪。本案被告人杜某重作为单位的保卫科科长,占有本单位的财物。其利用当班之机,伙同外人将本单位财物非法占为己有,侵害了公共财物的所有权和国家工作人员职务行为的廉洁性。况且,

---

① 陕西省高级人民法院“高某有盗窃案”刑事判决书,载 http://www.lawyee.net/Case/Case_Display.asp? ChannelID =2010100&keyword =&RID =23653#,2014 年 3 月 19 日访问。

② 吉林省通辽铁路运输法院“杜某重、郑某民、单某双、韩某丰盗窃案”刑事判决书,载 http://www.lawyee.net/Case/Case_Display.asp? ChannelID =2010100&keyword =&RID =49203#,2014 年 3 月 19 日访问。

成立贪污罪,并不以“具有经营管理权”为条件,只要基于职务控制、支配、占有单位财物,就可能成立贪污罪。需要说明的是,铁路段的保卫科科长,不同于一般单位的保安。应认为前者占有本单位的财物。故而,本案被告人杜某重的行为,属于贪污罪中的“侵吞”,应当成立贪污罪,其他人亦成立贪污罪的共犯。

案28:杨某于2001年11月至2002年年初,在某社出版发行部工作期间,利用担任出版发行部样书库库管员的职务便利,将其负责保管的该社于1950~1965年发行的连环画《三打祝家庄》等样书1800余册盗出并销售,共获销赃款16万元。北京市东城区人民法院经审理认为:“杨某身为国有企业中从事公务的人员,利用职务便利窃取公共财产,其行为侵犯了公共财产的所有权,已构成贪污罪。”①

本书认为,该案定贪污罪是正确的,但不应认定为“窃取”,而是“侵吞”。该案属于通说教科书中所称的“监守自盗”,系将自己保管、占有的财物非法占为己有,应属于贪污罪中的“侵吞”,而非“窃取”。

综上,贪污罪的“窃取”,既非监守自盗,亦非秘密窃取,而是将自己基于职务占有的财物非法占为己有,其中“利用职务上的便利”,体现为共同占有本单位财物。

13. 何谓贪污罪中的“骗取”? 谎报差旅费,构成贪污罪吗?

理论上对于贪污罪中“骗取”的理解也存在分歧,例如:(1)“骗取”,是指行为人利用职务上的便利,采用虚构事实或者隐瞒真相的方法非法占有公共财物,如采购人员谎报出差费或者多报出差费骗取公款。根据《刑法》第183条第2款的规定,国有保险公司工作人员和国有保险公司委派到非国有保险公司从事公务的人员,利用职务上的便利,故意编造未曾发生的保险事故进行虚假理赔,骗取保险金归自己所有的,以贪污罪定罪处罚。(2)“骗取”,是指行为人利用职务上的便利,采用虚构事实或者隐瞒真相的方法,非法占有公共财物。如工程项目负责人伪造工资表,冒领不存在的工人工资。(3)“骗取”,是指利用职务上的便

① 北京市东城区人民法院刑事判决书,(2005)东刑初字第00271号。

利,采取欺骗手段,通过使具有处分权的公共财物管理人、经手人、支配人等产生认识错误而处分并将其交付给行为人而达到对公共财物的占有。

张明楷教授曾经认为,骗取,是指假借职务上的合法形式,采用欺骗手段,使具有处分权的受骗人产生认识错误,进而取得公共财物。必须区分利用职务便利的骗取与没有利用职务便利的骗取。传统观点认为,国家工作人员谎报出差费用或者多报出差费用骗取公款的,成立贪污罪。但应认为,这种行为并没有利用职务上的便利,以诈骗罪论处更为合适。①

张明楷教授在其最新版教科书中指出,按照《刑法》第183条第2款的规定,国有保险公司工作人员和国有保险公司委派到非国有保险公司从事公务的人员,利用职务上的便利,故意编造未曾发生的保险事故进行虚假理赔,骗取保险金归自己所有的,属于骗取形式的贪污。如若将第183条第2款视为注意规定,那么,贪污罪中的骗取,是指国家工作人员虽然对公共财产没有最终的处分权限,但由于其基于职务处理有关公共财产的事项,实质上处于可以处分公共财产的地位(实际上属于公共财物主管者的阵营),进而利用职务上的便利对最终决定者实施欺骗行为,使最终决定者处分财产,使自己或者第三者取得财产。例如,国有银行负责贷款事项的审核人员甲,与借款人乙共谋骗取银行贷款,在没有担保的情况下谎称有担保,欺骗主管贷款事项的副行长,使其同意发放贷款的,对甲、乙应以贪污罪的共犯论处。国有单位会计、出纳等管理现金的人员通过做假账直接取得国有单位现金的,不属于骗取,而是侵吞。倘若将第183条第2款理解为法律拟制或者特别规定(倾向于这一理解),则只有国有保险公司工作人员和国有保险公司委派到非国有保险公司从事公务的人员,才可能以骗保方式实施贪污罪,其他国家工作人员以骗取方式实施贪污罪的情形则极为罕见。应该说,无论如何,都不能扩大骗取方式的贪污罪的成立范围,充其量只能将与第183条第2款规定相当的行为类型认定为贪污罪。②

有学者试图业务侵占的角度将贪污罪中的“骗取”作限缩解释,认为应当在

① 张明楷:《刑法学》(第4版),法律出版社2011年版,第1047页。

② 参见张明楷:《刑法学》(第6版),法律出版社2021年版,第1559页。

侵占的含义内解释贪污罪的"骗取","骗取"是指以欺骗的手段侵占。"骗取"与"侵吞"一样,不过是对侵占的具体手段的列举。①

应该说,上述观点试图从业务侵占的方向限缩贪污罪中"骗取"的适用范围,立场是可取的。但是,将贪污罪中的"骗取"解释为"以欺骗的手段侵占",明显不符合国内外刑法理论与实务对侵占与诈骗的通常理解,所以并不可行。

笔者曾经认为,首先应将骗取型贪污罪作为夺取罪(转移占有的财产罪)把握。其与普通诈骗罪的共同点在于,行为人使用欺骗手段,使具有财产处分权限的人做出将财产处分给行为人的决定。不同点在于,贪污罪中的骗取行为利用了职务上的便利。所谓利用职务上便利的"骗取",无非基于行为人在单位中的特殊身份或地位,能够对单位财产具有处分权限的人实施欺骗行为,使其作出将单位财产处分给行为人的决定,进而取得财物。故而贪污罪中的"骗取",相对于侵吞而言,骗取者事先并不占有、控制、支配公共财物;相对于窃取行为,行为人没有采取违背财物占有者意志的方式取得,而是以欺骗具有主管、控制、支配公共财物权限的领导的方式,使其基于认识错误做出将公共财物处分给行为人的决定,行为人进而取得财物。行为人谎报差旅费、医药费,显然是基于其作为单位成员能够报销相关费用的身份或者地位,欺骗单位的主管人员,让其做出将公共财物处分给行为人的决定,理当属于贪污罪中的"骗取"。至于骗取保险金,也是因为行为人基于保险代理人等的身份或者地位,能够欺骗本单位中具有理赔决定权的主管人员做出保险理赔的决定。如若行为人本人就是具有最终理赔决定权的主管人员,其自报自批,则属于"侵吞",而非"骗取"。②

现在看来上述观点需要修正。由于《贪贿案件解释》直接将贪污罪的立案标准提高到3万元,远远高于诈骗罪3000元的立案标准。本书赞同张明楷教授主张的严格限制贪污罪中"骗取"的成立范围,乃至将"骗取"解释掉的立场,只要行为人事先并不占有支配公共财物,而是通过欺骗单位有权处分公共财物的

---

① 参见王彦强:《业务侵占:贪污罪的解释方向》,载《法学研究》2018年第5期,第136页以下。

② 参见陈洪兵:《贪污贿赂渎职罪解释论与判例研究》,中国政法大学出版社2015年版,第128~129页。

人,使其基于认识错误将公共财物处分给他的,不成立贪污罪,而是成立诈骗罪。传统观点认为属于典型的贪污罪中"骗取"的谎报差旅费的案件,也应当认定为诈骗罪。只有这样,才能维持刑法的协调和公平正义性。

司法实践中,关于"骗取"的认定亦无"章法"。

案29:被告人曹某系某啤酒有限责任公司供应科科长,被告人何某系向该公司出售回收的啤酒空瓶的客户。1993年3月,被告人何某开始为公司回收啤酒空瓶。根据公司规定,时任供应科科长的被告人曹某负责审签被告人何某交回公司啤酒空瓶开具的回收单。1997年4月以来,被告人何某向被告人曹某行贿后在回收单上涂改增大数量由曹某签字或曹某签字后何某涂改增大数量骗取回收款。法院认为,"被告人何某以非法占有为目的,采取涂改包装物验收单、虚填啤酒瓶数量的方法,骗取某啤酒有限责任公司现金749,258.76元,数额特别巨大,其行为已构成诈骗罪。被告人何某为了谋取不正当利益,向被告人曹某行贿18,000元,其行为还构成行贿罪。被告人曹某身为公司供应科科长,负责原材料采购、包装物回收的签字,收受被告人何某现金18,000元,其行为已构成受贿罪。某市人民检察院指控罪名成立。被告人何某的辩护人提出'二被告人的行为构成贪污罪'的辩护意见,与查明的事实不符,不予采纳"。①

本书认为,上述判决存在不足,应当认定二被告人成立诈骗罪共犯。被告人曹某作为供应科科长,并不占有和支配本单位财物。其是利用负责审签的机会,伙同何某共同欺骗单位财务负责人,使其基于认识错误将单位财产处分给他们,所以构成诈骗罪共犯。即便认为被告人曹某的行为还构成受贿罪,由于受贿数额只有18,000元,对其以受贿罪定罪显然不能做到罪刑相适应,也不能弥补被害单位实际遭受的财产损失。

案30:1998年下半年,原审上诉人李某结识了时为某银行总行房地产信贷部营业处会计柜台聘用制工作人员的原审上诉人郭某。李某、郭某经预谋欲骗取华能发电公司在某总行房地产信贷部的存款。1998年12月23

① 四川省攀枝花市中级人民法院刑事判决书,(2000)攀刑初字第59号。

日,郭某利用职务上的便利,使用其私刻的华能发电公司的印章,伪造了某银行汇票委托书,将华能发电公司在某总行房地产信贷部的存款180万元划至李某通过原审上诉人李某某(另一李姓被告人)的帮助在某银行某县支行其分理处设立的虚假的河南省某经贸公司的账户内。后李某在原审被告人郑某的帮助下,分多次将该款提出。该款除李某给李某某贿赂款2万元外,其余被李某、郭某等人挥霍。1999年3月31日,李某伙同郭某使用伪造的华能发电公司的印章和某银行的电汇凭证,将华能发电公司在某总行房地产信贷部的存款800万元划至由郑某及原审上诉人戴某、李某某(另一李姓女被告人)采取欺骗手段联系的深圳市某公司在招商银行深圳怡景支行的账户内。该款提现后被瓜分挥霍。原审上诉人郭某辩护人的辩护意见是:"从本案证据看,郭某利用职务便利的事实仅是复印了储户的预留印鉴,故本案定性为金融凭证诈骗罪更为准确。"该案一、二审法院均认定为金融凭证诈骗罪。北京市高级人民法院再审认为:"原审上诉人郭某身为国有银行工作人员,利用其职务上的便利,使用伪造的汇票委托书、电汇凭证骗取客户在银行的存款,数额特别巨大,其行为已构成贪污罪。原审上诉人戴某、李某某(女)及原审被告人郑某与郭某勾结,共同骗取公共财物,其行为亦构成贪污罪……原终审判决认定的事实清楚,证据确实、充分,审判程序合法,但对身为国有银行工作人员的郭某利用银行工作人员职务便利与郑某、戴某、李某某(女)等人勾结骗取银行资金的行为,认定构成金融凭证诈骗罪定罪错误,应予纠正。"①

本书认为,再审对于一、二审所认定的金融凭证诈骗罪,仅笼统地以郭某系银行职员、利用了职务便利为由,改判为贪污罪,恐怕存在疑问。复印储户的预留印鉴,固然与其银行职员的身份有关,但保管储户的印鉴,并非导致本案财产损失的关键性因素,亦非致使对银行财产具有处分权限的人陷入认识错误进而作出财产处分决定的欺骗行为。本案导致银行主管人员陷入认识错误的关键因素是被告等人持伪造的汇票委托书等金融凭证要求银行办理票据业务的行为。

① 北京市高级人民法院刑事判决书,(2005)高刑再终字第714号。

这种行为正是金融凭证诈骗罪的实行行为，与被告人郭某的职务无关，故不宜评价为贪污罪中的“骗取”。质言之，被告人郭某并不占有支配客户的财产，不能认为只要某一环节与其身份有关就认定为骗取型贪污罪，而不问导致对方陷入认识错误而作出财产处分决定的关键性因素。本书认为，本案原一、二审认定为金融凭证诈骗罪是正确的。

案31：某公司是一个由国有公司改建的国家控股公司，被告人乔某系该公司职工医院的医生。2000年9月至2001年9月11日，乔某私自从郑州、襄樊等地购买发票，虚构事实，以自己或他人（其中4人名字为编造）到外地出差、进修、学习的名义，模仿领导在票据上签字，先后多次虚报、冒领职工差旅费共计158，879.2元。该案控方以贪污罪起诉，被告人辩称自己的行为构成诈骗罪。法院认为，“被告人乔某系某公司职工医院的医生，在其职权范围内不具有管理、经营公司公共财物的便利条件，其骗取15余万元公款，并非利用职务之便，其行为不符合贪污罪主体和客观方面的特征，不构成贪污罪。但被告人乔某以非法占有为目的，采取虚构事实、模仿领导签字的方法，虚报、冒领差旅费15余万元，数额巨大，其行为侵犯了公共财产的所有权，已构成诈骗罪”。①

本书认为，法院定性为诈骗罪是正确的。虽然传统观点认为谎报差旅费属于典型的贪污罪中的“骗取”，但由于现在贪污罪的实际处罚远轻于诈骗罪，所以应限制贪污罪中“骗取”的成立范围。只要行为人事先并不占有支配公共财物，而是通过欺骗的手段让对公共财物具有处分权限的人将公共财物处分给行为人，行为人因此获得公共财物的，应当认定为诈骗罪。本案被告人乔某显然事先并不占有支配公共财物，其是通过欺骗的手段取得公共财物，所以应评价为诈骗罪。

综上，为了在贪污罪与诈骗罪之间保持处罚的协调，应当严格限制贪污罪中“骗取”的成立范围。只要行为人事先并不占有支配公共财物，而是通过欺骗占

---

① 新野县人民法院“乔某政诈骗案”刑事判决书，载 http://www.lawyee.net/Case/Case_Display.asp? ChannelID =2010100&keyword =&RID =49240#，2014年3月19日访问。

有支配公共财物的人，让其基于认识错误处分公共财物的，应认定为诈骗罪。

14. 何谓贪污罪中的“其他手段”？

关于贪污罪中的“其他手段”，理论与实务亦可谓众说纷纭、莫衷一是。例如，(1)“其他手段”，是指除侵吞、窃取、骗取以外的非法占有公共财物的方法。利用公款私存坐吃利息；将公款支付给对方又以回扣名义部分索回；国家工作人员在国内公务活动或者对外交往中接受礼物应交公而不交公的，都属于以其他方法非法占有公共财物的情形。(2)“其他手段”，是指侵吞、窃取、骗取以外的其他利用职务上的便利，非法占有公共财物的行为，如挪用公款后携款潜逃。(3)“其他手段”，是指行为人利用职务上的便利，采用侵吞、窃取、骗取以外的方法，非法占有公共财物的行为，如收受礼物拒不交公据为己有的等。(4)“其他手段”，是指行为人利用职务上的便利，采用侵吞、窃取、骗取以外的方法，非法占有公共财物，如利用职权，巧立名目，在几个领导人中私分大量公款、公物等。(5)“其他手段”，是指行为人采取除侵吞、窃取、骗取三种手段以外的方式，将公共财物非法占为己有，如利用计算机实施贪污，低价非法转让国有股份，携带挪用的公款潜逃等。(6)“其他手段”，是指采取侵吞、窃取、骗取以外的方法，将公共财物占为己有的行为，如以“挪用”的形式、“借用”的名义，或者谎称公共财物被骗、被抢，实际为自己占有的行为等情形。

本书认为，上述观点一方面认为，其他手段应是侵吞、窃取、骗取以外的方法，另一方面其所列举的其他手段，其实基本上都属于侵吞，如携带公款潜逃、收受礼物应交公而不交公，少数几个领导私分单位财产等。既然其他手段系兜底性规定，一方面能归入明文列举的侵吞、窃取、骗取行为方式的，没有必要生拉硬扯地说成是“其他手段”；另一方面，其他手段，也必须是利用职务上的便利非法将公共财物占为己有。不过，诚如张明楷教授所言，从逻辑上说，其他手段是指除侵吞、窃取、骗取以外的其他利用职务之便的手段，但事实上除此之外，极为罕见。[①]

---

① 参见张明楷：《刑法学》(第6版)，法律出版社2021年版，第1559页。

有人将利用计算机贪污也归入“其他手段”，并举出了两个案例。一个案例是：1990年，方某利用担任某银行宁波分行电脑记账员的职务之便，多次采用凭空划账、私刻印鉴伪造票据、盗用他人账户、转账套现、伪造分户账等手段侵吞公款计141万元，成为国内首例利用电脑贪污罪案犯。2000年12月8日，浙江省高院以贪污罪定罪处罚。另一个案例是：江苏省徐州市某银行的软件维护员孙某堪称“超级黑客”，他只在银行存过10元，却凭自己的电脑技术改动存款记录，半年多来从银行取走了33.8万元。1999年9月，孙某到该行下属一个分理处花10元开户办理了一张储蓄信用卡。当晚，他登录到储蓄业务网上，在其余额处将10元改成了50,010元。2000年5月，孙某所在银行下属的邳州市分行申请安装一套库存现金查询系统。孙某设计了一套自动增加自己存款余额的程序，即余额低于5万元时，系统自动增加3万元，之后，孙某辞职去了北京。在北京他将虚增的13万元提出后，其预设的自动生成程序立刻启动，余额增到了6万元。8月他将这6万元提了出来，之后系统又将余额增到了6万余元。徐州市云龙区法院以贪污罪对其定罪处罚。①

其实，所谓利用计算机贪污，只要与其职务有关，即属利用了职务上的便利，基本上可归入“侵吞”“窃取”，否则只能评价为普通的盗窃罪。上述两个案例中，如果被告人在非法占有银行财产过程中，利用了自己作为银行电脑记账员或软件维护员可以进入并操作银行电脑系统的职务便利，则可认为是将自己基于职务单独或者共同占有、控制、支配的财物占为己有，属于贪污罪中的“侵吞”或者“窃取”。若纯系利用自己高超的计算机技术破解银行信息系统密码，采取盗划存款等方式，非法将银行资金转归自己或者第三人占有，则属于利用计算机实施的普通盗窃，理当以盗窃罪定罪处罚。总之，所谓利用计算机贪污，无非是传统侵吞、窃取型贪污的技术化形式，并非贪污罪的“其他手段”。不过，司法实践中也确实出现了个别新的贪污类型。

案32：某食品经营处系某县食品公司的分支机构，为承包经营，按照规

① 参见李文峰：《贪污贿赂犯罪认定实务与案例解析》，中国检察出版社2011年版，第36~37页。

定每月向本公司报账。1996年8月，被告人张某、马某等人投资7.5万元，未经本公司领导同意擅自购置冷冻机一台建一冷库，冷库实行单独经营、单独记账，未向公司上报。在经营期间，某食品经营处以经营处之名在某信用社贷款39万元，其中冷库使用23万元，贷款到期后，某食品经营处不能归还，某信用社起诉某食品经营处。1995年12月1日，双方达成调解协议，以经营处的33间临街房作为抵押。1995年年底，冷库经营亏损，被告人张某多次向本公司经理赵某要求将冷库与经营处的账目合并，该公司领导研究后，没有同意。1996年9月，被告人马某受被告人张某的指使，乘某县食品公司即将破产之机，将冷库账目合并到经营处账目的对应科目上，将其私人经营的冷库亏损126,456.21元转嫁给经营处，由某县食品公司承担。1996年11月，某县食品公司申请破产。12月8日，某县人民法院以(1996)内灌2480号裁定书将某食品经营处抵押的33间房屋拍卖，用于偿还某食品经营处和二被告人私人经营冷库时的贷款及利息。某县法院于1997年8月5日以(1997)内法经初第39号经济裁定书作出裁定，某县食品公司某食品经营处的33间临街房屋及评估土地使用权执行完毕，不再纳入破产财产进行分配。被告人张某、马某从中贪污126,456.21元。法院认为，"被告人张某、马某身为国家工作人员，利用职务之便，借国有企业破产之机，擅自将私人经营冷库的亏损转嫁给国有企业承担，其行为已构成贪污罪，且属共同犯罪。某县人民检察院的指控成立，本院予以支持。被告人张某、马某经营冷库有大量的证人证言证实，并有书证印证，均证实冷库为其私人所有。客观上二被告人具有并账的行为，并导致了以国有资产偿还其个人经营冷库的贷款的事实，二被告人的行为符合贪污罪的构成要件"。①

本书认为，从表面上看，两被告人没有侵占本单位的积极财产，只是将私人债务转移给本单位承担，最终导致本单位积极财产的损失，似乎可谓以"其他手段"贪污公共财物，但是从"某食品经营处以经营处之名在某信用社贷款39万元，其中冷库使用23万元"这一事实来看，仍系将自己占有支配的公共财物非法

① 河南省内乡县人民法院刑事判决书，(1998)刑初字第157号。

占为己有,构成侵吞型贪污罪。

15. 贪污罪中的“非法占有目的”,包括使第三者占有吗?

非法占有目的,既包括使自己非法占有,也包括使第三者非法占有。但是,我国理论和实践通常自觉不自觉地以为,只要没有使自己非法占有的,就不成立取得型财产犯罪。就贪污而言,只要行为人没有使自己非法占有,就往往仅认定成立滥用职权罪。殊不知,仅认定为滥用职权罪,显然遗漏评价行为给被害单位所造成的财产损失。

案 33:被告人油某某在担任某市城乡建设委员会副主任、某搬迁改造项目领导小组征收协商小组组长期间,明知某公司提出的 1.5 亿元补偿标准高于正常补偿标准的情况下,仍按照时任某市建委主任孙某(另案处理)的要求,通过高价评估、虚列项目、重复计算等方式,确定了明显过高的补偿标准。2015 年 12 月 23 日,经某市建委批准,确定由某市城投公司使用某棚改项目专项资金支付某公司房屋征收补偿款。截至 2018 年 10 月,某区征收办实际支付某公司 147,960,000 元,使某公司违法多获得补偿款 93,402,778.35 元。检察机关以滥用职权罪提起公诉,法院认为,“被告人油某某身为国家机关工作人员,滥用职权,致使公共财产遭受重大损失,情节特别严重的行为已构成滥用职权罪”。①

在本案中,如若能肯定油某某对补偿款具有处分权限,即属于主管公共财物的人员(对下级管理补偿款的人员的职务行为具有支配权),其行为便符合贪污罪中的“利用职务上的便利”这一构成要件要素。与此同时,只要认识到贪污罪中的“非法占有目的”包括使第三者占有,就不能认定油某某(包含孙某在内)的行为仅成立滥用职权罪,而应同时肯定贪污罪的成立。因为油某某使补偿款归某公司所有的行为,既非不可罚的骗用行为,也非故意毁坏财物的行为,而是完全符合贪污罪的“非法占有目的”这一主观要素。倘若油某某不属于主管补偿款的人员,则要判断孙某是否属于主管补偿款的人员。如果得出肯定结论,则油

① 吉林省通化市中级人民法院刑事判决书,(2020)吉 05 刑初 3 号。

某某与孙某构成贪污罪的共犯;如若得出否定结论,则油某某的行为构成诈骗罪(同时触犯滥用职权罪)。

案34:甲是某国有卫生院的副院长,主管该卫生院的报销事宜。由于该院经费紧张,甲就向市公费医疗办公室申请拨款40万元。为了能够顺利取得该笔拨款,甲找到了市公费医疗办公室的副主任乙和市财政局的主管科长丙,甲、乙、丙三人约定,只要40万元拨到了卫生院,甲就用虚开发票的方式,拿出其中的20万元交给乙、丙。在按照约定取得该20万元以后,乙、丙每人分得10万元。

应该说,甲用虚开发票的方式将公款拿出来,属于将自己占有的公共财物据为己有。而非法占为己有,包括使第三者非法占有。所以,甲的这一行为构成贪污罪,乙、丙是贪污罪的共犯。甲将这20万元送给乙、丙,系行贿行为,由于不是为谋取不正当利益,所以不构成行贿罪。乙、丙另外构成受贿罪,与贪污罪数罪并罚。但如果甲是以卫生院的名义向乙、丙行贿,即卫生院不是被害人,则难以认定甲的行为构成贪污罪。

16.通过职务行为套取补偿款的,一定构成贪污罪吗?

国家工作人员滥用职权可能是违规发放或者伙同、帮助他人从上级部门、本单位或者其他单位套取各种补偿款、专项资金等案件。从行为类型来看,有的国家工作人员违规将补偿款直接发放给他人;有的国家工作人员明知他人不符合补偿条件而作为中间环节签署、上报虚假证明文件,使他人骗取补偿款,但自己并不参与分赃;有的国家工作人员则与他人通谋,通过虚假手段非法获得部分骗取的补偿款。不可否认的是,对于通过职务行为套取补偿款的案件,不可能机械地统一认定为某一个犯罪(如贪污罪),但这并不意味着对事实与性质相同的案件可以认定为不同的犯罪。然而,各地司法机关当下对事实与性质相同案件的定罪却形形色色,量刑差异也很大。

(1)对没有处分权限的国家工作人员滥用职权伙同、帮助他人骗取补偿款的行为,有的法院认定为贪污罪,有的法院认定为诈骗罪。这显然是因为对贪污罪中的“利用职务上的便利”这一要素存在不同理解。(2)对于国家机关工作人员滥用职权为他人骗取补偿款但没有分赃的案件,有的法院认定为贪污罪(或诈骗罪),有的法院仅认定为滥用职权罪。这大抵是因为对贪污罪、诈骗罪中的"非法占有目的"存在不同解释。(3)对于普通公民与具有处分权限的国家机关工作人员通谋套取补偿款的案件,有的法院对普通公民的行为认定为诈骗罪,对国家机关工作人员行为的认定则五花八门(如滥用职权罪、受贿罪等)。这主要是因为对诈骗罪的构造存在不当理解。(4)对于国家机关工作人员滥用职权为他人骗取补偿款提供帮助,原本触犯数罪(如两个行为分别构成受贿罪与诈骗罪)或者属于想象竞合(如一个行为同时触犯滥用职权罪与诈骗罪)的,有的法院仅认定国家机关工作人员构成受贿罪,而没有同时认定为贪污罪或诈骗罪。这明显是因为没有正确区分罪数,未能正确理解想象竞合原理。

原因一:对"利用职务上的便利"理解不当。在司法解释就贪污罪规定的定罪量刑数额明显高于盗窃罪、诈骗罪的当下,扩大贪污罪范围和缩小盗窃罪、诈骗罪范围的做法,必然有损刑法的公平正义性。所以,应当适当限制贪污罪的适用范围,其中一个重要路径就是妥当理解和适用贪污罪中"利用职务上的便利"这一构成要件要素。

应当认为,利用职务上的便利,是指利用基于职务占有公共财物的权力(便利)或者支配基于职务占有公共财物的人员的职务行为的权力。不是利用这两种权力的行为,即使行为主体是国家工作人员,也不可能成立贪污罪的正犯。因此,贪污罪中的利用职务上的便利与公共财物并不是一种简单的相加关系,而是具有内在的关联性:只有当国家工作人员基于职务占有了公共财物,或者对基于职务占有公共财物的人员处于领导、指示地位,能够支配该人员的职务行为,因而对公共财物享有支配权,进而利用这种职务上的便利的,才能认定为贪污罪;否则,只能认定为盗窃、诈骗等罪。

案35:2009年,在"温榆河大道道路工程"拆迁征地过程中,被告人王某生利用担任某村村委会主任、协助乡政府从事宅基地确认等工作的职务便利,为其子王某、其弟王某忠违规出具宅基地确认单,骗取拆迁腾退补偿款共计210万元。检察院对王某生以贪污罪向法院提起公诉,法院判决指出:"某村出具宅基地确认单只是认定宅基地的基础环节而非最终决定环节,仅凭宅基地确认单不能必然地认定为宅基地，是否属于宅基地最终要由乡政府予以审核确认。王某生为王某忠、王某违规出具宅基地确认单的行为，虽然利用了其作为村委会主任协助乡政府从事拆迁宅基地确认工作的便利，但是该行为对获得拆迁补偿不起决定性作用，其出具的宅基地确认单尚需乡政府把关，王某生并不具有拆迁补偿款的审核批准权力或者决定权力。因此王某生的该行为属于骗取拆迁补偿款，应当认定为诈骗罪，而非贪污罪。”①

本书赞成法院的判决。“某村出具宅基地确认单只是认定宅基地的基础环节而非最终决定环节”这一事实，意味着王某生并没有主管、管理乡政府的公款，亦即，王某生既没有基于职务占有（管理）补偿款，也并不对基于职务占有（管理）补偿款的人员的职务行为享有支配权。既然如此，就不能认定王某生的职务行为符合贪污罪的“利用职务上的便利”这一要件。

案36：2011年4月，兼任某市某县某镇副镇长、征拆组副组长的被告人魏某斌与时任某市某区某镇某村村支部书记王某及村主任张某共谋，在某市某区征地过程中，以多丈量土地的方式虚报8亩征收土地套取国家征地补偿款255,194.5元，魏某斌事后分得现金6万元（以下简称“魏某斌案”）。一审判决指出：“被告人魏某斌……伙同协助人民政府征收土地、发放征地补偿款的工作人员王某、张某等人，利用各自职务上的便利，非法占有虚报土地套取的国家征地补偿款共计255,194.5元，数额巨大，其行为已构成贪污罪。”②二审法院也认为，“魏某斌具体负责某村土地征收工作，与王某、张某共同开展工作，全程参与征地、补偿款发放，对虚增征地面积套取补偿款的情况自始至终是明知的，也可推定其与王某、张某有套取国家征地补偿款的共同故意，应认定为共同贪污犯罪。”③

本书对上述认定持不同观点。魏某斌与王某、张某虽然是国家工作人员或者应当以国家工作人员论的人员，但他们所骗取的不是镇政府的征地补偿款。

① 北京市朝阳区人民法院刑事判决书，(2018)京0105刑初2187号。

② 甘肃省兰州市安宁区人民法院刑事判决书，(2018)甘0105刑初234号。

③ 甘肃省兰州市中级人民法院刑事裁定书，(2020)甘01刑终38号。

换言之,上述任何一个行为人均没有基于职务占有国家征地补偿款,更不可能对国家征地补偿款占有者的职务行为享有支配权;他们虽然滥用了职权,但没有也不可能滥用主管、管理公共财物的权力与便利,不符合贪污罪中的"利用职务上的便利"的要件,不应认定为贪污罪,而应认定为诈骗罪。

有观点认为,贪污罪中的职务之便可能只是行为人管理公共财物的一个中间环节,一个组成部分,而不是决定环节。据此,在"魏某斌案"中,魏某斌与村支书王某及村主任张某,均为管理国家征地补偿款的一个中间环节,因而成为国家征地补偿款的管理者。这一观点可能不当扩大了贪污罪中的"利用职务上的便利"要件的内涵与外延,导致贪污罪成为国家工作人员的一切职务行为与普通财产罪(盗窃、诈骗、侵占)的简单相加。而且,按照这个观点的逻辑,一个村书记也可能主管、管理省财政乃至国家财政的公款,一个国有单位的任何国家工作人员都可能主管、管理着本单位的公共财物,进而都能成立贪污罪。不仅如此,任何一个国家工作人员都可能对其他单位的公款构成贪污罪。这并不合适。

案37:甲国有公司征用农用地建厂房,由县国土部门工作人员H负责清点、审核农民的青苗数量,H与农民串通虚报青苗数量,从甲国有公司骗取5万元补偿款。

在这类案件中,无论如何都难以认为H主管、管理了甲国有公司的财产,认定H的行为构成贪污罪殊有不当。有人认为,H的管理权限也是补偿款得以正常发放的一个组成部分,利用这种管理权限骗取财物的,同样应认定为职务之便,得以骗取财物的,应认定为贪污罪。然而,倘若认为H有管理权限,也只不过是确定青苗数量的权限,而没有主管、管理甲国有公司的补偿款。即使按字面含义理解司法解释所规定的"利用职务上的便利",主管、管理的对象也仅限于公共财物,而非任何事务管理。

诚然,"被拆迁人提供虚假的资料骗取拆迁补偿,没有国家工作人员的主动配合,其行为侵害的法益是单纯的公共财物所有权,其构成的是单纯的财产性诈骗犯罪"。但是,贪污罪并非滥用职权罪与诈骗罪的简单相加。在国家工作人员没有主管、管理公共财物的情况下,对上述国家工作人员的行为完全可以按诈骗罪(共同正犯)与滥用职权罪的想象竞合来处理,而不是仅将国家工作人员的行为评价为诈骗罪。

总之,在各种骗取补偿款的案件中,只有基于职务占有了补偿款(占有权)的国家工作人员,或者对基于职务占有补偿款的人员处于领导、指示地位,能够支配该人员的职务行为,因而对公共财物享有支配权的国家工作人员,才可能构成贪污罪(其他人员可以构成贪污罪的共犯);其他国家工作人员即使滥用了职权,但只要不是利用对补偿款的占有权与支配权(处分权限),就不符合贪污罪中"利用职权上的便利"的构成要件,不成立贪污罪。

原因二:对"非法占有目的"理解不当。在司法实践中,有些判决虽然没有将不具有处分权限的国家工作人员滥用职权帮助他人骗取补偿款的行为认定为贪污罪,但却仅认定为滥用职权罪,而没有同时认定为诈骗罪的共犯或者共同正犯,其中一个重要原因便是国家工作人员没有将财产据为己有。换言之,在国家工作人员没有将公共财物据为己有的案件中,否认贪污罪、诈骗罪的成立,就是因为仅将财产罪(包括贪污罪)的"非法占有目的"理解为行为人本人占有,而不包括第三者占有。

例如,前述"魏某斌案"的后一起犯罪事实是:2010 年 3 月至 2011 年 6 月,魏某斌在担任某市某县某派出所所长期间,不正确履行户籍迁入登记过程中的职责,滥用职权,对张某祖、薛某、王某忠、白某、刘某、刘某林、陈某虎、赵某等 28 户申请迁入户口的人员未进行审查核实,以"自发移民"为由,私自为申请迁入的人员填写某镇某村村委会便函和介绍信,致使上述不符合条件的人员户籍违规迁入某镇某村,并在后续征地拆迁过程中获得拆迁补偿费用 5,826,985.05 元。原审法院针对这一事实指出,被告人魏某斌作为国家机关工作人员,在担任某派出所所长期间,滥用职权违规办理户籍迁入,致使相关人员在某市某区落户,并在此之后获得征地补偿款,造成国家经济损失 5,826,985.05 元,情节特别严重,其行为已构成滥用职权罪。二审法院驳回上诉,维持原判。①

本书认为,本案中魏某斌滥用职权私自为申请迁入的人员填写某镇某村村委会便函和介绍信,主观上也明知他人实施的是诈骗行为,因而具备诈骗罪的故

---

① 甘肃省兰州市中级人民法院刑事裁定书,(2020)甘 01 刑终 38 号。

意与非法占有目的，当然构成诈骗罪的共犯。不仅如此，魏某斌在诈骗犯罪中起到了重要作用，应当认定为诈骗罪的共同正犯，而不是帮助犯。即使魏某斌的行为同时触犯滥用职权罪，也只是与诈骗罪构成想象竞合，而不可能排除诈骗罪的成立。

特别需要说明的是，不能因为诈骗罪的成立不以行为人利用职务上的便利为要件，就据此认为国家工作人员利用职务上的便利的欺骗行为不符合诈骗罪的犯罪构成。犯罪构成的符合性，只是意味着案件事实并不缺少犯罪构成的要素以及要素之间的关联性，并非只要案件事实多于犯罪构成的要素就不符合犯罪构成。所以，即使国家机关工作人员滥用职权，其行为也完全可能符合诈骗罪的犯罪构成。另外，也不能因为行为主体是国家机关工作人员，其行为可能构成滥用职权罪，就否认诈骗罪的成立。换言之，国家机关工作人员的行为是否成立诈骗罪的共犯，需要按照共犯的成立条件进行判断。只要符合诈骗罪共犯的成立条件，就不能否认诈骗罪的成立。

总之，贪污罪、诈骗罪中的非法占有目的不仅包括本人非法占有，而且包括使第三者（包括单位）非法占有，具有处分权限的国家工作人员将补偿款违规发放给他人的，即使没有分赃，也成立贪污罪，而不是仅构成滥用职权罪。不具有处分权限的国家工作人员滥用职权故意帮助他人骗取补偿款的，即使没有与正犯通谋、没有分赃，也成立诈骗罪的共犯（包括共同正犯）。

原因三：对诈骗罪的构造理解不当。诈骗罪的客观构造是：行为人实施欺骗行为→对方陷入或者继续维持认识错误→对方基于认识错误处分（或交付）财产→行为人取得或者使第三者取得财产→被害人遭受财产损失。可以肯定的是，成立诈骗罪，要求受骗者基于错误认识实施某种财产处分行为。其中的受骗者必须是具有处分财产权限的人，而不是任何人。换言之，如果受欺骗者不是具有处分财产权限的人，则行为人的行为构成盗窃罪的间接正犯或者其他犯罪。

在司法实践中，对于普通公民与具有处分权限的国家机关工作人员通谋，由普通公民提供虚假材料，国家机关工作人员最终批准对普通公民予以补偿的，司法机关大多对普通公民的行为以诈骗罪论处，同时对国家机关工作人员的行为仅认定为滥用职权罪。

案38:2011年3月,莆田市荔城区某农机专业合作社理事长即被告人苏某新,出于转卖享有国家购机补贴的水稻插秧机赚取差价的目的,找到时任涵江区农机站副站长的被告人翁某华,要求其帮忙在涵江区申请购买农机。翁某华让苏某新变通以涵江辖区内的合作社或农户的名义申请购机,苏某新表示同意。后翁某华联系了同案人卢某(另案处理),三人经商量,决定借用同案人卢某担任理事长和实际经营两个合作社(注册地址均在涵江区)的名义申请购机并约定了事后报酬事宜。同时,苏某新也联系了涵江辖区内的郑某、陈某、吴某等12位农户。后苏某新利用上述两个合作社及12位农户的身份伪造了申请购机材料并提供给涵江区农机站用于申请购机。在被告人翁某华的帮助下,该申请顺利通过了涵江区农机站的审核、公示程序。2011年六七月,苏某新骗取国家农机购置补贴资金共计133.35万元。公诉机关对翁某华、苏某新分别以滥用职权罪与诈骗罪提起公诉,法院也认定翁某华犯滥用职权罪,判处有期徒刑2年;被告人苏某新犯诈骗罪,判处有期徒刑1年6个月。[①]

应该说,虽然从上述认定难以看出翁某华是否具有处分权限,但从结论上说,如果翁某华是具有处分权限的人,即最终决定、批准能否给予购买农机补偿的国家机关工作人员,那么,苏某新的行为就不可能构成诈骗罪;如果翁某华不是具有处分权限的人,只是滥用职权帮助苏某新骗取补贴资金,那么,其行为就并非仅构成滥用职权罪,而是同时构成诈骗罪的共犯乃至共同正犯。显然,如何理解诈骗罪的构造,也直接关系通过职务行为套取补偿款的行为是否成立诈骗罪的问题。既然国家机关工作人员翁某华没有受骗,倘若其具有处分权限,即能够最终决定是否给予补偿,就表明本案不符合诈骗罪的客观构造,苏某新等人的行为不成立诈骗罪。

司法实践中,将具有处分权限的人没有受骗的案件认定为诈骗罪的一个原因是,误认为只要行为人提供了虚假材料,就属于诈骗行为,如果进一步取得了财物就构成诈骗罪。承认“机器可以被骗”的观点,其实也是如此。然而,诈骗

① 参见福建省莆田市涵江区人民法院刑事判决书,(2015)涵刑初字第579号。

罪中的欺骗行为并非任何虚假行为，而是指使受骗者（具有处分权限的人）产生处分财产的认识错误的欺骗行为。既然具有处分权限的人没有产生认识错误，要么表明对方提供虚假材料的行为没有起到欺骗作用，要么表明虚假材料只不过是掩盖贪污等犯罪的手段，因而不能认定为诈骗罪。

将具有处分权限的人没有受骗的案件认定为诈骗罪的另一个原因是，误以为在这类案件中，虽然具有处分权限的国家机关工作人员没有受骗，但国家机关本身受骗了。

事实上，行为人要骗取单位的财产，就必须欺骗单位中具有处分财产权限或地位的自然人。即使在某些情况下，财产处分决定是基于单位的集合意思作出的，行为人也是通过欺骗形成集合意思的部分自然人或者全部自然人，使之形成处分财产决定的。《刑法》分则中的一些条文，也能佐证这一点。例如，《刑法》第 167 条规定："国有公司、企业、事业单位直接负责的主管人员，在签订、履行合同过程中，因严重不负责任被诈骗，致使国家利益遭受重大损失的，处三年以下有期徒刑或者拘役；致使国家利益遭受特别重大损失的，处三年以上七年以下有期徒刑。"与此条规定相类似的是《刑法》第 406 条。这两个条文直接表明，当诈骗罪的被害人是国有公司、企业、事业单位或者国家机关时，其受骗者是国有公司、企业、事业单位直接负责的主管人员或者国家机关工作人员。如果认为受骗者是国有企业、国家机关，就没有理由追究其中的自然人的刑事责任。就骗取各种补偿款的案件而言，只能将国家机关作为被害人，而不能作为受骗者。

概言之，欺骗行为只有作用于自然人，即作用于法人、国家机关中具有财产处分权限的自然人，才可能骗取法人、国家机关的财产。如果具有处分财产权限的国家工作人员知道真相却处分财产，则应当认定国家工作人员的行为构成贪污罪，其他参与人符合共犯成立条件的，应认定为贪污罪的共犯。在翁某华案中，倘若翁某华是对购买农机补偿具有处分权限的国家工作人员，则所有行为人均成立贪污罪。反过来说，只有当具有处分权限的国家工作人员因为受骗而不知情，进而作出给予补偿的决定时，实施欺骗行为的人与其他提供帮助的国家工作人员的行为，才可能成立诈骗罪；具有处分权限的国家工作人员明知他人实施了欺骗行为却仍然将补偿款处分给他人的，国家工作人员成立贪污罪，实施欺骗行为且没有通谋的他人只能成立诈骗未遂。不难看出,只要国家机关工作人员明知他人以虚假手段骗取补偿款,却依然利用职务提供各种帮助的,不可能仅成立滥用职权罪,而是同时成立贪污罪(具有处分补偿款的权限时)或者诈骗罪(不具有处分补偿款的权限时)。

原因四:对罪数与想象竞合理解不当。国家工作人员帮助他人骗取补偿款的行为,大多同时触犯数个罪名,其中有的应当实行数罪并罚,有的应当按想象竞合处理。但是,各地司法机关一般都仅认定其中一个犯罪,而没有按数罪或者想象竞合处理。

将数罪认定为一罪的情形主要表现为,在国家工作人员利用职务之便为他人骗取补偿款的过程中索取或者收受贿赂的,仅认定为受贿罪,而没有认定贪污罪或诈骗罪。

案39:2006年9月,重庆市某县某街道办事处拆迁工作组组长袁某,在对某村村民张某的房屋进行登记时,张某之妻廖某请求袁某将其只有两个房产证的三套房屋按有三个房产证的房屋进行登记补偿,并承诺给予袁某好处作为答谢。在袁某的操作下,张某多登记了一套房屋,并获56,635元补偿,袁某事后收受了22,000元好处费。案发后,检察机关以涉嫌贪污罪对袁某、廖某提起公诉,而一审法院则认为,袁某为他人谋取不正当利益,收受他人财物的行为应构成受贿罪,廖某则构成行贿罪。①

本书对检察院的起诉与法院的判决均存疑问。(1)如果袁某不是具有补偿款处分权限的国家工作人员,只是与廖某共同骗取上级部门或者其他单位的补偿款,那么,其行为首先成立诈骗罪。(2)如果袁某是具有补偿款处分权限的国家工作人员,则其行为构成贪污罪。(3)如果仅认定袁某的行为构成受贿罪,就没有评价袁某的行为触犯诈骗罪或者贪污罪的事实,存在评价不全面的缺陷。(4)即使袁某的行为存在想象竞合,也只是诈骗罪或者贪污罪与滥用职权罪的想象竞合,而不是诈骗罪或者贪污罪与受贿罪的想象竞合。收受财物的行为可谓共同诈骗或者贪污后的分赃,没有必要单独另定受贿罪。况且,既然是事后分

① 重庆市璧山县人民法院刑事判决书,(2009)璧刑初字第128号。

赃,受贿数额必然少于共同诈骗或者贪污的数额,按照受贿罪定罪处罚也不能做到罪刑相适应。

将想象竞合认定为单纯一罪的情形则更为普遍,主要表现为在认定滥用职权罪时,不认定贪污罪或诈骗罪。

案40:2010年1月,被告人宋某迪在担任某街道办事处规划员期间,接受他人请托后,明知某公司所建的房屋在某国家项目征用土地红线范围内,属于违法建房,却不制止、不汇报,并提供规划图纸为其建房立项提供便利条件,导致请托人所建的违法建筑获得了国家拆迁补偿款3550余万元。检察机关对宋某迪以滥用职权罪起诉,一、二审法院均认定该行为成立滥用职权罪。①

应该说,从案情描述来看,宋某迪并不对补偿款享有处分权限,所以宋某迪的行为不成立贪污罪。但其利用职权帮助他人骗取补偿款的行为同时触犯了滥用职权罪与诈骗罪,因而应当从一重罪处罚。

将想象竞合仅认定为一罪,不符合全面评价的原则。众所周知,对案件事实不得重复评价,否则就会使行为人受到双重处罚。但对案件事实必须进行全面评价,否则就完全可能将数罪评价为一罪。尤其是在一个行为侵害数个不同法益的场合,只有评价为想象竞合即认定行为触犯数罪,才符合全面评价的原则。

当然,如果国家工作人员的行为构成贪污罪,则可能没有必要认定其行为属于滥用职权罪与贪污罪的想象竞合,因为贪污罪原本包括利用职务上的便利这一滥用职权的行为,对贪污罪的评价包括对滥用职权罪的评价。

特别要强调的是,想象竞合时并不是只适用一个法条,而是同时适用行为所触犯的数个法条,在判决中应当明示被告人行为触犯的数个罪名(想象竞合的明示机能),只是从一重罪处罚。刑罚的目的是特殊预防与一般预防,但一般人并不直接阅读刑法条文,而是通过起诉书、判决书(包括刑事裁定书)了解刑法内容。起诉书、判决书是对刑法内容的真实解读,解读得越明确,刑法的内容就

① 湖北省武汉市江岸区人民法院刑事判决书,(2012)鄂江岸刑初字第00893号;湖北省武汉市中级人民法院刑事裁定书,(2013)鄂武汉中刑终字第00713号。

越容易被一般人理解，刑法就越能发挥行为规范的作用。而想象竞合的明示机能，正是指由于被告人的行为具有数个有责的不法内容，在判决宣告时，必须将其一一列出，做到充分评价，以便被告人与一般人能从判决中了解其行为触犯几个犯罪，从而得知什么样的行为构成犯罪。

案41：李某红等人为了得到修建某高速公路占地拆迁安置补偿款，以许诺事后给好处费的方式，贿赂当地派出所户籍协警刘某元，由刘某元伪造国家机关证件，将李某红等人及其子女、亲属共计13人的户口，由拆迁占地范围外迁移到拆迁占地范围内，同时出具虚假的户口资料，从而骗取国家征地拆迁安置补偿款51万余元。法院仅认定刘某元的行为构成滥用职权罪、受贿罪。①

本书对上述认定持有异议。如果除受贿罪之外，仅认定为滥用职权罪，就可能使被告人与一般人误认为，伪造国家机关证件的行为不是犯罪，帮助他人骗取补偿款的行为也不是犯罪，这显然不利于特殊预防与一般预防目的的实现。反过来说，只有在受贿罪之外，另行认定刘某元的行为成立伪造国家机关证件罪、滥用职权罪、诈骗罪，才能使被告人与一般人清楚地认识到，单纯伪造国家机关证件、单纯帮助他人实施诈骗行为以及单纯的滥用职权均构成犯罪，从而不实施这三种犯罪行为，这便充分实现了想象竞合的明示机能，从而有利于特殊预防与一般预防。不过，收受财物可以看作是共同诈骗的事后分赃行为，不单独评价为受贿罪也是可以的。

概言之，具有处分权限的国家工作人员违规决定将补偿款发放给他人，进而收受贿赂的，应按贪污罪定罪处罚，受贿事实相当于共同贪污后的分赃，没有必要单独评价。不具有处分权限的国家工作人员利用职权帮助他人骗取补偿款的，无论是否分赃，均构成滥用职权罪与诈骗罪的想象竞合，从一重罪处罚。同时索取收受贿赂的，可以视为共同诈骗后的分赃行为，不必另外评价为受贿罪。

总之，在通过国家工作人员的职务行为套骗补偿款的案件中，只有对补偿款

① 参见沈义、崔志锋、蒋黎：《“形真实假”骗取国家补偿款》，载《检察日报》2014年4月1日，第4版。

具有处分权限的国家工作人员才能成立贪污罪的正犯;不具有处分权限的国家工作人员帮助他人骗取补偿款的,仅成立诈骗罪共犯与滥用职权犯罪的想象竞合。贪污罪、诈骗罪中的非法占有目的包括使第三者(含单位)非法占有,具有处分权限的国家工作人员故意将补偿款违规发放给他人的,即使没有分赃,也构成贪污罪;不具有处分权限的国家工作人员滥用职权故意帮助他人骗取补偿款的,即使没有与正犯通谋、没有分赃,也成立诈骗罪。具有处分权限的国家工作人员明知一般主体骗取补偿款或者与之通谋,违规将补偿款发放给一般主体的,国家工作人员的行为成立贪污罪,一般主体成立诈骗未遂(无通谋时)或者贪污罪的共犯(有通谋时);在这种情形下,既不能将一般主体认定为诈骗既遂,也不能将国家工作人员仅认定为滥用职权犯罪。具有处分权限的国家工作人员违规决定将补偿款发放给他人,进而收受贿赂的,也应按贪污罪定罪处罚,收受贿赂的情节可谓共同贪污后的分赃行为,不必另行评价为受贿罪;不具有处分权限的国家工作人员帮助他人骗取补偿款的,无论是否分赃,均构成滥用职权犯罪与诈骗罪的想象竞合,从一重罪处罚;同时索取、收受贿赂的,可视为共同诈骗后的分赃行为,不必另行评价为受贿罪。

17. 贪污罪与滥用职权罪之间是什么关系?

既然贪污罪是利用职务上的便利将基于职务占有支配的公共财物非法占为己有,因此贪污也可谓滥用职权。当然,如果国家工作人员的行为构成贪污罪,则可能没有必要认定其行为属于滥用职权罪与贪污罪的想象竞合,因为贪污罪原本包括利用职务上的便利这一滥用职权的行为,对贪污罪的评价包括了对滥用职权罪的评价。但如果国家工作人员构成的是诈骗共犯或者受贿罪,则诈骗共犯与滥用职权罪之间应认定为想象竞合,受贿罪与滥用职权罪应当数罪并罚。

不能看到是国家工作人员实施的犯罪,就只想到构成滥用职权罪,而应看行为人是否具有使自己或者第三者非法占有的目的,是否存在财产的被害人,若有,就可能成立贪污罪。滥用职权罪是侵害国家法益的犯罪,而贪污罪虽然位于“贪污贿赂罪”一章,但应补正解释认为贪污罪主要是侵害个人(单位)财产法益的犯罪。刑法的目的是保护法益,其中的法益首先是个人法益。既然存在个人

（单位）的财产法益受损，就应当首先考虑认定为贪污罪，以通过追缴、退赔、返还的方式弥补被害单位所遭受的财产损失。若认定为滥用职权罪，一是滥用职权罪的立案标准（30万元）比贪污罪高得多（3万元），有可能达不到滥用职权罪的立案标准而不能追究刑事责任；二是对滥用职权所造成的损失，应当追缴后上缴国库，而不是退赔、返还被害单位。

案42：李某担任某镇政府动拆迁指挥部副总指挥，受镇政府委托全面负责该镇农户动迁工作的推进、管理。李某明知刘某不属于动迁安置对象，仍根据刘某提供的少量材料，授意、指使动迁工作人员为刘某违规办理补偿安置手续，后刘某获得一套安置房，造成公共财产损失100万余元。对于本案，有法官认为，李某的行为仅成立滥用职权罪。核心理由是，被告人李某"不具有非法占有公共财产的故意和行为，行为本质是渎职而非贪利，以滥用职权论处。一方面，尽管贪污罪中的非法占有并不限于占为己有，但贪污罪属于贪利性犯罪，如对不具有非法占有故意也不具有非法占有行为的以贪污论处，明显不符合主客观相统一原则，也容易造成量刑畸重。另一方面，如以贪污论处，则应该是内外勾结型，属于共同贪污，但国家工作人员并未与他人形成共同贪污的合意，尤其是缺乏犯意沟通而仅为他人骗取公共财产提供帮助的情况，此时若以共同贪污论处不符合我国共同犯罪理论"。[①] 简言之，李某不具有非法占有目的，也没有与成立诈骗罪的正犯通谋。但是，这样的理由难以成立。

第一，既然认为非法占有目的不限于本人占有，而是包括使第三者占有，就不能否认李某具有非法占有目的。即使认为贪污罪属于贪利性犯罪，但只要行为人主观上具有非法占有目的，就能表明行为人实施的是贪利性犯罪。另外，如若李某对补偿款具有处分权限，其实施的就是贪污罪的正犯行为，并非没有实施非法占有的行为，只不过不是由本人占有，而是由第三者占有。

第二，如若李某不具有补偿款的处分权限，则不能否认其行为构成诈骗罪的

① 罗开卷：《内外勾结型贪污罪与滥用职权罪之界分》，载《人民法院报》2020年7月16日，第6版。

共犯(或共同正犯)。在认定李某的行为是否成立诈骗罪的共犯时,首先要判断正犯刘某的行为是否符合诈骗罪的构成要件且违法(限制从属性说),如果得出肯定结论,则进一步判断李某的行为是否对刘某的诈骗结果起到了促进作用;如果得出肯定结论,最后判断李某是否明知刘某实施的是诈骗行为;如果得出肯定结论,则李某的行为构成诈骗罪的共犯;倘若李某的行为起到了重要作用则为共同正犯。显然,对于上述判断均应得出肯定结论,既然如此,就不能否认其行为成立诈骗罪的共同正犯。然而,上述判决与观点基本上是独立判断李某的行为是否构成诈骗罪,显然不合适。

第三,所谓贪污罪与滥用职权罪的界分,其实是一个伪命题,因为二者原本就不是对立关系,因而不需要讨论其区别与界限,只需要讨论二者是否属于想象竞合。上述观点认为,李某的行为本质是渎职而非贪利,故以滥用职权论处。然而,一个行为具有多种属性是很正常的现象,不能因为李某的行为具有渎职的性质,就否认其贪污性质。相反,应当肯定其行为是诈骗罪或者贪污罪与滥用职权罪的想象竞合。

案43:被告人卓某系甲村党支部副书记,负责某项目征地拆迁。李某就自己在甲村所建的厂房系违建的无证厂房与该村签订协议,约定厂房如被拆迁,拆迁款按四六分成(该村占四成、李某占六成)。在甲村党支部书记涂某的授意下,卓某将李某的无证厂房登记在甲村名下,后又按照涂某的安排,将无证厂房重新登记在李某的乙公司名下,并按照有证厂房进行登记补偿,造成国家直接经济损失490万元。法院认定,卓某身为以国家机关工作人员论的人员,滥用职权致使公共财产遭受重大损失,其行为构成滥用职权罪。①

本书对上述认定持异议。滥用职权罪的保护法益是国家机关公务的合法、公正、有效执行,而诈骗罪的保护法益是财产,仅认定为滥用职权罪,就没有评价其造成财产损失的内容。或许有人认为,认定卓某的行为构成滥用职权罪包括了对其行为致使国家直接遭受490万元财产损失的评价,所以仍然是全面评价。

---

① 江苏省南京市浦口区人民法院刑事判决书,(2012)浦刑初字第425号。

然而,滥用职权罪中的损失评价,其实只是对国家机关公务的合法、公正、有效执行的损害程度的评价,而不是直接针对财产损失本身的评价。况且,卓某的行为又具有双重属性,既是滥用职权的行为也是诈骗行为。所以,应当认定其行为同时触犯滥用职权罪与诈骗罪。由于对诈骗罪的处罚较重,故对卓某应当按诈骗罪的法定刑处罚。

18. 贪污罪与职务侵占罪的行为方式一样吗?

通说认为,贪污罪与职务侵占罪的区别仅在于主体和对象,前者的主体是国家工作人员,对象是公共财物,后者的主体是公司、企业或者其他单位的工作人员(非国家工作人员),对象是公司、企业或者其他单位的财物(非公共财物)。二者的行为方式一样,都包括侵吞、窃取、骗取与其他手段。

应该说,贪污罪的行为方式除侵吞外,还包括窃取、骗取与其他手段,这是《刑法》第382条第1款明文规定的。《刑法》第271条第1款规定的是"公司、企业或者其他单位的工作人员,利用职务上的便利,将本单位财物非法占为己有",并未规定"窃取"、"骗取"与"其他手段"。很显然,通说理解是有偏差的。

其实,职务侵占罪就是国外的业务侵占罪,是将事先基于职务(业务)占有的财物据为己有,是不转移占有的犯罪,不包括"窃取""骗取"这种转移占有的夺取罪。贪污罪条文明文规定包括"窃取"和"骗取",所以从条文规定上看,贪污罪不限于狭义的侵占罪,还包括盗窃、诈骗这样的夺取罪。

实践中,只需从主体是否国家工作人员,对象是否公共财物,以及行为人事先是否基于职务占有支配本单位财物,即可区分贪污罪与职务侵占罪。

19. 如何处理贪污罪与盗窃罪的关系?

从条文规定看,贪污罪的行为方式包括盗窃。所以,贪污罪与盗窃罪之间是一种特别关系的法条竞合,贪污罪是特别法条,盗窃罪是普通法条。但如前所述,一是因为《贪贿案件解释》规定的贪污罪的定罪处刑数额标准远远高于盗窃;二是很难解释"利用职务上的便利的窃取",所以应限缩"窃取"型贪污罪的成立范围,仅限于利用职务上的便利将共同占有的财物据为己有的情形。

由于贪污罪的定罪起点数额标准高于盗窃罪,所以从理论上讲,利用职务上的便利窃取公共财物的数额未达贪污罪的立案标准3万元,但达到盗窃罪立案标准2000元的,不构成贪污罪,但可以盗窃罪定罪处罚。正如未达盗窃林木罪的木材材积立案标准,不构成盗伐林木罪,但价值达到盗窃罪立案标准的,可以盗窃罪定罪处罚。

20. 如何处理贪污罪与诈骗罪之间的关系?

从条文表述上看,贪污罪的行为方式包括"骗取",致使贪污罪与诈骗罪形成一种特别关系的法条竞合,贪污罪是特别法条,诈骗罪是普通法条。但由于《贪贿案件解释》过于拔高了贪污罪的立案起点数额标准,导致贪污罪与诈骗罪的处罚明显失衡。只有严格限制"骗取型"贪污罪的成立范围,才能保持处罚的协调。从理论上讲,诈骗罪系夺取罪,而何谓"利用职务上的便利的骗取",存在难以克服的解释论上的障碍。所以,将贪污罪中的"骗取"解释掉,才是唯一的出路。

由于贪污罪的立案起点数额标准远远高于诈骗罪,当按照通说的观点以所谓利用职务上的便利的方式骗取财物的数额未达贪污罪立案标准,但达到诈骗罪立案标准时,完全可以而且应当以诈骗罪定罪处罚。

21. 如何认定贪污罪的既遂?

理论上认为,贪污罪是一种以非法占有为目的的财产性职务犯罪,与盗窃、诈骗、抢夺等侵犯财产罪一样,应当以行为人是否实际控制(取得)财物作为区分贪污罪既遂与未遂的标准。对于行为人利用职务上的便利,实施了虚假平账等行为,但公共财物尚未实际转移,或者尚未被行为人控制(取得)就被查获的,应当认定为贪污未遂。行为人控制(取得)公共财物后,是否将财物据为己有,不影响贪污既遂的认定。①

但不得不说,上述以行为人控制或者取得公共财物作为贪污罪既遂认定标

① 参见张明楷:《刑法学》(第6版),法律出版社2021年版,第1563页。

准的观点,其实完全是将贪污罪看作转移占有的夺取罪了。盗窃、诈骗罪等转移占有的夺取罪,的确是以“失控说”或者“取得说”作为既遂的标准。但根据限制“窃取”和“骗取”型贪污罪成立范围的观点,贪污罪的主要行为方式就是将自己本来已经基于职务占有支配下的财物据为己有。尤其是对不转移占有的“占有型”贪污而言,由于财产本来就在其占有之下,如出纳、库管员本来就占有着财物,或者说控制着单位财物,以“行为人是否实际控制(取得)财物”作为区分贪污罪既遂与未遂的标准,恐怕没有意义。

事实上,国外刑法理论通说一直认为,只要受托保管财物的人(委托物侵占)显露出变占有为所有,或者说显露出以所有者的身份处分财物的意思,如寻找买主,即便尚未卖出去,就已经成立委托物侵占罪既遂了。“占有型”贪污的既遂,也应以显露出变占有为所有即不法所有的意思,就应认定为贪污既遂。当然从实际认定的角度讲,如果没有实际转移单位的财产,或者说单位没有失去对公共财物的控制,通常的确很难证明行为人具有不法所有的目的。就“支配型”贪污而言,只有公共财物的主管者让直接占有公共财物的下属将公共财物转移交付给自己,单位失去了对该财物的控制,行为才既遂。

由于我们国家要求数额较大和给本单位实际造成财产损失,才成立犯罪。实际操作中,哪怕是常见的“占有型”贪污,也只能以单位是否已经失去了对公共财物的控制,或者行为人是否已经取得了公共财物,是否已经给本单位造成了财产损失,认定贪污是否既遂。

案44:A市某国有公司负责采购的甲经常向B市乙的民营企业采购一种机床上用的刀片。一般甲采购的模式是国有公司先收到民营企业的刀片以后,才将款项打到民营企业的银行账户。后来,甲、乙二人串通,由甲在本国有公司申请6个刀片报废(其实这些刀片是好的),领导批准报废购买新的刀片后,甲便让所在的国有企业向B的民营企业发出订购价值16万元的6个刀片的订单,但B企业不发货,甲所在的国有企业仍照常付款,事成之后,甲、乙平分该笔货款。乙按照二人的合谋,向A市的国有公司虚假发送6个刀片,甲在形式上签收了该6个刀片。此后,乙提前从自己的企业账上汇了8万元给甲。但是,在国有公司将16万元打入乙的企业的账户前,因有人检举而案发。

本案中,甲、乙二人合谋,想通过乙的企业不交货、甲的公司仍付款的方式骗取国有公司的财物。甲本人就是该国有公司的工作人员,这笔货款也可以理解为他经手的财物。这是一起典型的贪污案件。可以将乙提前汇给甲的这笔钱理解为提前分赃,没有必要将二人的行为认定为两个犯罪。如果将这个案件中甲、乙的行为理解为受贿行为和行贿行为,那么大概几乎所有的国家工作人员与非国家工作人员合谋取得公共财物后分赃的行为都可以评价为行贿、受贿罪了,这是不合适的。所以,对这个案件只能认定为贪污罪,而不能认定为贿赂犯罪。虽然乙已经给了甲 8 万元,但这 8 万元并不是国有公司的财物,所以还不能认定甲、乙的贪污罪已经既遂。甲得到的 8 万元并不是本国有公司的公款,而是乙企业事先垫付的款项。换句话说,乙先从本企业挪出资金汇给甲了。在这个意义上,乙还可能触犯了挪用资金罪。但是可以肯定,甲得到的这 8 万元款项应当退赔给乙企业。所以不能简单地认为,只要国家工作人员得到了金钱,就一定是贪污既遂。要判断金钱是哪里来的,是什么性质的金钱。由于贪污罪实际上是财产犯罪,所以作为贪污对象的公共财物没有受到损失的,是不可能认定为贪污罪既遂的。

22. 在共同贪污中,贪污数额泛指整个共同犯罪的数额吗?

在共同贪污案件中,贪污数额不是泛指整个共同犯罪的数额,也不是指分赃数额,而是指个人应当承担责任的数额。哪怕是贪污集团的首要分子,也只是对其所组织、指挥、策划、参与实施的犯罪数额,而不是对贪污集团全体成员所贪污的数额负责。总之,共同贪污的犯罪分子都只对与其行为具有物理或者心理因果性的犯罪结果(数额)负责。

国家工作人员出于贪污的故意,非法占有公共财物之后,将赃款赃物用于单位公务支出或者社会捐赠的,不影响贪污罪的认定,但量刑时可以酌情考虑。

23. "多次贪污未经处理的累计数额"的规定,是注意规定还是法律拟制?

《刑法》分则中关于数额累计计算的规定,包括第 153 条第 3 款(走私罪)、

第 201 条第 3 款(逃税罪)、第 347 条第 7 款(走私、贩卖、运输、制造毒品罪)、第 383 条第 2 款(贪污罪)。

毫无疑问,这种累计计算数额的规定是对被告人不利的。可是我国理论与实践从来都是,无论是否有关于数额累计计算的规定,只要是数额(量)犯,多次实施的都一律累计计算了。例如,多次盗窃、诈骗、虚开增值税专用发票,虽然相应条文中并无数额累计计算的规定,但实践中都通过数额累计计算认定为数额巨大甚至特别巨大而判处无期徒刑。在以前虚开增值税专用发票罪、集资诈骗罪、信用证诈骗罪、票据诈骗罪、伪造货币罪规定有死刑的情况下,完全可能通过数额累计计算而适用死刑。但从理论上讲,若认为不能将多次轻微伤累计成轻伤、多次轻伤累计成重伤、多次重伤累计成故意伤害致人死亡,则不能将盗窃与诈骗数额进行累计。在刑法没有明文规定可以累计计算数额的情况下,进行数额累计计算而适用升格法定刑直至判处无期徒刑或者死刑,应该说有违罪刑法定原则,而严重侵犯人权。

也就是说,虽然从理论上讲,数额累计计算相当于将同种数罪拟制为一罪而属于法律拟制,但人们却认为是理所当然的,而看作是注意规定。无论有无数额累计计算的明文规定,对于数额(量)犯都统统进行累计计算了。理想很丰满,现实很骨感。有时理论不得不向现实妥协。由于数额规定可谓中国特色,累计计算数额无疑是司法便捷的要求。所以本人无意坚持法律拟制的观点,但是认为对于没有明文规定数额累计计算的罪名,即使累计计算数额,也不宜顶格判处无期徒刑,绝对不能判处死刑。

对于贪污,由于数额特别巨大时可以判处无期徒刑、终身监禁甚至死刑。如果通过数额累计计算而达到判处无期徒刑、终身监禁甚至死刑立即执行的标准的,本书认为应当特别慎重。

24.《贪贿案件解释》将预防要素认定为严重情节,有无疑问?

刑法中的“情节严重”或者“严重情节”,只能是客观方面反映法益侵害程度的要素,不包括反映再犯罪可能性大小的预防要素。或者说,作为法定刑选择根据的量刑情节只能是表明不法与责任程度的情节,而不包括表明行为人特殊预防必要性大小的情节。而“受过党纪、政纪处分、刑事追究、赃款赃物用于非法活动、拒不交代赃款赃物去向、拒不配合追缴工作”这些要素,都不是提升贪污行为不法程度的责任要素(情节),而是反映再犯罪可能性即特殊预防必要性大小的预防要素(情节)。例外的是,在行为人贪污数额特别巨大时,如果因为行为人将赃款赃物用于非法活动,或者拒不交代赃款赃物去向,导致司法机关无法追缴赃款的,可以认定为《刑法》第 383 条第 1 款第 3 项“并使国家和人民利益遭受特别重大损失”。换言之,在其他情况下,将赃款赃物用于非法活动,拒不交代赃款赃物去向等事后行为与态度,不得成为选择法定刑的根据。

按照责任主义与点的理论,在裁量了责任刑的点之后,就应当在责任刑的点之下、法定刑最低刑以上裁量预防刑。预防情节只能在确定责任刑之后对预防刑的确定起作用。也就是说,法官只能在责任刑的点之下考虑预防犯罪的需要。司法解释显然是混淆了责任情节与预防情节,由此确定的刑罚必然高于根据责任刑所确定的刑罚上限,从而让被告人承受了过剩的刑罚。

将造成恶劣社会影响作为认定“情节严重”的因素之一,这在我国司法解释中非常普遍。同样的案情,若被新闻媒体关注,就会因造成了所谓的恶劣社会影响而被认定为“情节严重”,进而从重甚至加重处罚。应该说,司法解释的类似规定以及司法实践中的类似做法并不具有合理性。因为每个犯罪类型所预想的社会影响已经完全纳入法定刑中了,应当认为不是量刑的问题。社会影响的大小受媒体的影响特别大,因而具有偶然性与不确定性,所以将行为所造成的社会影响作为增加责任刑的情节,也属于间接处罚。由于一般意义上的社会影响难以甚至不可能评估和测量,对“恶劣社会影响”的判断难免具有随意性,以此作为增加责任刑的情节,很可能导致量刑的恣意性。

贪污受贿罪都属于有严重的社会影响,这已经在立法时纳入法定刑中了,司法解释将“造成恶劣影响”评价为“严重情节”,殊有不当。

25. 具有其他较重情节也要以一定数额为前提的司法解释规定,妥当吗?

《刑法》第 383 条贪污罪处罚规定中将“数额较大”与“其他较重情节”并列规定,说明贪污数额较大与有其他较重情节是一种选择关系,贪污数额没有达到

1万元但有其他较重情节的，也能成立贪污罪。正如《刑法》第158条虚报注册资本罪、第159条虚假出资、抽逃出资罪，第160条欺诈发行证券罪等，均将“数额巨大”“后果严重”“其他严重情节”作为选择性的犯罪成立条件进行并列规定，只要具备三者之一，就能成立犯罪，而不需要同时具备。[①] 可是，《贪贿案件解释》却要求成立“其他较重情节”，也要以达到一定数额(1万元)为前提，明显违反罪刑法定原则。

应该说，只要具备较重情节就成立贪污罪，其中，行为人取得一定数额财物的(不以达到1万元为前提)，就是贪污罪既遂。没有取得财物或者取得的财物极为微薄，但是具有取得一定数额财物的具体危险的，则按贪污罪的未遂犯处罚。

第二节　挪用公款罪

·导　读·

挪用公款罪，是指国家工作人员利用职务上的便利，挪用公款归个人使用，进行非法活动的，或者挪用公款数额较大、进行营利活动的，或者挪用公款数额较大、超过三个月未还的行为。

挪用公款罪的法益是公款的占有权、使用权、收益权以及职务行为的廉洁性。挪用公款罪的本质和危害性在于，国家工作人员使基于职务(公务)占有支配下的现有的公款脱离单位的控制，而非法置于个人的控制支配之下。挪用公款罪的实行行为是“挪”，而非“挪+用”，挪出公款即既遂。挪用公款罪是继续犯。

挪用公款罪的认定要点：(1)“国家工作人员”“利用职务上的便利”“公款”“归个人使用”“非法活动”“营利活动”“超过三个月未还”“挪用公

① 张明楷：《刑法学》(第6版)，法律出版社2021年版，第969~971页。

款数额巨大不退还”的认定;(2)挪用公款数额的计算;(3)挪用公款罪与贪污罪的界限与竞合;(4)共同犯罪的处理;(5)追诉期限的计算。

条　文

第三百八十四条　【挪用公款罪】国家工作人员利用职务上的便利,挪用公款归个人使用,进行非法活动的,或者挪用公款数额较大、进行营利活动的,或者挪用公款数额较大、超过三个月未还的,是挪用公款罪,处五年以下有期徒刑或者拘役;情节严重的,处五年以上有期徒刑。挪用公款数额巨大不退还的,处十年以上有期徒刑或者无期徒刑。

挪用用于救灾、抢险、防汛、优抚、扶贫、移民、救济款物归个人使用的,从重处罚。

罪名精释

1. 实行行为是“挪”,还是“挪+用”?“挪而未用”的,成立既遂吗?

挪用公款罪的本质或者危害性就在于,违背单位的意志使自己基于职务(公务)占有支配的公款脱离单位的控制而置于自己的非法控制支配之下。

挪用公款罪是国家工作人员利用职务上的便利,挪用公款归个人使用,进行非法活动等。这种表述给人的感觉是,本罪是复行为犯,实行行为是“挪+用”。事实上,也的确有人把本罪看作是复行为犯,认为非法活动型挪用公款罪的实行行为是“挪用+进行非法活动”的复合模式,其中“挪用”是手段行为,“进行非法活动”是目的行为,也是本罪构成要件之结果;非法活动型挪用公款罪是隔时犯,其存在4种停止形态,“挪而未用”构成犯罪时属于未遂形态。

罪状虽然是确定实行行为的根据,但刑法的任务是保护法益,犯罪的本质是侵害法益,实行行为的确定离不开法益的指导与考量。挪用公款罪所保护的法益是公款的占有、使用、收益权以及职务行为的廉洁性。挪出公款尚未使用,即所谓“挪而未用”,也毫无疑问侵害了本罪所保护的法益。倘若认为本罪的实行行为是“挪+用”，不仅会对挪而未用的情形只能作为未遂处理，而且对挪用公款进行的非法活动本身构成犯罪时，也只能作为想象竞合犯处理。这既不利于保护法益，也与理论通说与实务所主张的，受贿后为他人谋取利益的行为本身构成犯罪的，应当与受贿罪数罪并罚的处理不相协调。再则，挪用公款罪的本质特征是将单位公款非法置于个人的支配之下，也就是公款私用。“挪而未用”无疑符合这一本质特征。

本书认为，挪用公款罪是单行为犯，其实行行为只有“挪”，不包括“用”；相应地，只要行为人利用职务上的便利，将单位公款非法置于自己的控制支配之下，使公款完全脱离了本单位的控制，就应成立挪用公款罪的既遂。

所谓“挪而未用”，是指使公款脱离单位的控制而非法置于自己的支配控制之下，未来得及使用即案发的情形。关于“挪而未用”的处理，理论上有无罪说、未遂说和既遂说三种代表性观点。主张挪用公款罪是复行为犯的，通常主张未遂说，而主张单行为犯的，一般赞成既遂说。

本书主张本罪系单行为犯，当然赞成既遂说。只要行为人利用主管、管理、经营、经手公款的职务之便，将本单位的公款擅自转移到自己的实际控制之下（包括转到行为人指定的他人账户），使公款完全脱离了单位的控制，对单位财产权利侵害的结果就已经产生，如果挪用公款的数额和时间等符合成立条件，就应当认定行为已经符合了挪用公款罪的全部构成要件，成立挪用公款罪的既遂。至于是否实际使用，以及使用时间长短只是量刑时需要加以考虑的情节。

立法者根据用途的不同（非法活动型、营利活动型及其他活动型），对挪用公款罪设立了不同的构罪条件，在肯定“挪而未用”成立本罪既遂后，尚需进一步讨论属于何种类型的挪用公款罪。

第一种观点认为，如果能够查明国家工作人员意图将公款用于非法活动或营利活动，数额达到立案标准的，则认定为非法活动型或营利活动型挪用公款罪的既遂；如果无法查明国家工作人员意图将公款用于何种用途，符合数额标准和挪用时间要求的，认定为其他活动型挪用公款罪；上述情形以外的“挪而未用”行为，由于不符合挪用公款罪的构成要件，因而无罪。

第二种观点主张，在难以确定行为人挪用意图的情况下以其他活动型的规定进行定罪处罚,但在确有证据证明行为人挪用单位资金系进行非法活动或者营利活动的意图的情况下,不能排除对挪而未用的行为有按照非法活动型或营利活动型的规定进行定罪处罚的可能。

第三种观点声称,"挪而未用"行为对社会造成的危害明显小于"挪而又用"对社会造成的危害,因此"挪而未用"行为按"挪用公款数额较大,超过3个月未还"的标准处理是符合罪责刑相适应这一刑法基本原则的。

本书赞同第三种观点,即"挪而未用"的,应按照其他活动型挪用公款罪处理。首先,《刑法》条文是按照公款丧失风险的大小分为三种情形的,而风险大小基本上取决于实际的用途。但是,这并不意味着"使用"行为是挪用公款罪的构成要件要素,相反,使用行为只是确认用途的资料与根据。其次,即便原本打算挪用公款用于非法活动或营利活动,只要事实上没有用于非法活动和营利活动,公款丧失的风险就比实际用于其他活动还要小。因此,对于"挪而未用"的,应按照其他活动型挪用公款罪处理。

如果认为使用行为是挪用公款罪的构成要件行为,就必然得出以下两个结论:其一,使用者均成立挪用公款罪的共犯;其二,挪用公款进行非法活动另构成犯罪的,不能实行并罚。这显然不合适。

因此,挪用公款罪的实行行为只有"挪","用"并非该罪的实行行为,不过是判断公款流失的风险性大小的资料与根据。换句话说,实际的使用行为是超出挪用公款罪构成要件评价范畴的因素。所以,挪用公款进行非法活动构成其他犯罪的,应与挪用公款罪数罪并罚。司法实践也持这种立场。有人对数罪并罚之通说及实务立场提出批评,认为挪用公款进行非法活动如走私等是挪用公款行为的定罪事实,在非法活动本身构成其他犯罪时数罪并罚,则非法活动明显属于"一个行为两头挑",违背刑法的"禁止重复评价"原则。同时,这样的解释造成挪用公款罪与相关犯罪的罪数关系的混乱。本书不以为然。该批评显然是建立在挪用公款罪是复行为犯的基础之上。只要认为该罪的实行行为只有"挪",就不会得出数罪并罚违反"禁止重复评价"原则的结论。正如只要认为受贿罪中的"为他人谋取利益"并非受贿罪的实行行为,就难以认为"为他人谋取利益"的行为构成犯罪时与受贿罪数罪并罚,违反了"禁止重复评价"原则。

2. 何谓挪用公款罪中"利用职务上的便利"？

《刑法》分则中有多个罪名规定了"利用职务上的便利"要件。应该说，不同罪名之间法益、行为方式等的差异性致使"利用职务上的便利"的含义也具有相对性。

关于挪用公款罪中"利用职务上的便利"，理论与实务认为，所谓利用职务之便，是指利用职务权力与地位所形成的主管、管理、经营、经手公款的便利。国有单位领导利用职务上的便利，指令具有法人资格的下级单位将公款供个人使用的，属于利用职务之便，属于挪用公款行为。应该说，挪用犯罪中的"利用职务上的便利"与侵吞型贪污罪中利用职务上的便利相似，即行为人基于职务或者业务已经控制、支配或者占有单位的资金；对于自己并不控制、支配、占有的资金采取盗窃、欺骗的手段挪为自己使用的，属于盗用、骗用行为，根据行为人的挪用行为对被害单位资金的利用可能性的妨碍程度，认定为盗窃、诈骗罪或者不可罚的盗用、骗用行为。

案1：被告人殷某在担任中国银行某分行信息科技部主机系统管理员期间，利用系统管理员职务对该行IBM小型机AS400主机系统拥有生产维护最高权限之便，擅自更改主机应用程序和有关数据文件。通过这一手段，被告人殷某从2000年10月至2001年6月，将其在中国银行某分行开设的"吕某妹""黄某英""赖某莲"三个活期储蓄账户内，先后24次虚增存款共计1100万元，以此达到挪用中国银行某分行的资金的目的。随后，被告人殷某通过中国银行"证银通"系统将挪用的1100万元用电话委托方式，转至某证券有限责任公司殷某（本人）名下或其控制下的"吕某妹""黄某英""赖某莲""殷某明"共5个股票保证金账户内，用于个人买卖股票。至案发后的2001年9月6日，所购股票账面亏损239万元。法院认为，被告人殷某利用在国有银行从事计算机系统管理的职务之便，挪用公款进行营利活动，数额特别巨大，造成巨大损失不能退还，其行为已构成挪用公款罪。[①]

本书并不同意上述认定，而应认定为盗窃罪。被告人殷某对所"挪用"的资

---

① 广东省惠州市中级人民法院刑事判决书刑事判决书，(2001)惠中法刑初字第162号。

金，事先并不具有管理、控制、支配或者占有的权限。换言之，其非法控制使用上述资金，并非“利用职务上的便利”，而是利用自己作为银行信息科技部主机系统管理员的身份，容易接近作案目标，即通说所称的“利用因工作关系熟悉作案环境、凭工作人员身份便于进出某些单位，较易接近作案目标或对象等与职权无关的方便条件”，因而属于利用工作之便，而非职务之便。行为的性质属于盗划银行存款（虚假记账、虚增存款）。由于行为人盗划存款后非法使用长达近一年，严重妨碍了银行对上述资金的利用，显然不属于不可罚的盗用行为，应以盗窃罪定罪处罚。

案2：被告人冯某系贵州省某市农业银行信用卡综合科工作人员。其与张某在一无固定资产、二无经营所需资金的情况下，骗领了工商营业执照。之后，冯某擅自授权本人及张某用信用卡透支总额达709,460.4元，案发后尚有11,819.4元拒不退还。法院认为，被告人冯某、张某，利用冯某职务上的便利，擅自授权透支巨额资金供二人进行营利活动，其行为均已构成挪用公款罪。[①]

本书认为，上述判决是正确的。被告人冯某虽不直接占有银行资金，但其所拥有的信用卡透支额度的授信权限，意味着对银行资金具有实质上的控制、支配权。其利用授信权限擅自允许他人和本人信用卡透支的，属于利用职务上的便利，其行为符合挪用公款罪构成要件。

3. 何谓“挪用公款归个人使用”？未规定单位犯罪是立法疏漏吗？

如何理解和适用“归个人使用”一直是困扰理论与实务的难题。理论上一直有人望文生义，把归“个人”使用限定为归自然人或者私营企业使用。例如，有人认为，“归个人使用”包括归本人以外的自然人使用；“归个人使用”包括归其他私有单位使用；“归个人使用”不包括归其他公有单位使用。司法实务中也一直纠缠于公款的使用者是自然人还是单位、是私营企业还是非私营企业。[②]

---

① 贵州省六盘水市中级人民法院刑事判决书，（1997）六中刑初字第023号。

② 1998年4月29日最高人民法院《关于审理挪用公款案件具体应用法律若干问题的解释》（以下简称《挪用公款案件解释》）；江苏省高级人民法院刑事裁定书，（2009）苏刑审监字第036号。

为“统一司法”,2002 年 4 月 28 日第九届全国人民代表大会常务委员会第二十七次会议通过《关于〈中华人民共和国刑法〉第三百八十四条第一款的解释》规定:“有下列情形之一的,属于挪用公款‘归个人使用’:(一)将公款供本人、亲友或者其他自然人使用的;(二)以个人名义将公款供其他单位使用的;(三)个人决定以单位名义将公款供其他单位使用,谋取个人利益的。”

其实,即便公款的最终使用者是自然人,也未必符合挪用公款“归个人使用”这一要件。因为挪用公款“归个人使用”的本质在于,将公款非法置于个人的支配控制之下,即公款私用。这里的“私”用,并不意味着最终的使用者必须是自然人,而是指将原本属于单位支配的“公”款非法改变为“个人”支配。至于个人非法支配公款后是自己使用,还是给其他自然人或者单位使用,均符合“归个人使用”的本质。尽管有学者认为立法解释已经改变了“归个人使用”的本义,但应认为,立法解释的意义在于突出挪用公款罪公款私用的本质,并未突破归个人使用的立法定位,更不意味着归单位使用也是挪用公款罪的客观构成要件。也就是说,以个人名义将公款供其他单位使用,其实质是先将公款挪给自己使用,然后自己再处分公款;个人决定以单位名义将公款供其他单位使用,实际上是个人将公款作为谋取利益的手段。因此,两者本质上仍然属于挪用公款归个人使用。

关于上述立法解释,有观点认为,立法解释的目的主要是解决司法实践中存在的单位负责人将公款借出能否以挪用公款罪定罪处罚的难题。因为挪用公款罪是个人犯罪,没有单位犯罪,司法实践中单位负责人个人决定将公款借出的情况又比较复杂,而单位负责人个人的决定是否在一切情况下都代表单位整体意志,存在很大争议。本书赞成立法解释的主要目的就是要解决“司法实践中存在的单位负责人将公款借出能否以挪用公款罪定罪处罚的难题”,但是不赞成“因为挪用公款罪是个人犯罪,没有单位犯罪”这种说法。

如果认为是因为没有单位犯罪的规定而不处罚单位挪用公款的行为,则意味着,单位决定的体现了单位意志的挪用公款行为,仍然具有刑事违法性,只是因为刑法没有规定单位可以构成挪用公款罪的主体而不能处罚单位而已。换句话说,如果上述说法成立,这种所谓单位挪用公款的行为,是完全有可能追究直接负责的主管人员和其他直接责任人员挪用公款罪的刑事责任的。正如,《刑法》虽然没有规定单位可以成为贷款诈骗罪、盗窃罪、放火罪、故意杀人罪等的主体,但是绝不意味着单位决定、体现单位意志而实施上述行为的只能做无罪处理,而只是不能追究单位的刑事责任。对直接负责实施上述行为的主管人员和其他直接责任人员,不仅可以而且必须追究刑事责任。

事实上,也有观点认为,尽管《刑法》和相关司法解释否认单位成为挪用公款罪的主体,但是对单位挪用公款的,应该直接追究相关自然人的责任,即以自然人犯罪论。如果这种观点成立,将会导致灾难性的后果。不仅单位集体决定将公款借给其他单位或者个人使用的,可以追究单位的主管人员和其他直接责任人员的刑事责任,而且,虽然《刑法》没有规定单位可以成为职务侵占罪的主体,但是单位集体决定私分单位财产(既非国有财产,也非罚没财物),也能追究主管人员和其他直接责任人员的刑事责任,等等,这是背离了立法宗旨的。立法者之所以没有规定单位挪用公款罪,不是立法疏漏,而是因为即便单位之间的资金拆借违反了国家的金融法规和政策,也属于单位正常经营行为的范畴,刑法不应干涉。只有单位成员挪用单位资金归自己支配,这种具有背信性质的损害单位利益的行为才值得科处刑罚。或者说,正因为单位是挪用公款罪和职务侵占罪的受害人,所以立法者才没有规定单位可以成为二罪的犯罪主体。因此,对于经单位领导集体研究决定将公款给个人使用,或者单位负责人为了单位的利益,决定将公款给个人使用的,不能以挪用公款罪定罪处罚。《经济犯罪纪要》也指出,经单位领导集体研究决定将公款给个人使用,或者单位负责人为了单位的利益,决定将公款给个人使用的,不以挪用公款罪定罪处罚。上述行为致使单位遭受重大损失,构成其他犯罪的,依照刑法的有关规定对责任人员定罪处罚。

需要指出的是,其他国家和地区的刑法中虽然没有挪用公款罪罪名,但是不可能放纵这种行为不管,而是一般作为业务侵占罪或者背信罪处理。例如,日本理论与判例的主流观点认为,某村的出纳以自己的名义,将自己所保管的公款借给他人的,就构成业务侵占罪。我国台湾地区的理论与判例也认为,农会出纳员挪用信用部的存款成立业务侵占罪。由于我国大陆刑法理论通说认为,挪用犯罪与侵占犯罪的区别在于是否具有永久性非法占有公款的目的,因而将挪用公款理解为一种背信犯罪可能更为妥当。挪用公款行为的背信性在于，作为公款的控制支配人，本应为了本单位的利益恪尽职守，为公款的所有权人忠实地履行职责、尽到善良管理人义务，却为了一己私利，将公款非法置于自己的控制支配下，损害单位对公款的占有、使用及收益权益。

域外刑法规定背信罪成立的条件是行为人主观上必须出于为自己或第三人谋取利益，或者损害委托人利益的目的，客观上实施了违背其任务的行为，从而给委托人造成财产上的损害。挪用公款作为一种背信行为，其不是为单位打算，而是为自己打算，不是为单位谋取利益，而是为自己谋取利益，不是以善良管理者支配、利用公款，而是损公肥私。

可以说，作为挪用公款罪核心构成要件的"挪用"，是指行为人转移对资金的实际占有关系并按照个人意志发挥资金功效的行为。故而判断是否属于挪用公款"归个人使用"，关键是看挪用行为是否体现了单位意志（意思），行为人是否为单位打算，是否尽到善良管理人的义务。而是否谋取个人利益，是在职权范围内还是超越职权范围作出决定，公款利用行为是否违反公司章程或国家的法律法规规定（如用公款行贿），均只是判断的资料或参考，而非决定性的因素。例如，单位负责人自己决定将公款借给自己的亲戚使用，但按照单位之间的资金拆借惯例收取了合理利息，即便个人还私自收取了好处费，也难以认定为挪用公款罪。又如，为了上级官员以后能关照本公司，公司负责人个人决定将公款挪给上级官员使用，即便成立行贿犯罪，也不宜评价为挪用公款罪。

此外，由于单位是拟制的人格主体，所谓单位的意思通常体现为单位负责人的意思。因而在认定单位意志时，原则上必须依据单位属于拟制人格主体的基本原理，将作为单位代表机构即单位领导的自然人的意思视为单位本身的意思。但是，在单位领导的意思完全背离单位的宗旨和目的，违反单位的相关制度等时，则不能将其看作为单位自身的意思，则只能看作为单位领导自然人的意思。换言之，在认定单位主观意思时，不能仅考虑单位领导的个人意思，还必须考察单位自身的结构、政策、措施、习惯等。司法实践中，在判断单位负责人的决定是否体现单位的意思时，往往强调必须是全体领导成员一致决定，而显得过于机械、形式化。

案3:被告人张某系某房地产公司的董事长,吴某明系党委书记兼副董事长,裘某大为总经理。张某与吴某明商量后决定借款200万元给某物资公司的经理施某晶,让裘某大具体操办,并强调要有担保或者抵押形式。最终,借出的公款仍有190万元未归还。一审法院认定成立挪用公款罪。二审法院认为,“某房地产公司在1996年7月明文规定,外借资金须经单位领导班子集体讨论决定后由总经理审批,而当时领导班子成员曹某生、吕某华均证明出借公款给某物资公司之事并不知道,也未经集体讨论,由此可说明张某将公款200万元借给某物资公司的行为并非单位行为,也非张某按其职责所能作出的职务行为,而系张某利用职务便利的个人擅自行为;在企业实际经营中,由党政主要领导决定实施企业行为的情况确有存在,但存在并不等于合法,按照某房地产公司有关外借资金的规定,即使张某确与吴某明商量过也只能代表二人意见,不能视作单位意志表示……驳回上诉,维持原判”①。

本书认为,上述认定存疑,不应认定为挪用公款罪。实践表明,单位意思通过股东会、董事会、经理办公会形成的极少,大多是以单位中具有一定身份的自然人的意思为单位意思。该案中,挪用公款是经公司董事长与副董事长商量决定、由总经理具体操办的。法院仅以“外借资金须经单位领导班子集体讨论决定后由总经理审批,而当时领导班子成员曹某生、吕某华均证明出借公款给某物资公司之事并不知道,也未经集体讨论”为由,认定属于被告人个人行为,而非单位行为。若如此,只要未经董事会、股东会、经理办公会集体讨论决定的行为,都是负责人的个人行为,无疑将不当扩大刑罚处罚范围。该案中,董事长、副董事长、总经理三人决定实施的行为,应当认定系单位行为,体现的是单位意思。不能因为最终不退还的数额巨大,就得出属于“归个人使用”而成立挪用公款罪的结论。

案4:检察院指控,时任北京市通州区宋庄镇某村党支部书记的被告人李某,个人决定将该村集体资金15万元借给马某国。对此,一审、二审

① 上海市第二中级人民法院刑事裁定书,(2000)沪二中刑终字第312号。

法院均认为,虽然被告人将借款之事告诉了多数村党支部、村委会成员,且没有表示反对,但根据《通州区村级组织规范化管理工作实施细则(试行)》的规定,大额费用支出要首先经“两委”联席会议研究,再由村民会议或村民代表会议讨论决定,日常财务开支数额较大的,须经村财务管理领导小组集体研究后方可支出。李某出借15万元未召集村党支部、村委会全体成员正式召开“两委”联席会讨论研究,未交由村民会议或村民代表会议讨论决定,属于个人擅自决定,不属于集体决定。因而,李某的行为成立挪用资金罪。①

本书认为,上述认定存疑,不应认定为犯罪。既然大多数村党支部、村委员会成员不反对,就说明借款的决定体现了村集体的意思,即便不符合议事程序,也不应认为系个人行为,故不宜认定为犯罪。

4. 挪用公款存入银行、购买国债,属于挪用公款进行营利活动吗?

1998年4月29日,最高人民法院《关于审理挪用公款案件具体应用法律若干问题的解释》(以下简称《挪用公款案件解释》)规定,挪用公款存入银行、用于集资、购买股票、国债等,属于挪用公款进行营利活动。

《刑法》第384条实际上是按照挪用公款可能导致单位丧失公款的危险(风险)程度的不同规定了三种类型。将公款用于非法活动,如赌博、走私、贩毒、购买假币,因为会被没收而使单位丧失公款的危险程度最高;用于营利活动的,如炒股、炒房,因为投资有风险,有可能导致不能归还公款,只是风险次于用于非法活动;用于其他活动的,如用于支付自住房首付,风险相对小。所以,犯罪成立条件(数额、挪用时间)依次提高。既然如此,所谓进行营利活动,应限于具有一定风险的营利活动,而不是泛指任何营利性活动。如将公款存入银行和购买国债,几乎没有风险。所以,挪用公款存在银行、购买国债的,不宜认定为进行营利活动,而应认定为进行其他活动。

---

① 北京市通州区人民法院刑事判决书,(2009)通刑初字第13号;北京市第二中级人民法院刑事裁定书,(2009)二中刑终字第1145号。

5. 挪用公款归还个人欠款的，根据产生欠款的原因确定行为类型是否妥当？

《经济犯罪纪要》指出，挪用公款归还个人欠款的，应当根据产生欠款的原因，分别认定属于挪用公款的何种情形。归还个人进行非法活动或者进行营利活动产生的欠款，应当认定为挪用公款进行非法活动或者进行营利活动。理论上也支持这一实务立场①。

如前所述，立法者之所以根据公款用途的不同确定不同的犯罪成立条件，是因为用途不同导致单位公款丧失的危险程度不同。可是，既然欠款已经形成，则无论产生欠款的原因是什么，挪用的用途都是归还欠款。也就是说，不可能因为欠款的原因是赌博，归还赌博产生的欠款导致公款丧失的危险程度就高于归还因炒股产生的欠款。换言之，挪出公款用于非法活动、营利活动和其他活动，因为风险还不确定，所以，人们根据一般的生活经验得出不同用途会导致公款丧失的危险程度不同。一旦欠款已经形成，挪用公款归还欠款导致公款丧失的危险程度就没有什么不同。比如，无论是把钱借给好人还是坏人，只要是欠款不还，形成的都一样是“呆账”。

所以，只要欠款已经形成，无论产生欠款的原因如何，挪用公款归还欠款导致本单位公款丧失的危险程度就没有什么不同。从法益保护的角度考虑，应当统一认定为挪用公款进行其他活动。

6. 挪用公款罪可以由不作为构成吗？

从期待可能性、罪刑法定和人权保障的角度考虑，刑法以处罚作为犯为原则，处罚不作为犯为例外。只要没有作为义务的根据以及不作为与作为不具有等价性，就不能认为某个罪名既可以由作为构成也可以由不作为构成。从挪用公款罪的罪状表述看，该罪只能由作为构成。国家工作人员未收回单位的应收款的，不符合挪用公款罪的构成要件，不应成立不作为方式的挪用公款罪。当然，国家工作人员收回单位的应收款不及时上交单位而自己使用的，是将本单位的公款挪归个人使用的作为行为，不是不作为，构成挪用公款罪。如果这种情形

① 参见张明楷:《刑法学》(第6版)，法律出版社2021年版，第1567页。

都不构成挪用公款罪,则无异于取消了挪用公款罪。

案5:国家工作人员甲出差前预支了一笔公款,按规定出差回单位后应立即报销,将没有用完的公款归还给集体,但其超过了3个月还没有报销。

本案中,行为人并没有出于非法使用的目的使自己基于职务占有支配的公款脱离单位的控制而置于个人的支配之下。本书认为,行为人取得单位的公款是合法的,事后不及时报销、归还剩余的预支款,只是一种不作为,不应认定为挪用公款罪。

7. 挪用公款必须是使单位现实控制的公款脱离单位控制吗?

挪用公款罪的本质是使自己基于职务即代表单位占有支配的公款,脱离单位的控制而非法置于自己的控制之下。很显然,所挪用的公款必须是单位已有的即现实存在的公款,而不可能包括期待取得但尚不存在的公款。

案6:某国有房地产公司的负责人甲个人欠乙600万元,乙不断地催促,但甲一时无钱归还。甲建议乙购买本单位的一套600万元住房但无须付款。乙同意后,甲让公司将房子交付给了乙,由甲负责付款。公司的财务账上显示的是甲欠公司600万元。三个月后公司向甲催还了该欠款。

对于该案,可能有观点认为甲实际上是将公司应得的600万元用于偿还自己的债务,所以属于挪用公款。但是,挪用公款罪必须是使单位现实控制的公款脱离单位的控制,在本案中,单位只是现实控制了住房,并没有现实控制600万元现金,所以将甲的行为认定为挪用公款罪并不妥当。当然,可以将甲的行为认定为国有公司人员滥用职权罪。

8. 如何认定变相挪用公款?

有所谓变相刑讯逼供、变相非法吸收公众存款、变相贪污等,人们"触类旁通"地就想到所谓变相挪用公款。应该说,只要实质上可以评价为将自己基于职务占有支配的单位现存的公款非法置于个人的控制支配之下,就可以认为是挪用公款。收回单位的应收款后不交回单位,而是由自己暂时使用的,就是变相挪用公款。

案7:某开发区的负责人甲负责开发区的工程建设,其中某工程的2000万元工程款原本应当在3个月之后才能支付给施工单位,但是,甲的特别关系人乙找到甲,希望甲从开发区借2000万元给自己用。于是甲就找到施工单位的负责人丙,由开发区政府立即将2000万元工程款提前支付给施工单位,但施工单位必须将这2000万元给乙使用3个月。丙表示同意,乙使用了3个月后,将2000万元还给了施工单位。

对于本案,表面上看因为某开发区政府本来就应该支付施工单位工程款,而且2000万元也是支付给施工单位,并没有将公款挪归自己使用。某开发区本来应该在3个月后支付该笔工程款,因为甲的操作而提前支付了工程款,致使某开发区在3个月内对2000万元公款失去了占有、使用和收益权。从现实来看,丙不可能拒绝甲的安排,倘若乙不能归还2000万元,施工单位还是会要求政府再支付工程款,提前支付2000万元工程款,事实上使公款处于流失的风险之中。所以甲的行为成立滥用职权罪与挪用公款罪的想象竞合。

案8:乙向银行申请贷款800万元,但并不符合贷款条件。于是银行行长甲(国家工作人员)与乙、丙共谋,由符合贷款条件的丙作为借款人向银行贷出800万元后给乙使用。乙使用两个月后,将800万元归还给甲的个人账户,由于贷款期限为1年,甲便以个人名义将该800万元借给他人使用,贷款到期时,甲通过其他方式归还了800万元。

应该说,虽然乙没有直接将贷款归还至银行账户,是因为乙不是名义上的借款人,但乙显然是向银行归还贷款,而不是向甲个人归还贷款。况且,银行的资金本来就是由银行管理者占有,即使乙将800万元归还到甲的个人账户,也应该认为是甲代银行管理该公款。既然如此,就可以认为甲仍然是将单位的公款挪给第三人占有、使用、收益,所以甲的行为符合挪用公款罪的构成要件。当然,甲还另外构成违法发放贷款罪,对甲应当数罪并罚。

9.如何认定挪用公款罪的共犯?

《挪用公款案件解释》指出,“挪用公款给他人使用,使用人与挪用人共谋,指使或者参与策划取得挪用款的,以挪用公款罪的共犯定罪处罚”。理论通说认为,不应扩大使用人成立共犯的范围,对于使用人只是单纯提出、要求借用公款的,不得认定为挪用公款罪的共犯。另有人指出,使用人单纯接受公款,未指使、参与策划取得挪用款项的,不成立本罪,但是否有成立窝藏赃物罪的可能,值得考虑。

本书认为,无论是司法解释还是理论通说,都没有认真地分析使用者作为对向犯的性质。对向犯有四种:一是对向双方罪名和法定刑完全一样,如重婚罪;二是对向双方虽然都被规定为犯罪,但罪名和法定刑存在差异,如受贿罪与行贿罪,拐卖妇女、儿童罪与收买被拐卖的妇女、儿童罪,非法出售增值税专用发票罪与非法购买增值税专用发票罪;三是对向双方法定刑一样,但罪名不一样,如出售、购买假币罪;四是立法者仅将一方的行为规定为犯罪,对方的行为是否值得处罚留给理论解决,这种类型被称为片面的对向犯,如贩卖淫秽物品牟利罪,立法者仅规定对贩卖者一方进行处罚,而没有明文规定处罚购买淫秽物品的行为。问题是,在片面对向犯的场合,能否直接根据《刑法》总则关于共同犯罪的规定将购买者作为共犯(教唆犯或帮助犯)处罚?理论上存在立法者意思说、实质说、并合说、可罚的规范目的说。

本书赞成实质说。为了自己吸食而购买毒品的行为,之所以不成立贩卖毒品罪的共犯,是因为其本身就是受害者;本犯之所以不是窝藏罪的主体,教唆他人藏匿自己的,之所以不成立窝藏罪的教唆犯,是因为缺乏期待可能性;为了自己欣赏而购买淫秽物品的行为,之所以不成立贩卖淫秽物品牟利罪的共犯,是因为其没有传播的目的,单纯的购买行为不具有实质的违法性,即没有达到值得科处刑罚的程度。而公款的使用者,显然不属于上述任何一种情形。既不是受害者,亦不缺乏期待可能性,更不缺乏实质的违法性。立法者之所以没有将使用公款的行为直接规定为犯罪,一方面是因为表明挪用公款的实行行为只有“挪”,将公款非法置于自己的支配控制之下,即成立该罪的既遂;另一方面是因为使用者通常是挪用者本人,将使用行为规定为犯罪在很多场合并没有实际意义。为了与使用人以外的教唆、帮助成立挪用公款罪的共犯相协调,我们没有理由否认具体使用公款、直接置公款于风险中的行为可能成立本罪的共犯。因此,只要在挪用既遂之前,主动要求、提议他人挪用公款,对他人实施挪用公款行为起到了诱发犯意或者促进犯罪的作用的,没有理由不以该罪的共犯加以处罚。至于在他人挪用公款既遂,即他人已经将公款置于非法控制之下后,单独或者共同使用公款的行为,属于他人犯罪既遂后的掩饰隐瞒犯罪所得及其收益,助长了本犯的赃物犯罪行为,完全可能成立掩饰、隐瞒犯罪所得、犯罪所得收益罪。

有观点认为,如果"集体决策"系导致公款被挪用的直接原因,那么,这种"集体决策"可能构成挪用公款的共谋。本书不赞成这种观点。如前所述,立法者之所以没有规定单位可以成立挪用公款罪,是因为单位集体决定将公款给其他单位或者个人使用的,属于单位的正常经营行为,不具有实质的违法性。所谓集体决策,正好说明挪用公款是单位行为,根本就不成立犯罪,当然也就无所谓挪用公款的"共谋"了。司法解释只是对成立挪用公款罪共犯情形的部分列举,相当于"注意规定",绝不意味着只有公款的使用人才能成立该罪的共犯。

案 9:被告人潘某经与被告人魏某共谋后,将自己控制下的 680 万元公款挪入被告人魏某所在的江苏证券上海营业部炒股。检察院以潘某、魏某涉嫌挪用公款罪提起公诉。法院认为,"被告人魏某帮助潘某用挪用的公款炒股,没有谋取共同利益。被告人魏某的辩护人提出的被告人魏某客观上没有管理公款的职权,没有实施挪用公款的行为,本人没有分得利润的辩护意见与本案事实相符;提出被告人魏某既不是挪用公款的挪用人,也不是使用人,不能认定魏某为挪用公款的共犯的观点,符合最高人民法院《关于审理挪用公款案件具体应用法律若干问题的解释》的规定,应予采纳……被告人魏某无罪"。①

本书不同意上述认定,应将魏某作为挪用公款罪的共犯处罚。法院显然是将《挪用公款案件解释》中关于共犯的规定理解为"法律拟制",将挪用公款罪的共犯限于使用人。这种理解无疑是错误的。只要符合《刑法》总则关于共同犯罪的成立条件,就完全可能成立本罪的共犯。本案被告人魏某虽然不是公款的挪用人和使用人,但其参与策划挪用公款,与公款被挪用的法益侵害结果之间具有因果性,理应作为挪用公款罪的共犯论处。

---

① 南京铁路运输法院刑事判决书,(1999)宁铁刑初字第 28 号。

公款的使用人完全可能与挪用人构成共犯。有人认为,对于共同挪用公款犯罪的数额认定,立法和司法解释中没有明确,但实践中确实也存在一定的认识分歧,如实践中对共同挪用公款犯罪中使用人的犯罪数额认定存在分歧,是以其参与谋划,并实际挪出的公款数额为准,还是以其实际使用数额为其犯罪数额的问题。

其实,无论使用人是共谋共同正犯还是教唆犯、帮助犯,都应当对与其行为具有因果性的数额负责。也就是说,在共谋共同正犯的场合,根据部分实行全部责任的原则,在教唆犯与帮助犯的场合,根据限制从属性原则,参与共谋的使用人均应对实际挪用的公款数额负责,而不是仅对自己实际使用的公款数额负责。当然,在认定挪用数额时,需要贯彻责任主义。

首先,共同挪用公款时,即使客观上存在不同用途,也应全额计算,不能分别计算。

案10:A是甲国有公司的会计(国家工作人员),B是乙公司员工,A与B共谋将国有公司的300万元挪出交由B用于炒股,所得收益两人平分。A将300万元汇入B的股票账户后,B将200万元用于炒股,将100万元用于赌博。

由于A与B的行为均与300万元公款被挪用的结果具有因果性,故两人挪用公款的数额均为300万元。A虽然对100万元用于赌博不知情,但在数额较大的前提下,根据法定符合说,对公款是用于营利活动还是非法活动的认识错误,既不影响故意的认定,也不影响数额的认定。倘若认定A挪用公款的数额仅为200万元,则明显不当。

其次,对于共同挪用公款的案件,必须根据《刑法》第384条关于挪用公款罪的构成要件认定挪用数额。

案11:普通公民C急需100万元支付购房款(其一个月后有100万元的定期存款到期),便隐瞒真相与国有公司会计D(国家工作人员)"共谋",商议将国有公司的300万元挪出交由C用于炒股,所得收益二人平分。D将300万元汇入C的股票账户后,C用200万元炒股,用100万元支付购房款(D不知情),一个月后,C将100万元归还给国有公司;三个月后,C将用于炒股的200万元归还给国有公司。

毫无疑问,C与D均应对挪用公款进行营利活动的200万元承担责任。虽然D误以为挪用公款300万元进行营利活动,但由于其中的100万元事实上用于其他活动,而且在3个月内归还,不符合挪用公款罪的构成要件,故不能认定D挪用公款的数额为300万元,也不能认定D对100万元构成挪用公款罪的未遂犯。

再次,共谋挪用公款,参与人分别使用公款的,参与人应对与自己的行为具有因果性的全部数额负责,而不能仅对个人使用的数额负责。

案12:甲公司负责人E与乙国有企业负责人F(国家工作人员)共谋,以将国有企业公款出借给甲公司的名义挪用乙国有企业公款1000万元,其中400万元由E用于支付购房款,4个月后归还,600万元由F用于炒股。

由于E、F的行为与1000万元的公款被挪用的结果之间具有因果性,而且,对400万元与600万元的挪用行为均符合挪用公款罪的构成要件,所以,E与F均应对1000万元公款承担挪用公款罪的责任,而不是分别对400万元与600万元负责。

最后,参与人虽然对与自己行为具有因果性的挪用公款数额存在客观不法,但若对挪用公款没有责任,则不能承担刑事责任。

案13:G欺骗国有企业会计H,谎称自己的300万元定期存款一个月后到期,指使H挪用300万元给自己支付购房款。H将300万元公款挪用给G,G将300万元用于炒股(H不知情),一个月后将300万元归还给国有公司。

在该例中,H客观上挪用公款给G用于营利活动,符合挪用公款罪的客观构成要件,在不法层面是挪用公款罪的正犯,但H主观上误以为挪用公款进行其他活动,没有认识到挪用公款进行营利活动,且在3个月之内归还,因此,H的行为不构成挪用公款罪。G的行为看似是挪用公款罪的间接正犯,但挪用公款罪是身份犯,而间接正犯必须具有身份,故G不成立挪用公款罪的间接正犯,只能成立挪用公款罪的教唆犯,数额为300万元。

在此需要作两点说明:其一,根据限制从属性说,如若认为故意是不法要素,共犯从属于正犯的故意，则 G 的行为不成立犯罪。然而这一结论缺乏合理性。本书认为，故意只是责任要素而不是不法要素，根据限制从属性说，只要正犯(H)的行为客观上具备挪用公款罪的构成要件符合性与违法性，G 便构成挪用公款罪的教唆犯。其二，无论是采取限制从属性说还是采取共犯独立性说，对 G 都不能适用《刑法》第 29 条第 2 款的规定。也就是说，既不能认定 G 仅构成未遂犯的教唆犯，也不能认定 G 成立教唆犯的未遂犯，而应认定为既遂犯的教唆犯。换言之，由于正犯 H 客观上挪用公款进行营利活动的行为既遂，从客观不法的层面来说，被教唆的 H“犯了被教唆的罪”，因此，根据限制从属性说，作为教唆犯的 G 也应当承担既遂犯的责任。即使采取共犯独立性说，G 的行为也构成挪用公款罪的既遂犯。因此，不能认为，只要被教唆的人不构成犯罪，就属于《刑法》第 29 条第 2 款规定的“被教唆的人没有犯被教唆的罪”。

10. 如何认定挪用公款罪的既遂？

如前所述，挪用公款罪的实行行为只有“挪”，使用不是挪用公款罪的实行行为，因此原则上讲，只要完成挪的行为，即挪出了公款，公款脱离了单位的控制，就已既遂。不过，由于挪用公款进行其他活动的还要求满足 3 个月未还的这一成立条件。所以，对挪用公款进行其他活动的，尽管挪出了公款就已既遂，但只有超过 3 个月未还的，才成立挪用公款罪。也就是说，犯罪既遂条件与犯罪成立条件不一致。正如骗取了银行的贷款就已经是骗取贷款罪的既遂，但只有给银行造成了重大损失才能成立犯罪。

11. 挪用公款罪是继续犯吗？追诉期限如何计算？

根据结果的发生与犯罪的终了之间的关系，可以将犯罪分为即成犯、状态犯与继续犯三种类型。所谓即成犯，是指一旦发生法益侵害结果，犯罪便同时终了，法益也随之消灭，如故意杀人罪。状态犯，是指一旦发生法益侵害结果，犯罪便同时终了，但法益受侵害的状态仍在持续，如盗窃罪。继续犯，是指不仅法益侵害状态在持续，而且行为的构成要件符合性也在持续，如非法拘禁罪。上述犯罪类型区分的意义在于，在即成犯和状态犯的场合，犯罪既遂之后没有共犯成立的余地，只可能成立赃物罪之类的犯罪，如事后帮助转移赃物，不成立盗窃罪的共犯，而是成立掩饰、隐瞒犯罪所得罪；追诉期限从犯罪成立之日起计算，如故意杀人罪、盗窃罪的追诉期限是从杀人行为或盗窃行为完成之日起开始计算。而在继续犯的场合，由于构成要件符合性在持续，故他人中途参与进来有成立共犯的余地，而且追诉期限从结束法益侵害状态之日起开始计算。例如，在非法拘禁他人之后，只要没有释放被害人，他人就有参与进来成立非法拘禁罪共犯的可能，追诉期限也是从释放被害人或者被解救之日起，而不是从开始拘禁之日起计算。

关于挪用公款罪的犯罪类型，有继续犯肯定说与继续犯否定说的争论。若主张挪用公款罪是继续犯，就应认为该罪追诉期限从归还公款之日起计算，反之，会主张挪用公款罪的追诉期限从犯罪成立之日而非归还之日起计算。司法解释关于挪用公款罪的犯罪类型似乎持即成犯或者状态犯而非继续犯的立场。2003 年 9 月 22 日最高人民法院《关于挪用公款犯罪如何计算追诉期限问题的批复》指出："根据刑法第八十九条、第三百八十四条的规定，挪用公款归个人使用，进行非法活动的，或者挪用公款数额较大、进行营利活动的，犯罪的追诉期限从挪用行为实施完毕之日起计算；挪用公款数额较大、超过三个月未还的，犯罪的追诉期限从挪用公款罪成立之日起计算。挪用公款行为有连续状态的，犯罪的追诉期限应当从最后一次挪用行为实施完毕之日或者犯罪成立之日起计算。"

为与贪污罪追诉期限的起算相平衡，将挪用公款罪看作状态犯，追诉期限从挪用行为完成或者挪用公款罪成立之日起计算较为合适。相反，若将挪用公款罪看作继续犯，则会导致挪用公款行为人比贪污公款的行为人承受更严厉的刑罚后果。所以，本书赞成司法解释的立场，但适用司法解释中出现的疑问是，本来其他活动型挪用公款罪比非法活动型及营利活动型违法性轻，但若认为从犯罪成立之日，即挪用公款超过 3 个月才开始起算追诉期限，反而导致被告人将承受与非法活动型及营利活动型相比更为不利的刑罚后果。故而，关于《刑法》第 89 条追诉期限计算规定中的"犯罪之日"，"应是指犯罪成立之日，即行为符合犯罪构成之日"之通说立场，值得反思。

德国《刑法》第78条a关于时效的开始，明文规定："一旦行为结束，时效即开始计算。如果其后才发生属于犯罪构成的结果的，则自其发生时才开始计算。"我国台湾地区"刑法"第80条第2项规定，追诉时效期间自犯罪成立之日起计算。犯罪行为有继续之状态者，自行为终了之日起计算。我国台湾地区权威学者林山田教授指出，"行为犯应以行为完成之日，为犯罪成立之日。结果犯则因以结果的发生为必要，始成立既遂，故结果犯的未遂犯固以行为完成之日，为犯罪成立之日，但结果犯的既遂犯，则应以结果发生之日，为犯罪成立之日"。①

本书认为，由于挪用公款罪的本质是将公款非法置于自己的控制支配下，故应属于状态犯。对于其他活动型挪用公款罪而言，"超过三个月未还"固然是成立犯罪的条件，但这种规定是为了限制处罚范围，因而相当于国外刑法理论中的客观处罚条件。若以其属于犯罪成立条件为由，追诉期限就应从挪用3个月之后才开始计算，反而对被告人不利。因此，为与非法活动型及营利活动型相协调，包括其他活动型在内的挪用公款罪，均应以挪用行为完成，即将公款非法置于自己的控制支配下为"犯罪之日"而开始计算追诉期限。

案14：被告人周某从1999年9月至2000年5月，先后于1999年9月16日、1999年10月15日、1999年10月30日、1999年11月26日、2000年5月25日分别挪用单位资金33,660元、1万元、1.5万元、8800元、33,500元归个人使用，共计100,960元。间隔近6年后又于2006年4月28日挪用单位资金3万元。一审法院以被告人周某每节挪用资金的犯罪行为均处于持续状态，其追诉期限应当从犯罪行为终了之日起计算为由，将上述6次挪用数额累计为犯罪数额130,960元，以挪用资金罪判处有期徒刑4年。二审法院则认为，"周某从1999年9月至2000年5月间分五次挪用公司资金的行为，应视为有连续状态，犯罪的追诉期限应当从最后一次挪用行为实施完毕之日起计算；该节犯罪行为的最高法定刑为三年有期徒刑，其追诉期限应为五年。从第五次挪用行为实施完毕之日起，至2006年4月28日第六次

① 林山田：《刑法通论》（下册）（增订十版），北京大学出版社2012年版，第405页。

挪用公司资金时计算，已超过五年的追诉期限，故前五次挪用资金的行为，依法不予追究……犯挪用资金罪，判处有期徒刑六个月”。①

本书赞成二审法院改判的理由与结果。虽然多次挪用可谓连续犯，但连续犯的追诉期限之所以通常从犯罪终了之日起计算，是因为在追诉时效期限内又实施了同种犯罪。本案中第六次的挪用行为并非发生在前5次的追诉时效期限内，因而不应按照连续犯计算追诉期限。需要指出的是，挪用公款罪基本犯的法定最高刑是5年有期徒刑，根据《刑法》第87条的规定，追诉期限是10年。

12. 何为“挪用公款数额巨大不退还”？挪用后主观上不想还就是贪污吗？

《挪用公款案件解释》指出：“‘挪用公款数额巨大不退还的’，是指挪用公款数额巨大，因客观原因在一审宣判前不能退还的。”理论上也认为，如果由于某种原因从挪用公款的故意转化为贪污罪的故意，则应认定为贪污罪。亦即，国家工作人员基于不法的职务行为非法占有公共财物之后，将该财物据为己有的，属于将基于职务占有的公共财物据为己有，完全符合贪污罪的犯罪构成。②

可见，理论与实务均认为，所谓“挪用公款数额巨大不退还”，是指行为人主观上想还而客观上不能还，若是主观上不想还，则转化为贪污罪。问题是，出于归还的意图挪用公款，就算之后萌生了不想还的念头，行为人什么也没有做，怎么就成了贪污了呢？就侵吞型贪污而言，行为人必须是将自己基于职务占有支配的财物非法占为己有。所挪用的公款既然已经在行为人非法占有之下，就算行为人后来萌生了不归还公款的想法，没有也不可能另外实施将自己基于职务合法占有支配的财物变为自己所有，而形成一个动态的改变控制或者占有的过程。也就是说，行为人根本没有实施贪污的条件。所以说，行为人出于归还的意思挪出公款后就算主观上萌生了不归还的想法，也还是只能评价为挪用。正如出于骗用的目的骗取贷款后即便主观上不想还贷，也不可能转化为贷款诈骗罪一样。事实上，挪用公款数额较大不退还的，无论是主观上不想还，还是客观上

---

① 浙江省绍兴市越城区人民法院刑事判决书，(2008)越刑初字第315号；浙江省绍兴市中级人民法院刑事判决书，(2008)绍中刑终字第148号。

② 参见张明楷：《刑法学》(第6版)，法律出版社2021年版，第1575页。

不能还，抑或只能评价为挪用公款情节严重，均处 5 年以上有期徒刑。《贪贿案件解释》也规定，挪用公款数额较大不退还的，认定为“情节严重”，处 5 年以上有期徒刑。况且，虽然贪污罪规定有死刑，但事实上极少适用死刑。所以，对于挪用公款数额巨大不退还的，无论是主观上不想还是客观上不能还，均处 10 年以上有期徒刑或者无期徒刑，也完全能够做到罪刑相适应。

13. 对挪用公款数额特别巨大的，能否适用“十年以上有期徒刑或者无期徒刑”的法定刑？

司法实践中出现了一种奇怪现象：对挪用公款数额特别巨大的，适用“十年以上有期徒刑或者无期徒刑”的法定刑。其思路可能是，只有情节严重的，才能处 5 年以上有期徒刑，挪用公款数额巨大的，属于情节严重，所以，挪用公款数额特别巨大的，已经超过了情节严重的范围，故处 10 年以上有期徒刑或者无期徒刑。

应该说这种做法严重违反了罪刑法定原则。其一，既然法条仅规定了数额较大与数额巨大，那么，即使数额再大，也只能归入数额巨大，而不能在法定数额分类之外增加数额特别巨大的情形。正如职务侵占罪条文仅规定数额较大和数额巨大两种情形，司法实践中不能认为，职务侵占数额特别巨大的，应当高于该条的法定最高刑量刑。其二，根据《刑法》第 384 条的规定，挪用公款数额特别巨大且退还的，不属于“挪用公款数额巨大不退还”，因而根本不符合判处 10 年以上有期徒刑或者无期徒刑的条件。

14. “携带挪用的公款潜逃的”，另外成立贪污罪吗？

《挪用公款案件解释》第 6 条规定：“携带挪用的公款潜逃的，依照刑法第三百八十二、第三百八十三条的规定定罪处罚。”

案 15：乙于 2020 年 2 月 1 日挪用公款 300 万元归个人进行其他活动，同年 6 月 1 日携带其中的 200 万元潜逃。

按照上述司法解释的规定，对乙应当认定为贪污 200 万元。问题是，对挪用行为是否另行定罪，并与贪污实行并罚？对此，张明楷教授认为，乙实施了数个行为,不符合想象竞合的基本特征。从刑法规定上说,挪用公款行为并不是贪污行为的一部分。由于乙实施了两个行为,先前存在挪用公款罪的故意,后来存在贪污罪的故意,将其评价为两个犯罪,并不违反禁止重复评价原则。如果仅认定为贪污罪,反而违反了全面评价的原则。所以,对乙的挪用行为应当另行定罪,因而需要判断挪用公款罪的数额。对乙的行为宜认定为贪污200万元,挪用公款100万元。对于上述案件,既可能按贪污罪与减去贪污数额的挪用公款罪实行并罚,也可能将贪污公款评价为挪用公款,仅按挪用公款罪处罚,从而实现量刑的合理化,而不能仅将贪污行为作为处罚对象。①

上述理论和实务的立场可能存在疑问。单纯的携款潜逃不可能被评价为贪污行为。因为单纯的携款潜逃本质上就是不归还公款。一般而言,贪污罪是不可能由不作为构成的(收回应收款后不交回单位的情形除外)。侵吞型贪污罪的本质和危害性在于,将自己事先基于职务占有支配的财物非法据为己有,或者说将原本由单位占有支配控制的状态变为自己占有支配控制的状态。也就是说,贪污与挪用一样,都表现为一个动态改变控制状态的过程。而所谓携"款"潜逃的公款,是行为人已经通过挪用的行为非法置于自己的控制支配之下,也就是说,已经脱离了单位的控制,所以已经不具备成立贪污罪的前提条件——合法占有支配单位的财产。质言之,挪用后单纯不想还的,包括携款潜逃,并没有实施另外的贪污行为。正如骗取贷款和通过合同取得预付款后,就算产生不还贷、不履行合同的想法,对单纯携款潜逃的,不可能另外评价为贷款诈骗罪、合同诈骗罪一样。

总之,上述认定挪用公款后产生了不归还的想法而携款潜逃另外构成贪污罪的观点,忽视了根本没有贪污行为这一事实,违背了无行为即无犯罪的刑法基本原理,亦有悖行为与责任同时存在的责任主义,本书认为是错误的。正确的理解是,根据数额大小分别认定为挪用公款罪的基本犯、"情节严重"和"挪用公款数额巨大不退还",而判处相应的刑罚。贪污罪虽然配有死刑,但很少适用死刑,所以贪污罪的实际处刑并不比挪用公款罪重,对于挪用公款后无论是主观上

---

① 参见张明楷:《刑法学》(第6版),法律出版社2021年版,第1573~1574页。

不想还,还是客观上不能还,抑或是否携款潜逃,均按照挪用公款罪定罪处罚,就能做到罪刑相适应。

15. 挪用公款罪与贪污罪的适用是对立关系吗?如何区分贪污罪与挪用公款罪?

对于挪用公款罪与贪污罪的关系,理论与实践在认识上存在一定误区。

误区之一:贪污罪与挪用公款罪构成要件间系对立、排斥关系。我国刑法理论通说认为,挪用公款罪以非法占用为目的,即暂时地挪用公款归个人使用;贪污罪以非法占有为目的,即意图永远地非法占有公共财物;挪用公款罪与贪污罪的区别主要在于,前者是暂时占有、使用公款,而后者是非法将公共财物占为已有,因此后者要求具备非法占有的目的,而前者不仅不能具备非法占有的目的,还要求具备日后归还的意图。于是,在不能查明行为人是否具有非法占有的目的,或者说,有的证据表明行为人具有归还的意思,而有的证据却证明行为人不打算归还的,法官既不能宣告成立贪污罪(因为不能证明行为人具有非法占有目的),也不能认定挪用公款罪(由于不能证明行为人不具有非法占有目的),结局恐怕只能是宣告无罪。无罪的结论显然令人难以接受。此外,通说还直接导致贪污罪与挪用公款罪构成要件之间呈现排斥、对立关系,即构成要件间没有重合的部分。结果是,在甲教唆乙挪用公款,而乙事实上将公款非法占为已有的,以及在乙出于非法占有的目的,甲出于暂时性地非法占用公款的目的,共同挪用公款时,甲、乙无法成立共犯。

问题在于,既然认为贪污罪具有永久性地非法占有公款的目的,难道还不符合只需具有暂时性地非法占用公款目的的挪用公款罪的主观要件么?既然认为贪污罪是侵害占有、使用、收益、处分权的所有权全部权能的犯罪,难道还满足不了只需侵害占有、使用、收益权的所有权部分权能的挪用公款罪的法益要求么?正如,我们不能认为,故意非法剥夺他人生命的杀人行为,反而不符合只需造成他人局部健康损害的故意伤害罪构成要件;不能得出以暴力手段劫取他人财物的抢劫行为,没有满足只需以非法占有为目的、违反被害人的意志、将他人占有下的财物非法转移为自己或者第三人占有之下的盗窃罪构成要件的结论一样。

其实,侵害所有权全部权能的行为,必然已经侵害了所有权的部分权能;具有永久性地非法占有公款目的的行为人,必然并不缺少暂时性地非法占用公款的意图。

贪污与挪用,其实属于高度行为与低度行为的关系。换句话说,贪污行为并不缺乏成立挪用公款罪的要素,二者构成要件之间不是对立、排斥关系,而是包容、竞合关系。凡是符合贪污罪构成要件的,必然符合挪用公款罪构成要件。前述甲、乙共同犯罪案件中,即便二人主观目的不同,也不影响二人在挪用公款罪范围内成立共犯;在此基础上,具有非法占有目的的乙另外成立贪污罪;在不能查明行为人是否打算归还、是否具有非法占有目的时,只要实施了挪用公款的行为,就可以以挪用公款罪定罪处罚。

误区之二:贪污与挪用的关键区别在于非法占有目的。理论界普遍认为,贪污罪与挪用公款罪的主要、根本或者说关键区别在于,行为人主观上是否具有永久性地非法占有公款的目的;挪用公款罪的行为人在主观上并不存在永久性地占有公款的目的,而只是意图暂时占有、使用公款,准备以后归还;而贪污罪的行为人在主观上却是为了将公共财物永久性地非法占为己有;挪用公款是否转化为贪污,应当按照主客观相一致的原则,具体判断和认定行为人主观上是否具有非法占有公款的目的。

其实,贪污罪与挪用公款罪的关键区别并非在于是出于一时性的"非法占用",还是永久性的"非法占有",而是在于行为人将公款非法置于自己的控制支配下的状态,是否严重妨碍了单位即公款所有权人对公款的利用支配。具体判断可以参照财产犯罪理论中区分盗窃罪与不可罚的盗用行为的判断标准。

盗用即使用盗窃,是指出于暂时使用他人财物后予以返还的意图,破坏他人占有的行为,如基于返还的意思偷开他人的汽车兜风。理论上认为,即便只有暂时性使用的意思,但无事后返还的意思,如使用后予以丢弃的,或者即使存在事后返还的意思,但侵犯了相当程度的利用可能性,达到了可罚性程度法益侵害危险的,以及尽管存在事后返还的意思,但存在消耗物上价值的利用意思的,都有可能被认为具有非法占有目的,不属于不可罚的盗用行为,应作为盗窃罪处理。

财物、财产都是权利人实现经济目的与社会目的的手段,是被权利人利用以达致其目的的工具。所谓对财产的保护,更重要的是对权利人利用财产的保护;而权利人对财产的利用,并不只是利用物体本身,更要利用物体的价值。因而,一时使用的行为是否具有可罚性,不仅要考虑行为人有无返还的意思、使用时间的长短,更要考虑财物的重大性、对被害人的利用可能性的妨害程度等。也就是说,不能因为盗用行为人具有用后归还的意思,即不具有永久性地排除他人占有的意思,就认为一概不作为盗窃罪处罚。而应认为在盗用的情形下,毫无疑问已经侵害了对方的占有,至于是否科处处罚,要考虑使用时间的长短、盗用对象价值的大小、盗用期间内是否严重妨碍了物主对财物的利用。

同理,挪用公物的行为,即便不具有永久性地占为己有的意思,只要公物的价值不菲,挪用行为对公物形成了不可逆转的消耗、磨损,挪用时间较长,以致严重妨碍了所有权人对公物的利用的,就可能认为挪用人具有排除占有的意思和非法占有的目的,而应以贪污罪或职务侵占罪定罪处罚。

案16:某局局长谭某1998年以单位名义购进一辆豪华轿车,却长期放在家中供其家人使用达两年之久。检察院对其立案侦查发现,他家的电视机、音响、空调等高档用品全是从单位“借”的,遂以贪污罪起诉。被告人辩称这些物品全是向单位“暂借使用”,并都向单位出具了借条,无永久占有之目的,不构成贪污罪。因为此案的犯罪对象并非救灾、抢险等特定款物,也非资金钱款,所以不构成挪用特定款物罪和挪用公款罪。

应该说,此案若按照只要行为人具有用后归还的意思,就不具有非法占有目的之通说立场,的确不能评价为侵吞型贪污罪,从而形成明显的处罚漏洞。这无疑意味着,为官者家中不管缺什么,如汽车、电视机、冰箱、空调、空气净化器、抽水马桶、全套组合家具乃至房屋,直接用公款以单位名义购买后“借”回家使用便是,就算用个十年、八年,也不用担心承担挪用公款罪或贪污罪的刑事责任;相反,若是挪用公款后以个人名义购买上述商品放在家中使用,即便只用三五个月,也难逃挪用公款罪的刑责。

公款作为种类物,不同于作为特定物的公物,其占有、使用均具有一定的特殊性。在民法理论上,为便于作为流通手段的现金的交易顺畅进行,一般认为金钱的占有与所有是一致的。刑法理论一般讨论受托保管的金钱的权利归属问题，认为对于受托保管的封缄的现金（密封的现金），无论是现金的占有还是所有权，都属于委托人，故受托人据为己有的，成立盗窃罪；而对于允许消费的消费寄托（如存入银行）的现金，则其所有权及占有权均转移至受托保管人，受托人使用了该现金的，也不存在侵占的问题。但是，对于限定了用途的受托保管的现金，以及受托催收债务而来的现金，受托人加以使用的，是否成立侵占罪，在刑法理论上看法并不一致。按照民法上金钱占有即所有的理论，因现金的占有与所有权都属于受托保管人，则不存在成立变占有为所有的侵占罪的问题。对此，日本学者西田典之指出，民事法律之所以认为所有与占有一致，是因为对于金钱这种具有极强流通性的交换、结算手段，为了保护动态的交易安全，有必要直接承认所有权的一并转移。然而，刑法不同于民事法律，其保护的是交易双方的静态权利关系。因此，刑法理论通说及判例认为，在刑事法律上，与其他动产一样，受托金钱的所有权仍然属于委托人。因此，受托保管限定用途的现金的人擅自使用的，也能成立委托物侵占罪。不过，在受托保管现金，或者受托购买物品而暂时持有他人现金的场合，只要行为人身边或者家中另外持有等额的现金，或者在银行拥有相应数额的存款，即便暂时动用了现金，也不会认为发生了对“金额所有权”的侵害，即不认为其具有非法占有目的，因而不属于侵占行为，不成立委托物侵占罪。

所谓挪用，其实就是非法使用自己所控制、支配、占有下的他人所有的财物，属于“使用侵占”。关于使用侵占，国外刑法理论和判例认为，如果该使用行为达到了不为权利人允许的程度、状态，则可以肯定存在非法占有目的。例如，委托人要求好好保管汽车，受托人却擅自驾车的，虽然这种行为未必立即构成委托物侵占罪，但是如果本来只允许短时间使用，却连续数天驾驶受托保管的汽车，完全可能成立委托物侵占罪。又如，受托保管机密资料的人未经允许，而将机密资料带出单位复印后及时返还原件的，仍可构成委托物侵占罪。由此，前述某局局长将单位的豪华轿车、电视机、音响、空调挪为家用的案件，无疑成立贪污罪，而根本无须讨论公物是否属于挪用公款罪对象之类的问题。

关于挪用金钱，由于限定了用途的金钱本身的特定性并不是问题，因此，行为人即便另外拥有支票或者其他确实存在的债权，只要不是身边或者家中存在可以支配的等额的金钱(或者在银行拥有相应数额的存款),即使行为人存在日后填补亏空的意思与财力,这种情形下行为人并不缺乏非法占有的目的,不能否认委托物侵占罪的成立。也就是说,只是在例外的情况下,根据所挪用的金额大小,以及所预想的填补亏空的确定性程度等,而可能排除可罚的违法性或者非法占有目的。

值得一提的是,无论是普通法系还是大陆法系,通常将挪用行为规定在侵占罪中。域外理论与实务也通常将挪用行为作为侵占对待。例如,日本刑法理论与判例的主流观点认为,某村出纳以自己的名义,将所保管的公款借给他人的,构成业务侵占罪。我国台湾地区刑法理论与判例也认为,农会出纳员挪用信用部的存款成立业务侵占罪。

域外刑法理论通说与判例认为,即使行为人具有填补亏空的意思和财力,擅自使用所保管的限定用途的现金的,也不排除具有非法占有的目的,而成立委托物侵占罪或者业务侵占罪。但我国与之不同,对挪用公款的行为并不马上成立挪用犯罪,而是要考虑挪用公款的具体用途可能导致公款丧失的风险性大小、挪用的数额以及挪用的时间长短,综合判断是否具有实质的违法性,即是否达到值得科处刑罚的程度。我们不能认为,挪用公款罪与贪污罪的关键区别在于行为人是否具有用后归还的意思,即是否具有永久性地非法占有公款的目的,而应认为,即使行为人具有用后归还的意思,但如果挪用人本身明显不具有及时归还公款的能力,如家庭年收入不足 10 万元,却挪用 300 万元公款买房,或者用于赌博、贩卖毒品、购买福利彩票、炒股、买卖期货等风险高、投机性强,甚至因违法被没收的,则根据所挪公款对于单位的重要性,即利用可能性的妨碍程度、挪用金额、挪用时间、公款丧失风险性等因素,可能认定为贪污罪。

再则,挪用公款罪的罪过形式包括直接故意和间接故意,对间接故意犯罪,应按实际后果认定为挪用公款罪或贪污罪,即能归还的认定挪用公款罪,不能归还的认定为贪污罪。这并非客观归罪,恰恰是主客观相一致原则的体现。现实挪用案件中,大量存在行为人根本不思量最终能否归还,而恣意挪用公款进行赌博等高风险活动,行为人主观上就是一种间接故意的心态,若最终没有归还,就应认定为贪污罪。

总之,贪污罪与挪用公款罪的区别并非在于是出于用后归还的意图,还是基于永久性地非法占有目的,而应根据利用可能性的妨碍程度、金额的大小、挪用时间的长短、风险性的程度、财力的大小等因素进行综合衡量。

关于贪污罪与挪用公款罪之间的关系,理论与实务争论的焦点在于,挪用公款转化为贪污的认定问题。《经济犯罪纪要》指出,“挪用公款罪与贪污罪的主要区别在于行为人主观上是否具有非法占有公款的目的。挪用公款是否转化为贪污,应当按照主客观相一致的原则,具体判断和认定行为人主观上是否具有非法占有公款的目的。在司法实践中,具有以下情形之一的,可以认定行为人具有非法占有公款的目的:1. 根据《最高人民法院关于审理挪用公款案件具体应用法律若干问题的解释》第六条的规定,行为人‘携带挪用的公款潜逃的’,对其携带挪用的公款部分,以贪污罪定罪处罚。2. 行为人挪用公款后采取虚假发票平账、销毁有关账目等手段,使所挪用的公款已难以在单位财务账目上反映出来,且没有归还行为的,应当以贪污罪定罪处罚。3. 行为人截取单位收入不入账,非法占有,使所占有的公款难以在单位财务账目上反映出来,且没有归还行为的,应当以贪污罪定罪处罚。4. 有证据证明行为人有能力归还所挪用的公款而拒不归还,并隐瞒挪用的公款去向的,应当以贪污罪定罪处罚”。《经济犯罪纪要》的立场得到了刑法理论通说的肯定。本书将上述情形大致归纳为携款潜逃型、平账型、不入账型、不退还型 4 种类型,以下结合判例逐一检讨上述主张的合理性。

(1)携款潜逃型

刑法理论认为,携款潜逃的,犯罪故意已经从暂时挪用转变为非法排除他人所有,应当成立贪污罪。实务也认为,行为人携带挪用的公款潜逃,明显表明行为人的主观犯意发生了变化,即由暂时使用公款转化为非法占有公款。当然如果行为人不是携带挪用的公款潜逃,而是因挪用公款案发,由于客观原因不能归还,行为人畏罪潜逃的,仍应以挪用公款罪定罪处罚;行为人携带挪用的公款潜逃的,对其携带挪用的公款部分以贪污罪定罪处罚,对挪用的其他部分仍应以挪用公款罪定罪处罚。也就是说,如果潜逃时没有携带公款或者携带的公款极少,则携款潜逃情节对于案件的定性毫无意义。认为携带的公款部分成立贪污罪,其他部分仍然成立挪用公款罪,进而数罪并罚。

问题是,行为人是否同时存在两个行为?其实,携款潜逃不过是判断行为人有无归还的意思的一种资料,即潜逃并不意味着行为人没有归还的意思和能力(因为全部归还后也可能潜逃,潜逃中也可能还),不潜逃也不意味着行为人就有归还的意思与能力。正如,交通肇事后逃逸,逃逸的也可能施救,不逃逸而停留在现场的也可能并不施救,所以,问题并不在于逃与不逃,而在于救与不救。换句话说,"潜逃"乃犯罪人的本能,只是说明其意图逃避法律追究,该情节对于案件定性的意义很有限。全案是定性贪污还是挪用,仍然应根据公款的利用可能性、挪用金额、挪用时间、公款丧失风险性、行为人本身的财力等因素进行综合判断。

案 17:被告人陈某原系福建省某县鱼种场厂长。2004 年 4 月 15 日,其代表单位收取了他人承包款 14 万元。经该县海洋与渔业局领导班子及鱼种场全体职工同意,该承包款暂由陈某保管,专项用于缴纳职工"社保金"及一些生活费等,并由其负责办理社保相关手续。被告人陈某付给本场职工部分生活费后,携带余款到广州市打工。在打工期间,被告人陈某也陆续从外地汇款给原本场职工生活费 2 万余元。2005 年 7 月 7 日被告人陈某委托他人将 2 万元转交给该县海洋与渔业局。余款 7 万余元被陈某随身携带到广州市、北京市、山东省普宁市等地,作为本人生活费花销,至今未还。控方认为,被告人陈某的行为系"携带挪用的公款潜逃的",应以贪污罪定罪处罚。法院认为,被告人是经某县海洋与渔业局领导及全体职工同意保管该款项,其在外出期间,仍陆续支付该场职工部分相关费用。因此,虽然被告人陈某将其经手的其余款项挪用于生活费用等支出,但没有证据可以证实其主观上具有非法占有的故意,其行为不符合携带挪用的公款潜逃的情形,指控被告人犯贪污罪罪名有误,被告人的行为应构成挪用公款罪。①

本书认为,上述判决是正确的。被告人虽然携带公款外出打工,但这只是其保管公款的一种迫不得已的形式。其在外出期间,仍在持续履行保管和支付公款的职责,不能认定行为人具有将公款占为己有的意思。

---

① 福建省诏安县人民法院刑事判决书,(2007)昭刑初字第 188 号。

案18：被告人虞某时任某银行某市支行票据交换员。1996年9月3日，虞某执笔凭空填写了一份内容为付款单位某房地产公司，收款单位虞某君，开户行某农行农商分理处某储蓄所，账号0130787，金额200万元，委托日期1996年9月3日的中国人民银行进账单贷方凭证联。随后，在依职责与某人行进行票据交换时，乘某人行票据交换员不备之机，将私自凭空填写的收款人为虞某君的进账单混入其从某人行交换提入的已加盖了票据交换章的票据中，以查验发现收款人为虞某君的进账单漏盖了票据交换章为由，骗盖了某人行票据交换章。回到某农行后，虞某将前述伪造的某人行进账单连同从某人行交换提入的票据，按正常的工作流程交给了某农行营业部县辖往来柜的工作人员进行账务处理。同日，某农行据虞某伪造的进账单，将200万元转入下属农商分理处某储蓄所户名为虞某君的0130787账户中。为掩盖罪行，从1996年9月3日下午起，被告人虞某每天做交换挂账时，分别采用在某农行842贷方科目中少挂账、760借方科目多挂账以及压单的方法，以平衡银行的资金账务。

法院认为，“被告人虞某身为国家工作人员，以非法占有为目的，利用职务之便，伪造并使用伪造的某人行进账单，骗取某农行200万元人民币，其行为已构成贪污罪。公诉机关指控的被告人虞某贪污犯罪成立。被告人虞某在某农行从事的是该行款项往来票据的交换工作，本身并不直接主管、经手银行的公款；行为过程中所利用的是本人票据交换员职务范围内具体负责经营金融业务所形成的便利条件，采用伪造并使用伪造的某人行进账单的方法，骗取他人主管、经手的公款；而不是利用本人职务范围内主管、经手或使用公款所形成的便利条件，擅自将本人经手、管理的公款挪归个人使用；故虞某犯罪行为的客观外在表现符合贪污罪的客观构成要件。得款后，虞某将赃款先后分别用于买卖股票、出借、归还个人借款、个人挥霍等；不但没有任何设法归还的行为，而且还从某义乌证券部其个人资金账户中支取巨额资金用于赌博。为掩盖其骗取巨额公款的罪行，被告人虞某利用职务之便，每天采用空挂账目或压单的方法，以冲减某农行现金的亏空，达到账面与现金平衡，致使某农行在长达三年半的时间内历次年度账务大检查及年度内不定时检查中均未能发现。当罪行即将败露时，被告人虞某不是积极将尚存的赃款退还某农行，而是携带巨额赃款潜逃。由此可见，被告人虞某主观故意内容并不是为了临时‘使用’而暂时占有公款，而是以非法占有为目的，意图永远占有，不准备归还。虽然虞某一日不采用空挂或压单的方法将账轧平就会被发现，由于空挂、压单只是其用以掩盖犯罪的手段，并不是获取公款的方法，因此并不能改变虞某利用职务之便，骗取他人经手、管理的公款的贪污犯罪性质”。[①]

应该说，按照不限制骗取型贪污罪成立范围的传统观点，上述判决是正确的。根据张明楷教授的限制骗取型贪污罪成立范围的立场，本案应评价为诈骗罪。

本案定性为贪污而不是挪用，表面上的原因是行为人携款潜逃、挂账压单、挥霍公款、挪用时间长，最根本的原因在于，被告人虞某“本身并不直接主管、经手银行的公款；行为过程中所利用的是本人票据交换员职务范围内具体负责经营金融业务所形成的便利条件，采用伪造并使用伪造的某人行进账单的方法，骗取他人主管、经手的公款；而不是利用本人职务范围内主管、经手或使用公款所形成的便利条件，擅自将本人经手、管理的公款挪归个人使用”。贪污罪与挪用公款罪在构成要件上的区别之一，在于对象不完全相同，前者的行为方式除狭义的侵吞外，还包括窃取与骗取，而窃取与骗取的对象，显然不属于自己所主管、管理、控制、支配下的财物，否则属于侵吞，而挪用公款罪的对象必须是行为人本身所主管、管理、占有、支配下的款项。本案中，被告人是利用自己作为单位票据交换员的身份和地位，采用伪造进账单、骗盖票据交换章的手段欺骗其他经手、管理银行公款的人员，使其做出将银行公款处分给被告人的决定，被告人进而取得财物，此时已经成立贪污罪的既遂，事后携款潜逃等事实，均属于贪污既遂后的情节，不影响案件的定性。

(2)平账型

理论上认为，在实施挪用公款行为后，行为人一般不会采取做假账、虚报账

---

① 浙江省金华市中级人民法院刑事判决书，(2000)金中刑初字第100号。

目等手段；而在实施贪污行为后，行为人往往采取做假账、虚报账目等方式，对贪污事实进行掩盖。实务亦认为，挪用公款罪因属非法借用，因此总是在账面、他人面前留有挪用的痕迹，甚至留下借条、没有平账，一查一问便可知道公款被行为人挪用；后者则必然不择手段地隐瞒、掩盖其侵吞、窃取、骗取公款的行为，因此，很难发现公款已被侵占，即使因怀疑而追查，也很难弄清该公款已被行为人非法占有，因为行为人已涂改或者销毁账簿，以假货、次货填补了被自己侵吞的货物等。有法官甚至直言，在司法实务中，挪用的显著特点在于财务账面上是否能够反映出款、物的存在；如果账目能够反映款、物的存在，即是挪用，否则，即为侵占或贪污。

其实，是否存在平账、销毁账簿的情节，也不过是认定行为人是否打算归还的一种资料而已。实践中，即便是挪用，行为人也不会束手就擒，在归还之前往往会在账面上进行掩盖。质言之，平账的未必是贪污，不平账的也未必就是挪用，究竟是贪污还是挪用，还是应该进行综合判断，而不应"瞎子摸象"、以偏概全。

案19：某区政府的一个会计挪用了8000万元的公款去赌博，虽然他挪用了较长时间，但却始终没有平账。最后由于他赌输了还不上钱，就又卷款几十万元跑了。负责这个案件的司法人员的意见是，先前用作赌资的8000万元由于没有平账，只能定挪用公款罪，后来卷走几十万元的行为才能定贪污罪。

应该说，《挪用公款案件解释》中"挪用公款归个人使用，进行赌博、走私等非法活动的，构成挪用公款罪，不受'数额较大'和挪用时间的限制"的规定，只是"挪用公款归个人使用，进行非法活动"的列举，并不是说即使行为人有非法占有公款的目的，也不能定贪污罪。很明显，负责这个案件的司法人员没有很好地归纳案情。公职人员挪用了如此庞大的资金去赌博，而谁都知道赌博有高风险，这个会计赌输了是无论如何也还不上的。从这点上看，完全可以认为其对这8000万元公款的流失持放任态度，具有非法占有目的。所以，本案应认定为贪污罪，而不是挪用公款罪。

案20：被告人周某时任某省某市某公司机械分公司经理。1996年年初，被告人擅自将本公司存放于某机械厂的属于本单位所有的、1台价值10万元的125T压铸机予以变卖，将变卖款11,000元及抵冲余款的价值63,568.42元的木地板，不上交公司财务，而是挪归自己使用。1999年该公司转制评估时，被告人周某谎称某机械厂已倒闭，存放于该公司的压铸机已无法收回，并以年久、无法销售的名义，要求评估小组将该资产核销，后得到某市财政局、市国有资本管理局的同意。据此，公司一级、二级财务账作了相应的减值为零的财务处理。但对各分公司的经济责任制考核计算利息时，仍按改制前承接下来的金额结合经营变动状况进行核算。也就是说，在公司的三级财务账目上仍能够反映上述资产的存在。一审法院以该资产客观上仍在公司三级财务账中挂账，且作为分公司库存商品占用总公司资金而计算利息为由，认定被告人的行为属于挪用。二审法院则认为，被告人周某积极向主管部门核销该笔资产，主管部门批复核销后即意味着在改制中国有资产的流失，转制前后的公司均不可能再就该笔款物主张所有权，客观上已经使周某实现了将公共财物据为己有的目的，故该犯罪事实应定性为贪污罪。①

本书认为，二审改判为贪污罪是正确的。该案事实的定性，与公司的三级财务账目上是否有反映没有关系，关键在于被告人积极地向主管部门核销其所挪用的该笔资产，并且得到了主管部门的认可。这一事实充分表明行为人具有变占有为所有的目的，因而成立侵吞型贪污罪。

案21:1994年4～12月，被告人陈某先后收到某经济发展公司、某市交通局养征站、某市某坑居委会、某市居民谭某等单位和个人储户存入某办事处的委托贷款共计75.5万元，全部不入账，归其个人使用。为掩盖罪行，被告人陈某又采用偷支储户存款等方法，用公款归还了其中的73万元，到案发时止，尚有储户谭某存入的委托贷款2.5万元未归还。由于被告人陈某偷支储户存款，致该办事处的库存现金与账面不符。被告人陈某为了达到

① 浙江省绍兴市越城区人民法院刑事判决书，(2008)越刑初字第315号；浙江省绍兴市中级人民法院刑事判决书，(2008)绍中刑终字第148号。

账款相符,隐瞒其侵占公款罪行的目的,于1995年11~12月,指使梁甲、梁乙、陈某某三人与该办事处签订了共计55万元的虚假贷款合同并入账,从而侵占公款55万元。1994年10月18日,被告人陈某收到贷款户范某归还某办事处的贷款10万元后,既不交回单位也没有入账,私自将10万元投入股市买卖股票,占为己有。综上所述,被告人陈某挪用公款73万元,贪污公款67.5万元。将公款用于赌博、经营客车营运、投入股市买卖股票、购买家具以及装修住房等非法营利、享乐活动花光。破案后,被告人陈某退出赃款110,200.42元,其余均无法归还。

云浮市中级人民法院一审认为:被告人陈某在任某银行某市支行某办事处负责人期间,利用职务上和工作上的便利,采取收款不入账、签订虚假贷款合同等手段,将委托贷款户交来的委托贷款、贷款户归还的贷款及库存现金挪用73万元、侵吞67.5万元,数额均特别巨大,其行为已分别构成挪用公款罪、贪污罪,应实行数罪并罚。被告人陈某犯贪污罪,判处死刑,剥夺政治权利终身;犯挪用公款罪,判处有期徒刑10年;决定执行死刑,剥夺政治权利终身。

广东省高级人民法院二审认为,上诉人陈某挪用公款85.5万元,贪污公款55万元。其中挪用的公款已归还73万元,未归还12.5万元。未归还部分不再以贪污论处,应列为挪用公款数额。因此,贪污公款数额应为55万元。驳回上诉,维持原判。

最高人民法院经复核认为,被告人陈某身为国有银行干部,利用职务上的便利,挪用公款归个人使用,其行为构成挪用公款罪。被告人陈某签订55万元的假贷款合同以冲减库存现金的行为,实际是其挪用公款行为的一部分。其签订假贷款合同的目的,是在年终财务检查时掩盖挪用公款的事实,最终无法使账面平衡,不能实现侵吞的目的。因此,认定被告人陈某挪用这部分公款的行为为贪污罪,判决如下:(一)撤销广东省高级人民法院的刑事裁定和广东省云浮市中级人民法院刑事判决中对被告人陈某犯贪污罪的定罪量刑部分;(二)被告人陈某犯挪用公款罪,判处无期徒刑,剥夺政治权利终身。①

本案案情并不复杂,但一审、二审与复核法院不仅在定性上存在严重分歧,而且在犯罪数额的认定上也是不一致。最高人民法院之所以将全案改判为挪用,主要理由在于,行为人最终未能达到平账的目的,即在账目上仍能够反映出挪用的事实,无法实现侵吞的目的。本书认为,问题不在于事后掩盖犯罪事实能否实现平账、侵吞的目的,而是在于行为人如何使用公款、挪用时间长短、有无归还公款的财力。本案中,被告人陈某“将公款用于赌博、经营客车营运、投入股市买卖股票、购买家具以及装修住房等非法营利、享乐活动花光。破案后,被告人陈某退出赃款110,200.42元,其余均无法归还”,行为人挪用公款至案发近两年的时间内,不是积极还款,而是采取“拆东墙补西墙”、伪造账目等方式拖延犯罪事实的暴露。这充分表明行为人没有归还公款的意思与财力,而且挪用时间长达两年,严重妨碍了单位对公款的利用,甚至严重影响了银行的声誉。因而,将全案评价为贪污罪比较合适。此外,由于将签订金额达55万元的虚假贷款合同入账,只是为了掩盖挪用的事实,并没有因此又从单位挪出55万元归自己使用。故贪污数额应为75.5万元+10万元,即85.5万元。

(3)不入账型

刑法理论与实务认为,公共财物应交而隐匿不交,应支付而不支付,应入账而不入账,直接加以扣留的,属于贪污。但在司法实践中,大量认定挪用公款的案件,都表现为业务员、收费员收取公款后不入账而留归自己使用。也就是说,不入账的既可能是贪污也可能是挪用。是贪污还是挪用,还是应综合判断。

案22:被告人赵某时任某银行某市某支行某储蓄所负责人。赵某从1996年9月至1998年1月,以高息引诱姜某等人到其办公室,用作废的存单,不加盖储蓄专用公章,而是加盖某储蓄所的现金收讫章,向姜某等人出具美元及人民币存单。这些款项均未入储蓄所的账户。1996年4月28日,被告人赵某私刻储户于某的个人印章将于某的10万元存单挂失后取出自

① 最高人民法院“陈某龙挪用公款案”复核判决书,http://www.lawye e.net/Case/Case_Display.a sp?Chan ne lID =2010100&keyword =&RID =23656#,2014年4月15日访问。

用。此外,1998 年于某欲存 15 万元时,被告人赵某用已作废的存单为于某出具存单,使该笔钱未进入储蓄所账户而留归自己使用。综上,被告人赵某将 65,340 美元、368,000 元,折合共计 929,939.28 元挪归自己使用,除案发前为掩盖犯罪事实而归还利息 64,600 元外,其余均被其用于经营饭店、游戏机室及个人挥霍。赃款均已无法追回。对于本案,控方以挪用公款罪起诉。法院亦认为,被告人赵某作为国家工作人员,利用职务上的便利,采用涂改存单、用作废存单吸纳存款不入账或者挂失储户存单等方法挪用储户存款,进行营利活动,数额特别巨大,构成挪用公款罪。①

本书不同意上述认定,被告人的行为应成立诈骗罪与贪污罪,数罪并罚。首先,对于被告人以作废的存单引诱被害人姜某、于某等人将钱"存入"银行,实际上钱并未进入储蓄所账户由行为人予以截留使用的情形,因不能认为该款属于公款,应认定成立诈骗罪。因为,被告人是利用自己作为储蓄所负责人的身份地位,以高息为诱饵,以出具作废的存单并加盖自己掌握的储蓄所现金收讫章为手段,诱骗当事人向其交付钱款。这些钱款自始至终都未进入银行的账户,而不能成为公款。虽然加盖了储蓄所现金收讫章,最终会导致银行全额赔付被害人的损失,但也不能因此改变该款不属于公款、不属于挪用公款罪对象的事实。其次,被告人赵某私刻被害人于某的印章,挂失支取其 10 万元存款的事实,应属于将自己基于职务所控制、支配的公共财物(根据《刑法》第 91 条第 2 款的规定,储户的存款属于公共财物)占为己有,应认定成立侵吞型贪污罪。

案 23:被告人丁某时任某省某市某区人民医院财务科住院部收费员,其于 2002 年 12 月至 2005 年 3 月,采取预交款收据不交财务结账、抽单少交现金等方式挪用公款 326,473.63 元归个人使用,至今未还。一审法院认定构成挪用公款罪,二审法院改判为挪用资金罪。②

本书不同意上述认定,被告人的行为应定性为贪污罪或者职务侵占罪。被

---

① 山东省青岛市中级人民法院刑事判决书,(1999)青刑初字第 53 号。

② 云南省昆明市中级人民法院刑事判决书,(2006)昆刑终字第 258 号。

告人采取收费不入账的方式,挪用公款长达两年多时间分文未还,严重妨碍了本单位对公款的利用,故应成立贪污罪或者职务侵占罪。

案24:被告人丁某时任杭州某药业有限公司福建市场营销主管、驻福建办事处副主任,其于1997年6月至1999年5月,利用负责为公司销售孕宝等保健品、回笼货款的职务之便,采用收款不入账的方式,截留货款达285,657.8元,全部用于个人挥霍。其中除26,000元于1999年3月交回公司外,余款259,657.8元至今未退还给公司。对此犯罪事实,法院认定成立挪用资金罪。[①]

本书不同意上述认定,应认定为职务侵占罪。理由为:一是被告人截留公款后全部用于个人挥霍,基本上说明其并没有打算归还的意思;二是挪用时间近两年,严重妨碍了单位对这些资金的利用。

(4)不退还型

对于挪用公款罪条文中"挪用公款数额巨大不退还的,处十年以上有期徒刑或者无期徒刑"中的"不退还",理论与实务普遍认为,这里的"不退还",是指由于客观原因在一审宣判前不能退还的,如做生意亏本、被骗、被盗、借给他人未还等。如果行为人主观上根本不想退还,案发后实际上也未予退还,则即使形式上具有挪用公款罪的特征,也应当以贪污罪定罪处罚。言外之意是,除非被告人一心"求死",否则无论挥霍公款致不能归还的数额有多大,挪用时间有多长,只要"一口咬定"其主观上是想还的,就可以享受挪用公款罪的待遇而免死。通说及实务的立场是有问题的。

财产的价值在于利用,若明知自己没有偿还能力,还恣意挪用公款予以挥霍,或投资于高风险的活动,长期挪用公款不还,严重妨碍公款的利用,这种所谓挪用行为的法益侵害性,与纯粹的贪污行为相比,实在是有过之而无不及。因为即便是贪污,只要及时发现,通常也不难全额追缴赃物而挽回被害单位的损失。其实刑法也只是规定,挪用公款数额"巨大"不退还的处10年以上有期徒刑或者无期徒刑,一是没有规定挪用公款数额特别巨大时如何处理,二是这种规定只

① 浙江省杭州市拱墅区人民法院刑事判决书,(2000)拱刑初字第314号。

是为了避免1988年全国人大常委会通过的《关于惩治贪污罪贿赂罪的补充规定》中“挪用公款数额较大的,以贪污论处”,以及1989年最高人民法院、最高人民检察院《关于执行〈关于惩治贪污罪贿赂罪的补充规定〉若干问题的解释》中“不退还,既包括主观上不想还的,也包括客观上不能还的。不退还,使被挪用的这部分公款遭到不可弥补的损失,这种行为应‘以贪污论’,定为贪污罪”之规定所引起的争议。即,对挪用公款数额巨大不退还的情形,无论主观上想不想还,只要客观上没有退还,就值得科处10年以上有期徒刑或者无期徒刑的刑罚。换言之,从上述规定并不能得出,这里的“不退还”只能是主观上想还而客观上不能还的结论。既然挪用公款数额巨大的财物不能退还,无论其主观上想不想还,都已经表明行为人以所有权人自居而对公款进行了支配,均已经严重妨碍了单位对公款的利用,已经造成了严重的法益侵害结果。我们不能认为,客观上没有归还的数额完全一样,无论行为人有没有退还的财力,只要行为人内心想还,法益侵害性就因此存在差异。

再则,若认为“挪用公款数额巨大不退还”中的“不退还”,不包括主观上不想还的情形,则挪用公款数额较大不退还的,只要主观上不想还,就应以贪污罪定罪处罚;挪用公款数额巨大乃至特别巨大不退还,只要主观上想还,就只能以挪用公款罪最重判处无期徒刑。这也明显不协调。

综上所述,本书认为,“挪用公款数额巨大不退还”中的“不退还”,是指客观上没有退还,而无论主观上想不想还,客观上有没有退还的财力;挪用公款数额特别巨大不退还的,也是“挪用公款数额巨大不退还”,处10年以上有期徒刑或者无期徒刑;挪用公款数额较大不退还的,无论主观上想不想还,都只能评价为挪用公款情节严重,适用5年以上有期徒刑。

案25:有对年轻夫妇刚刚结婚,两个人每月的工资加起来千余元。男方上班才一个多月就私自用单位的70余万元公款买了辆奔驰轿车自己开。但是其一直强调只是想挪用一下,到时候还是要还上的。办案人员将这个行为认定为挪用公款罪,认为其并不具有非法占有这70余万元的公款的目的。

应该说,不能仅凭被告人辩解其内心想还款就认定其没有非法占有目的。

本案中，被告人系明知自己没有偿还能力，仍挪用公款挥霍，其非法占有的目的显露无遗。所以，本案应当认定为贪污罪而非挪用公款罪。

案 26：家境贫寒的被告人刘某承包了彩票投注站，指望能中大奖，其以不缴纳投注金的手段，从其经营的彩票投注机上一次性打出总金额 55.692 万元的 15 张彩票。可惜仅中奖 8320 元。后被福利彩票主管部门及时发觉，刘某被迫打下欠彩票款 55.7048 万元的字据。刘某因无力支付巨额彩票投注金，打下欠条两天后企图逃匿，后被抓获。对于本案，检察院以合同诈骗罪起诉，一审法院认定构成挪用资金罪，二审法院维持原判。[①] 重庆市綦江县也发生过不交投注金而空打彩票的案件，法院也以挪用资金罪定罪处罚。[②]

本书不同意上述认定，应认定为职务侵占罪。一是只要将福利彩票刮开，就已经消耗了福利彩票的使用价值，不能认为还只是一时性的使用；二是被告人家境贫寒，明知自己没有交付巨额投注金的财力，还抱着侥幸心理挪用“资金”从事高风险的经营活动，说明其主观上具有间接故意的放任心态，结果造成了数额巨大的财产损失；三是行为人利用的是福利彩票，而非“现金”，本案并不存在挪用资金罪的对象“现金”，故不宜评价为挪用资金罪。

16.“挪新还旧”的挪用公款数额，应以案发时未还的实际数额认定吗？

《挪用公款案件解释》第 4 条规定：“多次挪用公款不还，挪用公款数额累计计算；多次挪用公款，并以后次挪用的公款归还前次挪用的公款，挪用公款数额以案发时未还的实际数额认定。”该解释不仅未能囊括多次挪用的各种复杂情形，而且导致在所谓“挪新还旧”型挪用公款案件中，只要案发前全部归还，就会得出挪用数额为零因而无罪的荒唐结论。

由此，对《挪用公款案件解释》第 4 条的规定应当进行合理的实质性的限制解释，而不能按字面含义理解适用。

---

① 参见最高人民法院中国应用法学研究所编：《人民法院案例选》第 1 辑，人民法院出版社 2007 年版，第 66 ~71 页。

② 重庆市綦江县人民法院刑事判决书，(2006) 綦刑初字第 25 号。

第一，第4条规定仅限于挪用公款进行其他活动，而不包括挪用公款进行非法活动与营利活动的情形。一方面，第4条的前段规定："多次挪用公款不还，挪用公款数额累计计算。"由于挪用公款进行非法活动与营利活动的，即使归还也构成犯罪，所以，多次挪用多次归还的，只要达到司法解释规定的数额，就构成挪用公款罪，并应当累计计算挪用数额。挪用公款进行其他活动只有不在3个月内归还的，才成立挪用公款罪。因此，第4条前段的规定显然不能包括挪用公款进行非法活动与营利活动的情形，否则就明显违反《刑法》第384条的规定。另一方面，第4条的后段规定，表明归还就不计算数额之意，这显然也是仅指挪用公款进行其他活动，而不可能包括挪用公款进行非法活动与营利活动的情形。

案27：I第一次挪用公款5万元用于赌博，第二次挪用12万元，其中用5万元归还前次挪用的数额，后在三个月内归还了第二次挪用的5万元，案发时尚有7万元未归还（超过三个月）。

本书认为，第一次挪用行为已经构成犯罪，挪用数额为5万元。第二次所谓"挪用12万元，其中用5万元归还前次挪用的数额"，其实仅从单位挪用7万元，其中5万元在3个月内归还，不构成犯罪，不能计入挪用数额。所以，"案发时尚有7万元未归还（超过3个月）"其实包括第一次挪用用于赌博的5万元和第二次挪用进行其他活动的2万元。本案要么仅认定为挪用公款5万元进行非法活动，要么认定挪用公款7万元进行其他活动（将用于赌博的5万元评价为进行其他活动5万元）。

第二，第4条的后段规定仅限于前次挪用公款进行其他活动没有超过3个月的情形。如果前次挪用时间超过了3个月，那么，由于已经符合了法定的构成要件，就没有理由不计算在挪用数额之内。

案28：J第一次挪用公款6万元用于其他活动，四个月后挪用公款8万元归还前次的6万元，两个月后案发时尚有3万元未归还。

如果按字面含义适用上述第4条的后段规定，仅以未归还的数额是3万元为由否认J的行为构成挪用公款罪，明显不当。因为客观上存在一个挪用公款进行其他活动超过3个月未还的事实，主观上也存在相应的责任，所以已经构成挪用公款罪的既遂犯，没有理由因为3个月之后的归还而否认犯罪的成立，如同不能因为盗窃既遂返还财物而否认盗窃罪的成立一样。

第三，对于第4条后段中“挪用公款数额以案发时未还的实际数额认定”规定的适用，也必须考虑未归还的时间，而不是仅考虑数额。

案29：K第一次挪用公款6万元用于其他活动，一个月后挪用公款8万元归还前次挪用的6万元，半个月后案发。

如果按字面含义理解和适用第4条的后段规定，就可能认定K挪用公款8万元，进而认定为挪用公款罪，本书不赞成这一结论。这是因为，无论是第一次挪用公款6万元，还是第二次挪用公款8万元，以及从第一次计算到案发，都不符合“超过3个月未还”的规定，因而不能认定为挪用公款罪。

第四，对于第4条后段中的“未还”不能仅作形式上的判断，必须实质判断多少公款在多长时间内处于流失的危险状态。

案30：L于2020年1月1日挪用公款5万元用于其他活动，2月20日挪用公款6万元归还了前面的5万元，剩下1万元用于其他活动，4月20日挪用公款7万元，归还了第二次的6万元，剩下1万元用于其他活动，7月1日归还了第三次挪用的6万元，7月10日案发，尚有1万元没有归还。

倘若按字面含义理解和适用第4条后段的规定，那么，由于L案发时未归还的数额仅为1万元，故不成立挪用公款罪。本案的客观事实是，有5万元在6个月期间不间断地脱离了单位控制，还有6万元在4个多月期间不间断地脱离了单位控制。一方面，完全可以将本案的事实评价为，L挪用公款6万元用于其他活动，超过3个月未还。换言之，我们完全可以这样认为，L第一次于2020年1月1日挪用的5万元在7月1日才归还，第二次于2月20日挪用公款6万元在7月1日才归还（当然两者不能重复计算）。另一方面，与一次挪用6万元在3个月后才归还因而构成挪用公款罪相比，L的行为无论是在不法层面还是在责任层面都更为严重，至少不可能更轻微。因此，本书倾向于认为，就本案而言，应当认定L挪用公款6万元用于其他活动超过3个月未还，构成挪用公款罪。

由此看来，虽然挪用公款进行其他活动在3个月内归还的不构成犯罪，但如果以再次挪用的本单位公款“归还”，则并不直接否认犯罪的成立。换言之，以挪用的公款归还，并不是刑法意义上的归还（退还）。

综上所述，对于《挪用公款案件解释》第4条的规定，应当根据《刑法》第384条规定的挪用公款罪的构成要件与保护法益，从实质上进行限制解释，而不能按字面含义理解和适用。事实上，《挪用公款案件解释》第4条只是规定了部分情形，而没有规定所有情形，因此，对于司法解释没有规定的情形，司法机关应当直接根据《刑法》第384条的规定认定挪用数额，而不能牵强地适用第4条的规定。

案31：M第一次挪用公款6万元进行其他活动，4个月后又挪用公款10万元，将其中的6万元归还前次挪用款，剩下的4万元用于赌博，1个月后又挪用10万元归还了第2次的挪用款，案发时10万元超过3个月未还。

对于本案，显然不能适用《挪用公款案件解释》第4条的规定，仅认定为挪用公款10万元进行其他活动，而是应当直接根据《刑法》第384条的规定，认定为挪用公款6万元进行其他活动和4万元进行赌博活动。这是因为，第一次挪用公款6万元进行其他活动超过3个月未还，已经构成挪用公款罪；第二次挪用的4万元用于赌博也构成挪用公款罪；第三次所谓"1个月后又挪用10万元归还了第二次的挪用款"，其实并没有挪用；所谓"案发时10万元超过三个月未还"，其实是指第一次挪用进行其他活动的6万元和第二次挪用进行赌博活动的4万元，因为"所谓以挪用的公款归还，并不是刑法意义上的归还（退还）"。

案32：被告人颜某伙同会计李某于1994年4～10月分三次挪用公款5000元、10,000元、10,000元用于唐某从事经营活动，唐某先后于1994年10月、12月和1995年2月三次全部退还给被告单位。检察院将上述三次挪用行为作为挪用公款犯罪起诉。一审法院认为，"三次挪用公款的数额均未达到较大的数额起点数额，且在案发前已全部归还。根据最高人民法院《关于审理挪用公款案件具体应用法律若干问题的解释》第四条之规定，三次挪用借给唐某的数额不应累计为挪用数额"。二审法院维持原判。[①]

本书认为，上述认定存疑，三次挪用的数额应当累计计算。因为挪用公款进行经营活动的，挪出即既遂，之后归还也不影响犯罪既遂的成立。而且，多次挪用用于经营活动，也不属于《挪用公款案件解释》第4条挪用公款进行其他活动

① 海南省海南中级人民法院刑事裁定书，(2000)海南刑终字第123号。

的情形。

案33：被告人陈某任镇政府民政办出纳，在2008年6～8月，先后6次私自从其保管的民政专项资金中共计挪用235,000元给被告人赵某作为生意上的周转资金使用，立案前二被告人已将所挪用的款项全部归还。前后挪用时间加起来只有41天，不到3个月。一审、二审法院认为，被告人陈某挪用公款235,000元，构成挪用公款罪。①

本书认为，上述判决是正确的。因为挪用公款进行营利活动，没有挪用时间的要求，故多次挪用的，即便在案发前已经归还，也应累计计算挪用数额。

17. 挪用公款存在多种用途且分别达到定罪数额标准的，如何处理？

案34：N三次挪用公款，其中第一次挪用公款5万元用于赌博，第二次挪用公款7万元用于购买股票，第三次挪用公款8万元用于其他活动超过3个月未还。

案35：O一次挪用公款20万元，其中5万元用于赌博，7万元用于购买股票，剩下8万元用于其他活动超过3个月未还。

首先，从事实上看，上述案34与案35看似存在区别，其实没有明显差异。O一次挪用了20万元，N分三次挪用了20万元，但两人无论是一次挪用还是三次挪用，都总共使20万元的公款处于流失的危险之中，因此，两人行为的有责不法程度并不存在明显的区别。可以肯定的是，如果对O仅按挪用公款8万元量刑，明显不当。这是因为，O明明是一次挪用了20万元公款，即使其全部用于其他活动，也毫无疑问应按挪用公款20万元量刑。不能因为O将其中的12万元用于危险更大的非法活动与营利活动，就反而仅按挪用公款8万元量刑，这样就违背了刑法的公平正义性。因此，应当认定O挪用公款20万元。既然如此，对实质上与O的行为没有明显区别的N的行为，也应按挪用公款20万元计算。挪用公款罪的法益侵害性表现在使公款脱离单位控制，处于流失（不能归还）的

---

① 广西壮族自治区钦州市钦南区人民法院刑事判决书，（2008）钦南刑初字第364号；广西壮族自治区钦州市中级人民法院刑事裁定书，（2009）钦刑二终字第22号。

危险之中,用途只是说明危险程度不同。如果用于非法活动(如贩卖毒品)的行为侵害其他法益,则应当实行数罪并罚。反之,挪用公款罪的处罚对象是使公款脱离单位控制的挪出行为,而不是使用行为本身。

案36:P一次挪用公款20万元,全部用于赌博但未输未赢,然后继续将20万元用于购买股票。

P虽然将20万元分别用于非法活动与营利活动,但由于其行为只是使20万元公款处于流失的危险之中,故只能认定为挪用公款20万元进行非法活动,既不可能认定P的行为属于想象竞合,更不可能将挪用公款的数额认定为40万元。

此例表明,挪用公款罪的实行行为是使公款脱离单位控制的行为,而不是将公款置于流通领域;将公款置于特别危险的流通领域的行为,由于增加了不法程度,刑法便相应地降低了数额(用于非法活动)与时间要求(进行营利活动)。换言之,凡是使公款脱离单位控制的,就属于挪用公款。因此,除符合其他条件外,应当以脱离单位控制的数额为标准计算挪用公款数额,而非以用途为标准计算挪用公款数额。

其次,从法律规定上看,无论案34中N的三次挪用行为是否属于同种数罪,都应当累计计算挪用数额,既不能仅计算其中的最高数额,也不需要数罪并罚。

最后,从罪数理论的目的来说,不能将案35中O的行为认定为想象竞合。罪数论也好、竞合论也罢,就是为了解决量刑问题,或者说,正确的刑罚裁量终究是整个竞合理论的目的。据此,不考虑罪刑相适应的要求,而单纯从形式逻辑出发研究罪数或者竞合问题,是一种方向性的偏差。换言之,导致量刑偏差的罪数理论,都不是理想的罪数论,只有为正当量刑提供基础的罪数理论,才是值得提倡的理论。将案35中O的行为按挪用公款20万元计算,不仅在个案中能实现量刑的合理化,而且能使不同案件的量刑保持均衡;如果将其认定为想象竞合,仅按挪用公款8万元量刑,则不能确保量刑的合理化。

18. 挪用公款存在多种用途分别都未达定罪数额标准的,如何处理?

案37:Q第一次挪用公款2万元用于赌博,第二次挪用公款3万元用于购买股票,第三次挪用公款4万元进行其他活动,均超过三个月未还。

对此情形中的数额认定有不同的认识：第一种观点认为，对于多次挪用公款，其中有的用于非法活动，有的用于营利活动，有的用于一般活动，应当分别计算数额。然而，如果分别计算，不仅不利于保护法益，而且会损害刑法的公正性。

案38：R三次挪用公款，每次2万元，共计6万元，每次都用于其他活动，均超过三个月未还。

按照上述观点，R构成挪用公款罪，数额为6万元。

案39：S挪用公款的次数、数额与R相同，却分别用于三种不同用途（每种用途2万元）。

按照上述观点，即使均超过三个月未还，也不成立挪用公款罪。然而，没有理由认为S的行为的法益侵害性轻于R的行为。

第二种观点认为，挪用公款归个人进行其他活动，若每一次挪用的数额都未达到定罪的标准，则不作为犯罪处理；挪用公款归个人使用进行营利活动和非法活动的，无论案发时是否已经还完，数额均要累计计算，因为这种行为的客观危害性及行为人的主观恶性较之一般的挪用大，有从严处罚的必要。换言之，多次挪用本单位资金进行营利活动或者非法活动的，由于对这两种形式没有挪用时间的限制，其社会危害性的大小主要表现在挪用资金的数额上，因此应当分别将多次挪用的数额相加，如果达到了犯罪所需要的数额应认定为犯罪。

可是，从《刑法》第384条的规定来看，挪用公款归个人进行其他活动超过三个月未还的，与挪用公款进行非法活动、营利活动的法律性质相同。既然挪用公款进行营利活动或者非法活动时应当将多次挪用的数额相加，就没有理由反对将挪用公款进行营利活动、非法活动与进行其他活动超过三个月未还的数额相加。

第三种观点认为，一次挪用公款数额较大，分别用于两种或三种活动，每种活动所使用的公款数额都未达到立案标准的，应按总数额认定犯罪。其实质理由是，本罪所危害的主要是单位对公款的占有、使用、收益权，对单位财产权利危害的大小，主要取决于行为人挪用公款数额的大小及时间的长短，至于其用于何种用途，对财产权利的危害程度都是一样的。对于这种情形，可以按照行为人对公款的主要用途适用法律，即公款主要用于非法活动或营利活动的，适用《刑法》第384

条关于挪用公款进行非法活动或挪用公款进行营利活动的规定,主要用于上述两种活动以外的活动的,适用挪用公款数额较大超过三个月未还的规定。

然而,一方面,不考虑挪用行为是否符合刑法对构成要件的描述,一概按总额认定可能存在疑问;另一方面,在主张按总额认定犯罪的前提下,却又主张按照行为人对公款的主要用途适用法律,也有自相矛盾之嫌,而且在公款的主要用途没有达到定罪数额要求的情况下,按主要用途适用法律会出现违反罪刑法定原则的现象。

本书认为,应根据法益保护目的、法定的构成要件以及举轻以明重的解释原理进行认定和处理。

首先,应当肯定的是,挪用公款进行非法活动、营利活动(数额较大)与其他活动(数额较大且超过三个月未还),均属于“挪用公款归个人使用”。既然如此,就表明挪用公款的三种情形具有共同点,而不是对立关系。换言之,这三种情形侵害的法益完全相同,而不存在区别。

其次,从实质上说,这三种情形使公款流失(不能归还)的危险程度不同,根据举轻以明重的解释原理,完全可以将高度危险评价为低度危险,如同重伤害可以评价轻伤害一样,但是轻度危险不能被评价为高度危险。

最后,由于对事实的归纳与评价必须以刑法规定为标准,因此,只有当挪用行为能够被《刑法》第384条规定的构成要件涵摄时,才能计算为挪用公款罪的数额。根据上述要求,案37中的Q的行为构成挪用公款罪,挪用公款的数额为9万元。这是因为,挪用2万元赌博与挪用3万元购买股票,均可以被评价为挪用公款进行其他活动,且均超过三个月未还。即使Q将全部公款用于其他活动,也因为超过三个月不还而构成挪用公款罪,既然如此,在Q将部分公款用于非法活动与营利活动时,就不可能反而不以挪用公款罪论处。

根据上述第二种观点,只能对用于非法活动与营利活动的数额进行相加。诚然,在案37中,仅对该两者进行相加,也能认定Q的行为成立挪用公款罪,但挪用公款的数额却仅为5万元,而没有评价另外的4万元,因而不当。需要特别说明的是,正是因为用于非法活动与营利活动可以评价为用于其他活动,故能够进行上述评价。

从中引申出的问题是，用于非法活动的数额能否毫无例外地评价为用于营利活动的数额呢？虽然从实质上说，由于前者的危险高于后者，故可以得出这一结论，但是，根据罪刑法定原则的要求，只有当非法活动能够被评价为营利活动时，才能将用于非法活动的数额评价为营利活动的数额。赌博当然可能获利，因而能够评价为营利活动。如若非法活动并不属于营利活动（不过，这种情形很罕见），则只能将用于非法活动的数额评价为用于其他活动的数额，而不能评价为用于营利活动的数额。

进一步的问题是，倘若每次挪用行为本身没有达到数额标准，但是挪用公款用于非法活动或营利活动的数额在三个月内归还的，应当如何处理呢？

案40：T第一次挪用公款1万元用于赌博，第二次挪用公款3万元用于购买股票，前两次均在三个月内归还，第三次挪用公款4万元进行其他活动且超过三个月未还。

本书认为，对此不能认定为挪用公款罪。

首先，不应将挪用公款进行营利活动与进行其他活动的数额计入挪用公款进行非法活动的数额，即不能将危险小的数额计入危险大的数额，因此，不能认定为挪用公款进行非法活动。

其次，虽然可以将挪用公款进行非法活动的数额计入挪用公款进行营利活动的数额，但是两者的总和并未达到定罪标准，故不成立挪用公款进行营利活动。

最后，虽然可以将挪用公款进行非法活动与进行营利活动计入挪用公款进行其他活动，但是挪用公款进行其他活动必须超过三个月未还；如果挪用公款进行非法活动与进行营利活动，但是在三个月内归还公款，则不符合挪用公款进行其他活动的时间要件。其结果就是，对T的行为不能以挪用公款罪论处。

笔者的上述观点建立在以用途、时间与数额为根据进行分别判断的基础之上，然而，按照前述第三种观点，T的行为则成立挪用公款罪。诚然，如果说T挪用公款用于赌博与购买股票的行为，虽然在三个月内归还了，但是由于在刑法上其与挪用公款进行其他活动超过三个月未还的情形相当，故可以在整体上认定T挪用公款8万元超过三个月未还。然而，本书难以赞成这样的结论。这是因为,虽然挪用公款的三种情形具有共同点而非对立关系,但是从《刑法》第 384 条第 1 款的描述可以看出,这三种情形后都用"……的"来表示罪状表述完结,故它们具有相对独立性。既然如此,就不能仅因为前两种情形与第三种情形具有等价性,就直接将前两种情形等同于或者认定为第三种情形。换言之,只有当前两种情形符合刑法规定的第三种情形的成立条件时(超过三个月未还),才能适用第三种情形的刑法规定进而追究行为人的刑事责任。

19. 一次挪用数额较大公款用于各种用途均未达定罪标准的,如何处理?

案 41:U 一次挪用公款 8 万元,其中 1 万元用于赌博,3 万元用于购买股票,用于赌博与购买股票的公款均已在三个月内归还,但用于其他活动的 4 万元超过三个月未还。

应该说,对这种情形也不能按挪用公款罪处罚。根据《刑法》第 384 条与司法解释的规定,单位公款处于流失的危险必须达到一定程度才具有可罚性:要么 3 万元以上的公款因为用于非法活动处于被没收的状态,要么 5 万元以上的公款因为用于营利活动处于危险较大的状态,要么 5 万元以上的公款因为用于其他活动而处于三个月内仍未归还的状态。在案 41 中,虽然 U 一次挪用公款 8 万元,但由于用于赌博与购买股票的数额分别和相加都没有达到可罚程度,用于其他活动的 4 万元虽然超过三个月未还,却没有达到法定数额,用于赌博与购买股票的数额又不能评价为超过三个月未还,故仍然不能以挪用公款罪论处。

20. 多次挪用公款用于不同用途只有部分达到定罪标准的,如何处理?

案 42:V 第一次挪用公款 1 万元用于赌博,第二次挪用公款 3 万元用于购买股票,第三次挪用公款 6 万元用于其他活动且超过三个月未还。

可以肯定的是,V 的第三次行为已构成挪用公款罪,应当追究刑事责任。至于前两次挪用行为是作为量刑情节,还是计入挪用公款的数额,则取决于前两次挪用时间是否超过三个月,对于已超过三个月未还的数额,应当计入挪用公款罪的数额。对此应当没有疑问。若 V 一次挪用 10 万元,用途与上述情节相同,但用于赌博与购买股票的公款在三个月之内归还的,只应将挪用公款 6 万元超过三个月未还作为定罪根据。

21. 因为挪用公款减少了单位的确定利息或者收益时,如何计算挪用公款数额?

案 43:W 是某基金会的管理人员,基金会的 1000 万元原本用于购买一年期的国债,但 W 将该 1000 万元挪出后用于自己购买国债,一年后将 1000 万元归还给基金会,获利 50 万元。假定基金会购买一年期国债会有 50 万元的收益,那么,W 挪用公款的数额是 1000 万元还是 1050 万元?

从结果来看,基金会不仅在一年内丧失了对 1000 万元的控制,而且客观上减少了可预期的 50 万元收益,或者说 W 的行为使单位损失了 50 万元。尽管如此,本书仍然认为,只能认定 W 挪用公款 1000 万元。因为挪用公款只是意味着使单位已有的公款脱离单位的控制。W 的行为虽然导致基金会损失 50 万元,然而其并没有挪用该 50 万元。至于导致基金会 50 万元损失的行为是否同时触犯其他罪名,则是另一个问题。但是无论该行为是否成立其他犯罪,对 W 挪用公款所得的 50 万元收益,不应当收归国有,而应当退赔给被害单位。

第三节　巨额财产来源不明罪

·导　读·

巨额财产来源不明罪,是指国家工作人员的财产、支出明显超过合法收入,差额巨大,不能说明来源的行为。

本罪客观行为表现为,财产、支出明显超过合法收入,差额巨大,在有关机关责令行为人说明来源时,行为人不能说明来源。

本罪有两个基本要素:一是行为人拥有差额巨大的财产,二是行为人不能说明来源。

巨额财产来源不明罪的认定要点:(1)“国家工作人员”的范围;(2)实

行行为;(3)“不能说明来源”的理解;(4)来源不明财产数额的认定;(5)证明责任;(6)共犯、自首、追诉时效、既判力。

条 文

第三百九十五条第一款 【巨额财产来源不明罪】国家工作人员的财产、支出明显超过合法收入,差额巨大的,可以责令该国家工作人员说明来源,不能说明来源的,差额部分以非法所得论,处五年以下有期徒刑或者拘役;差额特别巨大的,处五年以上十年以下有期徒刑。财产的差额部分予以追缴。

罪名精释

1. 村主任及离退休辞职官员能构成巨额财产来源不明罪吗?

《刑法》第93条对“国家工作人员”的界定是:“本法所称国家工作人员,是指国家机关中从事公务的人员。国有公司、企业、事业单位、人民团体中从事公务的人员和国家机关、国有公司、企业、事业单位委派到非国有公司、企业、事业单位、社会团体从事公务的人员,以及其他依照法律从事公务的人员,以国家工作人员论。”据此,理论与实务普遍认为,“从事公务”是国家工作人员主体的本质特征。

如本章第一节所述,应对国家工作人员的内涵和范围在个罪中进行相对性把握。巨额财产来源不明罪的主体必须具有行政法上之公务员资格,是纯粹的“国家干部”。由于依法履行职责的各级人民代表大会代表、依法履行审判职责的人民陪审员以及协助乡镇人民政府、街道办事处从事行政管理工作的村民委员会、居民委员会等农村和城市基层组织人员,大多数时候从事的不是公务,所以不能成为巨额财产来源不明罪的主体。如果能够查明其巨额财产源于其履行公务,如协助人民政府从事行政管理工作时贪污、受贿所得,则直接以贪污罪、受贿罪定罪处罚即可。

张明楷教授认为,国家工作人员退休或者辞职后,检察机关(现在应是监委)发现其有巨额来源不明的财产,行为人不能说明来源的,由于其不具有国家工作人员身份,不能以本罪论处。反之,行为人以前并非国家工作人员,成为国家工作人员后检察机关发现其拥有巨额财产,要求其说明来源,行为人不能说明来源的,则应以本罪论处。[①]

应该说,张明楷教授的上述观点与其在巨额财产来源不明罪的实行行为问题上主张"不作为说"是一脉相承的。对此,笔者有不同看法。虽然该罪的主体限于国家工作人员,但这只是意味着实施犯罪行为时必须是国家工作人员。例如,在位时收受贿赂,即便退休多年,只要没有超过追诉时效也能追责;又如,行为人曾经非法持有枪支,即便后来因枪支被盗而事实上不再非法持有枪支,但是只要没有超过追诉时效,也能以非法持有枪支罪进行追诉。巨额财产来源不明罪作为一种持有型犯罪,应从其结束非法敛财之日起,只有在不能证明这个时点时,才从结束国家工作人员身份即离退休辞职之日起,开始计算追诉期限。因此我们认为,只要从国家工作人员离退休或辞职之日起开始计算,没有超过巨额财产来源不明罪的追诉时效的,就可以对该罪追究刑事责任。张明楷教授主张"当有关机关责令国家工作人员说明来源时,国家工作人员不能说明来源的,便成立巨额财产来源不明罪,追诉时效便从此时开始计算。检察机关在此之后没有立案侦查的,超过追诉时效后,就不能再追究刑事责任",其实等于取消了该罪的追诉时效,因为怎么可能检察机关责令说明来源后又没有立案侦查呢?

2. 巨额财产来源不明罪的实行行为,是持有还是拒不说明来源的不作为?

案1:国家机关工作人员张三拥有超过合法收入的300万元现金,且这些现金是经商所得。经商行为本身是合法的,但国家机关工作人员经商是非法行为,所以张三的这笔钱属于来源非法的财产,只是司法机关还没有责令张三说明其来源。

对于本案,如果按照持有说(作为说),即使张三还未被司法机关责令说明这笔财产的来源,他拥有来源不明的巨额财产本身就已经具备本罪的不法了。

---

① 参见张明楷:《刑法学》(第6版),法律出版社2021年版,第1577页。

如果按照不作为说,既然司法机关还没有责令张三说明这笔财产的来源,那他就并不具备本罪的不法。

案2:国家工作人员李四的财产、支出明显超过合法收入,且差额巨大。实际上,李四的财产是情人赠与的,而这不属于非法来源。但李四觉得这影响不好,就拒不说明财产的来源。

对于本案,如果按照持有说(作为说),李四的巨额财产不是非法所得,所以不成立本罪。如果按照不作为说,虽然财产来源合法,但李四拒不说明其来源,所以成立本罪。

案3:无业人员甲通过各种途径赚了很多钱,买了多处房产。后来,甲通过了公务员考试,成为一名公务员。就在他晋升时,有人检举他有巨额财产。在相关部门对甲展开调查时,甲不说明自己的财产来源。现在可以肯定的是,甲的这些巨额财产都是在他还没有成为公务员之前取得的。在这种情况下,可否将甲的行为认定为巨额财产来源不明罪?

本案的关键就在于巨额财产来源不明罪的实行行为是什么。如果认为这个罪的实行行为是拒不说明来源的话,这个罪就是不作为犯罪。甲的行为肯定构成巨额财产来源不明罪。但是如果认为这个罪的实行行为是担任国家工作人员期间取得了来源不明的巨额财产,那么,本案中甲的行为就不构成巨额财产来源不明罪。

有关本罪的实行行为,主要存在“无行为要件说”“不作为说”“复合行为说”“非法获取说”“持有说”的分歧。我国台湾地区刑法理论中,关于“贪污治罪条例”第6条之一的“财产来源不明罪”的行为性质,也存在持有来源不明财产说(作为说)、不作为说及复合行为说的理论争执。

“无行为要件说”认为,巨额财产来源不明罪在立法上不存在客观行为要件。理由在于,“财产、支出明显超过合法收入,差额巨大”本质上属于一种静止的事实状态,也是构成本罪的前提和基础,如果将该事实状态理解为本罪的客观行为要件,则违背了刑法理论中以行为为中心的定罪模式;“不能说明”包括拒绝说明和虚假说明(说而不明)两种情况,这是司法机关对行为人说明来源后的具体评价结果,是司法机关需要证明的对象,而不是行为人的行为;该罪的本质属于一种立法推定型犯罪，说明来源成为阻却立法推定成立（犯罪成立）的正当化事由。

应该说，犯罪是行为，无行为就无犯罪，这是国内外刑法理论公认的命题。很显然，“无行为要件说”并不可取。

“不作为说”主张财产、支出明显超过合法收入，并不是本罪的实行行为，只是本罪的前提条件，也可以说是行为状况，即在财产、支出明显超过合法收入，被责令说明来源的状况下不能说明财产来源。所以，本罪是真正不作为犯，而不是所谓复行为犯。[①] “不作为说”基本上是我国刑法理论上的多数说。不过在司法实务中，“持有说”可谓多数说。

一方面，不作为说面临的是作为义务的来源问题。张明楷教授认为，当国家工作人员的财产、支出明显超过合法收入，且差额巨大时，国民便对国家工作人员的廉洁性产生怀疑，或者说国家工作人员廉洁性就存在受侵害的危险。要防止这种危险的现实化，就需要有关国家机关责令其说明来源。如果国家工作人员说明了来源，巨额财产来源不明罪的危险便被消除（当然，构成其他犯罪的则是另一回事）。既然国家工作人员的财产状况存在侵害国家工作人员廉洁性的危险，在有关机关责令其说明来源时，国家工作人员当然就具有说明义务。换言之，法益面临危险是作为义务的实质来源，虽然不是任何人都具有消灭法益危险的义务，但是，当法益的危险产生于行为人的财产状况，且有关国家机关要求行为人说明财产来源时，行为人便负有消除危险的义务。所以，无论从形式上讲还是从实质上讲，国家工作人员都负有说明义务。

另一方面，不作为说受到的一个重要批判是，成立不作为犯罪是以行为人具有作为的可能性为前提，在行为人没有能力说明差额巨大财产的真实来源时，就不能作为犯罪处理。张明楷教授认为，其一，由于国家工作人员拥有巨额财产，而该财产一般是由其本人获取的，所以，国家工作人员通常都能够说明巨额财产的来源。其二，在夫妻共同拥有巨额财产时，如果夫妻二人均为国家工作人员，有关机关会同时责令夫妻二人说明财产来源，由于巨额财产要么来源于丈夫，要

① 参见张明楷：《刑法学》（第6版），法律出版社2021年版，第1577页。

么来源于妻子，要么同时来源于二人，二人分别或者都能说明巨额财产来源。其三，在夫妻二人共同拥有巨额财产时，如果丈夫是国家工作人员，妻子是非国家工作人员，那么，有关机关责令国家工作人员说明来源时，国家工作人员本人确实不知道来源的，当然应当向其妻子询问。在这种情况下，也是能够说明来源的。其四，在上述情况下，如果国家工作人员说明巨额财产不是源于自己的行为，而是源于妻子的某种行为（如炒股、从事经营活动等），但妻子已经死亡的，则不能认为国家工作人员符合“不能说明来源”的要件，因而不能认定为本罪。由此可见，所谓国家工作人员没有能力说明差额巨大财产的真实来源的情况是极为罕见的。即便存在，也不能以犯罪论处。换言之，即使认为不作为说存在部分处罚漏洞，与持有说不当扩大处罚范围相比，不作为说还是更具有优势。①

本书认为，“不作为说”存在诸多缺陷，并不可取。

首先，该说的根本理由在于国家工作人员按照法律法规的规定，负有如实申报财产收入、说明财产来源的义务，可是这一点并不成立。尽管一直以来理论与实务普遍呼吁我国应尽快制定完善财产申报制度，但是迄今为止我国并未建立完善的国家工作人员财产申报制度。1995 年中共中央、国务院发布的《关于党政机关县（处）级以上领导干部收入申报的规定》，1997 年中共中央办公厅发布的《关于领导干部报告个人重大事项的规定》以及国务院 285 号令《个人存款账户实名制度规定》之类的规定，不仅适用对象有限，而且基本上属于政策性文件。质言之，由于我国目前财产申报制度尚未确立，申报财产或者说明来源并不能成为不作为犯中的义务来源。

其次，巨额财产来源不明罪的罪状表述是“可以”责令说明来源，也不符合义务规范的通常表述要求。在行为人受到责令说明巨额财产来源的合法性时，在一般意义上无疑可以说行为人具有说明巨额财产来源的“义务”，但是由于这种义务的不履行并不是导致行为人获得巨额财产的原因，也不是侵犯国家工作人员职务廉洁性的原因，因而不具有成为不作为犯罪的义务根据的功能。

---

① 参见张明楷：《论巨额财产来源不明罪的实行行为》，载《人民检察》2016 年第 7 期，第 7 ~8 页。

再次,如果认为国家工作人员具有说明财产来源的义务,则意味着"不履行告知义务"根本就是处罚被告妨害先前犯罪司法追诉的行为,采用"不作为"解释本罪的结果,已违反刑法法益体系的原始架构。也的确有人认为,对司法机关责令说明的要求拒绝如实说明,妨害了司法机关反腐败活动的顺利进行。如此说来,杀人犯若不如实招供,因为妨害了司法机关打击严重刑事犯罪活动的顺利进行,也应以不作为犯罪论处了。

复次,"不作为说"直接导致刑法中的自首、追诉时效、溯及力等制度无法适用。倘若认为如实说明财产来源是其本来应尽的义务,即便其主动说明自己还存在明显超过合法收入的巨额财产,也难以满足成立自首所要求的"如实供述"的条件,因而不能享受自首的待遇。此外,如果认为拒不说明财产来源是本罪的实行行为,则意味着该罪的追诉时效起算以及溯及力确定的时间节点均为拒不说明财产来源时,导致刑法中的追诉时效制度、溯及力制度在该罪中几乎没有适用的余地。

最后,"不作为说"最致命的缺陷在于,由于刑法理论通说认为任何一种不作为犯的成立,都以保证人具有作为可能性和结果回避可能性为前提,然而,在巨额财产来源不明案件中,由于没有证据证实行为人有能力说明差额巨大财产的真实来源,虽然行为人负有说明差额巨大财产真实来源的义务并且没有履行该说明义务,但仍然没有齐备不作为犯罪客观方面的三个构成要件,因此不能将巨额财产来源不明罪客观方面危害行为的性质认定为不作为。简言之,成立不作为犯罪,是以具有作为的可能性为前提,而国家工作人员对其拥有超过合法收入的巨额财产未必有能力一一说清来源,故按照不作为犯理论,可能根本就不构成犯罪。"所谓国家工作人员没有能力说明差额巨大财产的真实来源的情况是极为罕见的",并不符合事实。

至于"复合行为说",其中的一种观点认为,本罪的客观方面应当由表现为作为形式的非法获取巨额财产和表现为不作为形式的拒绝说明巨额财产来源双重行为复合而成;另一种观点认为,本罪的客观方面应该是"拥有巨额财产"和"拒绝说明巨额财产来源"行为的结合,即持有与不作为的结合。

"复合行为说"不仅具有前述"不作为说"的全部缺陷,而且,如果肯定"非法获取巨额财产”属于巨额财产来源不明罪的客观要件，就必然违背刑法的本意，过分加大了司法机关的证明责任——要求司法机关证明这些巨额财产是通过非法手段获取的，而事实上，既然司法机关查明了这些巨额财产来源的非法途径，也就意味着无法成立巨额财产来源不明罪。况且，“非法获取巨额财产”本应是贪污受贿等罪的评价对象，而非巨额财产来源不明罪的实行行为。再则，虽然刑法中个罪的实行行为可以是作为与不作为的结合，如抗税罪，但持有行为本身就包含有不作为的因素。也正因如此，才有人认为持有是作为与不作为以外的第三种行为。例如，非法持有枪支罪，就对枪支的控制而言可谓作为，而拒不上缴以及拒不说明枪支的真实来源而言，则可谓不作为。肯定巨额财产来源不明罪的实行行为为非法持有来源不明的巨额财产，其中推定“非法”的根据，就在于行为人不能说明巨额财产的来源，因而已经实际上评价了拒不说明来源这种不作为的因素。相反，若认为本罪的实行行为既是持有也是不作为，会导致在证明责任、自首、共犯、溯及力、既判力、追诉时效等问题上产生难以克服的解释论困扰。因而，“复合行为说”亦不足取。

“非法获取说”认为，巨额财产来源不明罪处罚的是获取巨额财产的非法行为本身，这种非法由法律推定完成，“以非法所得论”表征了这一点。“不能说明”只是“可以说明”的同义表述，为推定非法提供了出罪路径。但是这种观点也不是没有疑问。如果司法机关能够证明行为人有非法获取巨额财产的行为，那就意味着能够直接查证这部分巨额财产的真实来源，也就不需要以巨额财产来源不明罪对行为人定罪量刑了。因此，行为人非法获取巨额财产的行为，并不是本罪客观方面的危害行为。

本书赞成“持有说”，认为本罪的实行行为是国家工作人员非法持有或者拥有来源不明的巨额财产。

“持有说”受到的质疑在于，一是通常持有型犯罪的对象(如枪支)都具有相当的危险性，而来源不明的巨额财产显然不像枪支、弹药、毒品等物品一样具有极大的危险性；二是“持有不明财产”只是一个已经取得财产的客观状态，无法成为刑法禁止的构成要件行为，也无法通过法条描述，表明刑法到底要禁止什么样的行为。

张明楷教授亦认为"持有说"存在明显的缺陷:其一,从《刑法》第 395 条第 1 款的表述就可以看出,国家工作人员虽然持有来源不明的巨额财产,但是如果能够说明其来源的,不可能成立本罪。既然如此,就不能认为持有巨额财产就是本罪的实行行为。其二,持有型犯罪只限于行为人所持有的是违禁品之类的物品,正因如此,持有行为本身就具有非法性。但是在巨额财产来源不明罪中,国家工作人员所拥有的并不一定是违禁品之类的物品,或者说持有行为本身不一定是非法的,因而不符合持有型犯罪的基本特征。其三,构成要件是违法类型,构成要件要素必须说明行为的违法性,倘若某种要素本身并不能表明行为的违法性,无论如何也不能成为构成要件要素。但是,在巨额财产来源不明罪中,"国家工作人员的财产、支出明显超过合法收入、差额巨大"本身并不能表明行为的违法性,只有当国家工作人员不能说明巨额财产的来源时,才表明行为的违法性。换言之,即使国家工作人员的巨额财产是合法的,但只要其不能说明来源,同样构成本罪。其四,如果采取"持有说",认为"不能说明来源"不是实行行为的内容,就必须明确说明《刑法》第 395 条第 1 款明文规定的"不能说明来源"是什么性质。①

本书针对上述对"持有说"的质疑作如下回应:

一是认为持有型犯罪的对象只能是具有人身威胁性的违禁品这个前提本身,本身就存在疑问。因为伪造的货币,伪造的发票,毒品原植物种子、幼苗,国家绝密、机密文件、资料、物品等,虽然对人身安全本身并不具有威胁性,但是也并不妨碍成为持有假币罪,持有伪造的发票罪,非法持有毒品原植物种子、幼苗罪,非法持有国家绝密、机密文件、资料、物品罪的对象。

二是"持有不明财产"的确只是一种客观状态,但是因为国家工作人员的身份地位具有特殊性,其手中握有权力,极有可能利用手中的职权非法敛财,而司法机关的查证能力有限,为了满足民众严惩腐败的强烈愿望,亦为节省司法资源,只能推定不能说明来源的巨额财产为非法所得,拥有或者控制着这种非法所

---

① 参见张明楷:《论巨额财产来源不明罪的实行行为》,载《人民检察》2016 年第 7 期,第 6 ~7 页。

得的状态，就值得科处刑罚。

三是该罪的主体限于国家工作人员，而且给予行为人说明财产来源的机会，司法实践中在计算国家工作人员的现有财产和以往支出时通常“就低不就高”，而在计算合法收入时又“就高不就低”，即通常坚持有利于被告人的原则计算不明财产数额。

四是判决生效后查明行为人关于财产来源的说明是真实时，应当撤销原判，根据来源不同重新作出判决。

综上，将本罪的实行行为界定为持有，不存在“不作为说”所具有的难以克服的诸多缺陷，也不至于不当扩大刑罚处罚范围，而且有助于证明责任、共犯、自首、溯及力、既判力等问题的处理。

3. 何为“不能说明来源”？

案4：国家工作人员甲拥有超过合法收入的500万元现金，在检察机关责令其说明来源时，甲说明了这笔钱来源于乙的行贿，且具体说明了受贿的详细时间、地点、原因、经过，以及乙的身份。但是，由于乙移居国外后死亡，司法机关无法查实受贿的事实。如果认为现有证据能证明甲的行为成立受贿罪，就应当对甲以受贿罪论处。但是仅凭甲的口供与其持有的500万元现金，就认定其行为构成受贿罪，在证明力上是存在疑问的。

在《刑法修正案（七）》之前，1997年《刑法》第395条第1款关于巨额财产来源不明罪的规定是：“国家工作人员的财产或者支出明显超过合法收入，差额巨大的，可以责令说明来源。本人不能说明其来源是合法的，差额部分以非法所得论，处五年以下有期徒刑或者拘役。财产的差额部分予以追缴。”据此，上述案4中国家工作人员甲详细说明了差额巨大财产来源于受贿，但司法机关不能查明受贿的犯罪事实的，也能认定为巨额财产来源不明罪，因为行为人仅说明巨额财产来源于受贿，属于“不能说明其来源是合法的”。

但是，《刑法修正案（七）》将其中的“不能说明其来源是合法的”修改为“不能说明来源的”，于是产生了以下问题：行为人拥有巨额财产，本人说明了其非法来源，司法机关不能排除其非法来源的可能性与说明的合理性，经查证后又不能达到犯罪的证明标准的，应当如何处理？

对上述案4，只要认为现有证据不能证明甲的行为成立受贿罪，那么，根据《刑法修正案（七）》之前的1997年《刑法》第395条第1款的规定，由于甲“不能说明其来源是合法的”，依然可以认定为巨额财产来源不明罪。可是，根据《刑法修正案（七）》之后的《刑法》第395条第1款的字面含义，反而不能认定甲的行为成立巨额财产来源不明罪，因为甲“能说明其来源”。然而，据此宣告甲的行为无罪，明显不当。例如，倘若丙拥有超过合法收入的200万元财产，其本人不能说明来源，则无疑成立巨额财产来源不明罪。甲说明了500万元财产来源于受贿，但在不能认定为受贿的情况下，反而不成立任何犯罪。比较二者就会发现，对甲的行为应当以巨额财产来源不明罪追究刑事责任。

况且，《刑法修正案（七）》提高了本罪的法定刑，显然是为了更加严厉地惩罚本罪行为。但是，倘若按字面含义理解“不能说明来源”，导致对甲的行为不能以本罪论处，就明显违反《刑法修正案（七）》修改本罪的宗旨。同时，倘若为了认定甲的行为成立巨额财产来源不明罪，认为甲的行为依然属于“不能说明来源”，则明显不符合事实（因为甲能够说明来源），并且意味着甲必须以确实、充分的证据证明自己犯受贿罪，这便明显违反了人权保障的基本原理。

由此看来，对于经《刑法修正案（七）》修改后的《刑法》第395条第1款中的“不能说明来源”，似乎依然应解释为“不能说明合法来源”。但是，这样解释产生了以往存在的问题，即国家工作人员说明其来源是非法的，能否一概认定为巨额财产来源不明罪？

案5：国家机关工作人员丁拥有超过合法收入的800万元现金，在检察机关责令其说明来源时，丁说明了该800万元来源于经商（经商行为本身合法，但国家机关工作人员经商是非法行为），而且提供了充分证据。

根据《刑法修正案（七）》之后的《刑法》第395条第1款的规定，由于丁“能说明其来源”，故不能认定其行为成立巨额财产来源不明罪，这一结论是妥当的。但是，根据《刑法修正案（七）》之前的1997年《刑法》第395第1款的规定，由于丁“不能说明其来源是合法的”，依然可以认定为巨额财产来源不明罪，但这一结论并不合理。

为此,张明楷教授对"不能说明来源"提出如下处理意见:第一,行为人说明了巨额财产来源于一般违法行为,按照一般违法行为的证明标准查证属实的,不能认定为巨额财产来源不明罪,只能按一般违法行为处理。在这种情形下,对"不能说明来源"作平义解释即可。第二,行为人说明了巨额财产来源于犯罪行为(完全履行了说明义务),但按照犯罪的证明标准不能查证属实的,应认定为巨额财产来源不明罪。在这种情形下,对"不能说明来源"应限制解释为"不能说明合法来源"。"不能说明来源"主要表现为国家工作人员拒不说明财产来源,或者对财产来源作了虚假说明或不作具体说明,因而不能被司法机关查证属实。但是一方面,本罪中的"说明"不等于刑事诉讼法上的证明,换言之,不能认为本罪的认定采取了举证责任倒置的诉讼方式,因而并不要求行为人说明每一笔财产的具体来源,只要行为人说明财产来源的具体渠道、途径即可;另一方面,只要司法机关不能排除存在来源合法的可能性和合理性的,就不符合"不能说明来源"的要件。①

我国台湾地区学者赵晞华认为,财产来源不明罪中的不能说明,主要包括无正当理由未说明、无法提出合理说明以及说明不实三种情形。就"说明不实"而言,是指公务员有所说明,但其说明并非真实。而所谓"并非真实",必须已有"证据"证明其所述非真;若公务员所描述内容虽有微瑕,但并无其他证据证明其所述"并非真实",仍应认为其所述属实,不得由检察官以其所述有瑕疵为由,径行认定其所述不实。也就是说,本罪中责令公务员说明财产来源,并非要求其举出足够证据证明来源合法,而系要求其说明真实来源,再由司法机关负责查证核实。

本书认为,准确把握"不能说明来源"的含义,必须考量该罪的规范保护目的。该罪旨在保护国家工作人员职务的廉洁性和国民对国家工作人员职务行为公正性的信赖。证明国家工作人员拥有来源不明的巨额财产这种现状,相对于证明财产来源于贪污、受贿罪来说,要容易得多。为了严格要求国家公职人员,防止贪官逃脱刑事制裁,在不能证明财产来源于贪污、受贿罪时改变证明事项,

① 参见张明楷:《论巨额财产来源不明罪的实行行为》,载《人民检察》2016 年第 7 期,第 9 页。

由证明贪污、受贿的犯罪事实,改为证明刑事责任相对较轻、证明要求相对较低的巨额财产来源不明的犯罪事实。即通过立法推定国家工作人员拥有的明显超过合法收入的差额巨大的财产为非法所得,进而对其予以刑事制裁。因而,巨额财产来源不明罪相对于贪污、受贿而言,属于一种补充性规范,发挥着截堵、兜底构成要件的作用。

也就是说,本罪在客观上是一种事实,一种状态,只要有这种事实、状态,即可定罪。这就减轻了司法机关的证明责任,因为认定这种事实、状态比较容易,而要查清其来源、途径则比较困难。这也反映了立法者的良苦用心,任何国家工作人员只要拥有来源不明的巨额财产,就不会因为证据不足不能定贪污受贿而逃脱法律的制裁。因此,这种规定在惩办国家工作人员贪污贿赂犯罪中发挥了"兜底"条款的作用,成为反腐倡廉的利器。

但是,该罪只是贪污贿赂罪的兜底性犯罪,而非整个经济犯罪或者财产犯罪的兜底性犯罪。也就是说,在财产申报制度尚未完全确立的现阶段,只能将不能说明来源的财产中可能来源于贪污贿赂所得的财产以非法所得论,而不能对可能来源于赌博、非法经营、盗窃、诈骗、抢劫等违法犯罪所得的财产,视为该罪的非法所得。换言之,行为人说明超过合法收入的差额巨大的财产来源于赌博、非法经营、盗窃、诈骗、抢劫等非贪污贿赂所得时,只要不能排除来源真实的可能性和合理性的,就不能推定为"非法所得"。质言之,只有可以排除来源于赌博、非法经营、盗窃、诈骗、抢劫等非贪污贿赂所得的可能性和合理性时,才能推定可能来源于贪污贿赂所得,进而将差额部分以"非法所得"论,从而以巨额财产来源不明罪定罪处罚。

综上,"不能说明来源",是指国家工作人员不能说明明显超过合法收入的差额巨大的财产(包括支出)来源于合法收入或者来源于赌博、非法经营、盗窃、诈骗、抢劫等非贪污贿赂所得,即不能说明非来源于贪污贿赂所得。从实践中看,"不能说明来源"具体包括4种情形:(1)行为人拒不说明财产来源;(2)行为人无法说明财产的具体来源;(3)行为人所说的财产来源经司法机关查证并不属实;(4)行为人所说的财产来源由于线索不具体等原因,司法机关无法查实,但能排除存在来源合法或者来源于赌博、非法经营、盗窃、诈骗、抢劫等非贪污贿赂所得的可能性和合理性的。

由此,我们可以得出如下几点结论:一是不能排除国家工作人员关于财产来源合法的说明存在可能性和合理性的,不能以巨额财产来源不明罪定罪处罚;二是不能排除国家工作人员关于财产来源于赌博、非法经营、盗窃、诈骗、抢劫等非贪污贿赂所得的可能性和合理性的,亦不能论以巨额财产来源不明罪;三是国家工作人员说明财产来源于贪污贿赂所得,但是因证据等因素不能查证属实的,可以巨额财产来源不明罪定罪处罚;四是国家工作人员说明财产来源于贪污贿赂所得,并经查实的,以贪污、受贿、挪用公款、私分国有资产、私分罚没财物罪等贪污贿赂罪定罪处罚,排除巨额财产来源不明罪的适用。

4.如何计算来源不明的巨额财产的数额?

案6:江西省高院认定胡某某巨额财产来源不明的事实为,检察机关在侦查过程中,扣押、冻结胡某某现金、存单、房屋及贵重物品等财产,共计价值793.32万元,现已查明其收受贿赂544.25万元,胡某某及其家人能说明合法来源的为95.3万元,尚有159.77万元不能说明来源合法,经查证也无合法来源的根据。①

本书认为,上述认定的问题在于,遗漏计算胡某某及其家庭以往消费性支出的数额。即便1997年《刑法》第395条第1款罪状表述的是"财产或者支出明显超过合法收入",也不能以此为由,仅计算家庭现有财产而不计算以往消费性支出。因为,刑法中的"或者",既可能表示选择,也可能表意"和""并且",这在《刑法》中随处可见。例如,《刑法》第394条规定,国家工作人员在国内公务活动或者对外交往中接受礼物,依照国家规定应当交公而不交公,数额较大的,依照贪污罪定罪处罚。这里的"数额较大",既可能是国内公务活动中收受礼物达到数额较大,或者对外交往中收受礼物达到数额较大,也可能是国内公务活动中收受礼物和对外交往中收受礼物,合计达到数额较大。

① 江西省高级人民法院刑事裁定书,(2000)赣刑二终字第02号。

在另一典型案例慕某某受贿、巨额财产来源不明案[①]案中，法院在现有财产计算中既未计算房产价值，也未计算慕某某本人及其家庭以往消费性支出数额。[②] 应该说，该判决在不明财产数额的计算上，同样存在错误。

案7：法院认定王某元巨额财产来源不明的事实为，查明被告人家庭财产共计3123万余元，各项家庭支出共计477万余元，两项共计3601万余元，扣除家庭合法收入947万余元、受贿犯罪所得771万余元、违纪所得及赌博、出售礼品等所得共计987万余元外，王某元对差额894万余元的财产不能说明来源。[③]

本书认为，上述认定的疑问在于扣除了违纪所得及赌博、出售礼品等所得外，虽然具体不清楚赌博所得为多少，但大致可以认为，这里的987万余元主要来自违纪所得及出售礼品所得。在司法实践中，这些通常是国家工作人员借办理婚丧嫁娶红白喜事之机，以及趁逢年过节之时，大肆收受红包、"礼品"所得。对于这种情形，刑法理论习惯于称为"感情投资"。如果坚持认为，受贿罪中"为他人谋取利益"是收受贿赂型受贿罪的必备要件，实践中往往因难以证明国家工作人员已经承诺或者实际为他人谋取了利益，而不能认定成立受贿罪。应当认为，受贿中的"利用职务上的便利"以及"为他人谋取利益"，不过是表明所索取或者收受的财物与其职务（行为）具有对价关系的要素，即说明贿赂的职务关联性的因素。质言之，"为他人谋取利益"在受贿罪的犯罪构成中，既不是客观要件，也不是主观要件，而是证明受贿人收受的财物是职务行为的对价。

实践中，只要行贿人与受贿人具有某种远亲或者朋友关系，一般认定为赠与，而不认定为受贿罪，可奇怪的是，"总是穷者向富者赠与、无权者向有权者赠与"。司法实践的做法值得反思。因而所谓违纪所得，其实也是具有职务关联性的，对于收受红包等违纪所得，应当认定成立受贿罪。退言之，即便认为"感情投资"型受贿因不符合成立受贿罪必备的"为他人谋取利益"要件，而难以成立受贿罪，也应认定为不能说明来源的非法所得，以巨额财产来源不明罪论。

---

① 辽宁省大连市中级人民法院刑事判决书，(2001)大刑初字第153号。

② 辽宁省大连市中级人民法院刑事判决书，(2001)大刑初字第153号。

③ 山东省枣庄市中级人民法院刑事判决书，(2010)枣刑二初字第5号。

正如我国台湾地区学者许恒达先生所言,财产来源不明罪正巧可以用来解决对价关系的证明困扰,该罪减轻了检察官应负担移转财产利得与公务执行对价关系的证明程度,在一定前提下,移转举证责任给被告。若检察官已获得的证据,无法完全证明对价关系时,侦查中,检察官可以把被告的罪名转换为轻罪的财产来源不明罪,并改用财产来源不明罪搭配受贿罪起诉被告。换言之,即便强调成立受贿罪必须查明为他人谋取利益这一要素,也应将对价关系不明的"感情投资"型财物,认定为来源不明的巨额财产,而不应从来源不明的财产数额中扣除。

案8:法院认定马某东巨额财产来源不明的事实为,侦查机关依法扣押、冻结被告人马某东的现金、银行存款、房产、黄金制品以及其他贵重物品等财产,折合人民币共计29,996,496元。其中马某东及其妻章某非的犯罪所得折合人民币6,416,042元;非法所得折合人民币12,285,716.55元;马某东及其家庭成员能说明其来源合法且查证属实的折合人民币608,197元。差额人民币10,686,540.45元,马某东不能说明来源合法。①

本书认为,上述认定至少存在两点疑问:一是遗漏计算马某东本人及其家庭以往消费性支出的数额;二是扣除非法所得折合人民币12,285,716.55元。马某东及其家庭成员不可能几十年没有任何消费性支出,因而不计算家庭消费性支出数额,显属计算错误。所谓非法所得,无非收受红包、礼品等所得。如前所述,即便认为因为不能证明"为他人谋取利益"而不能认定为受贿罪,也应认定为来源不明的财产,以巨额财产来源不明罪论。故此,本案扣除所谓非法所得数额1000多万元是不正确的。

案9:法院认定王某耀巨额财产来源不明的事实为,案发后有关机关依法扣押被告人王某耀、冯继英夫妇的人民币、外币、存单等钱款,共计折合人民币15,957,204.11元。王某耀家庭消费性支出及其他支出共计折合人民币2,187,041.3元,以上共计18,144,245.41元。除受贿犯罪所得折合人民币7,042,156元和合法收入2,554,694.72元及其他有明确来源的部分

① 江苏省南京市中级人民法院刑事判决书,(2001)宁刑初字第110号;最高人民法院刑事裁定书,(2001)刑复字第276号。

2,053,347.1 元外，王某耀对折合人民币 6,494,047.59 元的财产不能说明合法来源。上述“其他支出”包括王某耀支付安徽省政府房改房费用人民币 59,445 元、购买北京“依莲轩”、“兰德华庭”以及合肥“锦桂花园”房屋支付人民币 1,338,529 元。辩护人提出，被告人受贿赃款孳息人民币 1,589,347.10 元及起诉书认定的人民币 810 余万元不明财产所产生的孳息，应从来源不明的财产数额中予以扣除。法院认为，中国建设银行股份有限公司济南市支行出具的证明材料证实，如果将王某耀受贿赃款全部存入银行，所产生的孳息应为人民币 1,589,347.10 元，对该部分钱款则应从指控的被告人巨额财产来源不明的犯罪数额中予以扣除。对辩护人的此辩护意见予以采纳。但辩护人提出的起诉书认定的人民币 810 余万元不明财产所产生的孳息亦应从来源不明的财产中予以扣除的辩护意见，没有法律依据，其辩护理由不能成立，不予采纳。[①]

上述判决折射出的两个值得研究的问题：一是房产是以案发时市场价计算还是以当初购买时实际支付的价款计算？二是利息应否从不明财产数额中扣除？

本书认为，无论是房产还是家电、金银首饰，原则上应以购入时的价款计算财产价值；只有在不能查明实际支付的价款时，才可以参照 2013 年 4 月 2 日最高人民法院、最高人民检察院《关于办理盗窃刑事案件适用法律若干问题的解释》中关于盗窃数额认定的方法处理。因为房产可能升值，家电等可能贬值，只有购入时的价格才能真实地反映行为人利用手中职权非法敛财的数额，而这种数额恰好能够体现行为对国家工作人员职务廉洁性的侵害程度，即法益侵害性大小。这是巨额财产来源不明罪作为侵害职务廉洁性的犯罪明显不同于盗窃罪等财产罪的一点。盗窃罪是侵害他人财产权的犯罪，原则上只有被盗当时的财物市场价（而不是购入价），才能体现被害人实际遭受的财产损失数额，故可以委托物价鉴定机构根据被盗当时财物的市场价进行估价。

需要注意的是，在计算总财产时，不要将现有财产和支出简单相加，行为人支出后购买的财物如家电、汽车、房屋等，要从现有财产中扣除，以避免重复计

① 山东省济南市中级人民法院刑事判决书，(2006)济刑二初字第 34 号。

算。也就是说,在计算现有财产价值时,原则上应当将有有效证明的计入以往支出的数额,只有在不能有效证明当时购买家电、房屋、金银首饰等财物实际支付的数额时,才能将这些财物计入现有财产。即便计入现有财产,原则上也应根据购入的时间大致确定当时购入时的财产价值,而不能根据现值计算。例如,20年前市值仅50万元的别墅,现在的市场价完全可能是500万元,计算别墅的价值只能根据当时的市场价计算,即财产价值为50万元。同样,20年前花5万元购买的系列家电,现在可能已变成一堆破铜烂铁,但不能因此认为这些家电的价值为零,而应根据当时的市场价计算,即财产价值为5万元。

关于第二个问题,本书认为,上述认定并不完全正确。因为被告人收受贿赂的行为不一定是一次性完成的,也不会将所收受的贿赂一次性全部存入银行,因此,所谓根据"中国建设银行股份有限公司济南市支行出具的证明材料证实,如果将王某耀受贿赃款全部存入银行,所产生的孳息应为1,589,347.10元,对该部分钱款则应从指控的被告人巨额财产来源不明的犯罪数额中予以扣除",实际上帮助被告人开脱了罪行。

案10:在路某林案中,法院认为,来源不明财产的利息收益40万元人民币,不应计算在巨额财产来源不明的数额内,但应依法予以追缴。① 也就是说,法院认为不明财产的利息收益不计入来源不明的财产数额,但应依法予以追缴。

本书认为,如果确有证据证明,现有的部分财产来源于利息收入(不应假定全部存入银行而计算所谓的利息收入),无论存款来源于贪污贿赂,还是来源于赌博、非法经营等非法所得,由于来源清楚,均不宜计入不明财产的数额。对于有证据证明存款来源于合法收入的部分,存款利息不应追缴,否则虽不计入不明财产的数额(应从现有财产中扣除),但应予以追缴。法院应将来源不明的财产数额,与最终予以追缴的数额区分开。一般来说,最终判决予以追缴的数额通常应高于视为非法所得的财产数额。事实上,《刑法》第395条第1款也只是规定对"财产的差额部分予以追缴",而没有规定对因不能说明来源"以非法所得论"

① 海南省海口市中级人民法院刑事判决书,(2000)海中法刑初字第52号。

的部分予以追缴。也就是说,完全可以将“财产的差额部分予以追缴”中的“财产的差额部分”,理解为“国家工作人员的财产、支出明显超过合法收入,差额巨大的”部分。因为非合法收入的存款利息,显然属于财产、支出超过合法收入的差额部分。

总之,对于财产的孳息部分(如存款利息、股票升值、房产升值),无论来源是否合法,只要有充分的证据证明(而不是假定全部存入银行)系财产产生的孳息,就属于来源清楚的财产,应从财产、支出中扣除,即不计入不明财产的数额。同时,若这部分孳息确实来源于工资等合法收入,则其应当属于国家工作人员的合法收入,不应予以追缴;否则,应作为财产、支出明显超过合法收入的差额部分,予以追缴。上述案 9 中,法院将假定受贿赃款全部存入银行所产生的利息收入 1,589,347.10 元予以扣除是错误的。只能将实际存入的赃款所产生的孳息从来源不明的财产数额中扣除。至于否认来源不明的全部财产存在孳息进而完全不予扣除,也存在疑问。正确的做法是,对于确有证据证明部分财产是来源于财产所产生的孳息的,由于来源清楚,应从不明财产数额中扣除;对于确有证据证明产生孳息的原财产来源于工资等合法收入的,这部分孳息属于合法收入,不应计入不明财产的数额,当然不应追缴;否则,虽不计入不明财产的数额,但应予以追缴。

案 11:法院认定娄某平巨额财产来源不明的事实为,被告人娄某平自 1992 年 9 月调到海南省时起至 2003 年 7 月被省纪委“双规”时止,其个人财产总额为 167.4 万元。其中,娄某平能说明其来源合法的财产为 73.7 万元,差额 93.7 万元无法说明其来源是合法的。法院认定为来源合法的财产中,包括银行存款利息 9.1 万元以及两次卖房获利 10.2 万元。[①]

本书认为,上述认定存在两点疑问:一是将存款利息全部认定为来源合法的财产未必妥当;二是不查明购房款数额而将卖房获利额全部认定为来源合法的财产,也不尽合理。对于存款利息收入,虽然因为来源清楚而不应计入不明财产的数额,但是由于不能排除存款来源于非法所得的可能性,故应根据存款是否来

① 海南省海南中级人民法院刑事判决书,(2004)海南刑初字第 112 号。

源于合法收入而决定应否追缴。至于卖房获利,应当首先查明购房时支付的购房款,并计入以往支出的数额,而不能想当然地计入合法收入,进而从不明财产中扣除。也就是说,银行存款利息、炒股获利、卖房获利,除非能够证明是来源于合法收入,否则,即便因来源清楚而不计入不明财产的,也应予以追缴。

案12:在蔡某斌案中,法院将被告人经营酒店、转让土地、房屋等的收入全部计入合法收入,既没有计入现有财产,也没有计入以往支出。[①] 难道事先没有资金投入,就直接产生收益或者获利了吗?很显然,应当查明当初投资酒店、土地、房屋所支出的数额,并将其计入以往支出的数额,而不是计入合法收入的数额,进而从不明财产中扣除。

由上可见,上述认定中有关不明财产数额的计算方法明显有误。正确的计算方法应是:差额部分=(现有财产+以往支出)-(合法收入+犯罪所得+非法收入)。这里的"犯罪所得",是指经查证属实的贪污贿赂罪(不包括隐瞒境外存款罪及巨额财产来源不明罪)以及非法经营罪、盗窃罪等其他犯罪所得。所谓"非法收入",是指来源于赌博等非贪污贿赂而又不成立犯罪的一般违法所得。对于可能来源于赌博、非法经营、盗窃、诈骗、抢劫等非贪污贿赂犯罪所得,因为证据等因素不能以相关犯罪定罪的,应计入"非法收入",进而从不明财产数额中扣除。而对于因证据等因素不能查实的可能来源于贪污贿赂所得,而且能够排除来源于合法收入和非贪污贿赂所得的可能性和合理性的,如收受的红包、礼品等违纪所得,不应从现有财产、支出中扣除,即应计入来源不明的财产数额。

此外,关于所隐瞒的境外存款应否从不明财产中扣除,司法实践中的做法并不一致。例如,在张某民案中,法院不仅对其隐瞒境外存款的行为单独定罪,而且将隐瞒的境外存款数额从现有财产中扣除,即不计入不明财产的数额。[②] 而在徐某敏案中,一审、二审法院虽然均以隐瞒境外存款罪与巨额财产来源不明罪数罪并罚,但都没有将隐瞒的境外存款数额从来源不明的财产中扣除,即认定为

---

① 湖南省邵阳市北塔区法院刑事判决书,(2012)北刑初字第30号。
② 上海市第二中级人民法院刑事判决书,(2006)沪二中刑初字第118号。

来源不明的财产数额。① 很显然,对隐瞒境外存款的行为单独定罪后,所隐瞒的境外存款应否从不明财产数额中扣除,上述判决得出了截然相反的结论。

"扣除肯定论"认为,隐瞒境外存款并拒不说明来源合法的行为对象是同一的,行为所指向的标的物本身不是能够单独构成犯罪的两个事实,因此如果以隐瞒境外存款罪和巨额财产来源不明罪对其分别评价将会存在重复的问题,对此类行为给予数罪并罚也违背了禁止重复评价原则。"扣除否定论"则认为,隐瞒境外存款并拒不说明其来源合法的行为,虽然针对的对象同一,但该对象本身即财产,并不能单独成为犯罪构成的要件事实,作为单独的构成要件事实的,分别是隐瞒不报的不作为和拒不说明财产来源合法的不能说明行为。因此,对其分别评价不存在重复的问题。

主张隐瞒的境外存款数额应从不明财产数额中扣除的核心理由是禁止重复评价原则,而反对扣除的核心理由是,虽然两罪指向同一对象,但是行为有别,一个是隐瞒不报的不作为,另一个是拒不说明来源的不能说明行为。其实,问题的关键还在于两罪的规范保护目的不同。隐瞒境外存款罪的规范保护目的在于,禁止国家工作人员将存款存放境外而隐瞒不报,逃避国家对国家工作人员资产的金融监管(国内存款实行实名制),存在损害国家工作人员职务廉洁性的抽象危险。而巨额财产来源不明罪的规范保护目的在于,国家工作人员的财产、支出明显超过合法收入,差额巨大,而又不能说明来源的,差额部分就有来源于贪污贿赂所得的可能性,为了有效惩治贪腐犯罪,设置巨额财产来源不明罪,作为截堵性、兜底性、补充性规范发挥作用。可见,前者侵害的直接法益是国家工作人员境外存款的申报制度,而后者侵害的直接法益是国家工作人员的职务廉洁性。两罪评价的角度不同。对于不仅隐瞒境外存款,而且不能说明境外存款来源的,存在隐瞒境外存款的不作为以及拥有来源不明的财产的两个行为,应当实行数罪并罚,即隐瞒的境外存款不应从不明财产中扣除。

综上,关于来源不明的巨额财产数额的计算,应当坚持以下几个原则。第

① 上海市静安区人民法院刑事判决书,(2010)静刑初字第200号;上海市第二中级人民法院刑事判决书,(2010)沪二中刑终字第587号。

一，“不能说明来源”，是指国家工作人员不能说明明显超过合法收入的差额巨大的财产（包括支出）来源于合法收入，或者来源于赌博、非法经营、盗窃、诈骗、抢劫等非贪污贿赂所得。对于可能来源于贪污贿赂所得，但因证据等因素不能查实，以及贿赂的职务关联性难以证明的，如收受红包、礼品等所谓违纪所得，应当计入来源不明的财产数额，以巨额财产来源不明罪进行评价。

第二，不明财产的计算公式为：差额部分 =（现有财产 + 以往支出）-（合法收入 + 犯罪所得 + 非法收入）。其中，家电、金银首饰、房产等非现金、存款财产，原则上以购入时所支付的价格计算，且不应在财产与支出中重复计算。价格不明的，可以委托物价鉴定机构依据购入时的市场价进行估价。因证据等因素不能查明，但存在来源于赌博、非法经营、盗窃、诈骗、抢劫等非贪污贿赂所得的可能性和合理性的，应计入“非法收入”，从不明财产数额中扣除，不过应予以追缴。

第三，无论是贪污贿赂所得产生的孳息，还是不明财产产生的孳息，对于确已查明的，虽然不应计入不明财产的数额，但应予以追缴。

第四，对于经营酒店、炒股、卖土地、卖房等所谓获利，应将当初的投资数额计入以往支出，而不应作为合法收入从不明财产中扣除。

第五，隐瞒境外存款且又不能说明财产来源的，应以隐瞒境外存款罪与巨额财产来源不明罪数罪并罚，而且所隐瞒的境外存款数额不应从不明财产数额中扣除。

5. 配偶能成立本罪共犯吗？官员夫妇均不说明来源的财产数额如何计算？

巨额财产来源不明罪有无共犯成立的余地，尤其是国家工作人员的家属能否认定为本罪的共犯，理论与实务争议很大。

（1）家庭成员不属于国家工作人员的，案发前与国家工作人员进行通谋，帮助或者教唆该国家工作人员实施了隐匿、转移、销毁巨额财产行为的，成立该罪的共犯；若案发前没有进行通谋，则不成立本罪的共犯，对其视情节和性质以掩饰、隐瞒犯罪所得罪，包庇罪或伪证罪论处。家庭成员属于国家工作人员的，若家庭财产采用共同共有制，应当分别责令家庭成员中的所有国家工作人员说明财产来源,如果他们所有人都没有对整个家庭财产说明来源的,则成立本罪的共犯;如果家庭财产采用分别财产制的,均没有义务对另一方的财产来源作出说明,不成立该罪的共犯,而应分别定罪。

(2)家庭成员仅有一个国家工作人员时,不应认定其家庭成员为共犯。家庭成员中有两个以上(包括两个)国家工作人员时,具体作如下处理:两个以上的国家工作人员其中只有一人有贪污贿赂等经济犯罪行为的,其他人不应认定为共犯;两人以上均有贪污贿赂等经济犯罪行为的,也不能简单地一概肯定或否定共犯,至少应考虑每个人可能起的作用大小以及财产由谁控制、保管、经手和每个人的一贯表现等,综合考虑认定是否成立共犯;两个以上的国家工作人员均无贪污贿赂等经济犯罪行为的,应考虑每个人对这些财产的来源可能起的作用、行为人的一贯表现、家庭财产的管理状况等因素,认定是否成立共犯。

(3)该罪存在共犯,但只有那些与国家工作人员共同拥有来源不明的巨额财产并且具有国家工作人员身份的人,才可能构成该罪的共犯。实践中他们是共同生活在一起的家庭成员,如夫妻等。

(4)配偶系非国家工作人员的,因为配偶既不具有说明财产来源的义务,也不能推定巨额财产是配偶的非法所得,因此不能构成该罪的共犯。配偶也系国家工作人员时,一般情况下不宜将配偶认定为该罪,但是若配偶亦有贪污、受贿等严重经济犯罪行为,有一定证据表明家庭巨额财产的产生与配偶经济犯罪行为存在高概率,确有必要推定配偶违反了职务廉洁性要求的,方可将配偶认定为本罪。

(5)家庭成员系非国家工作人员的,不能成立该罪的共犯。家庭成员也系国家工作人员,若参与保管使用另一方的收入的,可能成立该罪的共犯。但实践中根本无法查清这一点,故判断家庭成员是否为共犯变得极为困难。

张明楷教授指出,问题一:夫妻双方均为国家工作人员,家庭财产、支出明显超过合法收入,差额巨大时,有关机关责令双方说明来源,而双方均不说明来源的,是仅认定其中一方成立本罪,还是认定双方均成立本罪?其认为,只要认定夫妻双方都拥有超出合法收入的巨额财产,而且夫妻双方都不能说明财产来源,便均应认定为本罪。在这一点上,持有说与不作为说的结论可能没有差异。

问题二:在上述情形下,如果妻子已经退休或者辞职,在检察机关责令作为国家工作人员的丈夫说明来源时,丈夫声称财产源于妻子的行为时,妻子不再说明来源的,应当如何处理?根据持有说,由于妻子在退休前是国家工作人员,其当时也持有巨额财产,只要没有超过追诉时效,妻子也可能成立巨额财产来源不明罪。其认为难以赞成这种结论,因为这一结论明显不符合《刑法》第395条第1款关于本罪构成要件的规定。详言之,无论怎么理解"不能说明来源",都必须是国家工作人员不能说明来源,既然妻子已经不是国家工作人员,就不可能再符合本罪的主体条件。在其看来,由于本罪的实行行为是"不能说明来源",行为人在"不能说明来源"时就必须具有国家工作人员的身份。由于妻子在"不能说明来源"时已经不是国家工作人员了,故对妻子不能以巨额财产来源不明罪论处。

问题三:丈夫为国家工作人员,妻子为非国家工作人员,家庭财产、支出明显超过合法收入、差额巨大时,有关机关责令丈夫说明来源,但丈夫不能说明来源的,妻子是否构成巨额财产来源不明罪的共犯?根据持有说,妻子有可能构成共犯,因为持有巨额财产是本罪的实行行为,而妻子与丈夫共同持有巨额财产时,至少可以肯定妻子实施了本罪的帮助行为。但其不认同这一结论,因为这一结论容易将无辜的家庭成员认定为巨额财产来源不明罪的共犯,因而违反责任主义原则。按照不作为说的观点,由于妻子不仅不是国家工作人员,而且有关机关没有责令其说明来源,妻子没有作为义务,也没有违反作为义务,所以,不可能构成巨额财产来源不明罪的共犯。

问题四:在国家工作人员拥有巨额财产时,普通公民唆使国家工作人员拒不说明来源的,是否成立巨额财产来源不明罪的教唆犯?根据持有说,由于拥有巨额财产是本罪的实行行为,而普通公民对此没有起任何作用,所以,普通公民不可能成立本罪的教唆犯。但是,这一结论并不妥当。与拒绝提供间谍犯罪、恐怖主义犯罪、极端主义犯罪证据罪相比,也能得出这一结论。即当甲明知他人有间谍犯罪或者恐怖主义、极端主义犯罪行为,司法机关向其调查有关情况、收集有关证据时,乙唆使甲不提供相关证据的,乙当然构成本罪的教唆犯。①

① 参见张明楷:《论巨额财产来源不明罪的实行行为》,载《人民检察》2016年第7期,第9~10页。

本书认为,有关巨额财产来源不明罪共犯的处理之所以众说纷纭,是源于几点认识误区:一是不了解无身份者也能成立身份犯的共犯这一常识,如非国家工作人员完全可能成立贪污、受贿罪的共犯;二是将均具有国家工作人员身份的家庭成员个人应当承担的巨额财产来源不明罪的刑事责任与共犯的责任混为一谈;三是不从该罪的实行行为着手,而是根据生活经验,随心所欲地得出结论。

首先,只要是故意犯罪,就有共犯成立的余地,巨额财产来源不明罪也不应例外。因此,能否成立该罪的共犯,与家庭成员是否具有国家工作人员身份没有关系。只要诱发犯意(教唆)、促进犯罪(帮助)或者共同实行犯罪,而与法益侵害结果(包括危险)之间具有因果关系,根据因果共犯论,就有可能成立共犯。但这也只是说明理论上有成立共犯的可能。

其次,巨额财产来源不明罪作为一种持有型犯罪,与其他持有型犯罪的不同在于,既不能根据教唆、帮助敛财(应成立贪污、受贿等罪的共犯)认定成立该罪的共犯,也不宜以参与非法控制不明财产(虽然参与非法控制枪支的可以成立非法持有枪支罪的共犯)为据,认为成立该罪的共犯。因为其一,不明财产本身并不具有人身威胁性;其二,将财产、支出明显超过合法收入的巨额财产视为非法所得,是针对具有国家工作人员身份的本人的一种推定,不能及于家庭成员;其三,虽然参与非法拘禁的,因行为人对被害人人身自由受到持续性侵害的法益侵害结果之间具有因果关系,而成立非法拘禁罪共犯,但参与保管、使用不明财产的行为,与其说其行为导致公职人员职务廉洁性法益持续性地受到侵犯,倒不如说妨碍了犯罪的追诉。因而,对参与保管、隐匿、转移家庭来源不明的巨额财产的,或许以掩饰、隐瞒犯罪所得、犯罪所得收益罪,包庇罪,帮助毁灭、伪造证据罪,伪证罪等妨害司法罪论处更为适宜。

再次,家庭成员也系国家工作人员,且家庭财产处于共有状态,不能说明家庭财产的来源的,其是对本人作为国家工作人员不能说明财产来源而承担巨额财产来源不明罪的刑事责任,并非作为该罪的共犯承担责任,两者不应混为一谈。

案13:某省某市原市委书记戚某贵、其妻符某英(系某银行某市支行原行长)受贿、巨额财产来源不明一案中,被告人戚某贵、符某英共同持有而由符某英保管的各类财物价值巨大,被告人戚某贵和符某英均不能说明来源。本案中二人均有已经查明的受贿犯罪事实。法院认定二人均构成巨额财产来源不明罪。①

该案中,由于夫妻二人均为国家工作人员,均有说明财产来源的义务,而且二人均有受贿犯罪事实。所以,本案不能看作认定巨额财产来源不明罪共犯的典型判例。该案中,每个人应对多少数额的来源不明的巨额财产负责,认定中并没有明确。

最后,无论是否是家庭成员,教唆、帮助(仅指强化犯意的帮助)国家工作人员继续持有来源不明的巨额财产,不向司法机关自首、坦白的,可能属于以其他方法掩饰、隐瞒犯罪所得及其收益,单独成立掩饰、隐瞒犯罪所得、犯罪所得收益罪,也不宜认为成立巨额财产来源不明罪的共犯。

案 14:被告人薛某拥有 4,220,834.87 元的财产不能说明来源。被告人薛某之妻柳某还伙同薛某索取、收受贿赂。被告人薛某的家庭财产由被告人柳某保管。法院以被告人柳某"明知是贪污贿赂犯罪的所得,先后以提供资金账户、转换为有价证券等方式掩饰、隐瞒其来源和性质"为由,认定其行为构成洗钱罪。②

综上,巨额财产来源不明罪作为一种持有型犯罪,具有自己的特点,无论家庭成员是否具有国家工作人员身份,都不宜认定为该罪的共犯;无论是否属于家庭成员,教唆、帮助国家工作人员继续持有来源不明的巨额财产的,或者参与保管、理财、隐匿、使用不明财产的,可能单独成立洗钱罪,掩饰、隐瞒犯罪所得、犯罪所得收益罪,包庇罪,帮助毁灭、伪造证据罪,伪证罪等妨害司法罪;家庭成员亦为国家工作人员的,对于共有的家庭财产不能说明来源的,可能单独成立巨额财产来源不明罪,而不是成立该罪的共犯;家庭财产可能来源于家庭其他成员非法所得的,根据存疑时有利于被告人的原则,应作出有利于行为人的推定,不应让其对这部分来源不明的财产数额负责。在确定来源不明的财产数额时,对于

---

① 海南省高级人民法院刑事裁定书,(1998)琼刑终字第 184 号。

② 河南省新乡市凤泉区人民法院刑事判决书,(2012)凤刑初字第 107 号。

具有国家工作人员身份的家庭成员,不应适用共同正犯的“部分实行全部责任”归责原则。现在这种处理办法,的确可能放纵犯罪,但是由于目前我国还未建立完善的财产申报制度,恐怕也只能如此处理。

6. 巨额财产来源不明罪是继续犯吗？追诉期限何时起算？

理论上通常将持有型犯罪归为继续犯。本书也基本赞成持有型犯罪属于继续犯的结论,但是同时认为,继续犯在溯及力、共犯、追诉时效等问题的处理上,还应结合个罪区别对待。人们通常将非法拘禁罪作为继续犯的典型加以讨论,但是非法拘禁罪是侵犯人身自由权的犯罪,有其特殊性,其他继续犯在具体问题的处理上未必与非法拘禁罪完全一致。例如,我们虽然可以大致认为持有型犯罪属于继续犯,但是因为持有型犯罪具有兜底、堵截、补充构成要件的性质,故法定刑通常远低于基本罪名。如非法持有毒品罪的法定刑低于贩卖、制造毒品罪,巨额财产来源不明罪的法定刑远低于贪污、受贿罪。如果认为持有型犯罪的追诉期限的起算应与非法拘禁罪一样,即从结束不法状态之日起开始计算,将导致在追诉时效问题上,非法持有毒品罪比贩卖、制造毒品罪还要严厉。因此本书初步认为,由于枪支本身具有相当的危险性,持有型犯罪中除非法持有枪支、弹药罪外,追诉期限应从非法控制对象物之日起开始起算。只有这样,才能与基本罪名的处罚相均衡。

张明楷教授指出,根据持有说,巨额财产来源不明罪的追诉期限,应当从结束来源不明的巨额财产之日(如主动上交之日、案发后被追缴之日或者巨额财产被全部消费之日)起计算。但是,这一观点存在几个疑问:其一,这种观点实际上导致本罪没有追诉时效的限制,明显与贪污、受贿等罪的追诉时效不协调。其二,这种观点并不符合刑法的规定。因为即使国家工作人员将巨额财产全部消费之后的第 5 年,也属于其支出明显超过合法收入,国家机关依然可以责令其说明来源,国家工作人员不能说明来源的,其行为成立巨额财产来源不明罪。其追诉时效不可能从 5 年前开始计算,而是从国家工作人员不能说明来源之日起计算。其三,这种观点还可能导致在“不能说明来源”之后的一段时间才开始计算追诉时效,因而不妥当。例如,国家工作人员甲因拥有巨额财产,检察机关于

2015 年 9 月 1 日责令其说明来源,但甲拒不说明来源。检察机关立案后,甲仍然继续持有其巨额财产,三个月后即 2015 年 12 月 1 日检察机关才追缴其巨额财产。按照持有说,对甲的追诉时效应当从 2015 年 12 月 1 日开始计算。于是,对甲的追诉时效不是从犯罪之日起计算,而是从犯罪成立之后的三个月起开始计算。这要么不符合《刑法》第 89 条第 1 款前段关于"追诉期限从犯罪之日起计算"的规定,因而不妥当;要么虽然符合该款后段关于"犯罪行为有连续或者继续状态的,从犯罪行为终了之日起计算",却得出了"检察机关立案后,甲还在继续犯罪"的不妥结论。主张持有说的部分学者意识到上述观点的缺陷,于是指出,"从理论上讲,巨额财产来源不明罪的追诉期限应从结束非法敛财之日起计算,但在不能证明这个时点时,通常只能从结束国家工作人员身份,如离退休之日起计算"。

然而,其一,既然主张巨额财产来源不明罪的实行行为是非法持有巨额财产,就不能以财产来源之日起计算,只能按照《刑法》第 89 条第 1 款后段的规定,从犯罪行为终了之日起计算。所以,上述观点存在自相矛盾之嫌。其二,从司法实践来看,从财产来源之日起计算,可能导致许多案件过早地超过追诉时效,使本罪形同虚设。其三,从离退休之日起计算的观点也存在疑问。因为国家工作人员在离退休之后就不再是国家工作人员,既然如此,就不符合本罪的主体要件,不能再以本罪论处。由于本罪的实行行为是"不能说明来源",所以,在有关机关责令国家工作人员说明来源时,国家工作人员不能说明来源的,便成立巨额财产来源不明罪,追诉时效便从此时开始计算。检察机关在此之后没有立案侦查的,超过追诉时效后,就不能再追究刑事责任。[①]

本书认为,就巨额财产来源不明罪而言,如果认为追诉期限从结束持有来源不明的巨额财产之日(如主动上交、案发后被追缴或者消费完巨额财产)开始计算,实际上就等于取消了该罪的追诉时效,而与贪污、受贿罪明显不均衡。事实上,虽然从理论上讲,挪用公款罪的追诉期限也应从归还之日起开始计算,但是

---

① 参见张明楷:《论巨额财产来源不明罪的实行行为》,载《人民检察》2016 年第 7 期,第 11 ~ 12 页。

最高司法机关考虑到与贪污罪相均衡，认为挪用公款罪的追诉期限应从挪用行为实施完毕之日起计算，而不是从归还之日起开始计算。因此本书初步认为，从理论上讲，巨额财产来源不明罪的追诉期限应从结束非法敛财之日起计算，但在不能证明这个时点时，通常只能从结束国家工作人员身份，如离退休之日起计算。

7. 巨额财产来源不明罪是举证责任倒置吗？

关于巨额财产来源不明罪，刑法理论一般争论的是实行行为问题，而刑事诉讼法理论通常争论的是证明责任问题。不过也有个别刑法教科书提到，国家为了加强反腐败的力度，采取举证责任倒置的诉讼方式，追究国家工作人员拥有巨额来源不明财产的行为。

关于该罪的证明责任，诉讼理论上有以下代表性观点：(1)在我国现行《刑法》中，只有第282条第2款非法持有国家绝密、机密文件、资料或其他物品以及第395条第1款巨额财产来源不明罪这两种罪的法律规定中，存在推定规范。其他持有型犯罪不存在推定规范，在司法实践中对要件事实不得进行推定。

(2)该罪的程序性缺陷在于，与无罪推定原则相背离，实行“疑罪从有”，加剧了控辩失衡，违背了被告人享有沉默权这一国际司法准则，陷入“口供主义”误区，被追究人承担举证责任，降低了刑事诉讼的证明标准，违反证据裁判原则。

(3)该罪实际上是有罪推定的举证责任倒置，与封建专制主义刑事诉讼有着千丝万缕的联系，和当下世界公认的“无罪推定”严重背离。

(4)从法律的明确规定、刑事诉讼的一般规律、无罪推定的客观要求以及实现司法正义的现实需要来看，巨额财产来源不明罪的证明责任应当由检察机关承担，不宜实行举证责任倒置。

(5)该罪的证明责任并未倒置给辩护一方，而是由控方承担。控方只要证明了被告人的国家工作人员身份、财产差额巨大、说不清来源这几点，就证明了巨额财产来源不明罪的犯罪构成要件，该罪即告成立。被告人提供证据进行证明是一种辩护自卫行为，属于辩护权的体现。不用说巨额财产来源不明罪，就是盗窃罪、抢劫罪，公安司法人员同样要责令犯罪嫌疑人、被告人说明财产来源，这不是证明责任倒置，而是我国要求犯罪嫌疑人、被告人对犯罪事实要如实供述。因此，证明责任并未发生倒置，仍由控诉一方承担，辩方提供证据进行证明属于证明责任的移转。

(6)从立法沿革可以看出，我国对巨额财产来源不明罪采取严厉打击的基本立场，凡不能说明来源的，差额部分均以非法所得论。这一"说明"责任实际上就相当于举证责任，如不能完成，须承担不利诉讼后果，即应当在"举证责任倒置"的层面上理解立法原意，或者说这是立法政策指导下的必然结果。但是在司法实践中，实际上是采取举证责任的"正置"，这直接导致司法机关在查处腐败犯罪中以巨额财产来源不明罪处罚的极少。

(7)该罪既不存在"举证责任倒置"或者"证明责任转移"，也不存在推定。检察机关只要证明了犯罪嫌疑人、被告人拥有"明显超过合法收入，差额巨大"而又"来源不明"这一现状的存在，即可起诉；同时被告人之所以构成犯罪，不在于他"不能说明财产来源合法"，而是因为检察机关证明了他拥有"明显超过合法收入，差额巨大"而又"来源不明"的财产。在这里，我国的证明规则并没有改变，即仍然由检察机关负举证责任。

(8)我国台湾地区学者许恒达认为，从应然的角度讲，因为透过本罪处罚，无异于强制涉嫌贪污的公务员被告供述其财产来源，本罪立法势将剥夺被告在原贪污罪刑事程序中的权利，而严重违反刑事程序法理，故正本清源之道，仍然是彻底废除财产来源不明罪。但从实然角度分析，该罪适用于无法完全证明原贪污罪特定要素时，检察官可以转用刑事责任较轻，证明要求也较低的财产来源不明罪，实际上，只不过是改变了必须证明的对象与范围。①

关于该罪的证明责任，本书发表如下看法。

第一，讨论是否属于举证责任倒置，并没有实质意义。问题的根本在于，由谁证明，证明什么。谁也不能否认，巨额财产来源不明罪适用的时机正在于控方无法有效证明财产是否来源于贪污受贿等犯罪所得，而改为查证相对容易证明

① 参见许恒达：《从贪污的刑法制裁架构反思财产来源不明罪》，载《台北大学法学论丛》2012年第82期，第163页以下。另参见赵晞华：《财产来源不明罪之立法疑义与省思》，载《辅仁法学》2011年第42期，第107页。

的行为人拥有明显超过合法收入的巨额财产的现状。也就是说,实质上是国家出于严惩腐败的形势政策考量,允许控方改变证明的对象与范围,这与其他持有型犯罪并没有什么不同。由于国家不允许枪支、假币、毒品等违禁品在社会上泛滥,而控方在不能证明行为人所控制的枪支、假币、毒品等违禁品的来源与用途时,只能退而求其次,改为证明刑事责任较轻、证明要求较低的持有型犯罪所要求的明知是违禁品而非法控制的现状。从这个意义上讲,认为仅仅根据《刑法》第 282 条第 2 款存在“拒不说明来源与用途”,与巨额财产来源不明罪中“不能说明来源”的表述相类似,就得出持有型犯罪中只有非法持有国家绝密、机密文件、资料、物品罪与巨额财产来源不明罪属于证明责任转移的立法例、存在推定规范的结论,恐怕未必妥当。也就是说,其他持有型犯罪,即便条文中没有拒不说明来源与用途之类的表述,事实上只要被告人不能说明合法的来源与用途,“非法”持有违禁品的推定就能成立。

第二,该罪当然是一种推定,而且属于立法推定,只不过是可以反驳的推定。既然只有立法才能设置推定,前述学者关于“不用说巨额财产来源不明罪,就是盗窃罪、抢劫罪,公安司法人员同样要责令犯罪嫌疑人、被告人说明财产来源,这不是证明责任倒置,而是我国法律要求犯罪嫌疑人、被告人对犯罪事实要如实供述,体现的是公安司法人员对被追诉人的讯问”的说法是不正确的。因为,在控方不能证明行为人所持有的他人财物是通过盗窃、抢劫等非法手段获得时,不可能直接推定为非法所得而定罪。正如即便在行为人家中发现了致使被害人遇害的杀人工具,行为人拒绝说明来源的,控方也不能据此指控行为人犯了杀人罪。换言之,即便发现非国家工作人员拥有明显超过合法收入的巨额财产,在行为人拒绝说明财产来源时,也不可能视为非法所得而定罪。因为刑法将巨额财产来源罪的主体限定为国家工作人员。

第三,国家工作人员对明显超过合法收入的巨额财产来源的说明,不是因为其负有说明财产来源的作为义务,而是因为立法上已经将这种财产推定为非法所得,其不得不努力说明财产的来源以推翻立法上的这种推定。故国家工作人员说明财产来源,是其辩护权、防御权的体现。正如,控方证明行为人明知是枪支、毒品等违禁品而持有,因立法上已经推定为非法持有,行为人不得不努力说明违禁品的来源，比如证明自己拥有持枪证，握有医生开具的处方，或者持有的毒品是用于自己吸食。[①] 故而，如果认为巨额财产来源不明罪属于不作为犯罪，则意味着持有型犯罪均属于不作为犯罪。

第四，该罪的设立并不违反无罪推定、不被强迫自证其罪、疑罪从无等刑事诉讼原理和原则。我国刑法将巨额财产来源罪的主体限定于国家工作人员，法定刑相对较低，而且只有超过合法收入的财产差额巨大时才立案。况且，该罪判决生效后一旦查明行为人关于来源的说明是真实的，就应撤销原判。正如非法持有枪支罪判决生效后查明行为人的确拥有持枪资格，就应当撤销原判宣告无罪一样。

8. 巨额财产来源不明罪有自首成立的余地吗？

由于多数说认为国家工作人员具有如实说明来源的义务，进而将该罪看作一种不作为犯罪，这与成立自首的条件之一“如实供述”相冲突。因此理论与实务对于该罪能否成立自首，向来争论激烈。

“自首否定论”认为，该罪既不存在一般自首，也不存在特殊自首。理由在于：首先，这是由本罪的特殊性决定的。本罪的客观行为表现为“不能说明巨额财产的真实来源”，不作为是本罪的本质特征。事实上，“不能说明”与自首条件中的“如实供述”之间存在逻辑上的矛盾。其次，这也不符合自首的成立条件。行为人自动投案后如果并未如实说明巨额财产的真实来源，这不符合一般自首中“如实供述自己的主要犯罪事实”的条件。在被采取强制措施后，如果供述还未掌握的巨额财产来源不明犯罪事实的，因为不属于“其他罪行”而不能成立特殊自首。最后，从我国司法实践看，本罪也不存在自首的情形。总之，该罪既不存在一般自首，也不存在特殊自首。如果行为人拒不说明财产来源，应以本罪论处，不成立自首；如果行为人说明了巨额财产的合法来源和一般违法来源，既不

---

① 理论与实务均认为，即便是自己吸食而持有一定数量的毒品，也成立非法持有毒品罪。本书对此抱有疑问。持有型犯罪适用于不能证明违禁品的来源与去向时，而在我国，自己吸食毒品以及为自己吸食而购买毒品的，并不构成犯罪。将为了自己吸食而持有一定数量毒品的行为作为犯罪处理，实质上是变相处罚为自己吸食而购买毒品的行为。此外，毒品不同于枪支，持有毒品的危害性也不可与持有枪支同日而语。

构成本罪和他罪,也不成立自首;如果行为人说明巨额财产是通过其他犯罪行为所得,则不能认定本罪,应按该犯罪行为构成的具体情况定罪处罚,此种情况可以考虑能否构成他罪的自首,也不是本罪的自首。当然,从有利于被告人的原则出发,在处罚时可以考虑作为酌定从轻的量刑情节处理。

“自首肯定论”认为,该罪既能成立一般自首,亦能成立特殊自首。具体而言,行为人在自动投案后如实供述自己拥有来源不明的巨额财产,即成立该罪的一般自首。由于该罪构造上的特殊性,自首的成立不仅要求行为人如实供述拥有巨额财产,还要求供述巨额财产的真实来源。行为人因涉嫌贪污受贿罪被采取强制措施后或者被判处刑罚而正在服刑,如实供述了司法机关还未掌握的自己有来源不明的巨额财产的罪行的,应认定为特殊自首。此外,被责令说明巨额财产的来源,行为人如实说明来源于贪污受贿等犯罪的,应当肯定成立贪污受贿罪的自首。

张明楷教授指出,持有说认为国家工作人员持有巨额财产本身就是犯罪,所以,只要交代其存在来源不明的巨额财产,就成立巨额财产来源不明罪的自首。但是这一观点存在疑问。根据《刑法》第 67 条的规定,自首只能是在“犯罪以后”;“犯罪以后”显然是指犯罪成立之后,在犯罪成立之前不可能有自首。在被责令说明来源时“不能说明来源”是巨额财产来源不明罪的客观要素,即使不承认“不能说明来源”是本罪的实行行为,它也肯定是本罪的客观要素。可是,在国家工作人员尚未被责令说明来源的情况下,其拥有巨额财产的行为还不可能成立犯罪,既然如此,国家工作人员在此之前主动交代自己拥有巨额来源不明财产的,不可能成立自首。可以肯定的是,自首制度适用于一切犯罪,但某个具体犯罪人能否成立自首则需要根据自首的成立条件进行判断。从刑法规定上说,自首制度当然也适用于巨额财产来源不明罪,但是什么样的行为才符合自首条件,则需要具体判断。例如,国家工作人员被责令说明来源时不能说明来源,为逃避刑事责任而逃跑,但后来又主动归案,承认自己不能说明财产来源的,当然可以认定为巨额财产来源不明罪的自首。[①] 这显然与其不作为说的立场一脉相

① 参见张明楷:《论巨额财产来源不明罪的实行行为》,载《人民检察》2016 年第 7 期,第 11 页。

承,仅承认逃跑后又自首的情形,其实等于否认了本罪自首的成立。

本书认为,巨额财产来源不明罪作为一种持有型犯罪,行为人只要交代其存在来源不明的巨额财产,就应成立该罪的一般自首或者特殊自首;如果交代财产来源于贪污、受贿等犯罪所得的,交代的部分不成立本罪,当然也不成立本罪的自首,但是能成立相应犯罪的自首。正如行为人主动交代自己非法持有枪支,但是拒不交代枪支是自己制造或者购买而来的,不妨碍成立非法持有枪支罪自首一样。同样,行为人因涉嫌贩卖毒品被采取强制措施后,主动交代家中还藏有毒品,但是拒绝承认这些毒品来源于制造、走私等犯罪所得,也不影响认定成立非法持有毒品罪的特殊自首。同理,因持有假币而案发,主动交代部分假币来源于自己伪造所得,就交代的部分而言,不成立持有假币罪,但是可以成立伪造货币罪的自首。

就巨额财产来源不明罪而言,如实供述存在超过合法收入的巨额财产,就符合了自首成立条件中的"如实供述"。如果进而交代巨额财产来源于贪污受贿所得,则属于贪污、受贿罪自首中的"如实供述"。而且,即便只是主动交代存在明显超过合法收入的巨额财产,而不具体说明来源,也节省了国家的司法资源,而且通过收缴不明财产还能充盈国库。将这种行为认定为自首而予以奖励,一举多得。因此,肯定巨额财产来源罪也能成立自首,完全符合刑法设立自首制度的宗旨。但是司法实践中,很少见到认定成立该罪自首的判例。

案15:张某韶受贿、巨额财产来源不明一案中,因其妻胡某在我国香港状告他人盗取其在港存款476万港元的巨款,引起港媒关注而案发。案件侦查中,被告人张某韶主动交代了司法机关尚未掌握的境内外存款的情况。法院认为,根据侦查机关出具的证明,可证实被告人张某韶因隐瞒境外存款而被立案侦查的,故其交代已被司法机关掌握的同种犯罪事实,即巨额财产来源不明罪的犯罪事实,依法律规定不构成自首,只能认定为坦白认罪。①

本书认为,上述认定否定自首并不妥当。一则隐瞒境外存款罪与巨额财产来源不明罪并非同种犯罪事实。二则所谓交代已被司法机关掌握的同种犯罪事实就不成立自首,并非法律规定,而是司法机关作出的有违刑法规定的错误解

① 广东省江门市中级人民法院刑事判决书,(2006)江中法刑二初字第10号。

释。即便司法机关因为港媒报道而掌握在港存款部分，但被告人还另外交代了司法机关尚未掌握的其他境内外存款来源不明的巨额财产，应当认定成立巨额财产来源不明罪的自首。由于行为人的主动交代而节省了司法资源、充盈了国库，理应对这种行为予以“奖励”。

在前述案8马某东贪污、受贿、巨额财产来源不明一案中，马某东及其辩护人提出，马某东交代存有来源不明的巨额财产的犯罪事实应当认定为自首。法院则认为，“被告人马某东在司法机关掌握有关线索的情况下，交代了在境外存有巨款的事实，且不能说明其来源合法。对马某东所犯巨额财产来源不明罪不能认定为自首”。[①] 该案中所谓已经掌握有关线索，不过是掌握了刘某检举马某东收受其贿赂的材料。也就是说，马某东供述收受刘某贿赂款这部分犯罪事实，的确不成立自首。但马某东主动交代的是其在境外存有巨款的事实。事实上，也因其主动交代，大为节省了司法资源。故此，本书认为，就马某东主动交代其在境外存有巨款的事实而言，应当认定成立巨额财产来源不明罪的自首。

在前述案13戚某贵受贿、巨额财产来源不明一案中，法院以“在戚某贵供述之前，司法机关已经查获了戚某贵、符某英的全部赃款赃物，戚某贵在事实和证据面前，必须说清其来源，这是法定的义务。因此，戚某贵面对巨额来源不明的财产，如实供认收受贿赂的犯罪事实，与主动坦白交代司法机关尚未掌握的犯罪事实，有明显不同之处”为由，否定成立受贿罪的自首。[②] 本书认为，虽然因司法机关已经查获了全部赃款赃物，而难以成立巨额财产来源不明罪的自首，但司法机关尚未掌握其受贿的主要事实。法院不应以说明财产来源是行为人的义务为由，对于主动交代受贿犯罪事实的行为，否认成立受贿罪的自首。

综上，巨额财产来源不明罪系持有型犯罪，国家工作人员主动交代其拥有超过合法收入的巨额财产的，应当认定成立该罪的一般自首或者特殊自首；主动交代司法机关尚未掌握巨额财产来源于贪污受贿等犯罪所得的，应当认定成立贪污受贿等罪的自首。

---

① 江苏省南京市中级人民法院刑事判决书，(2001)宁刑初字第110号。

② 海南省高级人民法院刑事裁定书，(1998)琼刑终字第184号。

9. 宣判后查明财产来源的应当撤销巨额财产来源不明罪判决吗?

案16:国家工作人员甲拥有超过其收入的1000万元的巨额财产。其交代这1000万元源于乙的行贿,并详细说明了行贿的时间、地点、原因,但因为乙出国后杳无音讯,而难以查实。法院以巨额财产来源不明罪判处甲有期徒刑10年。在甲服刑期间,乙突然回国,证明该笔钱是其行贿所送。对于本案,是应撤销原判,仅定受贿罪,还是应维持原判,与受贿罪数罪并罚?

案17:官员丙拥有超过其合法收入的500万元财产。其拒不说明财产来源,被法院以巨额财产来源不明罪定罪。服刑期间查实该笔钱是丙的情人丁所送,与其职务无关。对于本案,应否撤销原判而宣告无罪?

巨额财产来源不明罪判决生效之后又得以查明财产的真实来源,应否改判,理论与实务争议很大。理论界因为关于巨额财产来源不明罪的实行行为多主张不作为说,因而坚持无论何种情形,查清真实来源的均不改判。实务工作者多认为本罪的实行行为是持有,因而多认为查明来源后一般应当改判。

张明楷教授指出,经人民法院认定的巨额财产来源不明罪是基于国家工作人员不能说明来源的不作为,所以,国家工作人员基于贪污、受贿等作为非法获得的,当然需要另外定罪量刑。同时,即使巨额财产来源于合法行为,不能说明来源的不作为依然成立犯罪。所以,在适用巨额财产来源不明罪的过程中,会出现以下几种情况:(1)行为人拥有巨额财产,但是不能说明来源,对此应认定为本罪。(2)行为人拥有巨额财产,本人说明了其合法来源的,不能认定为犯罪;如果说明了其非法来源,并查证属实的,应按其行为性质认定违法犯罪,不认定为本罪。(3)行为人拥有巨额财产,本人不能说明其来源的,人民法院判决成立本罪,行为人在服刑期间或者刑罚执行完毕后说明其财产来源系合法所得或者系一般违法行为所得的,原判决依然有效,不得改判无罪。(4)行为人拥有巨额财产,本人不能说明其来源的,人民法院判决成立本罪,但司法机关后来查清了该巨额财产的来源:如果来源是合法的,原来的判决必须维持,不能更改;如果来源于一般违法行为,也应维持原来的判决;如果来源于犯罪行为,并查证属实的,则按非法来源的性质再次定罪,也不能推翻原来的判决。例如,国家工作人员甲有1000万元的巨额财产来源不明,由于甲不说明来源,司法机关对其以本罪论处，判处有期徒刑5年。甲服刑两年后，如实交代1000万元为受贿所得，后经查证属实。在这种情况下，应当将受贿事实定罪量刑，与前罪没有执行完的刑罚实行数罪并罚。在此并不存在重复评价或重复处罚的问题。因为前罪的处罚根据是行为人拒不说明财产来源的不作为；漏罪（受贿罪）的处罚根据是行为人利用职务上的便利收受财物的作为。但需要注意的是，对违法所得不能重复追缴。即如果判决前罪时已经追缴了1000万元，那么，在判决受贿罪时，不得再追缴1000万元。如果1000万元源于贪污所得，需要返还给被害单位的，应将原来追缴的1000万元返还给被害单位。①

本书认为，巨额财产来源不明罪作为一种持有型犯罪，应当具有持有型犯罪的共性，即都是在无法证明基本罪构成要件的事实时作为补充性规定而适用的，根据无罪推定和由控方承担证明责任的原则，被告人不应承担举证不力的后果。所以，既然查清了来源和用途，通常就不应让行为人就同一事实两次受罚。正如，以非法持有枪支罪、非法持有假币罪定罪之后，查明枪支、假币系行为人非法制造的，而制造之后持有，属于共罚的事后行为，以非法制造枪支罪、伪造货币罪定罪，就能够对持有枪支、假币的事实进行包括性评价。因此，对于持有型犯罪而言，因为被告人并不负有证明责任，亦不承担证明不力的后果，故在查明来源与用途后，一般应当撤销原判，以基本罪名定罪处罚。

就巨额财产来源不明罪而言，在我国建立起完善的财产申报制度后，只要不及时进行财产申报或者进行虚假申报的，就直接可以以拒不申报财产、虚假申报财产犯罪定罪处罚，也没有巨额财产来源不明罪适用的余地。在尚未建立起完善的财产申报制度的现阶段，在司法机关责令国家工作人员说明财产来源时，如果行为人积极进行说明，只是因为达不到优势证据的证明程度，不能说服控方而被推定为非法所得，若事后查明行为人关于来源的说明是真实的，而且有证据表明行为人已尽自己所能进行了说明举证的，就应当启动审判监督程序撤销原判，重新作出判决。否则就意味着让被告人承担举证不能的后果。

---

① 参见张明楷：《论巨额财产来源不明罪的实行行为》，载《人民检察》2016年第7期，第11页。

本书认为,对于案16,由于行为人已经尽了说明义务,所以应当撤销原判,改以受贿罪定罪处罚。对于案17,由于巨额财产来源于情人赠与,来源不违法,不能评价为犯罪,应当撤销原判,宣告无罪。

第四节 隐瞒境外存款罪

·导 读·

隐瞒境外存款罪,是指国家工作人员在境外的存款数额较大,违反应当申报的规定,隐瞒不报的行为。

本罪是真正不作为犯。隐瞒境外存款又不能说明来源的,应以本罪与巨额财产来源不明罪数罪并罚,所隐瞒的存款数额不应从来源不明的财产数额中扣除。查明所隐瞒的境外存款来源于贪污、受贿的,应以本罪与贪污、受贿罪数罪并罚。

隐瞒境外存款罪的认定要点:(1)本罪与巨额财产来源不明罪之间的关系;(2)“存款”的范围;(3)罪数的处理。

条 文

第三百九十五条第二款 【隐瞒境外存款罪】国家工作人员在境外的存款,应当依照国家规定申报。数额较大、隐瞒不报的,处二年以下有期徒刑或者拘役;情节较轻的,由其所在单位或者上级主管机关酌情给予行政处分。

罪名精释

1. 村主任能构成隐瞒境外存款罪的主体吗?

前文已经强调,对国家工作人员的内涵与范围应在各罪中进行相对性把握。与巨额财产来源不明罪相同,隐瞒境外存款罪的主体也必须是具有行政法上的公务员资格，必须是纯粹的“国家干部”。依法履行职责的各级人民代表大会代表，依法履行审判职责的人民陪审员，协助乡镇人民政府、街道办事处从事行政管理工作的村民委员会、居民委员会等农村和城市基层组织人员，这些人在日常工作中大多数时候从事的并非公务，其不是“纯粹”的国家工作人员，不具有申报境外存款的义务。如果能够查明境外存款来源于协助人民政府从事行政管理工作时贪污、受贿所得，直接以贪污、受贿罪定罪处罚即可。

2. 本罪的立法目的是什么？

隐瞒境外存款罪的立法目的在于，为保证国家工作人员职务的廉洁性，要求国家工作人员如实申报境外存款，对于违反规定，隐瞒不报，逃避国家对国家工作人员资产的金融监管的，以本罪论处。本罪是真正的不作为犯。

3. 放在金融机构之外的金钱和银行保险箱的金条，属于本罪中的“存款”吗？

虽然“存款”不限于现金，还包括有价证券，但不应包括存放在金融机构之外的金钱，以及存放在境外银行保险箱的金条等实物。刑法设立本罪就是为了对国家工作人员的资产进行金融监管，监管的对象只能是存放在境外金融机构中的“存款”。

4. 隐瞒境外存款不能说明来源的，是成立本罪还是巨额财产来源不明罪？

隐瞒境外存款又不能说明来源的，存在两个行为：隐瞒境外存款的不作为和持有来源不明的巨额财产（不作为说认为是拒不说明来源的不作为）。由于二罪的法益不同，行为方式不同，故隐瞒境外存款又不能说明来源的，应以本罪与巨额财产来源不明罪数罪并罚，所隐瞒的境外存款不应从不明财产数额中扣除。

5. 如果查明所隐瞒的境外存款为贪污、受贿所得，是一罪还是数罪并罚？

行为人将贪污、受贿所得存放境外，隐瞒不报，存在贪污、受贿的作为和隐瞒境外存款不报的不作为，实施了两个行为，侵害了两个罪名所保护的法益，应当数罪并罚。

第五节 私分国有资产罪

·导 读·

私分国有资产罪,是指国家机关、国有公司、企业、事业单位、人民团体,违反国家规定,以单位名义将国有资产集体私分给个人,数额较大的行为。

以单位名义将国有资产集体私分给个人,是指经单位集体研究决定将国有资产分配给单位的所有成员,或者按照相对公平的规则分配给单位的部分人。只有行为人出于相对公平的利他动机,并且对国有资产进行相对公平的私分时,才能认定为私分国有资产罪。

私分国有资产罪的认定要点:(1)"以单位名义将国有资产集体私分给个人"的理解;(2)本罪与贪污罪的区分。

条 文

第三百九十六条第一款 【私分国有资产罪】国家机关、国有公司、企业、事业单位、人民团体,违反国家规定,以单位名义将国有资产集体私分给个人,数额较大的,对其直接负责的主管人员和其他直接责任人员,处三年以下有期徒刑或者拘役,并处或者单处罚金;数额巨大的,处三年以上七年以下有期徒刑,并处罚金。

罪名精释

1. 本罪是单位犯罪吗?

本罪仅处罚直接负责的主管人员和其他责任人员,根据"无刑无罪"原则,单位不是本罪的犯罪主体。事实上,国家机关、国有公司、企业、事业单位、人民团体,是本罪的被害人。

2. 何谓"以单位名义将国有资产集体私分给个人"?

以单位名义集体将国有资产私分给个人,是指经单位集体研究决定将国有资产分配给单位的所有成员,或者按照相对公平的规则分配给单位的部分成员。之所以强调"单位名义"和"集体私分",就是为了区别于单位少数人的中饱私囊的共同贪污行为。

3. 为何本罪法定刑远轻于贪污罪?如何区分二罪?

虽然私分国有资产和贪污行为的违法程度没有差异,但因为是以单位名义集体私分,不是单位的个别人或者少数人中饱私囊,前者的非难可能性明显轻于后者,所以私分国有资产罪的法定刑远轻于贪污罪的法定刑。很显然,只有在非难可能性明显小于贪污罪的非难可能性时,才能认定为私分国有资产罪。原则上讲,只有当行为人出于相对公平的利他动机,并且对国有资产进行相对公平的私分时,才能认定为私分国有资产罪。

具体而言,下列情形应认定为私分国有资产罪:(1)将国有资产相对公平地分配给单位全体成员;(2)按加班时间或者加班工作量等将国有资产分配给所有加班人员,而没有分配给未加班人员;(3)在单位额外承担了某项工作任务的情况下,将国有资产相对公平地分配给承担该项工作的人员,而没有分配给其他人员;(4)由于单位的某一部门做出了突出贡献,将国有资产私分给该部门的工作人员。概言之,在私分给单位全体成员的情况下,应当认定为私分国有资产罪;在仅分配给单位部分成员的情况下,如果分配根据具有相对合理性,就应当认定为私分国有资产罪。反之,以下情形应当认定为贪污罪:(1)将国有资产分配给单位领导成员(为堵口可能包括会计、出纳);(2)没有相对合理根据地分配给单位部分成员;(3)将国有资产作为个人财产分配给他人。

需要说明的是,分配行为是否公开,账目是否作假,国有资产是否属于截留形成,都不是区分二罪的要素。

成立私分国有资产罪并不意味着排除贪污罪的成立。单位负责人的行为完全可能同时构成两个犯罪，而且应当实行数罪并罚。例如单位领导按照一定的标准将国有资产分配给单位部分成员时，顺便也给自己分一些的，或者在分配给全体成员时，有意给自己多分的。

4. 本罪中的国有资产包括违法犯罪所得吗？

案1：2006年以来，各地小煤矿被“关停并转”。同年11月，一家小煤矿与一家国有煤矿达成如下合作协议，即前者以现金与实物出资50%，后者以技术、管理出资50%，于2008年2月成立新公司，利润均分。但在2006年12月至2008年2月，该小煤矿仍违规继续生产，并将所得利润的一半分给上述国有煤矿。该国有煤矿便将这笔高达400万元的违法所得作为其他子煤矿的利润入账，随后将这笔钱私分。案件审理时，争点在于这笔钱是否符合最高人民检察院《关于人民检察院直接受理立案侦查案件立案标准的规定(试行)》中规定的“国家依法取得与认定”。辩方律师主张，既然新公司尚未成立，这笔收入就是违法所得，而不是国有资产，被告人的行为也就不能按照私分国有资产罪定罪量刑。

应该说，没有必要强调国有资产的合法性，只要这笔资产处于国有单位控制即可。因为如果这些资产不被瓜分，都是会被收归国有的，所以，私分这样的资产同样会给国家造成经济损失。上述立案标准中规定的“国家以各种形式对企业投资和投资收益”，也并未要求这样的投资必须是合法的。总之，只要是国家以各种方式取得的投资收益，案发时又处于国有单位的控制之下，就可以将这笔钱看作“国家以各种形式对企业投资和投资收益”，之所以这样理解，是为了克服上述立案标准规定的不合理所造成的缺陷。

第六节　私分罚没财物罪

·导　读·

私分罚没财物罪，是指司法机关、行政执法机关违反国家规定，将应当上缴国家的罚没财物,以单位名义集体私分给个人的行为。

"以单位名义集体私分给个人",是指经单位集体研究决定将罚没财物分配给单位的所有成员,或者按照相对公平的规则分配给单位的部分人。只有在行为人出于相对公平的利他动机,并且对罚没财物进行相对公平的私分时,才能认定为私分罚没财物罪。

私分罚没财物罪的认定要点:(1)"以单位名义集体私分给个人"的理解;(2)本罪与贪污罪的区分。

条 文

第三百九十六条第二款 【私分罚没财物罪】司法机关、行政执法机关违反国家规定,将应当上缴国家的罚没财物,以单位名义集体私分给个人的,依照前款的规定处罚。

罪名精释

1. 私分违法罚没的财物,构成本罪吗?

应该说,即便是违法罚没的财物,只要在单位的控制之下,就不应随意私分。因为如果不被私分,还可以事后要求依法返还或者收归国有。

2. 何谓"以单位名义集体私分给个人"?

所谓"以单位名义集体私分给个人",是指经单位集体研究决定将罚没财物分配给单位的所有成员,或者按照相对公平的规则分配给单位的部分人。

3. 为何本罪的法定刑轻于贪污罪?如何区分二罪?

本罪与贪污罪在不法程度上没有差异,差异在责任层面。也就是在非难可能性明显小于贪污罪的非难可能性时,才能认定为私分罚没财物罪。原则上讲,只有在行为人出于相对公平的利他动机,并且对罚没财物进行相对公平的私分时，才能认定为私分罚没财物罪。若是将罚没财物分配给单位领导成员，没有相对合理根据地分配给单位部分成员，或者将罚没财物作为个人财产分配给他人的，就构成贪污罪。

第二章　贿赂犯罪

第一节　受　贿　罪

·导　读·

受贿罪,是指国家工作人员利用职务上的便利索取他人财物的,或者非法收受他人财物为他人谋取利益的行为。受贿罪所保护的法益,是国家工作人员职务行为的公正性以及民众对国家工作人员职务行为公正性的信赖,或者说国家工作人员职务行为的不可收买性、职务行为的无不正当报酬性。

受贿罪中"利用职务上的便利"与"为他人谋取利益"两个要素的功能在于,说明国家工作人员所索取或者收受的财物与其职务行为之间存在对价关系,具有权钱交易性质,即贿赂的职务关联性。受贿罪是单行为犯,实行行为只有索取、收受财物。索取、收受财物后为他人谋取利益的行为另外构成犯罪的,应当与受贿罪数罪并罚。贪污与受贿可能竞合,竞合时原则上以贪污罪定罪处罚。受贿罪与诈骗罪、敲诈勒索罪想象竞合从一重以受贿罪定罪处罚时,也应将所索取、收受的财物退赔、返还给不是为谋取不正当利益而给予国家工作人员财物的人。

受贿罪的认定要点在于:(1)"国家工作人员""利用职务上的便利""财物""为他人谋取利益"的理解认定;(2)受贿罪的实行行为;(3)贿赂的

职务关联性;(4)普通受贿与斡旋受贿的区分;(5)"及时退还或者上交"的理解;(6)受贿罪的既遂;(7)贪污与受贿的界限与竞合;(8)受贿罪的罪数;(9)受贿罪的共犯;(10)受贿数额。

条 文

第三百八十三条 【贪污罪的处罚】对犯贪污罪的,根据情节轻重,分别依照下列规定处罚:

(一)贪污数额较大或者有其他较重情节的,处三年以下有期徒刑或者拘役,并处罚金。

(二)贪污数额巨大或者有其他严重情节的,处三年以上十年以下有期徒刑,并处罚金或者没收财产。

(三)贪污数额特别巨大或者有其他特别严重情节的,处十年以上有期徒刑或者无期徒刑,并处罚金或者没收财产;数额特别巨大,并使国家和人民利益遭受特别重大损失的,处无期徒刑或者死刑,并处没收财产。

对多次贪污未经处理的,按照累计贪污数额处罚。

犯第一款罪,在提起公诉前如实供述自己罪行、真诚悔罪、积极退赃,避免、减少损害结果的发生,有第一项规定情形的,可以从轻、减轻或者免除处罚;有第二项、第三项规定情形的,可以从轻处罚。

犯第一款罪,有第三项规定情形被判处死刑缓期执行的,人民法院根据犯罪情节等情况可以同时决定在其死刑缓期执行二年期满依法减为无期徒刑后,终身监禁,不得减刑、假释。

第三百八十五条 【受贿罪】国家工作人员利用职务上的便利,索取他人财物的,或者非法收受他人财物,为他人谋取利益的,是受贿罪。

国家工作人员在经济往来中,违反国家规定,收受各种名义的回扣、手续费,归个人所有的,以受贿论处。

第三百八十六条 【受贿罪的处罚规定】对犯受贿罪的,根据受贿所得数额及情节,依照本法第三百八十三条的规定处罚。索贿的从重处罚。

第三百八十八条 【斡旋受贿的处罚】国家工作人员利用本人职权或者地位形成的便利条件，通过其他国家工作人员职务上的行为，为请托人谋取不正当利益，索取请托人财物或者收受请托人财物的，以受贿论处。

罪名精释

1. 官员收钱办了该办的事，构成受贿罪吗？

这个问题的回答取决于对受贿罪的法益的理解。关于贿赂犯罪的法益，理论上的代表性观点有：(1)国家工作人员的职务廉洁性；(2)国家工作人员职务行为的廉洁制度；(3)首先是国家对公务人员的监督管理权力，因索取他人财物而构成的受贿罪还侵犯了被迫交付财物的人的财产权利；(4)综合考虑公务行为的不可收买性和信赖保护说；(5)国家工作人员职务行为的不可收买性，也可以说是国家工作人员职务行为与财物的不可交换性；(6)职务以及职务行为的不可交易性；(7)公职的不可谋私利性；(8)职务行为的公正性。

我国司法判决中关于贿赂犯罪的法益，有的认为，侵害了国家工作人员职务行为的廉洁性；有的主张，侵害了国家工作人员的职务廉洁性；有的认定，侵害了国家机关正常的管理秩序和国家工作人员职务行为的廉洁性。

在日本，关于贿赂犯罪的法益的代表性学说主要有：(1)"信赖保护说"认为，贿赂犯罪的保护法益在于公务员职务的公正性以及对此的社会一般信赖，这是现在通说与判例的立场；(2)"纯粹性说"认为，保护法益应该是职务行为的公正性，此说现在正成为有力说；(3)"不可收买性说"认为，贿赂犯罪的保护法益是职务行为的不可收买性；(4)"综合说"认为，应将职务行为的不可收买性与职务的公正性结合起来进行说明；(5)"清廉义务说"认为，贿赂犯罪侵犯了公务员的清廉义务。目前在日本理论界主要存在"信赖保护说"与"纯粹性说"之间的对立。"纯粹性说"批评"信赖保护说"过于抽象，会导致贿赂罪处罚范围的不当扩大。"信赖保护说"指责"纯粹性说"不能说明对于合法的职务行为以及过去的职务行为收受贿赂也成立贿赂罪的立法现状。其实，二说的根本性分歧在于，"信赖保护说"所指的公正是公务全体的公正，而"纯粹性说"强调的是个别具体的公正。对于信赖保护说中所强调的“社会对职务公正性的信赖”这一点,“纯粹性说”则认为,存在损害职务公正性的危险的行为也能成立贿赂罪,故而对于合法的职务行为以及过去的职务行为收受贿赂,因存在将职务行为置于贿赂影响之下的危险,当然也能成立贿赂犯罪。由此可以看出,“信赖保护说”与“纯粹性说”只是阐释问题的角度不同,都旨在说明即便没有现实地侵害职务行为的公正性,但只要有侵害职务行为公正性的危险的贿赂行为,如基于合法的职务行为或者过去的职务行为收受贿赂,也能作为贿赂犯罪处罚。质言之,“信赖保护说”与“纯粹性说”之间,并没有实质性的差别。

本书认为,由于我国贿赂犯罪的立法与域外存在一定的差异,所确定的贿赂犯罪的法益,必须能够就正当职务行为以及过去的职务行为收受财物、斡旋受贿、利用影响力受贿,以及普遍存在的“感情投资”现象能否成立贿赂犯罪等问题,进行合理的说明。对于事先索取、收受财物或者事先约定贿赂,而后利用职务行为为他人谋取利益的,从职务行为的不可收买性角度,的确能够予以说明。对于受贿后实施不当的职务行为或者不实施适当的职务行为,即为请托人谋取不正当利益的,以职务行为的公正性说即纯粹性说,也能恰如其分地予以说明。而所谓感情投资现象,的确违背了国家工作人员的清廉义务,但清廉义务说会导致贿赂罪处罚范围的漫无边际。

应该说,贿赂犯罪的处罚根据,或者说规定贿赂犯罪的目的,在于防止作为贿赂的对价而将职务行为置于贿赂的影响之下,避免将本应基于公务的意思置换为基于请托人的意思而不当行使裁量权的危险。为正当的职务行为收受财物,有将正在或者将要实施的职务行为置于贿赂的影响之下的危险;为过去实施的职务行为收受财物,难免会使国家工作人员在以后实施职务行为时抱有获得职务之外的不正当报酬的期待;国家工作人员利用本人职权或者地位形成的便利条件,斡旋其他国家工作人员为请托人谋取利益的,不仅侵害了斡旋者本身的职务廉洁性,也将被斡旋的国家工作人员的职务行为置于贿赂的影响之下;关系密切人利用与国家工作人员的密切关系,斡旋国家工作人员利用职务为请托人谋取利益,同样是将国家工作人员的职务行为置于贿赂的影响之下,而具有侵害国家工作人员职务行为的公正性的危险;至于所谓“感情投资”,虽然尚未现实地侵害国家工作人员职务的公正性,但具有侵害职务行为公正性的危险,不仅使社会大众对收受“感情投资”的该国家工作人员将来能否公正执行职务产生怀疑,而且也会对国家工作人员整体,即政府本身的信赖大打折扣,故对于所谓的“感情投资”现象,仍值得作为贿赂犯罪予以处罚。

政府获得民众信赖的重要途径,就是杜绝国家工作人员在正常的薪资之外,收受一切不正当的报酬,彻底消除职务行为被置于贿赂影响之下的危险。本书认为,关于贿赂罪的法益,信赖保护说和职务行为的不可收买性说没有本质的区别,都是强调国家工作人员职务行为的公正性以及民众对国家工作人员职务行为的公正性的信赖,或者职务行为的无不正当报酬性、不可交换性。

官员收钱办了该办的事,虽然没有侵害国家工作人员职务行为的公正性,但无疑损害了民众对国家工作人员职务行为的公正性的信赖,侵害了国家工作人员职务行为的不可收买性,所以构成受贿罪。

2. 官员收钱不办事,构成受贿罪吗?

这与对受贿罪的实行行为的理解有关。若认为实行行为仅为收受财物的行为(包括索取他人财物和非法收受他人财物),则可得出如下结论:(1)收受了财物即成立受贿罪的既遂;(2)不具有国家工作人员身份的人,也能实施受贿罪的实行行为,当然能够成立受贿罪的共同正犯;(3)只要能够认定所收受的财物与国家工作人员的职务行为之间存在对价关系,即便是官员借逢年过节、婚丧嫁娶等红白喜事之机接受所谓“馈赠”,亦能肯定受贿罪的成立,从而有效打击实践中普遍存在的,借馈赠之名、行收买国家工作人员手中权力之实的“感情投资”型腐败现象;(4)只要证明所收受的贿赂超出正常的社交礼仪范围,即便未能证明官员有为他人谋利的事实,也不影响受贿罪的成立,从而节省大量的司法资源;(5)既然“为他人谋取利益”不是受贿罪的实行行为,则谋利行为已经超出受贿罪构成要件的范畴,本身构成犯罪的,当与受贿罪数罪并罚;(6)只要能够证明所收受的财物与职务行为之间具有对价关系,那么,是先收受财物后为他人谋取利益,还是先为他人谋取利益后收受财物,抑或在为他人谋取利益的过程中收受他人财物,均不影响受贿罪的成立。

倘若认为受贿罪系复行为犯，即实行行为不仅包括收受他人财物的行为，而且包括为他人谋取利益的行为，则又是另一番结论：(1)收受财物尚未为他人谋取利益的，还不能成立受贿罪的既遂，例如，国家工作人员家属收受财物后向国家工作人员转达了请托事项，在国家工作人员为他人谋取利益之前还不能肯定受贿罪既遂的成立；(2)不具有国家工作人员身份的人，因为不能利用职务上的便利为他人谋取利益，而不能单独实施受贿罪的实行行为，不能成立受贿罪的间接正犯、单独正犯甚至共同正犯；(3)司法实务中不仅要证明国家工作人员非法收受他人财物的事实，还要证明因收受财物而为他人谋取利益的事实，否则只能宣告无罪，例如，对于实践中广泛存在的“感情投资”型腐败现象，只要不能证明存在与之相应的谋利事实，就只能作无罪处理；(4)由于在证明非法收受他人财物的事实之外，还必须证明因收受财物而具体为他人谋利的事实，势必会消耗大量的司法资源；(5)既然“为他人谋取利益”属于受贿罪的实行行为，则在谋利行为本身构成渎职罪等犯罪时，亦不能与受贿罪数罪并罚，否则有违禁止重复评价原则；(6)由于为他人谋取利益是受贿罪必备的实行行为，导致收受他人财物而不为他人谋取利益的不构成犯罪，而收受他人财物并为他人谋取正当利益这种违法性与有责性相对较轻的行为，反而构成犯罪；(7)由于必须证明为他人谋取利益与收受他人财物之间的因果关系，故而事先没有约定收受财物、为他人谋取利益后收受财物的行为，以及收受财物时没有具体的请托事项、事后为他人谋取利益的情形，由于不能证明两者之间的因果关系，严格说来也只能宣告无罪。

理论通说及司法解释认为，受贿行为包括两种不同的基本形式：一是利用职务之便，索取他人财物，简称“索取贿赂型”；二是利用职务之便，非法收受他人财物，为他人谋取利益，简称“收受贿赂型”。非法收受他人财物的，必须同时具备“为他人谋取利益”的条件，才能构成受贿罪；而“为他人谋取利益”包括承诺、实施和实现三个阶段的行为，只要具有其中一个阶段的行为，如国家工作人员收受他人财物时承诺为他人谋取利益的，就具备了为他人谋取利益的要件，明知他人有具体请托事项而收受其财物的，视为承诺为他人谋取利益。据此，为他人谋取利益可能包括四种情形：(1)已经许诺（许诺包括明示与默示）为他人谋取利益，但尚未实际进行；(2)已经着手为他人谋取利益，但尚未谋取到利益；(3)已经着手为他人谋取利益,但尚未完全实现;(4)为他人谋取利益,已经完全实现。

按照通说,似乎索取他人财物和收受他人财物本身都需要“利用职务上的便利”,使“利用职务上的便利”俨然成为受贿罪的实行行为,此其一;其二,“为他人谋取利益”是受贿罪的实行行为,是受贿罪的必备要件之一,同时又认为不需要有为他人谋利的具体行为,只要承诺(包括明示和默示)为他人谋取利益即可。本书以为,通说及司法解释对受贿罪实行行为的理解明显不当。

首先,所谓利用职务上的便利,不过是强调所索取和收受的财物与国家工作人员的职务行为之间存在对价关系的要素,旨在说明所收受的财物具有贿赂性质,而不意味着利用职务上的便利本身属于实行行为。

其次,通说及司法解释一方面认为,“为他人谋取利益”系受贿罪的必备要件之一,另一方面又认为,只要存在明示或者默示为他人谋取利益的承诺即可。可是,这不仅带来如何证明“承诺”的新难题,而且,从目前的司法实践情况来看,往往是只要请托人与受财人之间具有职务上的相关性,如属于行政上的相对人,在予以照顾等这样十分笼统的请求下,就视为明知有具体请托事项而收受,认定其收受行为具备了为他人谋取利益的要件。这样一种对具体请托事项的理解,无形之间消解了为他人谋取利益这一受贿罪的构成要件,因而有所不妥。还有,倘若仅是默示地承诺为他人谋取利益,由于缺乏表现于外的行为,既不能认为存在“作为”,也不能认为存在“不作为”,因而根本不会对刑法所要保护的法益产生侵害或者威胁,何来行为之有?

再次,通说及司法解释一方面认为,为他人谋取利益包括承诺、实施、实现三个阶段之一,另一方面又认为,“为他人谋取利益”的行为构成其他犯罪的,除《刑法》有特别规定的以外(如《刑法》第 399 条第 4 款),应当与受贿罪实行并罚。这明显自相矛盾。承诺、实施、实现行为都是为他人谋取利益的表现形式,在因受贿而进行违法犯罪活动构成其他罪的情况下,根据一事不再理的原则,实施、实现行为不能同时作为认定其他罪的客观依据,因而不应数罪并罚。在日本,由于受贿后枉法以及枉法后受贿的行为,已经作为加重受贿罪加以规定,故刑法理论通说及判例认为,若非法职务行为构成其他犯罪的,则与加重受贿罪形成想象竞合犯。故而,如果认为“为他人谋取利益”也系受贿罪的实行行为,则受贿渎职的,不应数罪并罚。

最后,如果认为在收受贿赂型受贿中,只有证明存在为他人谋取利益(包括承诺为他人谋取利益)的事实才成立受贿罪,则会导致无法打击当今社会上普遍存在的“感情投资”现象,不利于反腐工作顺利开展。

应该说,受贿罪条文中“为他人谋取利益”的规定,的确给解释论带来了很大的困扰。本书认为,之所以在索取型受贿中没有强调“为他人谋取利益”,是因为这种情形中财物与其职务之间的对价关系十分明显,否则也很难索取到财物。而在收受财物型受贿中,之所以要求为他人谋取利益,目的就在于提醒司法人员注意,不要把正常社交礼仪范围内的馈赠一概认定为受贿罪。也就是说,“为他人谋取利益”与“利用职务上的便利”功能一样,都旨在说明所收受的财物与其职务之间存在对价关系,这与域外受贿罪条文中的“就其职务”“对于职务上的行为”“有关其职务”等,虽表述不同,但功能均在于强调受贿罪的权钱交易本质。也就是说,受贿人必须具有职务上能够为他人谋取利益的地位条件,其收取的财物才具有贿赂性质。司法实践中,只需证明受贿人的职务与向其提供财物的人具有相关性,即可证明受贿人收取的财物具有贿赂性,构成受贿罪。因而利用职务上的便利为他人谋取利益,并不是一种行为,它只是一种能够证明受贿人收受的财物具有贿赂性质的对价。由此,“为他人谋取利益”在受贿罪的犯罪构成中,既不是客观要件,也不是主观要件,而是证明受贿人收取的财物具有贿赂性的对价。实际上在受贿罪中,无论是“利用职务上的便利”,还是“为他人谋取利益”等构成要件要素,都是为了证明所收受或索取的财物与职务行为之间的对价关系。

总之,受贿罪的实行行为只有索取、收受财物的行为,“利用职务上的便利”以及“为他人谋取利益”并非受贿罪的实行行为,而是说明财物与职务行为之间存在对价关系,即财物具有贿赂性的要素。

3. 收钱需要利用职务上的便利吗?

这涉及对受贿罪中“利用职务上的便利”的理解。关于受贿罪中“利用职务上的便利”,代表性的观点有:(1)无论是索取贿赂还是收受贿赂,利用职务上的便利都表现为两个密切联系的内容:一是他人有求于国家工作人员的职务行为,或者国家工作人员正在或已经通过职务行为为他人谋取利益;二是索取或者收受的财物是国家工作人员职务行为的不正当报酬。简言之,只要国家工作人员所索取或者收受的财物与其职务行为有关,就可认定为利用了职务上的便利,因为索取或者收受与职务行为有关的财物,就意味着对方必须为国家工作人员的职务行为付出财产上的代价,因而侵犯了职务行为的不可收买性。(2)受贿罪的本质特征是权与利的不法交易性,对"利用职务上的便利"的理解,应结合受贿罪的这一本质特征展开,即受贿人所具有的"职务上的便利"是能够在不法交易中换利,因此,受贿人的职务行为势必与行贿人的利益之间有某种制约关系,即可以制约行贿人的利益,因此"利用职务上的便利"应涵盖以下情形:利用本人直接主管、经办和参与某种具体公共事务的职权;利用本人的一般职务权限;利用滥用职权所产生的便利条件;利用自己分管、主管的下属国家工作人员的职权;利用不属自己分管的下级部门国家工作人员职权;利用自己居于上级领导机关的地位而形成的对下级部门的制约力;利用自己居于监管地位所形成的对被监管对象(非国家工作人员)的制约力。

《经济犯罪纪要》指出,《刑法》第 385 条第 1 款规定的"利用职务上的便利",既包括利用本人职务上主管、负责、承办某项公共事务的职权,也包括利用职务上有隶属、制约关系的其他国家工作人员的职权。担任单位领导职务的国家工作人员通过不属自己主管的下级部门的国家工作人员的职务为他人谋取利益的,应当认定为"利用职务上的便利"为他人谋取利益。

案 1:在王某受贿案中,行贿人李某从 1999 年 11 月至 2007 年 11 月先后 6 次主动给予王某或被王某索取财物共计 523 万余元,但直到 2006 年 9 月,王某才开始为其谋利。李某称,"其与王某相识于 20 世纪 90 年代中期,考虑到王某是银行副行长,权力大,为了谋求王某今后对其生意上的关照,其于 1999 年至 2005 年,利用各种机会给予王某钱款"。一审法院指出,"对于被告人王某的指定辩护人提出的王某收受李某给予的港币 110 万元和美元 1 万元的行为不属于受贿的辩护意见,经查:在案经庭审举证、质证的证据证明,李某于 1999 年至 2005 年,利用各种机会多次给予王某钱款共计港币110万元、美元1万元,目的是密切与王某的关系,今后利用王某担任某银行副行长的职务便利,为其生意提供帮助,而王某也明知李某的上述意图和款项的性质,故二人之间的上述经济往来,与王某的职权和地位具有直接关系。后王某接受李某的请托,利用职务便利在安邵高速公路上为李某谋取利益,与李某的上述行为之间存在因果关系。因此,王某收受上述钱款的行为具有'权钱交易'的性质,符合受贿罪的构成要件,王某的指定辩护人的该项辩护意见与事实不符,本院不予采纳"。[①]

本书认为,上述判决关于对价关系的认定是正确的。

案2:在田某山受贿案中,一审法院认为,"关于公诉机关指控田某山利用职务上的便利,为吴某青向肇东市化工涂料总厂追回预付款人民币40万元事宜提供了帮助,收受吴某青以资助其长子和儿媳出国留学费用名义给予的加拿大元5万元的事实,经查:吴某青与田某山自1992年相识,二人交往较多,吴某青向田某山之子提供资助时并无明确请托事项,1998年田某山帮助吴某青索回人民币40万元预付款与吴某青为其子提供资助的时间相隔较长,二者间不存在贿赂上的因果关系。对该项事实的性质,不应认定为受贿"。此外,"关于公诉机关指控田某山为七台河市矿区塌陷搬迁、双鸭山市焦炭厂技术改造项目、绥化地区广播电视综合楼和虎林市虎头要塞博物馆的建设请求省财政拨付资金或借款事项上提供帮助,分别收受艾某美元2000元、王某斌人民币4万元、马某人民币10万元、赵某波美元2万元的事实,经查:七台河市、双鸭山市政府、虎林市政府和绥化行署有关负责人因上列事项向田某山请求省财政拨付资金或借款,田某山为此做了相关工作,上述四个地方的有关负责人和田某山的行为均属于正当履行职务,田某山没有为他人谋利的意图,田上述行为不能视为为他人谋利,其收受上述负责人的钱款违反纪律,但不属于利用职务便利为他人谋利收受贿赂"。[②]

本书认为,上述认定存疑。为他人谋取利益包括谋取正当利益,即索取或者

---

① 北京市第一中级人民法院刑事判决书,(2010)一中刑初字第355号;北京市高级人民法院刑事裁定书,(2010)高刑复字第303号。

② 北京市第二中级人民法院刑事判决书,(2005)二中刑初字第2303号。

收受财物后正当履职,也不影响受贿罪的成立。判决认为"上述四个地方的有关负责人和田某山的行为均属于正当履行职务,田某山没有为他人谋利的意图,田上述行为不能视为为他人谋利,其收受上述负责人的钱款违反纪律,但不属于利用职务便利为他人谋利收受贿赂",是错误的。

案3:在王某耀受贿案中,被告人王某耀的辩护人辩称,"部分人员利用过年、过节送给王某耀3000~5000元不等的钱财及利用王某耀儿女结婚之机所送的钱财,或是彼此之间的礼尚往来,或是送钱财时并没有具体的请托事项,不应认定为受贿"。对此,法院认为,"经查,部分人利用节日期间及利用王某耀儿女结婚之机送给王某耀钱财,或是为请求王某耀为其谋利而在事先所作的一种感情铺路,之后提出请托事项;或是已取得了利益后,而向王某耀表示感谢,名为礼尚往来,实则是一种权钱交易,均不影响对被告人受贿行为性质的认定。辩护人的上述辩护意见不能成立,不予采纳"。①

本书认为,上述认定关于所谓礼尚往来的"感情投资",亦属于权钱交易是正确的。

域外受贿罪条文中虽没有"利用职务上的便利"的表述,但一般都有"公务员就职务"、"公务员有关其职务"、"公务员对其职务"或者"公务员对于职务上之行为"要求、约定或者收受利益的规定。例如,《日本刑法》第197条,《德国刑法》第331条,《奥地利刑法》第303条、第304条,以及我国台湾地区"刑法"第121条、第122条。日本学者认为,贿赂犯罪,因公务员的职务行为与贿赂处于对价关系而成立(在此意义上,贿赂犯罪的核心要件就是职务行为与贿赂之间的对价关系)。这是因为,在认定具有这种对价关系时,就存在职务行为被置于贿赂的影响之下,进而损害"职务的公正性"的危险。我国台湾地区学者指出,贿赂或其他不正当利益均须与行为人的职务行为具有对价关系者,方能构成受贿罪。而行为人的收受贿赂行为是否与其职务行为之间具有相当对价联系,应就职务行为的内容、交付者与收受者的关系、贿赂的种类、价额、赠与的时间、场合等客观情形加以斟酌,不可仅以交付的财物名义为赠与或政治献金,即谓与职

---

① 山东省济南市中级人民法院刑事判决书,(2006)济刑二初字第34号。

务无关而无对价关系。

应该说,利用职务上的便利索取贿赂时,只是要求基于职务而索取贿赂,并不意味着利用职务上的便利本身是一个实行行为。如果说利用职务上的便利是指利用职务上的便利接收财物,则难以理解,也不利于受贿罪的认定。如果说利用职务上的便利是指利用职务上的便利为他人谋取利益,也难以令人赞同。索取和收受他人财物的行为,不仅官员家属能够实施,甚至官员豢养的家犬和鹦鹉稍加训练,都可能完成索取和收受他人财物的行为,根本无须官员亲自实施。此外,通说及司法解释认为,为他人谋取利益只要是一种许诺即可,而许诺本身不需要利用职务上的便利。故而,所谓利用职务上的便利,不过是强调所索取和收受的财物,与国家工作人员的职务行为之间存在对价关系的要素,旨在说明财物具有贿赂性质,而不意味着利用职务上的便利本身是一种实行行为。

综上,我国受贿罪条文中"利用职务上的便利"要素的含义是,国家工作人员基于其职务和权势收受财物,对方也正是因为看中国家工作人员手中的权力而奉上财物,使财物与职务行为之间形成对价关系,体现了财物的贿赂性质。也就是说,"利用职务上的便利"这一要素旨在强调财物的贿赂性,目的在于将正常的社交礼仪范围内的馈赠排除在贿赂之外。

4. 为什么"总是穷者向富者赠与、无权者向有权者赠与"?

张明楷教授曾经感叹:"实践中,只要行贿人与受贿人具有某种远亲或者朋友关系,一般认定为赠与,而不认定为受贿罪。可奇怪的是,总是穷者向富者赠与、无权者向有权者赠与。司法实践的做法值得反思。"①

虽然是否"在职务上"收受财物成为认定受贿罪的关键,但司法实践中的难点还是在于礼节性的馈赠与贿赂之间界限的把握。日本学者认为,礼节性的赠与和贿赂的界限,应当考虑公务员与赠与人的关系、社会地位、财产价值等,最终以社会一般观念为标准来划定。在超过该种界限的时候,即便是以中元、岁暮等名义赠与的,也是贿赂。反之,在与职务有关的生活关系之内,对于

① 参见张明楷:《刑法学》(第6版),法律出版社2021年版,第1606页。

和职务行为无关的行为所给予的赠与不是贿赂。作为职务行为的对价所支付的东西,和对职务外的行为的谢礼成为不可分割的一体的时候,其整体构成贿赂。

中国人有逢年过节走亲访友、赠送礼品的习惯。如今受贿司法实践中的所谓“感情投资”现象,就是指行贿人为了与官员保持长期“友好关系”,在正式提出请托前,往往会在中秋、元旦、春节等节日里,以及在官员家中举办婚丧嫁娶红白喜事时,送予价值不等的“礼物”。事实上,腐败者也常常以所收受的财物属于社交礼仪范围内的赠与为由,否定符合受贿罪的犯罪构成,如前述王某耀受贿案。在田某山受贿案中,法院以送礼人吴某青与田某山自 1992 年相识,二人交往较多为由,认为收受吴某青以资助田某山之子及儿媳出国留学为名给予的 5 万加拿大元(相当于人民币 30 万元)的行为,不应认定为受贿。可是,世界上没有免费的午餐,只要这种赠与是与国家公职人员的职务相关的,其实际上仍然具有贿赂的性质。上述案件中,吴某青“慷慨赠与”田某山 30 万元人民币时,田某山已经身居高位。此外,该案中法院认定,“七台河市、双鸭山市政府、虎林市政府和绥化行署有关负责人因上列事项向田某山请求省财政拨付资金或借款,田某山为此做了相关工作,上述四个地方的有关负责人和田某山的行为均属于正当履行职务,田某山没有为他人谋利的意图,田上述行为不能视为为他人谋利,其收受上述负责人的钱款违反纪律,但不属于利用职务便利为他人谋利收受贿赂”。这也存在明显疑问。只要国家工作人员基于职务行为索取或者收受的财物,不是其依法应当取得的利益,就是其职务行为的不正当报酬,因而侵犯了受贿罪的法益。诚如柏拉图所言:“不管是为了好事还是坏事,都不应当接受礼物。”该案中,即便四个地方的有关负责人和田某山的行为均属于正当履行职务,也有违职务行为的无不正当报酬性原理,因而符合受贿罪的构成要件,应当作为受贿罪处罚。

5. 何谓“贿赂的职务关联性”?“感情投资”构成贿赂犯罪吗?

案 4:某房地产公司的一个楼盘竣工之后,该公司董事会开会决定,给予该公司的几名大股东每人享受 5 套商品房的优惠待遇,即每套房按照市场价8折的价格购入。该公司的大股东甲，就将他购买一套优惠房的资格转让给了某官员乙，官员乙以8折购入商品房后，比在市场上购买节省了80万元。

本书倾向于认为不应认定为受贿罪。本案中甲的行为比较符合社会一般人的正常人际交往规则。不能认为公务员、官员无论如何也不能接受朋友在经济方面的帮助。本案的关键在于，能不能将案件中乙取得的经济利益与他的职权挂钩，如果不能，就不能按照行贿、受贿定罪量刑。在这个意义上说，本案的事实还是不太清楚。

案5：张三是北京某区教育局的工作人员，在给本区要上小学的适龄儿童派学校时，他悄悄给之前认识的房地产商李四家的孩子分派了个好学校。原来张三想买李四公司开发的房子。李四知道这件事后，找到张三，以购房折扣金的名义，送给了张三500万元现金。以此表示"感谢"。

本案中，李四送给张三的500万元所谓购房折扣金，与张三先前实施的职务行为之间的对价关系十分明显，故张三成立受贿罪。

贿赂犯罪成立要件的核心在于贿赂与职务行为之间对价关系的存在。职务行为若与贿赂之间存在对价关系，就能够肯定贿赂犯罪的成立，所以，职务关联性的判断就成为极为重要的实践问题。其他国家和地区刑法在规定受贿罪构成要件时，一般没有我国贿赂罪条文中"利用职务上的便利"和"为他人谋取利益"之类的表述，而是规定"公务员就职务"、"公务员就其职务"、"公务员有关其职务"、"公务员为履行其职务行为"或者"公务员对于职务上之行为"要求、约定或者收受利益，如《日本刑法》第197条、《德国刑法》第331条、《瑞士刑法》第322条、我国台湾地区"刑法"第122条等。故域外刑法理论通常讨论贿赂罪中"职务"的范围、"职务关联性"的认定、职务密切关联行为的边界等问题。我国刑法关于贿赂罪构成要件的表述虽然极具特色，但理论与实务并不否认贿赂罪的本质在于职务行为与所收财物之间的对价关系，故无法回避国家工作人员所收受的财物与其职务（行为）之间是否具有关联性，即职务关联性的讨论。职务关联性的有无，是区分正常的社交礼仪范围内的馈赠与贿赂的关键，是区分罪与非罪的根本性标准。

如果我们坚持将贿赂犯罪的职务行为限于法定职务权限范围内的行为,则绝大多数受贿案件将得不到查处。正因为这样,国外鲜有将贿赂犯罪中的职务行为限于法定的职务权限范围内,而是认为,只要公务员就一般的抽象的职务权限范围内的行为收受财物,即构成受贿罪。我国刑法也应该对受贿罪中的"职务"作宽泛理解,职务范围宜采"实际职权说"。只要行为人的职务行为对请托人的请托事项具有事实上的制约力,行为人凭借这种职务收受他人贿赂,即使是非法定授权,也是利用和出卖了公权力,仍属于典型的"权钱交易"行为,符合受贿罪的实质要件。当然,如果完全超出了可能的职权范围,则应否认职务关联性。例如,请托税务官员抓捕伤害案的犯罪嫌疑人。不过,请托北京的警察到上海抓捕犯罪嫌疑人,则属于警察的一般职务权限范围内的行为,能够成立受贿罪。

有几种特殊情形的职务关联性问题值得讨论。

(1)转职

在国外,若转职后职务权限不变,就转职前的职务行为收受贿赂的,成立受贿罪,这一点在理论上基本没有争议。争议在于,转职后职务权限发生变更,如南京市税务局长调任杭州市任公安局长,就转职前的职务行为收受贿赂,是否成立受贿罪则存在"积极说"与"消极说"的分歧。分歧在于,在收受贿赂的时点,是否要求正在担当作为贿赂对价的职务,进而是否还需要担当着一定的职务。对立的本质在于如何把握受贿罪的保护范围。

本书认为,无论转职后职务权限是否发生变更,基于转职前的职务行为收受财物,财物与职务行为之间就形成了对价关系;虽然没有影响到转职前职务行为的公正性,但会使收受财物的国家工作人员在将来实施职务行为时不免抱有获得不正当报酬的期待,从而具有影响职务行为公正性的危险,危及社会大众对国家工作人员职务行为公正性的信赖;而且,若这种情形不构成受贿罪,无疑违背立法的本意。总之,对于转职后收受转职前职务行为的报酬的,能够而且应该以受贿罪定罪处罚。

案6:在张某光受贿案中,第四项指控是,1996年12月,在沈阳市有关会议研究杨某男担任某局局长职务时,时任市委书记的张某光主持会议并表示同意。为此,1999年春节和2000年春节,张某光先后两次收受杨某男为表示感谢而给予的人民币共计1.5万元。法院认为,指控张某光的第四项事实,因缺乏受贿罪的法定构成要件,指控不能成立,不予认定。①

本书认为,在转职情形下,被告人事后收受先前职务行为的不正当报酬的,将来实施职务行为时不免存在获得贿赂的期待,而有将职务行为置于贿赂影响之下的危险,因而并不缺乏职务关联性。上述第四项指控的事实,应当认定为受贿罪。

案7:在孟某平受贿案中,孟某平从海南省调任湖北省后,胡某、张某(受其夫李某所托)专程从海南赶到武汉看望孟某平,分别送给其2万元。被告人及其辩护人辩称,收受二人各2万元的行为属于礼尚往来。法院认为,"被告人孟某平身为副省长,在其职权范围内,曾分别为胡某、李某谋利的事实是客观存在的,胡某与李的妻子张某在看望孟某平时,以买'生活用品'和'补贴'为由,分别送2万元人民币给孟某平,应属'权钱交易'性质,而不是礼尚往来"。②

本书认为,由于利用职务上的便利为他人谋取利益时没有关于事后收受贿赂的约定,很难说其先前的职务与其现在所收受的财物之间具有职务关联性。只能说转职后因为行为人还是国家工作人员,其就先前的职务行为收受不正当报酬,就会使人有理由相信,其在将来实施职务行为时不免怀有事后获得不正当报酬的期待,而侵害社会大众对其职务行为公正性的信赖,因而侵害了受贿罪的法益,值得以受贿罪予以处罚。

(2)离职

关于离职后受贿,即狭义的事后受财行为,我国刑法中并无明文规定。《受贿案件意见》指出,"国家工作人员利用职务上的便利为请托人谋取利益之前或者之后,约定在其离职后收受请托人财物,并在离职后收受的,以受贿论处"。

① 天津市第二中级人民法院"张某光受贿案"刑事判决书,载法意网,http://www.lawyee.net/Case/Case_Display.asp?ChannelID=2010100&keyword=%D5%C5%B9%FA%B9%E2%CA%DC%BB%DF%B0%B8&RID=107600#,2014年2月7日访问。

② 湖北省武汉市中级人民法院刑事判决书,(1998)武刑初字第264号。

《日本刑法》第197条之三第3项规定："曾任公务员的人，就其在职时接受请托在职务上曾实施不正当行为，或者不实施适当行为，收受、要求或者约定贿赂的，处五年以下惩役。"由此，事后受贿罪的成立条件是，在职时存在为他人谋取不正当利益的请托，但无须存在事后收受贿赂的约定。正因如此，日本刑法理论认为，公务员在职期间要求、约定贿赂的，成立普通受贿罪，退职之后再收受贿赂的，则为该罪所吸收。之所以不要求事前约定贿赂，是因为日本刑法规定受贿罪的实行行为为要求、约定、收受贿赂三种行为之一，若在职时存在事后收受贿赂的约定，直接可构成受贿罪，而无须设立事后受贿罪。也就是说，对于事前仅存在为请托人谋取不正当利益的请托而未约定事后收受贿赂的，若刑法缺乏事后受贿罪的明文规定，则只能宣告无罪。

我国刑法不仅没有规定事后受贿罪，而且通说认为索取与收受财物才是受贿罪的实行行为，单纯要求或者约定贿赂不成立受贿罪。问题就出现了，事先只是约定贿赂的，尚缺乏受贿罪的实行行为，而收受贿赂时已不再是受贿罪的主体，即离职后收受财物的行为并非受贿罪的实行行为，怎么能说符合受贿罪构成要件呢？也就是说，即便这种规避法律的事后受财行为的处罚必要性非常高，但如果不能对受贿罪构成要件进行合理的解释，还是不能草率地以司法解释为据认定成立受贿罪。

有学者对"索取"做出了不同于通说的解释，认为索要贿赂即成立受贿罪的既遂。如果这种解释成立，则在职时要求财物，退职后收受财物的，当然成立受贿罪。不过，这里成立受贿罪的原因，是在职时存在索要行为，而不是事后已非国家工作人员时收受财物的行为。问题是，不是受贿人在职时主动索取，而是行贿人主动提议事后给予贿赂的，能否成立受贿罪？本书认为，存在两种可能的解释路径：一是将"索取他人财物"，解释为包括要求、约定、取得贿赂；二是将"非法收受他人财物"，解释为包括要求、约定、收受贿赂。相比之下，第一种解释更为可行。这样，在职时无论谁主动提议贿赂，均可解释为索取贿赂，而构成受贿罪。但是，倘若在职时不存在关于贿赂的要求、约定，认为成立受贿罪，在解释论上还是存在相当的障碍的。因为，事先不存在事后收受财物约定的，在收受财物的时点，行为人已不再是国家工作人员，一方面，因实施职务行为时不存在收受财物的约定,其职务行为没有被置于贿赂的影响之下;另一方面,行为人收受财物时已经不再是国家工作人员,因而不存在将来实施职务行为时抱有收受不正当报酬的期待的问题,即不存在将职务行为置于贿赂影响之下而损害职务行为公正性的危险。故此,这种情形由于缺乏职务关联性,在现有的刑法框架下,不能认定受贿罪的成立。

司法实践中,查明离职前是否存在关于贿赂的事先约定往往很困难,实务中通常根据离职前后持续收受财物的事实而认定成立受贿罪。例如,在郑某萸受贿案中,法院认为,“郑某萸在任职期间为他人谋利,收受贿赂的行为延续到离职后,其离职后收受的钱款应当认定为受贿”。[①]

(3)感情投资

实践中,行贿人为取得官员信任并与官员建立长期的友好关系,往往会在开口请托前,借逢年过节、官员家中办理婚丧嫁娶红白喜事之机,小额多次给予官员财物,案发前尚未实际开口请托官员办事,或者官员是否实际为其谋取利益未能得到有效的证明,这时能否追究感情投资型贿赂罪的刑事责任,就特别成为问题。《日本刑法》第197条规定有单纯受贿罪,不要求为请托人谋取利益,故规制这种感情投资型贿赂行为,自然没有法律上的障碍。而我国刑法对于收受贿赂型受贿存在为他人谋取利益的规定,尽管理论与司法解释极力虚化这一要件,认为只需许诺为他人谋取利益,即成立受贿罪,而且在明知他人有具体请托事项而收受财物时,视为承诺为他人谋取利益。可是,这种感情投资型的贿赂形式,往往连“以后请多关照”之类的只言片语都没有(“一切尽在不言中”),故而,难以立即肯定受贿罪的成立。

有观点认为,实务中,即使“馈赠者”当时没有提出谋取利益的请托,但如果能够推定是为了收买国家工作人员职务行为的,即所谓“感情投资”,仍然应认定为受贿行为。同时,从完善立法的角度,将国家工作人员获得与职权有关的“灰色收入”行为彻底地加以犯罪化是非常必要的。本书认为,从解释论而言,对于收受所谓感情投资的国家工作人员,社会大众有理由相信,该国家工作人员

---

① 北京市第一中级人民法院刑事判决书,(2007)一中刑初字第1599号。

将来的职务行为有被置于贿赂的影响之下而存在损害职务行为公正性的危险，有违社会大众对国家工作人员职务行为公正性的信赖。因而，收受所谓感情投资的财物的行为，仍不乏职务关联性，能够且应该作为受贿罪处罚。

6. 如何区分普通受贿与斡旋受贿？

《刑法》第 388 条规定："国家工作人员利用本人职权或者地位形成的便利条件，通过其他国家工作人员职务上的行为，为请托人谋取不正当利益，索取请托人财物或者收受请托人财物的，以受贿论处。"理论上一般将该条规定的受贿行为称为"斡旋受贿"，以区别于《刑法》第 385 条所规定的普通受贿。从条文表述可以看出，普通受贿与斡旋受贿在成立条件上存在明显区别：(1)前者是"利用职务上的便利"，后者是"利用本人职权或者地位形成的便利条件"；(2)前者是通过自己的职务行为为请托人谋利，后者是通过其他国家工作人员职务上的行为为请托人谋利；(3)前者在索贿的情况下不要求为他人谋利，后者则是无论索取贿赂型还是收受贿赂型，均要求为请托人谋利；(4)前者只要求"为他人谋取利益"，故所谋利益正当与否，不影响受贿罪的成立，后者则要求"为请托人谋取不正当利益"。很显然，若认为属于斡旋受贿，则必须证明国家工作人员为请托人所谋取的是不正当利益，因而成立受贿罪的门槛相对较高。

区分普通受贿与斡旋受贿的关键在于：国家工作人员为他人谋利是利用本人职务上的便利（以下简称"职务之便"），还是利用本人职权或者地位形成的便利条件（以下简称"便利条件"）。关于"职务之便"与"便利条件"的区别，代表性观点有：(1)"利用职务上的便利"的行为人与第三人存在职务上的制约关系，而"利用职权或者地位形成的便利条件"的行为人与第三人则不存在职务上的制约关系；"利用职务上的便利"所指令的第三人没有或基本没有意志自由，而"利用职权或者地位形成的便利条件"所斡旋的第三人则有较大而又不完全的意志自由。(2)所谓"便利条件"，是指行为人与被其利用的国家工作人员之间存在一种特殊关系，具体表现为职务上的制约关系、影响关系及协作关系三种情况。(3)关于便利条件，只能理解为行为人利用了与其在职务上只是有一定工作联系（不具有隶属或者制约关系）的其他国家工作人员的职务行为。(4)是直接受贿还是斡旋受贿,关键看行为人的权力对被利用的国家工作人员能否发挥直接的制约作用。

张明楷教授认为,利用本人职权或者地位形成的便利条件,并不要求行为人积极地利用其职权或地位,只要站在国家工作人员的立场(承诺)实施斡旋行为即可。一般来说,行为人与被其利用的国家工作人员之间在职务上虽然没有隶属、制约关系,但是行为人利用了本人职权或者地位产生的影响和一定的工作联系。具体而言,以国家工作人员的立场实施的斡旋行为主要有以下情形:(1)有威信的情形,亦即国家工作人员利用其职务权限的背景所具有的事实上的势力,以及特定的职务、地位相伴随的威信、声望,对其他公务员实施斡旋行为;(2)有公务关联的情形;(3)有面子的情形。①

《经济犯罪纪要》指出,"刑法第三百八十八条规定的'利用本人职权或者地位形成的便利条件',是指行为人与被其利用的国家工作人员之间在职务上虽然没有隶属、制约关系,但是行为人利用了本人职权或者地位产生的影响和一定的工作联系,如单位内不同部门的国家工作人员之间、上下级单位没有职务上隶属、制约关系的国家工作人员之间、有工作联系的不同单位的国家工作人员之间等"。

本书认为,立法者之所以在普通受贿成立条件基础上,要求必须为请托人谋取不正当利益,方可成立受贿罪,显然是认为,斡旋受贿相对于普通受贿而言,违法性与有责性相对较轻。如果不区分"职务之便"与"便利条件",只要与其职务有关,就一概认定为普通受贿,无异于取消了斡旋受贿的规定,既不利于被告人,且有违立法本意,违反罪刑法定原则。故而,对于明显不具有主管、分管、监督、制约、隶属关系,而仅仅凭借自己的职务对其他国家工作人员所形成的权力性影响力,通过其他国家工作人员的职务行为为请托人谋利的,应认为是利用"本人职权或者地位形成的便利条件",而属于斡旋受贿,只有在意图为请托人谋取不正当利益时,方成立受贿罪。

从司法实践看,实务部门通常并未明确区分"职务之便"与"便利条件",要

---

① 参见张明楷:《刑法学》(第6版),法律出版社2021年版,第1598页。

么仅笼统地说，被告人是利用了担任某种职务的便利，如杜某成受贿案[1]；要么笼统地说，"身为国家工作人员，利用职务上的便利，为他人谋取利益，以及利用其职权、地位形成的便利条件，通过其他国家工作人员职务上的行为，为他人谋取不正当利益"，而并未就每一笔受贿到底属于普通受贿还是斡旋受贿进行界定，如宋某受贿案、[2]田某山受贿案；[3]要么认为，只要受贿人属于上级领导，即系利用"职务之便"，如胡某清受贿案、[4]黄某受贿案。[5]

案8：在黄某某受贿案中，法院查明："2006年9月，黄某某利用职权、地位形成的便利条件，接受四川冠宇投资有限公司董事长林某东的请托，为其兄林某万涉嫌行贿被广东省佛山市人民检察院立案侦查事宜，希望黄某某通过该院有关领导提供帮助，使林某万由监视居住变更为取保候审。通过黄某某向佛山市人民检察院负责人打招呼，林某万被取保候审，为此，黄某某于2008年春节前，收受林某东给予的人民币30万元。"法院认为，"被告人黄某某身为国家工作人员，利用职务便利为他人谋取利益，利用职权、地位形成的便利条件，通过其他国家工作人员的职务行为，为他人谋取不正当利益，非法收受他人财物，其行为构成受贿罪"。[6]

本书认为，虽然广东省佛山市检察院与法院没有隶属关系，但法院与检察院在起诉、上诉、抗诉、审判等业务中具有相互制约关系，身为法院副院长的当事人对广东省佛山市检察院具有事实上的业务制约作用，因而黄某某的此笔受贿应属于普通受贿，而非斡旋受贿。

案9：在王某受贿案中，王某接受周某的委托，先后通过向分管国家开发银行贷款业务的湖南省副省长徐某平、云南省副省长李某华"打招呼"，为周某谋取利益。法院认为属于利用职务上的便利为他人谋取利

① 《最高人民检察院公报》2008年第6号(总第107号)，第26~27页。
② 北京市第二中级人民法院刑事判决书，(2011)二中刑初字第21号。
③ 北京市第二中级人民法院刑事判决书，(2005)二中刑初字第2303号。
④ 江西省高级人民法院刑事裁定书，(2000)赣刑二终字第02号。
⑤ 四川省成都市中级人民法院刑事判决书，(2010)成刑初字第410号。
⑥ 《最高人民检察院公报》2010年第4号(总第117号)，第25~27页。

益，成立受贿罪。[①]

本书认为，法院的认定是正确的。因为两位副省长所分管的工作与国家开发银行具有贷款业务关系，王某对二位的职务存在一定的制约关系，故王某的行为属于普通受贿，而非斡旋受贿。

案10：在刘某田受贿案中，上诉中刘某田的辩护人提出“本案中刘某田为他人谋利的行为，不是利用职务之便，而是利用本人职权和地位形成的便利条件”，但二审法院并未对此上诉意见进行回应。[②] 原判认定，“被告人刘某田于1998年7月在担任副省长期间，接受沈阳客运集团公司原总经理夏某凡的请托，授意其秘书与中国建设银行沈阳市分行领导协调，为该公司即将到期的贷款人民币3000万元办理了转贷款手续。1999年年末，辽宁省地方税务局稽查局发现客运集团应补缴各种税款共计31,185,764.80元，同时拟处以14,277,717元的罚款，并先后下达了税务处理决定书、税务行政处罚事项告知书。被告人刘某田再次接受夏某凡的请托，与辽宁省地方税务局领导打招呼。后客运集团涉税问题未受处理”。[③]

应该说，由于地方政府对银行的业务具有一定的制约作用，故刘某田在该案中的行为应属于利用职务之便收受贿赂，成立普通受贿。

案11：在胡某清受贿案中，胡某清在上诉中辩称，原判认定他受贿的544.25万元中，有78.5万元人民币、67万港元、1.5万美元以及价值24.847万元人民币的物品，不应认定为受贿。理由是他收受上述财物并替他人谋利，未利用其职务所分管工作的便利，故对上述收受行为应适用《刑法》第388条来定性，而为他人所谋之利均为正当利益。具体事实是，为奥特停车场和营运线路2件事而收受周某华53万元人民币、67万港元、1.5万美元及价值20.407万元人民币的物品；为金阳光集团登记注册及其与南昌铁路局合作开发房地产2件事收受李某东1万元人民币及价值1万元人民币的

① 北京市第一中级人民法院刑事判决书，（2010）一中刑初字第355号；北京市高级人民法院刑事裁定书，（2010）高刑复字第303号。

② 辽宁省高级人民法院刑事裁定书，（2005）辽刑二终字第31号。

③ 辽宁省鞍山市中级人民法院刑事判决书，（2004）鞍刑二初字第66号。

物品；为周某新、熊某根销售上海第二毛纺厂衣服面料、宝马车档案以及海威实业公司承制江西省建设银行营业部服装共3件事，收受周某新、熊某根17.5万元人民币和价值3.44万元人民币的物品；为欧某军毕业分配工作一事收受晏某保5万元人民币。

江西省高级人民法院二审针对上述辩解反驳认为，“上诉人胡某清在担任副省长职务期间，对全省各级政府的工作具有法定的领导职权，这种职权是统一而不可分割的。换言之，胡某清在担任副省长职务期间，虽不直接分管交通、毕业生分配等工作，但他对这些本属于政府职能内的事项仍具有领导职权，在这些范围内为他人谋利，应属于利用了职务上的便利。事实上，胡某清在通过其不分管的部门为他人谋利时，均批示或要求部门或下级政府办理，而非斡旋他们办理。胡就此收受他人财物的行为，应适用《刑法》第三百八十五条的规定定性，至于所谋之利是否正当，则不影响本罪的构成。故此，胡某清认为部分收受财物的行为不构成受贿罪的上诉理由，不能成立，应予驳回”。①

本书赞成法院的认定。上级领导即便对于自己并不分管的部门，也习惯于乱打招呼、进行“指示”，而下级部门为了保住自己的官位，也不愿意为此得罪并不分管自己工作的上级领导，通常会听命于上级领导的“指示”，而不惜放弃原则为请托人办事。故对一定地域内自己并不分管的下级部门打招呼为他人办事，从而收受贿赂的，为从严治吏，认定为普通受贿，不要求为他人谋取不正当利益，具有现实必要性。

案12：在田某山受贿案中，“被告人田某山于1995年3月至1999年12月任省长，2000年3月任某部部长。1996年11月至2003年9月间，田某山利用职务上的便利，为他人谋取利益，以及利用其职权、地位形成的便利条件，通过其他国家工作人员职务上的行为，为请托人谋取不正当利益，多次非法收受他人给予的人民币311万元、美元15.2万元，共计折合人民币436.05万余元”。法院认为，“被告人田某山身为国家工作人员、利用职务

① 江西省高级人民法院刑事裁定书，(2000)赣刑二终字第02号。

上的便利,为他人谋取利益,以及利用其职权、地位形成的便利条件,通过其他国家工作人员职务上的行为,为请托人谋取不正当利益,非法收受他人钱款,其行为已构成受贿罪”。①

但是,判决书中并未就每一笔受贿是属于普通受贿还是斡旋受贿做出具体界定,当然也就没有对为他人谋取的利益是否正当进行说明。很显然,该判决忽视了《刑法》第388条关于斡旋受贿特殊成立条件的规定。

田某山通过打招呼为他人谋利可以分为三种情形:一是任省长期间,在省范围内给下级部门打招呼为他人谋利。判决书认定的第一项、第二项、第三项、第四项、第五项受贿事实属于这种情形。该种情形与胡某清受贿案类似。对此认定为普通受贿,而不要求为他人谋取不正当利益,应该说是可以接受的。二是在任某部部长期间向内部的职能部门,以及地方上的国土资源部门领导打招呼,为他人谋取利益,属于普通受贿,也应该没有异议。判决书认定的第六项、第九项、第十项受贿事实属于这种情形。三是任某部部长后向与其没有职务上的制约、隶属关系的某省有关部门,以及其他省份的领导打招呼,为他人谋取利益。判决书中认定的为时任某市人民检察院副检察长兼反贪局局长的金某斌提升职务,向省有关部门领导及省检察院负责人打招呼;为时任某教育局副局长刘某树提升职务,向时任该市市委书记丁某令打招呼;以及为某省委办公厅巡视员、机关党委书记吕某梅,将其职务由副厅级虚职晋升为副厅级实职,而两次向某省有关领导打招呼。本书认为,这些应属于斡旋受贿;只有在意图为请托人谋取不正当利益时,才成立受贿罪。

7. 如何把握贪污与受贿的界限与竞合?

事实上,实务中对此争议很大,出现定性错误的判决也绝非个别现象。准确区分二罪具有重要的意义。

首先,虽然从立法沿革看,对于受贿行为曾以贪污罪论处,而且现行《刑法》将贪污罪与受贿罪置于同一章中,并共用一个法定刑条款,但是不可否认,贪污

① 北京市第二中级人民法院刑事判决书,(2005)二中刑初字第2303号。

罪所侵犯的主要法益还是财产权,而受贿罪所侵犯的并非他人的财产法益,而是国家工作人员职务行为的不可收买性。因此,贪污与受贿在罪质上存在根本性的差异。正因为罪质不同,即便《刑法》第 383 条将“积极退赃”情节同样作为贪污与受贿减轻或者免除处罚的理由,但是“退赃”在二罪中具有不同的意义。贪污罪中的“退赃”是挽回被害单位损失、减轻行为的违法性的情节,而受贿罪中的“退赃”,不仅不能挽回受贿行为已经给国家机关的声誉以及纳税人对国家工作人员职务行为公正性的信赖所造成的侵害,而且在私下退赃给行贿人的场合,还属于毁灭证据的行为。

其次,贪污是侵害本单位财产的犯罪,有明确的被害人,根据《刑法》第 64 条规定,所贪污的财产应当及时追缴、返还、退赔给被害单位,而受贿犯罪没有明确的被害人(被害人不是具体的自然人或者单位),因而对于所收受的贿赂不存在返还被害人的问题。也就是说,是定性贪污还是受贿,牵涉犯罪所得是返还被害人单位还是上缴国库的问题,因而攸关被害单位所遭受的财产损失能否得到弥补的问题。

再次,虽然贪污与受贿的法定刑适用条件完全相同,但同一个案件是认定贪污还是受贿,往往在数额上相差悬殊,因而影响法定刑轻重的选择及罪刑相适应原则的实现。

复次,有观点认为,“在索取贿赂的情况下,应当以实施了索要行为作为受贿既遂标准”,而贪污罪“与盗窃、诈骗、抢夺等侵犯财产罪一样,应当以行为人是否实际控制财物作为区分贪污罪既遂与未遂的标准”,可见贪污与受贿定性的不同,还会影响犯罪既未遂的认定。

最后,在全案定性为贪污时,参与各方通常应以贪污共犯论处,但倘若认定为受贿,则另一方不成立共犯,而是单独成立行贿罪,因而定性上的不同还会影响共犯的认定及对方刑事责任的承担。

关于贪污与受贿的界限,有观点认为,关键应抓住以下三个方面:其一,分析占有的财产性质和来源。贪污的财产来源通常是自己主管、经营、经手的公共财物,而受贿的财产则是他人(包括其他单位)所有的,不属于受贿者本人主管、经营、经手的公共财物。其二,获得财产的方法不同,贪污罪采用的是侵吞、盗窃、骗取或以其他手段占有公共财物,无须他人配合即能完成。而受贿罪采取的方法是收受或索取贿赂,两种方法都与他人有关,即需他人配合(行贿者行贿)才能完成。其三,贪污与受贿中"利用职务之便"的内涵与外延均有一定的区别,受贿罪利用职务上的便利范围要比贪污罪广。

应该说,分析所占有的财产性质与来源,就是抓住了区分贪污与受贿的关键。但是认为完成犯罪是否需要他人配合也是二者的区别,恐存疑问。如后所述,在"迂回贪污"的场合,也是需要他人配合才能完成的。此外,贪污与受贿中的"利用职务上的便利"内涵与外延确实有所不同,但不同并不在于范围的宽窄,而是在于因罪质上的差异,致使该要素的含义或者功能存在本质的不同。就贪污而言,因其是财产犯罪,该要素必然与本单位财物的管理控制有关,具体而言,"利用职务上的便利"是指国家工作人员或者受委托管理、经营国有财产的人员基于职务而主管、控制、支配、占有着公共财物。而受贿罪中的"利用职务上的便利",是指行为人索取或者收受的财物与其职务有关,即具有职务关联性,该要素相当于域外刑法中的"就其职务""有关其职务",旨在将正常的社交礼仪范围内的馈赠排除在贿赂之外。也就是说,利用职务上的便利收受贿赂,只是意味着国家工作人员所收受的财物与其职务行为具有关联性(财物是职务行为或所许诺的职务行为的不正当的报酬),而不意味着利用职务上的便利本身是一个实行行为。

虽然《刑法》第385条第2款明文规定"国家工作人员在经济往来中,违反国家规定,收受各种名义的回扣、手续费,归个人所有的,以受贿论处",但是在司法实践中,对于经济往来中收受回扣、手续费的行为,是构成受贿还是贪污,却常常产生分歧。对此有人认为,区分贪污与受贿的关键,要看回扣、手续费是否按正常的市场价格约定在合同之中,是否有借签订、履行合同之机在价外约定的情况。如果购入方收受的各种名义的回扣、手续费等实际上源于虚增的标的金额,或者卖出方收受的各种名义的回扣、手续费实际上源于降低的标的金额,因该回扣或者手续费实质上属于本单位的额外支出或者应得利益,侵犯的是本单位的财产权利,属于变相的贪污行为。另有人指出,区分行为人构成受贿罪还是贪污罪的关键,是要看这些回扣、手续费是由经济往来中哪一方支付的:如果这些回扣、手续费是由对方在价款之外直接支付给行为人的,则行为人收受的是对方的财物,应当以受贿罪定罪处罚;如果这些回扣、手续费是由行为人所在单位支付给对方价款的一部分,则行为人收受的实际上是本单位的财物,应当以贪污罪定罪处罚。质言之,如果这些回扣、手续费虽然是由对方支付的,但却是对方支付给行为人所在单位价款的一部分,如果行为人收受的,则受到财产损失的实际上是行为人所在单位,行为人收受的实际上是应该属于本单位所有的财物,应当以贪污罪定罪处罚。

上述区分标准为贪污与受贿基本上划定了界限。从司法实践看,经济往来中贪污与受贿的定性分歧,集中体现在"迂回贪污"上。有人指出,所谓"迂回贪污",通常是指在购销活动中,买卖双方的经办人暗中约定提高货物价格,待双方成交后,买方经办人员将提高的那部分以"回扣""手续费"的名义据为己有。本书认为,"迂回贪污"除购买方与出售方串通后有意抬高价格即"高价采购"外,还应包括出售方与购买方通谋后故意压低价格即"低价销售"的情形。我们可将这两种情形简单概括为"高买低卖"。无论哪一种情形,要么使本单位额外支付价款,要么使本单位减少应得的价款,都是使本单位遭受财产损失而使自己获得利益的损公肥私的行为,完全符合贪污罪中"侵吞"的行为特征。至于在成立贪污罪之外是否还构成受贿罪,即贪污与受贿之间是否可能发生竞合,则是下面要讨论的问题。

对于贪污罪与受贿罪,刑法理论总是孜孜不倦地划清二者的界限。可事实上,受贿罪中"为他人谋取利益"的行为,往往也是损公肥私的行为,如"迂回贪污"。尤其是在公司、企业人员的受贿犯罪中,因为天下没有免费的午餐,所有的商人都以逐利为先,"羊毛出在羊身上"的朴素道理同样适用于经济交往中的回扣、手续费事例。收受的回扣、手续费、返价款等名目繁多的好处费的行为,就受贿而言,系利用职务上的便利为他人谋取利益而索取、收受贿赂,而就贪污而言,又属于利用职务上的便利侵吞本单位财物的情形。因而,贪污与受贿之间原本就没有截然的界限,问题仅在于,行为同时符合贪污与受贿构成要件时,选择哪一个罪名更为妥当。

本书认为,虽然贪污与受贿的法定刑完全一样,但在发生竞合时,一般应以贪污罪定罪处罚。因为一是贪污的数额是被害单位所遭受财产损失的数额,通常高于对方实际给予行为人的"好处费"数额,故以贪污论处,通常能判处相对较重的刑罚。二是贪污犯罪是存在具体被害人(单位)的犯罪,由于刑法终究是为保护个人人身、财产法益而存在的,认定为贪污,可以通过追缴、责令退赔等手段,最大限度地保护被害单位实际遭受的财产损失。倘若认定为受贿,则不仅犯罪数额不能体现被害单位实际遭受的财产损失数额,而且还会一分不留地予以追缴、没收后上缴国库。三是由于成立行贿罪要求"为谋取不正当利益"而且在被勒索时还可以免责,若案件以受贿定性,往往难以有效追究事先通谋的交易对方的刑事责任,倘若定性为贪污,则可以贪污共犯追究对方的刑事责任。

不过,如果单位取得相应财物没有合理的根据,而且行为人索要该笔款物后完全占为己有,即贪污数额与受贿数额一致时,为了避免单位"不当得利",这时以受贿罪论处,可能更为合适。

案13:被告人阎某利用担任某省体制改革委员会(以下简称体改委)副主任兼省市场协会(系体改委下设机构,以下简称市场协会)理事长的职务便利,以市场协会投资需要为名,向其下属的苏州商品交易所(以下简称苏交所)索要80万元的"赞助"。由于苏交所是市场协会的会员,且阎某作为体改委领导和市场协会的理事长,对苏交所多次予以关照,故苏交所同意支付。阎某为方便入账,指使钱某持市场协会的相关证件以市场协会的名义在银行开设了临时账户。苏交所将80万元打入该账户后,阎某向体改委工会要了一张空白收据加盖市场协会公章,交与钱某,钱某以借款为由填写内容后直接交苏交所入账。之后,阎某与钱某对该款予以私分。一审法院认为,被告人阎某的行为意在利用其职务之便向苏交所索贿,虽然被索贿单位并无向阎某个人行贿的目的,行受贿双方并不存在对合关系,但因索贿人所在单位对该80万元并无真实的需求和取得的合理根据,该款实际也未入市场协会的对公账户,在不能确认该款应为市场协会所有的前提下,不能认定阎某利用职务之便非法占有了本单位的财产,故其行为构成受贿罪。二审法院则认为,"上诉人阎某以单位名义向苏交所要款,以其法定代表人的职权开设账户,并将苏交所汇至其单位账户中的款项与他人秘密私分的行为,缺乏索贿行贿中被索贿人对索贿人行为性质的认知和向索贿人付款之行为指向的目的特征,故不属受贿罪的性质……上诉人阎某利用职务便利,伙同原审被告人钱某共同非法占有苏交所赞助市场协会 80 万元的行为,已构成贪污罪”。①

本书认为,该案成立贪污罪与受贿罪的想象竞合,以受贿罪论处为宜。首先,认为该款属于市场协会的公款固然没有错,但是该款原本不应属于市场协会所得,若认定为贪污罪,法院会责令被告人将款退还给市场协会,这对于市场协会而言无异于“不当得利”。相反,若认定为受贿罪,会责令退赃后上缴国库,而避免市场协会“不当得利”的发生。

其次,行受贿双方主观认知上的对应性和客观行为上的互动性,即行贿人的行贿故意并非受贿罪成立的前提条件。况且,苏交所按照阎某的要求慷慨给予赞助时,对于阎某的受贿意图未必不是心知肚明。故不能以本案“缺乏索贿行贿中被索贿人对索贿人行为性质的认知和向索贿人付款之行为指向的目的特征”为由,否定受贿罪的成立。

再次,虽然贪污与受贿适用相同的法定刑,但是从理论上讲,由于受贿行为侵害了国民对国家工作人员职务行为公正性的信赖,导致政府信任危机,危及社会安全,因而理论上可以大致认为,受贿罪的社会危害性大于贪污罪。此外,由于市场协会并没有实际遭受损失,就本案中被告人行为的法益侵害性而言,以受贿 80 万元进行评价,处罚应当更重。

最后,由于苏交所没有“为谋取不正当利益”的意图,向上级单位提供 80 万元“赞助款”“实属无奈”,并不成立行贿罪。相反,若将本案定性为贪污罪,则苏交所的相关责任人员可能难逃贪污罪共犯的刑事责任,反而不当扩大了处罚范围。

案 14:被告人胡某能在担任某市农业生产资料总公司(以下简称市农资总公司)总经理期间,在公司以联营形式向其他单位转卖进口化肥配额指标或实物化肥的经营过程中,利用职务便利,多次要求对方单位将本应支付给市农资总公司的利润款人民币 1191 万元以回扣或者手续费的形式支

① 最高人民法院刑事审判第一、第二、第三、第四、第五庭编:《刑事审判参考》(第 1 辑),法律出版社 2005 年版,第 51 页。

付给其本人或者亲属，据为己有。对于该案，重庆市第一中级人民法院一审及重庆市高级人民法院二审，均认定构成受贿罪。最高人民法院复核则认为，"被告人胡某能在受国家机关委派担任某市农资总公司总经理期间，利用职务便利，侵吞本公司经营进口化肥配额指标及实物化肥的利润款人民币 1191 万元，其行为已构成贪污罪……一审判决、二审裁定将胡某能利用职务便利，侵吞单位利润款的行为认定为胡某能向他人索取贿赂，构成受贿罪，定性不当，应予纠正"。①

可见，各级法院在该案的定性上分歧严重。本书认为，最高人民法院改判为贪污罪是正确的，但简单地将对方单位支付给被告人及其亲属的"回扣"款认定为贪污数额，尚存疑问。本案中被告人胡某能的主要操作方式是，协议(是书面还是口头，语焉不详)约定每吨 150 元，其中每吨 100 元的价款付给市农资总公司，另每吨 50 元的价款付给胡某能本人或其家属。包括最高人民法院在内的法院仅以被告人胡某能向对方单位所索取的，即每吨 50 元的价款认定为贪污数额，也就是完全按照认定受贿罪数额的方式认定贪污数额。事实上，"商人无利不起早"，对方之所以答应将利润款支付给被告人，无非是因为被告人"高价低卖"了，即被告人以低于市场价的价格与购买方达成协议，购买方除支付给被告人利润款之外，还"有利可图"。也就是说，合同协议的价格与市场价之差，加上对方支付给被告人及其亲属的每吨 50 元的价款，才是市农资总公司所实际遭受的财产损失的数额，这个数额应该高于对方支付给胡某能及其亲属的人民币 1191 万元。需要指出的是，本案之所以认定为贪污罪较为合适，是因为只有认定为贪污罪，才能最大限度地弥补犯罪行为给市农资总公司造成的财产损失。倘若认定为受贿罪，犯罪所得将被全部上缴国库。

案 15：被告人袁某系某县街道干部，2006 年 9 月被告人袁某担任某园区某街道某村 2 组征地拆迁工作组组长。被告人廖某系某县某街道某村 2

---

① 最高人民法院"胡某能贪污、受贿案"复核裁定书，载法意网，http://www.lawyee.net/Case/Case_Display.asp? ChannelID = 2010100&keyword = % BA% FA% C6% F4% C4% DC&RID = 46457#，2014 年 3 月 16 日访问；重庆市第一中级人民法院刑事判决书，(2001) 渝一中刑初字第 594 号；重庆市高级人民法院刑事判决书，(2002) 渝高法刑终字第 99 号。

组被征地拆迁户。2006年9月中旬,被告人袁某在对该组村民张某家附着物和房屋进行实际丈量和登记时,张某之妻被告人廖某将两个砖混结构房屋的产权证和一个土木结构房屋的产权证共计三个房产证交给袁某,并告诉袁某两个砖混结构房屋产权证实际只是一套住房,请求袁某帮忙按两个砖混结构房产证给予补偿,并许诺事后会将多得的钱分一部分给袁某以示感谢。后袁某在张某家附着物清理表上多登记了一套面积为262平方米的砖混房屋,园区办工作人员按照登记的内容与被告人廖某签订了拆迁补偿协议并开具了相应的补偿领款单。为此,被告人廖某多领取房屋拆迁补偿款人民币56,635.20元。之后,廖某让张某分三次送给袁某人民币22,000元。对于该案,县检察院以贪污罪提起公诉,县法院一审认定为受贿罪。之后县检察院以一审定性错误为由提出抗诉。市第一中院二审认为,“原审被告人袁某、廖某相互勾结,利用袁某的国家工作人员职务便利,共同骗取国家征地补偿人民币56,635.20元,其行为均已构成贪污罪”。①

不难看出,审判中关于该案的定性也有争议。该案二审法院法官曾就该案的定性问题撰文指出,该案在审理过程中主要存在受贿罪与贪污罪的分歧。其认为,“本案中,被告人袁某具有国家工作人员的身份,其行为从客观表现上看,既符合受贿罪的行为特征,又符合贪污罪的行为特征,应属于想象竞合犯……本案中两个想象竞合的罪名虽然在量刑上是完全一致的,但由于不同的定性直接导致犯罪数额的不一致,如果将被告人袁某定性为受贿罪,其犯罪数额应为其收受的好处费2万余元,按照刑法规定处1~7年有期徒刑;如果定性为贪污罪,其犯罪数额应为其骗取的国有财产即5万余元,因此想象竞合中的重罪应为贪污罪,本案应对被告人袁某按照贪污罪定罪量刑。至于被告人廖某的行为,既符合行贿罪的行为特征,又符合贪污罪共犯的行为特征,与上述同理,应对其按照贪污罪定罪量刑”。②

本书认为,本案应定性为共同诈骗。袁某作为街道干部,不具有对国家征地拆

---

① 重庆市璧山县人民法院刑事判决书,(2009)璧刑初字第128号;重庆市第一中级人民法院刑事判决书,(2009)渝一中法刑终字第248号。

② 参见王蓓:《贪污罪与受贿罪的司法实务区分》,载《人民司法》2010年第24期,第53页。

迁补偿款发放的处分期限,其只是伙同拆迁户共同欺骗具有征地拆迁补偿款发放处分权限的上级部门的国家工作人员,按照张明楷教授严格限制骗取型贪污罪成立范围的立场,应当认定为诈骗罪共犯。袁某事后收受廖某让张某送予的人民币22,000元好处费的行为,其实属于共同诈骗的事后分赃行为,无须另行评价为受贿罪。本案所骗取的拆迁补偿款人民币56,635.20元应追缴返还国家。

案16:被告人沈某、张某、陈某、林某,分别为某市公安局某分局刑警大队大队长、刑警大队反盗抢中队负责人、刑警大队教导员、刑警大队干警。1997年11月23日至1998年4月18日,先后6次查扣假烟后向假烟货主索要罚款,之后4人予以私分。其中,被告人沈某分得80,810元,张某分得80,710元,陈某分得80,710元,林某分得22,750元。对此犯罪事实,某区检察院以受贿罪起诉。一审法院则认为构成贪污罪,理由是,"四被告人参与查扣假烟,越权罚款,是以刑警大队名义进行的,且带有一定的公开性,并以刑警大队作为执法主体实施'罚款',没有直接收受他人财物或索取他人财物归个人所有的故意。举报人、驾驶员、货主的证词及四被告人的供述均证实被告人是以刑警大队的名义对假烟货主实施罚款,被告人将罚款进行私分,其行为构成贪污罪"。二审法院也认为,"上诉人沈某、陈某、林某和原审被告人张某身为公安干警,利用职务上的便利,对假烟货主实施非法罚款,并将部分罚款进行私分……其行为均已构成贪污罪"。①

本书不同意上述认定,应以受贿罪、行贿罪定罪处罚。对于假烟的处理,不可能是交付罚款后就可以放行的,而是应当予以没收(通常是没收后销毁)。也就是说,本案4名被告人收取的"罚款",是没有法律根据的,即这些"罚款"并非某公安分局应得的财物。本案被告人的行为系假借罚款之名,实为非法索取他人财物为他人谋取不正当利益的行为。假烟货主之所以"愿意"交付"罚款",也是为了追求假烟得以放行之不正当利益。再则,本案中的罚款原本就不是某公安分局应得的财物(即便单位内部存在关于罚款奖励的规定),将此罚款上缴国库,比判令返还某公安分局更为合适。故而应当认为,本案被告人的行为是滥用

---

① 福建省龙岩市中级人民法院刑事裁定书,(1999)岩刑终字第58号。

刑警的职权,假借单位名义对假烟货主予以罚款,实为非法索取财物为他人谋取利益,构成受贿罪;假烟货主为了谋取假烟得以放行的不正当利益,给予被告人财物,构成行贿罪。

案17:被告人吴某于1995~1998年担任中化海南公司业务员、出口二部副经理。其间,被告人吴某负责向某恒台新华精细化工有限公司(以下简称新华公司)购买丙二酸二甲脂化工原料的业务。在业务洽谈过程中,被告人吴某提出,此笔业务是别人介绍的,需要中介费,新华公司集体讨论后表示同意;被告人吴某即以高于实际交易价的价格与新华公司签订合同,双方约定中化海南公司付款后,新华公司将合同价与约定价的差额部分款项汇至吴某指定账户。中化海南公司依合同价付款后,新华公司将差额部分款项分12笔共计人民币489,205元转入吴某指定的郭某(吴某丈夫)金穗卡账户。法院认为,"被告人吴某身为国家工作人员,在经济往来中,违反国家规定,收受回扣归个人所有,其行为已构成受贿罪。其受贿人民币489,205元,应依法惩处。公诉机关认定被告人吴某的行为构成贪污罪,定性不准,应予纠正"。①

案18:被告人潘某系热电厂厂长。1997年7月,县长江物资公司黄某拟将一批6600吨煤炭销售给被告单位南通唐闸热电厂,在被告人潘某的"指点"下,由被告人孙某以160元/吨向黄某购得此批煤炭。后在被告人潘某的决定下,被告单位南通唐闸热电厂以229元/吨从被告人孙某处购下这批煤,煤款共计人民币151.14万元。被告人孙某于1997年12月开具假运输发票,提取现金人民币36.672万元。其间,被告人潘某先后分得人民币11万元,其余由被告人孙某支配。一审法院认为,"被告人潘某身为国有企业中从事公务的人员,利用职务上的便利,索取他人财物和非法收受他人财物,为他人谋取利益,其行为构成受贿罪。被告人孙某在没有煤炭经营许可权的前提下,经被告人潘某介绍经营煤炭业务,谋取的是不正当利益;为了谋取不正当利益而给予国家工作人员以财物,其行为构成行贿罪。公诉

① 海南省海口市中级人民法院刑事判决书,(2000)海中法刑初字第108号。

机关指控两被告人共同犯贪污罪缺乏证据证实孙某具有共同贪污的主观故意,故不予采纳”。二审法院维持原判。[①]

本书不同意上述两案的认定,应当认定为贪污罪共犯。上述案件中,均是被告人利用缔结合同的权限,有意高于市场价格签订合同,然后要求对方将合同价与市场价之间的差价款全部或者部分返还给自己。从形式上看,这种返价款似乎是一种回扣,是对方给予的好处费。究其实质,属于一种“迂回贪污”,系勾结对方变相共同侵吞本单位的财物的行为。如果以受贿定罪,不仅导致受贿犯罪数额明显低于贪污犯罪数额(被害单位实际遭受的财产损失数额),致使罪刑不相适应,而且导致犯罪所得直接被上缴国库,而无法挽回被害单位实际遭受的财产损失。

综上,无论是高价购买财物,还是低价出售财物,然后要求对方返还部分或者全部差价款,都只是具有在经济往来中收受回扣、手续费的表象,实质上是通过“迂回贪污”,变相地将本单位财物非法占为己有。对此,以贪污而非受贿论处,可能更为妥当。

8. 退还或者上交了财物,就不构成受贿罪了吗?

案19:《受贿案件意见》第9条第1款与第2款分别规定:“国家工作人员收受请托人财物后及时退还或者上交的,不是受贿。”“国家工作人员受贿后,因自身或者与其受贿有关联的人、事被查处,为掩饰犯罪而退还或者上交的,不影响认定受贿罪。”某领导学习以后,于2007年8月将其于2006年12月收受的贿赂上交了。能够将这样的行为认定为《受贿案件意见》中规定的“及时”上交吗?

应该说,本案中的行为人在收受财物的当时主观上有受贿的意图,事隔半年以后才将财物交出来。如果将这样的行为认定为司法解释中的“及时”上交,那么在“及时”上交的认定上,恐怕就会太过宽泛。而且,将这种情形认定为“及时”上交,明显不符合刑法的基本原理。因为在犯罪既遂后,除时效等原因外,

---

① 江苏省南通市中级人民法院刑事裁定书,(2003)通中刑二终字第028号。

不可能因为行为人的退赔、坦白、自首等而否认其行为构成犯罪。

案20:张三是A国有公司的总经理,主管招投标事务。李四为了拿到A国有公司的招标项目,到张三的办公室,给了他一个装有100万元现金的箱子,张三没有制止。后来,张三听说李四因行贿被检察机关调查,担心事情败露,于是赶紧把这些钱退还给了李四的妻子。在这种情况下,张三的行为还构成受贿罪吗?

本案中,张三明显具有受贿故意,应构成受贿罪。将作为行贿罪证据的财物退还给行贿人家属,还属于毁灭证据的行为,另构成帮助毁灭证据罪。

应该认为,《受贿案件意见》第9条第1款的规定只是为了说明,客观上虽然收受了他人财物,但主观上没有受贿故意的行为,不成立受贿罪。在实践中主要表现为以下几种情形:(1)国家工作人员明确拒绝请托人给付的财物,但请托人强行将财物留下,国家工作人员事后及时退还或者上交;(2)在请托人给付财物时,国家工作人员内心拒绝,但基于某种原因不能做出拒绝表示或者做出拒绝表示不合适,事后及时退还或者上交;(3)请托人在国家工作人员不知情的情况下,暗地里将财物置于国家工作人员支配的场所,国家工作人员发现后及时退还或者上交;(4)请托人将数额较大的财物伪装成价值微薄的小礼品送给国家工作人员,国家工作人员以为是小额礼品便接收,国家工作人员事后发现自己所接收的并非小额礼品,而是数额较大的财物而退还或者上交。

正因为《受贿案件意见》第9条第1款所规定的情形仅限于国家工作人员没有受贿故意的情形,所以,只能从行为人是否具有受贿故意的角度判断"及时"与否,不可能有一个具体明确的期限或者期间。换言之,单纯根据退还或者上交的时间判断国家工作人员是否具有受贿故意是不合适的。而且该款只是就部分判断资料作出的规定,而不是就没有受贿故意的全部情形作出的规定。所以,只要国家工作人员的客观行为符合受贿罪的客观构成要件,主观上具有受贿故意,即使及时退还或者上交的,也不影响受贿罪的成立。

概言之,《受贿案件意见》第9条第1款只是列举了常见的不具有受贿故意的情形。同样,第2款也只是对常见的行为人具有受贿故意应当以受贿罪论处的一种列举,因此,只要行为人客观上利用职务上的便利收受了他人财物,主观上具有受贿故意,即使不符合《受贿案件意见》第 2 款的规定,也要直接根据《刑法》第 385 条的规定认定为受贿罪既遂。

在贿赂罪中,行贿人不是受害人,行贿人将财物交付给国家工作人员之后,便丧失了对该财物的追求权。所以,国家工作人员不应当将请托人给予的财物退还给请托人。对于行贿的财物,从刑法的角度而言是行贿罪的行为构成之物,但从刑事诉讼法的角度而言,则是行贿罪的重要且关键的证据。显然,在国家工作人员客观上收受了请托人为谋取不正当利益而给予的财物后,将该财物退还给行贿人,意味着毁灭了请托人的行贿犯罪证据,妨害了司法,情节严重的,应当认定为帮助毁灭证据罪,与受贿罪数罪并罚。

对于国家工作人员将收受的财物退还给行贿人的行为,在符合犯罪构成的前提下以帮助毁灭证据罪论处,意味着禁止国家工作人员将收受的财物退还给行贿人。这对于预防贿赂犯罪具有重要意义。

9. 收受"价值连城"的赝品字画,构成受贿罪加重犯的未遂吗?

案 21:行贿人甲花了 500 万元买了一幅字画送给国家工作人员乙。甲、乙都以为该字画值 500 万元。但案发后经鉴定发现是赝品,只值 3 万元。

案 22:拍卖行专门给人提供赝品,比如物品原价值 2000 元,拍卖行在对方付给其 6000 元便出具证明,将赝品标明为真品。行贿人丙拿着一张写有价值 500 万元的发票和赝品送给国家工作人员丁。丙知道该物品是赝品,价值仅 3 万元。丁不知是赝品,欣然笑纳。

上述两案中,国家工作人员乙、丁均以为是数额特别巨大的财物而收下,实则仅为数额较大的赝品。对于国家工作人员乙、丁,能否认定为受贿数额特别巨大的未遂,而适用加重法定刑,就成为问题。两个案件的不同在于,案 21 中行贿人甲也以为是数额特别巨大的财物而奉送,案 22 中丙明知是数额较大的财物而冒充数额特别巨大的财物而送与。

关于刑法分则中的数额(特别)巨大有无未遂的问题,理论上争议很大。应该说,如果是盗窃、诈骗、贪污等财产犯罪,如果行为人已经对数额(特别)巨大的财物形成了具体、现实、紧迫的危险,如已经接近价值连城的国宝,则完全可能成立盗窃、诈骗、贪污等罪加重犯的未遂,适用加重法定刑,同时适用未遂犯从轻、减轻处罚的规定。但是受贿罪不是财产犯罪,虽然《刑法》也将受贿数额(特别)巨大规定为法定刑升格的条件,但是由于受贿罪是侵害职务行为的不可收买性的典型的渎职罪。数额大小并不能反映行为的法益侵害程度,所以不妨将受贿罪中的数额(特别)巨大看作客观处罚条件,相当于张明楷教授所称的"量刑规则",即只有客观上收受了数额(特别)巨大的财物的,才能适用加重法定刑。有人认为,可以将收受"价值连城"的赝品字画案件,认定为受贿罪中的(特别)严重情节的既遂。应该说,由于刑法分则中的(特别)严重情节,只能是客观方面反映法益侵害程度的要素,而不可能因为国家工作人员自以为收到数额特别巨大的财物,就对受贿罪所保护的法益——职务行为的不可收买性造成了特别严重的侵害。受贿罪中的法益侵害,只能是体现违背职责的程度。所以,将自以为收到价值连城的赝品字画案件评价为受贿罪加重犯的(特别)严重情节的既遂或者未遂,都不合适。只能认定为受贿罪的基本犯。

10. 如何认定受贿罪的共犯?

对于受贿罪的共犯,也只能根据共同犯罪的成立条件,即有无共同的受贿故意和共同的受贿行为进行认定。具体而言:(1)一般公民或者国家工作人员的家属教唆或者帮助国家工作人员受贿的,成立受贿罪的共犯。(2)国家工作人员的家属事前接受请托人的财物后,将实情告知国家工作人员,国家工作人员不要求家属及时退还或者上交的,国家工作人员与其家属成立受贿罪的共同犯罪;国家工作人员要求家属及时退还或者上交的,家属隐瞒真相没有退还或者上交的,国家工作人员不构成受贿罪,对家属不能以受贿罪的共犯论处,也不成立利用影响力受贿罪。(3)在请托人有求于国家工作人员的职务行为时,国家工作人员要求请托人将财物交付给第三人时,如果第三人知情并接收财物的,则第三人应以受贿罪的共犯论处。(4)国家工作人员将收受的房屋、汽车等登记在第三人名下时,第三人在登记前或者登记时知情并提供相关证件等帮助的,对第三人应以受贿罪的共犯论处;第三人事后才知情,不能认定为受贿罪的共犯。(5)国家工作人员索取、收受储蓄卡、购物卡、现金支票以及其他债权凭证后,第三人帮助国家工作人员将债权凭证转换为现金或者其他财物的,由于国家工作人员的受贿行为已经既遂,故第三人的行为不成立受贿罪的共犯;如果第三人知情,则应以洗钱罪或者掩饰、隐瞒犯罪所得罪论处。(6)国家工作人员与公司、企业等单位的工作人员(非国家工作人员)通谋,利用国家工作人员或者公司、企业人员的职务便利,或者同时利用双方的职务便利,索取或者收受贿赂的,分别以受贿罪和非国家工作人员受贿罪定罪处罚。

案23:犯罪嫌疑人甲、乙、丙、丁、戊、己6人是某执法中队的工作人员。2009~2013年,该6人利用行政执法人员报告、巡查、制止辖区内违章建设行为等职务上的便利,先后多次单独非法收受或伙同他人共同非法收受行贿人贿送的款物,并在巡查、制止"两违"的工作过程中为行贿人的违建行为提供关照和帮助。6人受贿的方式有两种:一种是私下接受违建业主的贿赂;另一种是一个嫌疑人到村社区进行巡查,发现违章建筑时进行制止,此时行贿人将贿赂款交给巡查的执法人员,行贿人知道给予该贿赂款后,其他行政执法队员也不会再来阻止违建。巡查人员收到贿赂款后,会将贿赂款分给其他行政执法中队人员,其他行政执法人员同样会对该违建业主予以关照。违建业主(行贿人)、收到贿赂款的执法中队人员,以及其他执法中队人员在长达数年的时间内已经形成这种"默契"。

本案中,对于前一种受贿的数额认定没有问题,收受的人对受贿数额负责,其他人不对该数额负责;对于后一种,由于已经形成了默契,认定为共同受贿没有任何疑问。因为行贿人给予其中一人的贿赂,并不只是让其中一人不再查处,而是期待整个执法中队都不再查处。事实上也是整个执法中队的所有人都不再查处。所以,行贿人给予的贿赂,是对执法中队所有人员的职务行为的不正当报酬,而不只是对到达现场的那个人的职务行为的报酬。6个人都应对全部的受贿数额负责。

案24:甲是国有飞机制造公司的总经理,乙是国有汽车制造公司的总经理。甲、乙二人互不相识,但均曾多次利用职务之便分别帮助过配件商丙。丙为了感谢二人,出资1000万元成立C品牌汽车的4S店有限责任公司,将甲、乙二人约在一起,送给甲30%股份,送给乙20%股份。在公司成立的过程中,三人一直共同参与、全程打理。为了能使公司顺利成立,甲、乙二人多次出面与C品牌汽车公司总经理洽谈,最终公司得以成立。

本案中,甲对乙能够顺利占有20%的股份起到了作用。同样,乙也对甲能够顺利占有30%的股份起到了作用。所以,甲、乙成立受贿罪的共犯,均对500万元受贿数额负责。

案25:某县级市市长甲利用职务便利为某工程队谋取了利益,工程队长乙送给甲两瓶酒。甲收下后打开一看,发现是50万元现金,甲立即给乙打电话让乙取回去,乙没有回来取。第二天甲又给乙打电话,但乙因有急事去了外地。等乙回到本市时,甲刚好去外地出差。甲在出差期间,放在家里的50万元现金被盗。于是,甲与常务副市长丙商量该事怎么办,丙说"算了吧",意思是不要告诉任何人,甲就没有报案,也没有向有关部门报告情况。后来盗窃犯被抓获,供述了此事。

本案中,甲在误将现金当美酒收下时,客观上虽然收受了现金,但主观上并没有收受现金的故意。现金被盗后甲在决定不报案时,确认了50万元现金与职务行为的对价关系或者交换关系,应当认定为受贿行为,同时产生了受贿故意,应当以受贿罪定罪处罚,丙成立受贿罪的教唆犯。

11. 国家工作人员虚假承诺的,构成诈骗罪吗?

国家工作人员利用职务上的便利收受请托人财物,就其职务范围内的事项做出为他人谋取利益的虚假承诺的,同时成立受贿罪与诈骗罪,想象竞合,从一重处罚。如果行贿人是出于谋取不正当利益而行贿的,成立行贿罪,不是被害人,官员收受的财物不应退赔、返还行贿人。但是如果行为人不是为谋取不正当利益而给予国家工作人员财物,则即便想象竞合从一重,最终以受贿罪定罪处罚,也应将所收受的财物退赔、返还给交付财物的人。

如果国家工作人员就其职务范围外的事项做出虚假承诺而索取或者收受他人财物的,不成立受贿罪,而是成立诈骗罪。如果行为人不是为谋取不正当利益而给予官员财物,则是诈骗罪的受害人,官员所收受的财物应当退赔或者返还行为人。如果是为谋取不正当利益而给予国家工作人员财物,则成立行贿罪,不是诈骗罪的受害人,不应要求退赔、返还财物。

12. 国家工作人员索要财物的,构成敲诈勒索罪吗?

在他人有求于国家工作人员时,国家工作人员向他人索要财物,无论是否为其职务范围内的事项,国家工作人员的行为都成立敲诈勒索罪,若是其职务范围内的事项,同时成立受贿罪。若他人不是出于谋取不正当利益而给予财物,则是敲诈勒索罪的被害人,无论是想象竞合从一重最终定受贿罪,还是仅成立敲诈勒索罪,国家工作人员所收受的财物都应退赔、返还他人。若他人是为谋取不正当利益而交付财物的,则是行贿人,不是被害人,所交付的财物不应要求退赔、返还。

13. 如何认定受贿罪的既遂?

由于受贿罪所保护的法益是公民对国家工作人员职务行为公正性的信赖或者职务行为的不可收买性,在索取贿赂的情况下,只要索要了财物,即便还没有最终取得财物,也因为已经侵害了法益,而成立受贿罪的既遂。在司法实践中,对于单纯利用职务上的便利索要贿赂,而没有现实取得贿赂的行为,一般都不会认定为受贿罪,或者仅认定为受贿未遂。原因之一就在于,司法机关将索取型受贿理解为索取并收受贿赂,实质的根源是将受贿罪视为财产犯罪(对收受财物后及时退还的不以任何犯罪论处,也说明了这一点)。对于收受贿赂型受贿,还是应以财物的取得作为受贿既遂的标准。

即使采取传统的既遂标准,对下列两种情形也应认定为受贿既遂:(1)国家工作人员索取或者收受财物后,将财物交给行贿方保管的,构成受贿既遂。(2)行为人与国家工作人员约定,如果没有办成事情则全额退款退货。在这种情况下,无论事情是否办成,事后是否退款退货,均成立受贿罪的既遂。

案26:某市市长高某通过钱某认识了刘某(女)后,很快与刘某发展成为情人关系。钱某从事房地产开发,为了能够拿到土地和工程,便欺骗高某,谎称刘某已经怀孕,刘某要找高某的麻烦,如果高某拿不出100万元,刘某就会闹事。高某信以为真,十分焦虑。钱某又谎称自己会先为高某垫付50万元,高某需要再找人垫付另外的50万元,等钱某工程上赚钱后,钱某就会帮高某还上另外的50万元。高某听后，当场打电话给张某，要求张某借给钱某50万元。此时，刘某已经被钱某安排到了外地。高某为了钱某能够替他还钱，就利用职务之便为钱某拿到了工程，钱某赚到钱之后，就将50万元还给了张某。

本案中，高某只是主观上认为自己已经收受了钱某100万元，但实际上，这样的事实并不存在。不能以高某自以为受贿了，就无论事实到底如何，将高某的行为认定为受贿罪。高某的行为属于受贿罪的不能犯。因为钱某虚构了事实，欺骗了高某，高某原本就不需要支付100万元，他也没有从钱某处得到100万元。在这个案件中，高某的行为无论如何也是不可能既遂的。不能因为钱某的谎言看似合情合理，就认定一般情况下高某就会受贿。钱某通过欺骗手段骗取了50万元借款，可以认为其客观上骗取了财产性利益。虽然钱某对50万元本身没有非法占有目的，但是对金钱的使用这一财产性利益则是具有非法占有目的的。在此意义上，钱某的行为成立对财产性利益的诈骗罪。不过，这一结论恐怕目前还不能被我国的司法机关接受。

14. 如何认定受贿数额？

受贿数额对受贿罪的定罪量刑意义重大。一般来说，(1)国家工作人员不明知财物的具体价值而索取或者收受的，按事后鉴定的财物数额计算。(2)国家工作人员收受财产性利益时，应当按获得财产性利益的价值计算，而不应按行贿人实际支出的成本计算。(3)国家工作人员收受原始股的，如果没有支付原始股的股本金，受贿数额宜按照上市第一天的股票价格全额计算；如果支付了原始股的股本金，受贿数额应扣除股本金的数额。(4)国家工作人员误收赝品的，按照赝品的实际价值计算受贿数额。(5)对于“退还”后再索取或者收受的，判断后一次索回收受是否构成新的受贿行为，如果得出肯定结论，应当将前后两次受贿数额相加计算等。

案27：国家工作人员甲多次为乙办事情。2012年甲所在单位的机关服务局开发了一个房地产项目（别墅），甲这样的干部才可以购买，每套别墅的价格为300万元。甲就让乙代自己去办理购房手续，但是只给了乙100

万元，乙垫付了200万元并落户在乙的亲属名下，但占用的是甲的购房资格。甲购买房屋的本意是投资并非自住，一年后甲让乙将房屋卖掉，当时房价已涨到500万元。乙将房屋卖掉之后，扣除了自己垫付的200万元，将剩余的300万元交给甲。

本案中，由于是垫付，如果要定罪，受贿数额只能是200万元1年的利息。在德国、日本，公务员向有求于自己的人借款，即使支付利息，也可能构成受贿罪。但我国实践中还没有这样认定。

案28：甲向国家工作人员乙声称要开发某绝对赚钱的项目，请乙投资500万元占10%的股份。但是乙说自己没钱。甲说"没关系，我借给你500万元"。但既没有写借条，也没有说借多久。前3年未分红，第4年甲要收购股权，说乙10%的股份值2000万元，便以2000万元收购。

本案中，如果认为投资的500万元是借款，则500万元投资的利息是受贿数额，2000万元作为孳息予以没收。如果认为不是借款，则2000万元是受贿数额。

案29：甲是国家工作人员，多次利用职务之便帮助过乙。后甲的妻子要开公司，甲向乙借了100万元，双方签订了借款合同，合同约定了1年的还款期和借款利率。1年后，乙觉得甲多次帮助过自己，就不再想讨回借款，甲看乙不向自己要钱，觉得乙可能不会要钱了，也就没有要还的意思。8年后，甲因单位同事向他人借款300万元未还被判有罪因而担心出事，于是立即向乙归还了100万元。

本案中，甲在1年后不准备归还这100万元时，乙是心知肚明的。在这种情况下，双方就已经达成了权钱交易的约定，这时就已经受贿既遂了。不能认为甲受贿的是100万元现金。因为甲当初确实是向乙借款。既然是在1年后双方确认了100万元债务的免除，就只能将100万元的1年利息数额和本金的数额认定为受贿数额。

案30：国家工作人员甲调到异地任职后，购买了一套别墅。甲委托有求于自己职务行为的乙帮自己找人装修别墅，乙找到了负责装修的丙。双方既没有谈预算，也没有签合同，由丙垫钱先行装修。装修完成后，丙向乙提出装修款总共230万元。甲认为太贵，只给了乙100万元，乙将这100万元和自己的20万元交给丙,还差110万元未付。乙对丙说,以后多给你介绍业务,110万元你就不要收了。丙知道别墅主人是领导,表示同意。

本案中甲的行为构成受贿罪没有疑问,所争议的是,受贿数额是130万元还是20万元。甲知道自己应当支付230万元,但自己只支付了100万元,剩余的130万元就只能由乙负责解决。甲只是不知道这130万元是完全由乙支付,还是乙采取其他的办法。所以,认定甲对130万元具有受贿故意是没有任何问题的。

案31:某房地产开发公司老板甲向国家工作人员乙行贿,双方签订了购房合同,公司把价值170万元的房屋送给乙,并登记在乙妻子名下。登记4个月之后,乙担心自己被查处,把房子又过户到甲名下。甲认为乙帮了自己不少忙,就又将一张存了100万元的银行卡交给乙,乙收下。对于本案的受贿数额,存在270万元、170万元、100万元三种观点。

本案认定的关键在于,后面的一次行为究竟是独立的行贿、受贿,还是受贿后的财物与行贿人的其他财物的交换问题。后一次行为是不是新的受贿行为,应综合考虑对方的请托事项的多少(是否只有同一请托事项),请托事项是否已经完成(是否仍有其他请托事项),退回的财物与索回的财物是否具有同一性,在单位行贿的场合退回时的接受者与索回时的对象是否具有同一性等因素,判断后一次行为是否构成新的受贿行为。如果得出肯定结论,就应当将前后两次受贿数额相加计算;如果得出否定结论,就认定为一次受贿。本书倾向于将本案的受贿数额认定为170万元。

第二节　单位受贿罪

·导　读·

单位受贿罪,是指国家机关、国有公司、企业、事业单位、人民团体,索取、非法收受他人财物,为他人谋取利益,情节严重的行为。

单位受贿罪不同于受贿罪的地方在于，前者主体是国家机关、国有公司、企业、事业单位、人民团体，后者是国家工作人员；前者索取他人财物也要求为他人谋取利益，后者索取他人财物的不要求为他人谋取利益。区别单位受贿罪与受贿罪的关键在于索取、收受财物的归属，全部或者主要归属于本单位的，成立单位受贿罪，反之，成立受贿罪。

单位受贿罪的认定要点在于本罪与受贿罪的区分。

条 文

第三百八十七条 【单位受贿罪】国家机关、国有公司、企业、事业单位、人民团体，索取、非法收受他人财物，为他人谋取利益，情节严重的，对单位判处罚金，并对其直接负责的主管人员和其他直接责任人员，处三年以下有期徒刑或者拘役；情节特别严重的，处三年以上十年以下有期徒刑。

前款所列单位，在经济往来中，在账外暗中收受各种名义的回扣、手续费的，以受贿论，依照前款的规定处罚。

罪名精释

1. 如何区分单位受贿罪与受贿罪？

案1：被告人甲是某县人民防空办公室领导，在人防工程招标过程中，一家外地公司中标。甲随后向中标公司谎称：招标工作花费了80万元，但人防经费紧张，希望公司承担一半。中标公司按甲的示意将40万元交付给人防办长期挂单的一家饭店，并收到饭店开具的发票。甲将其中的5万元用于偿还人防办餐费，将剩余的35万元据为己有。

本案中，招标工作花费了80万元其实是甲虚构的事实，可以说，甲是通过欺骗方法让中标公司给自己好处，所以本案中甲的行为成立受贿罪与诈骗罪的想象竞合。根据《贪贿案件解释》中"国家工作人员出于贪污、受贿的故意，非法占有公共财物、收受他人财物之后，将赃款赃物用于单位公务支出或者社会捐赠的,不影响贪污罪、受贿罪的认定,但量刑时可以酌情考虑”的规定,甲的诈骗、受贿的数额是40万元,而不是35万元。本案中,虽然甲是以单位名义索要财物,但所得财物完全归自己占有支配,所以成立的是受贿罪,不是单位受贿罪。

案2:税务所长乙要求企业赞助100万元供单位外出旅游,乙将收到的100万元中的50万元用于本单位旅游,其余50万元用于举办自己女儿的婚宴。

本案中,税务所长乙事实上是以单位名义为了本单位员工外出旅游而索取贿赂100万元,所索取的财物属于单位的财物,首先成立单位受贿罪。未用完的50万元还是单位的财物,乙据为己有,当然成立贪污罪。所以,乙作为单位直接负责的主管人员成立单位受贿罪,数额为100万元,另外成立贪污罪,数额为50万元,数罪并罚。

单位受贿罪的法定最高刑仅为10年有期徒刑,远低于法定最高刑为死刑的受贿罪,而且立案的数额起点标准也相差悬殊,所以准确区分二者十分重要。二者的区别在于两点:一是单位受贿罪的主体是国家机关、国有公司、企业、事业单位、人民团体,后者是国家工作人员,是个人;二是前者索取贿赂也要求为他人谋取利益,后者索取贿赂的,不要求为他人谋取利益。当然,第二点的区别只是表面的,因为贿赂犯罪中的“为他人谋取利益”,只是说明所收受的财物与国家工作人员职务行为之间存在对价关系,并不需要国家工作人员现实实施为他人谋取利益的行为。

即便为单位犯罪,也是需要自然人实施索取、收受财物和为他人谋取利益的行为,所以,是单位受贿罪还是(个人)受贿罪,只能从所索取、收受的财物的归属,或者说利益的归属上进行区分把握。贿赂全部或者主要归属于个人的,成立受贿罪,反之,成立单位受贿罪。

2. 单位受贿的危害性小于国家工作人员个人受贿吗?

从理论上讲,显然是单位受贿的危害性更大。例如,一个实施了多起杀人案件的黑社会性质组织的头目,本应被判处死刑,但因为黑社会性质组织送给法院

3000万元建法官宿舍楼，法院对该头目从轻发落，仅判处3年有期徒刑缓期5年执行。这种单位受贿的危害性相较法院院长个人收受3000万贿赂的危害性有过之而无不及。但《刑法》规定单位受贿罪的法定最高刑仅为10年有期徒刑，而受贿罪的法定最高刑为死刑。二者相差悬殊。

在刑法中，像贿赂犯罪这样对于单位实施及以单位为对象实施的行为单独设置罪名和法定刑，是极为罕见的。现行刑法在自然人受贿、行贿罪之外，还专门规定了单位受贿罪、对单位行贿罪、单位行贿罪。这种规定存在明显的不足。

首先，不宜将单位受贿犯罪的主体扩大到国有公司、企业、事业单位、人民团体。因为这样会形成对国有性质与非国有性质单位的不平等保护。而且，对于国有公司、企业、事业单位、人民团体实施的受贿行为，追究其单位直接负责的主管人员和其他直接责任人员，即足以保护法益。此外，虽有学者认为国家机关不适宜作为单位受贿罪的主体，但本书认为，国家机关应为单位受贿的唯一主体。一是既然《刑法》第30条已明文规定机关可以成为单位犯罪的主体，继续纠缠于机关不具备刑罚能力之类的问题，恐怕没有实际意义；二是不仅现实生活中存在大量的国家机关出卖国家权力以换取不正当好处的现象，如法院、检察院为本单位谋取利益而兜售审判、检察权，而且这种现象所产生的社会危害性与自然人受贿相比，实在是有过之而无不及。

其次，单位受贿罪、对单位行贿罪、单位行贿罪的法定刑，明显与自然人犯相应犯罪不协调。具体而言，一是自然人受贿的法定最高刑为死刑，而社会危害性有过之而无不及的单位受贿的法定最高刑仅为10年有期徒刑；二是为谋取不正当利益给予国家工作人员个人以财物而构成的行贿罪，法定最高刑为无期徒刑，而为谋取不正当利益，给予国家机关等国有单位财物的，按说社会危害性更大，但对单位行贿罪的法定最高刑仅为7年有期徒刑；三是个人对国家工作人员行贿的，法定最高刑为无期徒刑，而社会危害性并不轻的单位对国家工作人员个人行贿的，法定最高刑仅为10年有期徒刑。

最后，设置繁多的单位贿赂犯罪罪名浪费司法资源，应按照前后两款分别规定自然人犯罪和单位犯罪的立法惯例，对相应条文进行改造。一是将国家机关受贿作为第385条(受贿罪条文)第2款加以规定,并与国家工作人员受贿适用同样的法定刑;二是将对单位行贿罪、单位行贿罪与行贿罪条文进行合并,可以将第389条修改为:“基于国家机关工作人员或者国家机关的职务,任何人给予或者许诺给予国家机关工作人员或者国家机关任何不正当好处的,处……单位犯前款罪的,对单位判处罚金,并对其直接负责的主管人员和其他直接责任人员,依照前款的规定处罚。”

既然从立法论上讲单位贿赂犯罪的设置十分不合理,作为解释论,就应当最大限度地限制单位贿赂犯罪的适用。对于利益完全或者主要归属于个人的,应认定为个人行贿、受贿罪。

3. 成立本罪,是否需要所收受的财物具有职务关联性?

职务关联性是贿赂犯罪的本质,只有能够肯定所索取、收受的财物与国家工作人员的职务行为之间存在对价关系,具有权钱交易性质,才能认定为受贿犯罪。单位受贿也不例外,只有能够肯定国有单位索取、收受的财物与国有单位工作人员职务行为之间存在对价关系,具有权钱交易的性质,才能认定为贿赂和成立单位受贿罪。

4.《刑法》分则中“回扣、手续费”条款,是注意规定还是法律拟制?

《刑法》分则中关于在经济往来中给予或者收受回扣、手续费按照受贿、行贿论处的条款,有第163条第2款、第385条第2款、第387条第2款、第389条第2款。由于发生在经济往来中的给予和收受回扣、手续费行为,相对于发生在人事晋升等其他领域,危害性要小,所以给予或者收受回扣、手续费的以行贿、受贿论处,必须符合行贿罪、受贿罪、非国家工作人员受贿罪、单位受贿罪中“为谋取不正当利益”“利用职务上的便利”“为他人谋取利益”等成立条件,否则不能以相关犯罪论处。因此,这些规定均属于注意规定,而非法律拟制。

《刑法》第387条第2款关于“在经济往来中,在账外暗中收受各种名义的回扣手续费,以受贿论,依照前款的规定处罚”的规定,亦属于注意规定。因此,国家机关、国有公司、企业、事业单位、人民团体在经济往来中,在账外暗中收受各种名义的回扣、手续费的,只有利用职务上的便利,为他人谋取利益,才能以受贿论和构成单位受贿罪。

第三节 利用影响力受贿罪

·导 读·

国家工作人员的近亲属或者其他与该国家工作人员关系密切的人,通过该国家工作人员职务上的行为,或者利用该国家工作人员职权或者地位形成的便利条件,通过其他国家工作人员的职务行为,为请托人谋取不正当利益,索取、收受请托人财物,数额较大或者有其他较重情节的,以及离职的国家工作人员或者其近亲属以及其他与其关系密切的人,利用该离职的国家工作人员原职权或者地位形成的便利条件实施上述行为,构成利用影响力受贿罪。

《刑法修正案(七)》之所以增设利用影响力受贿罪,是因为往往难以证明国家工作人员对其亲属索取、收受财物知情,没有受贿故意,不能成立受贿罪,其亲属不是国家工作人员,单独不能成立受贿罪,从而形成了处罚漏洞。为弥补处罚漏洞和落实我国加入的《联合国反腐败公约》的规定,《刑法修正案(七)》专门增设本罪。若国家工作人员知情,则成立受贿共犯。本罪的实行行为是索取、收受财物和向国家工作人员转达请托事项,只有国家工作人员许诺为请托人谋取不正当利益,才能成立本罪的既遂。

利用影响力受贿罪的认定要点:(1)本罪的立法目的;(2)实行行为和既遂标准;(3)本罪与普通受贿和斡旋受贿的区分;(4)与受贿共犯的区分;(5)“关系密切人”的认定。

条 文

第三百八十八条之一 【利用影响力受贿罪】国家工作人员的近亲属或者其他与该国家工作人员关系密切的人,通过该国家工作人员职务上的行为,或者利用该国家工作人员职权或者地位形成的便利条件,通过其他国家工作人员职务上的行为,为请托人谋取不正当利益,索取请托人财物或者收受请托人财物,数额较大或者有其他较重情节的,处三年以下有期徒刑或者拘役,并处罚金;数额巨大或者有其他严重情节的,处三年以上七年以下有期徒刑,并处罚金;数额特别巨大或者有其他特别严重情节的,处七年以上有期徒刑,并处罚金或者没收财产。

离职的国家工作人员或者其近亲属以及其他与其关系密切的人,利用该离职的国家工作人员原职权或者地位形成的便利条件实施前款行为的,依照前款的规定定罪处罚。

罪名精释

1.《刑法修正案(七)》为何增设利用影响力受贿罪?

案1:甲是某省移动公司副总经理,负责省移动公司的相关业务。丙得知这一信息后,邀请甲的弟弟乙和自己一起成立了一家公司,给乙40%的股份,但乙并没有出资。丙要求乙通过甲把移动公司的业务做进来。乙跟甲说明了这个情况,甲同意了。此后两三年,乙通过甲的关系或者打着甲的旗号拉了很多项目,分得利润92万元,但甲没有从中获得任何好处。

本案中,甲的行为是否成立受贿罪,取决于受贿罪中有无规定收受财物包括第三人收受。应该说,我国现行刑法所规定的受贿罪,并没有将索取财物与收受财物限定为国家工作人员直接取得财物,所以,行贿人基于国家工作人员的职务行为而将贿赂给予与国家工作人员有密切关系的第三人的,以及国家工作人员要求请托人将贿赂交付给第三人的,国家工作人员都可能成立受贿罪。本案中的甲完全知情,当然成立受贿罪。乙的行为可以说是受贿罪的共犯与利用影响力受贿罪的想象竞合,丙的行为也是行贿罪与对有影响力的人行贿罪的想象竞合。

实务中,一些国家工作人员的亲友或者离职的国家工作人员接受他人的请托,利用自己对国家工作人员的影响力,通过国家工作人员为请托人谋取不正当利益,索取其他人财物或者收受请托人财物,其腐败性质本来不言而喻,但案发后,直接为请托人谋利的国家工作人员以不知道其亲友等接受了请托人财物为由,推脱自己受贿犯罪的责任,相关的证据也往往难以证明国家工作人员明知其亲友或其他关系密切的人接受了请托人的财物,主观上的受贿故意无法认定。直接接受财物的亲友和已经离职的国家工作人员,因为不具备国家工作人员这一受贿罪的主体身份,在《刑法修正案(七)》通过前的刑法规范体系中无法单独评价为受贿罪。尽管在政策层面,一直强调领导干部不仅要对自己严格要求,还要管好自己的亲属和身边人,但由于刑法规定的缺失,还是留下了一个腐败可资利用的漏洞。为了弥补处罚漏洞,也为了落实我国加入的《联合国反腐败公约》的规定,《刑法修正案(七)》专门增设了利用影响力受贿罪。

2. 本罪的实行行为与既遂标准是什么?

案2:被告人陈某平的丈夫杨某某系某电力集团副总经理兼工贸公司经理,行贿人王某某系电厂货物供应商。2009年5月的一天,被告人陈某平与王某某闲逛时称钱包被偷,王某某当即送被告人陈某平现金4000元。2009年下半年的一天,被告人陈某平提出无钱装修新房,王某某为了能得到陈某平丈夫杨某某的照顾,使自己给电厂供应货物的生意做得顺利,当即送了一张内存50,000元的银行卡给被告人陈某平。2009年七八月的一天,王某某在与陈某平一起吃饭时,送给陈某平现金20,000元。法院认为,“上诉人(原审被告人)陈某平利用其丈夫杨某某担任某电力集团副总经理兼工贸公司经理的职务影响,非法收受他人贿赂共计人民币74,000元,其行为已构成利用影响力受贿罪”。[①]

① 河南省洛阳市中级人民法院刑事判决书,(2010)洛刑一终字第112号。

本书认为上述认定存疑。本案在没有查明被告人是否向其丈夫转达了请托事项，以及其丈夫是否许诺为请托人谋取不正当利益的情况下，是不能认定利用影响力受贿罪既遂的成立的。

利用影响力受贿罪包括4种情形：(1)关系密切的人通过国家工作人员职务上的行为为请托人谋取不正当利益，索取或收受请托人财物；(2)关系密切的人利用国家工作人员职权或者地位形成的便利条件，通过其他国家工作人员职务上的行为，为请托人谋取不正当利益，索取或者收受请托人财物；(3)离职的国家工作人员利用原职权或者地位形成的便利条件，通过国家工作人员职务上的行为，为请托人谋取不正当利益，索取或者收受请托人财物；(4)与离职的国家工作人员关系密切的人，利用离职的国家工作人员原职权或者地位形成的便利条件，通过国家工作人员职务上的行为，为请托人谋取不正当利益，索取或者收受请托人财物。

理论上并未明确该罪的实行行为。从司法实践看，大多数利用影响力受贿案件中，行为人既收受了贿赂，也斡旋其他国家工作人员实际上为请托人谋取了不正当利益，[①]但也有个别判例，行为人只是利用了其近亲属职务上的影响，非法收受他人财物，而未实际为他人谋取不正当利益，即被法院认定成立利用影响力受贿罪，如案2。

由于利用影响力受贿罪的主体不是国家工作人员，没有职务行为，故财物与职务行为之间的对价关系并不明显，只有在国家工作人员至少许诺了为请托人谋取不正当利益时，行为人所索取、收受的财物才与国家工作人员的职务行为之间形成对价关系，所收受的财物才具有贿赂性质，行为才侵害了国家工作人员职务行为的公正性和民众对国家工作人员职务行为公正性的信赖，才能认定本罪既遂的成立。换言之，如果国家工作人员的近亲属或者其他与国家工作人员关系密切的人，索取或者收受了请托人的财物，但并没有要求国家工作人员为请托人谋取不正当利益，或者虽然要求国家工作人员为请托人谋取不正当利益，但国

① 河南省漯河市中级人民法院刑事判决书，(2012)漯刑一终字第4号；江苏省南京市浦口区人民法院刑事判决书，(2011)浦刑初字第283号；河南省濮阳市中级人民法院刑事裁定书，(2013)濮中刑二终字第19号；甘肃省天水市秦州区人民法院刑事判决书，(2012)天秦刑初字第119号。

家工作人员并不许诺为请托人谋取不正当利益,就没有侵害本罪所保护的法益,不能认定成立本罪。

如果认为只有国家工作人员实际实施了为请托人谋取不正当利益的行为,行为人才成立本罪,本罪就是实害犯,若认为只需要国家工作人员许诺为请托人谋取不正当利益,行为人就成立本罪,本罪就是危险犯。应该说,实害犯的观点导致本罪的处罚过于迟延,不利于对法益的保护。本罪是危险犯,只要行为人索取、收受了请托人的财物,并且国家工作人员许诺为请托人谋取不正当利益,行为人就成立本罪的既遂。

综上,本罪的实行行为为索取、收受财物和向国家工作人员转达请托事项;只有在国家工作人员许诺为请托人谋取不正当利益时,才成立本罪的既遂。

3. 本罪与(斡旋)受贿的区别何在?

本罪与普通受贿罪的区别在于:一是本罪的主体不是国家工作人员,只能通过国家工作人员的职务行为为请托人谋取不正当利益,而普通受贿罪的主体是国家工作人员,系通过自己的职务行为为请托人谋取利益;二是本罪要求谋取不正当利益,而普通受贿罪不限于谋取不正当利益,为他人谋取正当利益也构成犯罪;三是本罪不仅要求索取、收受了财物,还要求国家工作人员至少许诺为请托人谋取不正当利益,才成立本罪的既遂,而普通受贿罪只要索取、收受了作为职务行为对价的财物,不待为他人谋取利益,就成立本罪的既遂。

本罪与斡旋受贿(第388条)的共同点在于,都是通过斡旋其他国家工作人员的职务行为为请托人谋取不正当利益。不同点在于,本罪的主体不是国家工作人员,而斡旋受贿的主体是国家工作人员。正因为本罪的主体不是国家工作人员,所以只有国家工作人员许诺为请托人谋取不正当利益时,行为人索取、收受的财物才与国家工作人员的职务行为之间形成对价关系,财物才具有贿赂性质,行为才侵害法益,才成立利用影响力受贿罪的既遂。而由于斡旋受贿的主体本身就是国家工作人员,所以只要索取、收受了财物,就能与国家工作人员的职务行为之间形成对价关系,财物就具有贿赂性质,就侵害了法益,就成立(斡旋)受贿罪的既遂。

4. 如何区分本罪与受贿罪的共犯?

案3:A公司老板甲想得到领导乙的关照,就将公司的干股给乙的儿子丙。丙利用其父亲乙的影响力四处活动,乙此时并不知情。后来,在丙把干股兑换成1000万元现金后,有关部门要对公司重大项目进行调整。由于该重大项目明显存在违规问题会受到查处,于是,丙就对乙讲了真相,让乙向有关部门打招呼,不要调查该项目。乙知道丙得到了1000万元现金,就向有关部门打招呼,有关部门没有对该公司项目进行调整。

本案中,刚开始丙收受甲的干股后利用其父亲的影响力四处活动乙不知情时,丙单独成立利用影响力受贿罪,甲成立对有影响力的人行贿罪。后来乙知道丙收受了财物,还向相关部门打招呼,就具有了受贿故意,成立受贿罪。丙成立受贿罪的共犯与利用影响力受贿罪的想象竞合,从一重处罚。

单独成立本罪的前提是国家工作人员对行为人索取、收受财物不知情,若知情,则国家工作人员成立受贿罪,行为人成立受贿罪的共犯,行为人还成立本罪,与受贿罪的共犯形成想象竞合,从一重处罚。质言之,是成立受贿罪的共犯还是单独成立利用影响力受贿罪的关键在于,国家工作人员对行为人索取、收受请托人财物是否知情。

5. “关系密切的人”等于“关系好的人”吗?

人们习惯于认为,与国家工作人员关系密切的人就是与国家工作人员关系好的人。其实不然,“与国家工作人员关系密切的人”并不等于“与国家工作人员关系好的人”,而是指由于某种原因国家工作人员容易为其行使不正当职权的人。例如,基于偶然原因掌握国家工作人员隐私的人,也属于“与国家工作人员关系密切的人”。也就是说,凡是客观上能够通过国家工作人员职务上的行为,或者利用国家工作人员职权或者地位形成的便利条件,通过其他国家工作人员职务上的行为,为请托人谋取不正当利益的人,基本上都是与国家工作人员关系密切的人。与离职的国家工作人员关系密切的人,也是如此。

第四节 行 贿 罪

·导 读·

行贿罪,是指为谋取不正当利益,给予国家工作人员以财物的行为。行贿罪保护的法益是国家工作人员职务行为的不可收买性。

如果客观上属于正当利益,而行为人误以为是不正当利益的,不能认定为行贿罪。行贿罪与受贿罪虽然是对向犯,但并不意味着一方行为成立犯罪时另一方行为也必然成立犯罪。成立经济往来中的行贿罪,也需要“为谋取不正当利益”。主张行贿罪与受贿罪应当并重处罚的“并重论”缺乏合理根据。对行贿罪不能判处高于对应的受贿罪的刑罚。作为行贿罪加重法定刑适用条件的“因行贿谋取不正当利益,情节严重”以及“情节特别严重”,是指因行贿谋取了(特别)严重的或者(特别)重大的不正当利益,而不能是司法解释所规定的行贿数额(特别)巨大的单纯行贿情节严重。《刑法修正案(九)》将原刑法中的“行贿人在被追诉前主动交代行贿行为的,可以减轻处罚或者免除处罚”的规定,修改为“可以从轻或者减轻处罚”。笔者对此持有异议,认为这一修改是刑事政策上的重大失误,不符合“置贿赂者于囚徒困境”的原理。应对第 390 条第 2 款的适用条件采取宽和态度、进行扩大解释,从而尽可能避免刑事立法失误可能造成的不利后果。

行贿罪的认定要点:(1)“为谋取不正当利益”的理解认定;(2)“给予国家工作人员以财物”的理解;(3)第 389 条第 2 款规定的性质;(4)第 389 条第 3 款规定的理解适用;(5)行贿罪加重情节的适用;(6)第 390 条第 2 款的适用。

条　文

第三百八十九条　【行贿罪】为谋取不正当利益,给予国家工作人员以财物的,是行贿罪。

在经济往来中,违反国家规定,给予国家工作人员以财物,数额较大的,或者违反国家规定,给予国家工作人员以各种名义的回扣、手续费的,以行贿论处。

因被勒索给予国家工作人员以财物,没有获得不正当利益的,不是行贿。

第三百九十条　对犯行贿罪的,处三年以下有期徒刑或者拘役,并处罚金;因行贿谋取不正当利益,情节严重的,或者使国家利益遭受重大损失的,处三年以上十年以下有期徒刑,并处罚金;情节特别严重的,或者使国家利益遭受特别重大损失的,处十年以上有期徒刑或者无期徒刑,并处罚金或者没收财产。

有下列情形之一的,从重处罚:

(一)多次行贿或者向多人行贿的;

(二)国家工作人员行贿的;

(三)在国家重点工程、重大项目中行贿的;

(四)为谋取职务、职级晋升、调整行贿的;

(五)对监察、行政执法、司法工作人员行贿的;

(六)在生态环境、财政金融、安全生产、食品药品、防灾救灾、社会保障、教育、医疗等领域行贿,实施违法犯罪活动的;

(七)将违法所得用于行贿的。

行贿人在被追诉前主动交待行贿行为的,可以从轻或者减轻处罚。其中,犯罪较轻的,对调查突破、侦破重大案件起关键作用的,或者有重大立功表现的,可以减轻或者免除处罚。

罪名精释

1. 想谋取不正当利益但实际谋取正当利益的,构成行贿罪吗?

案1:某企业原本应当获得国家的某项补贴,但企业负责人甲不知情,于是他以谋取不正当补贴的心理，向有关国家机关负责人乙提出请求，并送给乙50万元现金。乙随后发现甲的企业完全符合获得这项补贴的条件，甲的企业最后也获得了补贴。

如果认为“为谋取不正当利益”只是一种主观想法，无论行为人客观上谋取的是否为不正当利益，都构成行贿罪，则本案中的甲构成行贿罪。但是应当认为，“为谋取不正当利益”，是考虑我国许多制度不健全、国民普遍“办事难”的现状而设置的限制行贿罪处罚范围的要素。所以，“为谋取不正当利益”，并不是一个纯主观的想法，还要求行为人所谋取的利益在客观上具有不正当性。换言之，关于利益是否正当，需要进行客观的判断。如果客观上属于正当利益，而行为人误以为是不正当利益的，不成立行贿罪。案1中，甲虽然有谋取不正当利益的想法，是“为谋取不正当利益”而行贿，但他在客观上完全没有谋取不正当利益，因为他的企业本来就是符合获得补贴要求的。在这种情况下，甲的行为不符合行贿罪的主观要素，不成立行贿罪。

也就是说，要成立行贿罪，不仅要求行为人主观上必须出于谋取不正当利益的意图，而且意图谋取的利益客观上亦属于不正当利益。此外，在国家工作人员已经利用职务上的便利为其谋取了不正当利益的情况下，行为人事后作为感谢，给予国家工作人员以财物的，财物与国家工作人员职务行为之间存在对价关系，从而侵害了国家工作人员职务行为的不可收买性，也成立行贿罪。从这个角度讲，“为他人谋取利益”，既是主观要素，也是客观要素。

2. 送钱给领导的弟弟，属于“给予国家工作人员以财物”构成行贿罪吗？

案2：甲是房地产开发商，打算和某村协商开发该村的某地块。此时，负责城市建设的副市长向村里打招呼，要求该村把这个地块留下，说上级某领导的子女要开发这块土地，事后查明其实是副市长的弟弟要开发。甲了解情况后，知道了事实的真相，为了取得土地开发权，甲找到副市长后提出他愿意提供一笔钱，让副市长的弟弟退出这个地块的开发。在甲给副市长的弟弟1000万元之后，副市长向该村打招呼，甲马上就顺利地成为该块地的开发商。

国家工作人员指示行贿人将财物交付第三人的,也构成受贿罪。然而,行贿罪的构成要件是"给予国家工作人员以财物"。如果行为人给予财物的对象是国家工作人员的妻子或者丈夫,可以认定为行贿罪。但在本案中,甲将财物给予了国家工作人员的弟弟,在国家工作人员的弟弟已经成年,且与国家工作人员分门别居的情况下,能否将甲的行为认定为"给予国家工作人员以财物",就成为问题。

应当说,给予副市长弟弟财物,同样是满足国家工作人员要求和收买国家工作人员职务行为的方式,侵害了行贿罪所保护的法益——职务行为的不可收买性。何况,甲与副市长弟弟本无交集,不可能无缘由地送其 1000 万元财物。之所以这样做,无非就是要收买副市长的职务行为为其谋取不正当利益。本案中,副市长的行为毫无疑问构成受贿罪,在有人构成受贿罪的情况下,不可能没有行贿人,当然行贿人是否构成行贿罪另当别论。本案中,甲原本就与某村协商好了要开发这块地,是副市长滥用职权介入才使甲难以开发那块地。从这点上看,也可以说甲不是为了谋取不正当利益,不成立行贿罪。但即便如此,也不能否认甲的行为属于"给予国家工作人员以财物",属于行贿人。

综上,如果行为人给予第三人以财物,能够等同于给予国家工作人员本人以财物,能够收买国家工作人员的职务行为,就不影响行贿的评价。

3. 成立经济往来中的行贿罪,也要求"为谋取不正当利益"吗?

《刑法》第 389 条第 2 款规定:"在经济往来中,违反国家规定,给予国家工作人员以财物,数额较大的,或者违反国家规定,给予国家工作人员以各种名义的回扣、手续费的,以行贿论处。"如果认为该款是法律拟制,则成立经济往来中的行贿罪无须"为他人谋取不正当利益"这一要件。若认为该款属于注意规定,则仍然需要具备"为谋取不正当利益"这一要素,即成立行贿罪,行为必须完全符合行贿罪的构成要件。

常识告诉我们,发生在经济往来中的行贿行为,社会危害性即法益侵害性并不必然大于甚至通常还小于发生在其他领域的行贿行为,如买官行为。既然发生在其他领域的行贿罪都要求"为谋取不正当利益",那就没有理由对发生在经济往来中的行贿罪取消这个要求。也就是说,发生在经济往来中的行贿罪,也要满足“为谋取不正当利益”这一主观要素。

4. 行贿受贿是对向犯,意味着一方成立犯罪时另一方必然也成立犯罪吗?

行贿罪与受贿罪是对向犯,也叫对合犯。通常情况下,行贿方与受贿方同时成立犯罪,但这并不意味着一方成立犯罪时,另一方必然成立犯罪。例如,行为人为谋取正当利益给予国家工作人员以财物的,国家工作人员构成受贿罪,但行为人不构成行贿罪。又如,行为人被国家工作人员索取贿赂,没有获得不正当利益的,国家工作人员构成受贿罪,但行为人不构成行贿罪。再如,国家工作人员没有受贿的故意,收到行贿人主动交付的财物后及时上交有关部门,或者退给行为人,则国家工作人员不构成受贿罪,但行为人构成行贿罪。当然,国家工作人员及时将财物退回行为人的,虽然国家工作人员因为没有受贿故意而不成立受贿罪,但完全可能构成帮助毁灭证据罪。

5. 如何理解《刑法》第389条第3款?

案3:负责项目审批的国家机关工作人员甲向从事相关商业活动的乙索贿。乙将财物交给甲之后,在还没有获得甲允诺的任何好处时,甲被抓捕归案,同时也关押了乙。监委考虑到乙当时并没有获得不正当的利益,就根据《刑法》第389条第3款“因被勒索给予国家工作人员以财物,没有获得不正当利益的,不是行贿”的规定,将乙释放。但在庭审过程中,由于没有充分证据对甲定罪,甲最终被无罪释放。甲回到原来的工作岗位以后,考虑到自己收取了乙很多钱,就利用职权兑现了对乙的允诺,使乙获取了不正当利益。

应该说,第389条第3款中的“勒索”,就是对应受贿罪中的“索取”,不应当在索取的基础上另外附加其他条件。该款是对行为人有利的规定,所以不应对其进行限制解释,如将“被勒索”限定为“被严重的勒索”。没有获取不正当利益,是指没有获得由实施勒索行为的国家工作人员利用职务所谋取的不正当利益,而不是指没有获得任何利益。一方面,获得正当利益的,当然不是行贿;另一方面,虽然获得了不正当利益,但不正当利益的获得与实施勒索行为的国家工作人员的职务行为没有关系的,也不是行贿。最后,应当以案发时间为基准认定行为人是否获得不正当利益;如果是在案发后获得了不正当利益的,对行为人不应当以行贿罪论处。

案3中的乙虽然最终获得了甲利用职务为其谋取的不正当利益,但不正当利益的获得是在案发之后,所获得的不正当利益与之前因被勒索而交付的财物之间的对价关系不明显,而且,后来甲出来后利用职务为乙谋取不正当利益,也不是乙所能控制的,所以不宜认定本案中乙的行为构成行贿罪。

由于刑法只是禁止不利于被告人的类推解释,并不禁止对有利于被告人的规定的类推适用。第3款是有利于被告人的规定,故可以类推适用其他行贿犯罪,如对单位行贿罪、单位行贿罪、对有影响力的人行贿罪、对非国家工作人员行贿罪。例如,单位因被勒索给予国家工作人员以财物,没有获得不正当利益的,不构成单位行贿罪。

6. 主张对行贿与受贿应当并重处罚的"并重论",合理吗?

虽然近年来对受贿犯罪的打击保持高压态势,但效果并不明显。在束手无策之际,人们将矛头指向了行贿,似乎形成了这样的共识:由于对行贿打击不力,导致受贿犯罪严重,故需要严厉打击行贿犯罪。不可否认,在司法实践中,对行贿行为的处罚明显轻于受贿罪。于是,实务界与理论界提出了对行贿与受贿应当并重处罚的"并重论"。

经过《刑法修正案(九)》的修改,行贿罪的基本法定刑重于受贿罪的基本法定刑[《刑法修正案(十二)》修改了行贿罪的前两档法定刑,与受贿罪保持了一致]。或许有人据此认为,《刑法修正案(九)》为"并重论"提供了法律依据。因为法定刑首先反映国家对犯罪行为的否定评价和对犯罪人的谴责态度,其次反映国家对具体罪行程度的评价。行贿罪的基本法定刑重于受贿罪的基本法定刑,就表明对行贿与受贿应当并重惩罚,甚至对行贿罪的处罚应当重于受贿罪。但是,"并重论"缺乏合理根据,解释者应当确立合理的量刑规则,使行贿罪的量刑符合罪刑相适应原则。

"并重论"的根据之一是"行贿是腐败的源头"。这是有疑问的。首先,行贿与受贿虽然是对向犯,但不能据此认为行贿是腐败的源头。将行贿视为腐败的源头,实际上是有意或者无意地掩盖腐败的真正源头。

其次,惩罚主动行贿行为并不足以遏制受贿犯罪。其实从预防贿赂犯罪的角度来说,最有效的方法并不是刑罚处罚,而是完善各种制度,使国家工作人员的裁量权受到控制与监督。虽然一般人在通常情况下,会受到刑罚威吓的影响,但是,没有人知道刑罚的威慑力究竟有多大,许多人犯罪并非基于合理的计算,而是(至少多数是)在期待不被发觉的侥幸心理下实施犯罪。对这些犯罪人来说,威慑的效果也不明显。众所周知,在《刑法修正案(九)》之前,我国对受贿罪的处罚相当严厉。只要受贿数额达到10万元,没有法定减轻处罚的情节,就必然判处10年以上有期徒刑。尽管如此,在1997年之后,受贿犯罪并没有得到有效遏制。立法机关明知受贿犯罪没有得到遏制,却降低了受贿罪的法定刑。让笔者难以理解的是,为什么在对受贿罪的重罚并没有遏制受贿罪的情况下,却认为对行贿罪的重罚可以遏制受贿罪?应该说,既然对受贿罪的重罚不能遏制受贿罪,对行贿罪的重罚也不能遏制行贿罪;既然行贿是受贿的源头,对行贿罪的重罚当然也不能遏制受贿。概言之,将行贿视为腐败的源头予以重罚,根本不可能遏制受贿罪。

最后,源头行为是否值得科处刑罚以及应当科处何种刑罚,应当独立判断,而不能以预防其他犯罪的必要性为根据进行判断。从实质的观点进行考察,只有具备以下两个条件,才能认定为犯罪:其一,发生了违法事实(违法性);其二,能够对违法事实进行非难(有责性)。易言之,犯罪的实体是违法与有责。从刑事立法上说,只有当某个行为自身严重侵害了法益即违法,而且行为人对违法具有责任时,才值得科处刑罚,才有可能将其规定为犯罪。如果某种行为不具备实质的违法性或有责性,就不得将其规定为犯罪,否则,就是将行为人当作预防其他人犯罪的工具,这显然违反了尊重人的宪法规定。什么样的行贿行为值得科处刑罚以及值得科处什么样的刑罚,需要根据行贿行为的违法性与有责性以及行贿犯罪的一般预防的必要性大小进行独立判断,而不能为了预防受贿犯罪而对行贿犯罪规定较重的法定刑。

“并重论”的根据之二是所谓“行贿与受贿同害”。这也是有问题的。

首先，所谓行贿和受贿同害，其实只是意味着行贿和受贿的共同危害，或者说危害主要是由受贿行为造成的。将贿赂行为共同造成的或者主要由受贿行为造成的危害结果归责于行贿行为，明显不符合客观事实。

其次，行贿行为不可能直接破坏国家机关的正常活动，换言之，真正破坏国家机关正常活动的是国家工作人员本身的行为。而且，从相关刑法条文可以看出，即使是直接使用暴力、胁迫等手段破坏国家机关的正常活动（如妨害公务罪），其破坏程度也极为有限，因而不可能受到较重的处罚。通过行贿对国家机关正常活动的破坏，充其量只是起到一种间接作用。

最后，行贿人有故意有目的，并不表明其责任程度重于受贿人。受贿人同样有故意，虽然受贿罪的成立不要求出于特定目的，但这并不表明行贿罪的“为谋取不正当利益”的目的使行贿的有责性重于受贿罪。“为谋取不正当利益”的目的，旨在将正当目的的行为排除在行贿罪之外。这是因为，行贿所获得的利益必然大于行贿人向国家工作人员所提供的利益，否则人们就不会行贿了。在通常情况下，如果公民不能获得正当利益，就不能期待其不行贿。换言之，公民不能获得正当利益时，一定是国家机关或者国家工作人员出了问题。在这种情况下，仍然要求公民按所谓规章办事，显然对公民不公平。反过来说，在当下，公民在不能获得正当利益时，为了获得正当利益而向国家工作人员行贿的，虽然也违法，但由于其期待可能性降低，刑法没有将为谋取正当利益而行贿的行为规定为犯罪。显然，将行贿人有故意、有目的当作其与受贿同害的根据的观点，难言妥当。

7. 如何理解适用《刑法修正案（十二）》增设的行贿罪的从重处罚情节？

《刑法修正案（十二）》在第 390 条增加了第 2 款规定：“有下列情形之一的，从重处罚：（一）多次行贿或者向多人行贿的；（二）国家工作人员行贿的；（三）在国家重点工程、重大项目中行贿的；（四）为谋取职务、职级晋升、调整行贿的；（五）对监察、行政执法、司法工作人员行贿的；（六）在生态环境、财政金融、安全生产、食品药品、防灾救灾、社会保障、教育、医疗等领域行贿，实施违法犯罪活动的；（七）将违法所得用于行贿的。”这一规定吸收了司法解释的部分内容,但没有全面肯定司法解释的规定,尤其是没有将上述情节规定为法定刑升格的情节。

应还说,从立法论的角度来说,《刑法修正案(十二)》关于上述 7 种从重处罚情节的规定,是值得肯定的。

第一,《刑法修正案(十二)》关于行贿罪从重处罚的情节,没有设置“兜底”规定,这是特别值得称道的。为了避免立法漏洞,在不得已的情形下,可以就基本构成要件采用“兜底”规定。但对于加重构成要件与从重处罚情节,则没有必要采用“兜底”规定。因为即使加重构成要件与从重处罚情节存在漏洞,也不会影响行为构成犯罪,因而不会放纵犯罪。没有必要为了加重或从重处罚而设置“兜底”规定,牺牲刑法的明确性,损害刑法的尊严与权威。在司法人员奉行重刑主义观念的当下,对加重构成要件与从重处罚情节采用“兜底”规定,会进一步助长司法人员的重刑观念。

第二,《刑法修正案(十二)》没有将“因行贿受过行政处罚或者刑事处罚”规定为从重处罚的情节,这是值得充分肯定的。因为即使受到刑事处罚,也只有在符合累犯的条件下才能从重处罚,既然如此,仅受过行政处罚再犯罪或者虽然受过刑事处罚再犯罪但不符合累犯条件的,就不能作为法定的从重处罚情节。

第三,《刑法修正案(十二)》没有将“造成严重危害后果”“造成经济损失”规定为从重处罚的情节,这是完全合理的。因为《刑法》第 390 条第 1 款将“因行贿谋取不正当利益,情节严重”与“使国家利益遭受重大损失”规定为法定刑升格的情节,如果再将造成严重后果与造成严重损失规定为从重处罚的情节,就必然导致重复评价。

第四,《刑法修正案(十二)(草案)》曾将“为实施违法犯罪活动而行贿的”规定为从重处罚的情节,但后来删除了。由于行贿罪以“为谋取不正当利益”为前提,而“不正当”就包括了违法犯罪,所以,将“为实施违法犯罪活动而行贿的”规定为从重处罚情节会形成重复评价,至少会形成部分重复评价。例如,甲为了生产、销售伪劣产品向市场监督管理部门的国家工作人员行贿,如果将其中的“违法活动”既作为成立行贿罪的成立条件,又作为从重处罚的情节,就存在重复评价。而且,将“为实施犯罪活动而行贿的”作为从重处罚情节不利于处理罪数关系。所以,删除这项从重处罚情节是十分妥当的。

从司法角度来说,对《刑法修正案(十二)》规定的7种从重处罚情节的适用,应当注意以下几点。

第一,对上述7种从重处罚的情节,应根据行贿罪的保护法益予以理解和适用。例如,多次行贿或者向多人行贿,意味着行贿人多次收买国家工作人员的职务行为,因而对职务行为的不可收买性的侵害更为严重。又如,第(6)项规定,在生态环境、财政金融等领域行贿,实施违法犯罪活动的,应是指行贿行为的目的是使受贿的国家工作人员在生态环境、财政金融等领域实施违法活动,或者放纵、容忍行贿人在生态环境、财政金融等领域实施违法活动,从而侵害职务行为的公正性,而不是指行贿人实施任何违法活动。有观点认为,本项中的"实施违法犯罪活动",不是指行贿本身获取不正当利益都属于"实施违法犯罪活动",而是指行贿所从事的事项本身属于"实施违法犯罪活动",比如为了生产销售伪劣食品、安全生产不达标、排污等而行贿的。对此,本书认为,一方面,行贿人为了生产销售伪劣食品、安全生产不达标、排污等行贿,属于为谋取不正当利益而行贿,是行贿罪的成立条件,不应成为从重处罚的情节;另一方面,一般人生产销售伪劣食品、安全生产不达标等行为本身并不侵犯职务行为的公正性,国家工作人员放纵、容忍一般人实施该行为,才是侵犯职务行为的公正性。所以,应当从职务行为公正性受侵犯的角度理解第(6)项的规定。而且,只有这样理解,才有利于妥当处理行贿罪与相关犯罪的罪数关系。再如,第(7)项规定的"将违法所得用于行贿",是指用于行贿的违法所得是受贿的国家工作人员违法行使职权给行贿人形成的违法所得,而非包括一切违法所得。例如,甲将诈骗犯罪所得用于行贿的,并不意味着职务行为的不可收买性与公正性受到了更严重的侵犯;乙将国家工作人员滥用职权放纵自己实施的销售伪劣产品的部分所得用于向该国家工作人员行贿的,该财物成为对不公正职务行为的双重不正当报酬,受贿人与行贿人形成了不法利益的共同体,必然进一步促进贿赂的发展,因而属于从重处罚的情节。

第二,上述7种情节,都不可能独立地成为法定刑升格的情节,只有另具备了法定刑升格的情节,同时具有上述7种情节之一,才能在适用升格法定刑的同时从重处罚。例如,行贿人虽然多次行贿或者向多人行贿,但如果没有因行贿谋取不正当利益的,或者虽然因行贿谋取不正当利益但情节并不严重的,以及没有使国家利益遭受重大损失的,就只能在“三年以下有期徒刑或者拘役”的法定刑内从重处罚。再如,对监察、行政执法、司法工作人员行贿,且影响了执法、司法公正,使国家利益遭受重大损失的,才能适用“三年以上十年以下有期徒刑”的法定刑。

第三,由于《刑法修正案(十二)》将上述7种情节规定为从重处罚情节,故《贪贿案件解释》关于上述情节导致成立行贿罪的数额降低的规定,不应再适用。因为《刑法修正案(十二)》只是将上述情节规定为构成犯罪后的从重处罚情节,司法解释不能将这些情节提升为定罪情节。换言之,由于《刑法修正案(十二)》规定的7种从重处罚情节,只是在行为构成行贿罪的前提下适用的情节,所以,司法实践不能将这样情节既作为定罪情节,又作为从重量刑情节,也不能将这些情节既作为法定刑升格情节,又作为在升格法定刑内从重处罚的情节。①

8. 单纯行贿数额巨大,就是“因行贿谋取不正当利益,情节严重”吗?

《刑法》第390条规定行贿罪第二档与第三档法定刑的适用条件分别是,“因行贿谋取不正当利益,情节严重的,或者使国家利益遭受重大损失的”和“情节特别严重的,或者使国家利益遭受特别重大损失的”。《贪贿案件解释》第8条规定:具有下列情形之一的,应当认定为“情节严重”:(1)行贿数额在100万元以上不满500万元的;(2)行贿数额在50万元以上不满100万元,并具有下列5种情形之一的:向3人以上行贿的,将违法所得用于行贿的,通过行贿谋取职务提拔、调整的,向负有食品、药品、安全生产、环境保护等监督管理职责的国家工作人员行贿并实施非法活动的,向司法工作人员行贿并影响司法公正的;(3)其他严重的情节。第9条规定:具有下列情形之一的,应当认定为“情节特

---

① 参见张明楷:《行贿罪的处罚根据——兼议〈刑法修正案(十二)〉对行贿罪的修改》,载《政法论坛》2024年第2期。

别严重”:(1)行贿数额在500万元以上的;(2)行贿数额在250万元以上不满500万元,并具有前述5种情形之一的;(3)其他特别严重的情节。

第二档法定刑的适用条件是,因行贿谋取不正当利益,情节严重的,或者使国家利益遭受重大损失。该适用条件显然只包括两种情形:一是谋取了重大的不正当利益;二是使国家利益遭受重大损失;这两种情形的前提是“因行贿”,因为行贿而谋取了重大的不正当利益或者使国家利益遭受重大损失。行贿是原因,谋取了重大的不正当利益或者使国家利益遭受重大损失是结果。所以,“因行贿”并非单纯的条件关系,只有当谋取不正当利益的结果或者使国家利益遭受重大损失的结果,能够归属于行贿行为时,才可能符合第二档法定刑的适用条件。

“因行贿谋取不正当利益,情节严重的”与“使国家利益遭受重大损失”是适用第二档法定刑的选择性要件。后者显然是因行贿而造成的结果,所以,将“因行贿谋取不正当利益,情节严重的”解释为因行贿而谋取了严重的或者重大的不正当利益,才能与后一选择性要件相协调。或许有人认为,行贿人谋取重大不正当利益相当于违法所得,但违法所得不能与不法程度画等号。然而,行贿罪保护的法益是职务行为的不可收买性,行贿人因行贿谋取了重大不正当利益,就表明职务行为被严重收买,因而不法程度加重。

“因行贿谋取不正当利益,情节严重的”,显然不能被解释为“行贿情节严重的”。道理很简单,法条并没有表述为“因行贿情节严重的”。所以,情节严重不是指行贿行为本身情节严重,而是指结果本身情节严重。换言之,“情节严重的”是修饰或限定“因行贿谋取不正当利益”的,是针对“因行贿谋取不正当利益”所提出的要求,或者说是对“因行贿谋取不正当利益”的评价。而且,“因行贿谋取不正当利益”显然不是指主观要素,而是指客观事实。因为《刑法》第389条已经规定了行贿罪的定义与成立条件,作为加重法定刑的条件,不可能再重复基本犯的成立条件。

“因行贿谋取不正当利益,情节严重的”,也不能被理解为一种综合性评价要素,因为法条并没有将适用条件单纯表述为“情节严重的”。如果说“情节严重的”是独立的综合性评价要素,就无法理解“因行贿谋取不正当利益”的表述是什么含义。因为“因行贿谋取不正当利益”没有直接表述不法或责任的轻重，只有将“情节严重的”理解为对“因行贿谋取不正当利益”的修饰或限定，才能使行贿的不法程度增加，从而成为法定刑加重的根据。

总之，“情节严重”是针对“因行贿谋取不正当利益”而言的，即行贿人因行贿而谋取了重大的不正当利益。

由此，司法解释关于行贿罪情节严重的规定，就值得商榷。第一，总的来说，这一解释完全忽视了情节严重是指因行贿谋取不正当利益情节严重，有偷换概念之嫌。从《刑法》第390条第1款的表述可以清楚地看出，“情节严重”是指“因行贿谋取不正当利益”的情节严重，而不是指任何情节严重；从逻辑关系来看，“情节特别严重”也是指“因行贿谋取不正当利益”的情节特别严重。从法条将“情节严重”与“使国家利益遭受重大损失”，“情节特别严重”与“使国家利益遭受特别重大损失”分别作为选择性要素来看，也能说明这一点。既然如此，就不能将行贿数额、行贿对象等直接作为第二档法定刑的适用条件，只能根据谋取不正当利益的情节是否严重或者特别严重，以及使国家利益遭受损失的程度，决定法定刑的选择。

第二，行贿数额与“因行贿谋取不正当利益，情节严重的”，显然不是对应关系。换言之，并不是行贿数额越大，其谋取的不正当利益就越重大。例如，行贿数额虽然在100万元乃至1000万元以上，但没有谋取重大不正当利益，也没有使国家利益遭受重大损失的，明显不符合第二档法定刑的适用条件，只能适用第一档法定刑。

第三，关于情节严重的其他规定，也不无疑问。(1)“向三人以上行贿的”，并不属于因行贿谋取不正当利益情节严重的情形。向三人以上行贿，只是行贿行为本身情节严重。(2)“将违法所得用于行贿的”，更不符合因行贿谋取不正当利益情节严重的要求。(3)“通过行贿谋取职务提拔、调整的”，如果职务提拔、调整属于不正当利益，则需要具体判断；质言之，其中只有一部分有可能评价为“因行贿谋取不正当利益，情节严重”。(4)“向负有食品、药品、安全生产、环境保护等监督管理职责的国家工作人员行贿，实施非法活动的”，需要判断“非法活动”是否使行贿人谋取了重大利益或者使国家利益遭受重大损失，不可一概而论。(5)“向司法工作人员行贿,影响司法公正的”,既可能使行贿人谋取了不正当利益,也可以认定为使国家利益遭受损失,但还需要进一步判断行贿行为对司法公正的影响程度。(6)“其他严重的情节”,也只能理解为因行贿谋取不正当利益的情节严重,而不可能是其他方面的情节严重。

第四,司法解释的规定,导致有些案件难以选择法定刑。例如,甲为谋取不正当利益行贿1万元,但造成国家经济损失400万元的,应当适用哪个档次的法定刑?如果按照《刑法》第390条的规定,应当适用第二档法定刑。但按照司法解释的规定,适用第二档法定刑则多少存在重复评价的嫌疑。

对于第390条第三档法定刑的适用,由于第二档法定刑的适用条件中的“情节严重”是指“谋取不正当利益”的情节严重,而不是泛指行贿情节严重,而第三档法定刑是承接第二档法定刑所作的规定,因此,虽然第三档没有在“情节特别严重”之前写明“因行贿谋取不正当利益”,但前后表述的逻辑关系表明,第三档的“情节特别严重”也仅限于“因行贿谋取不正当利益,情节特别严重的”情形。换言之,第三档法定刑的适用条件只是第二档法定刑适用条件的加重,而没有内容的变化。

如果说第二档法定刑的适用条件是因行贿谋取不正当利益的情节严重,第三档的适用条件是行贿情节特别严重,就会形成明显的不协调、不公平。也就是说,行贿行为本身情节严重的,只能适用第一档法定刑,而一旦情节特别严重的则要适用第三档法定刑,于是形成了部分“空档”的不协调现象。

上述《贪贿案件解释》第9条的规定,同样将法定的因行贿谋取不正当利益,情节特别严重的条件,扩大到行贿情节特别严重的情形,因而难言妥当。

9. 应否积极适用《刑法》第63条的规定对行贿罪减轻处罚?

案4:行贿人王某某为能顺利承包工程而分三次送给国家工作人员冯某某100万元现金。监委在办理其他相关案件对冯某某进行询问时,冯某某主动交代了自己受贿的事实。根据《刑法》第383条和《贪贿案件解释》的规定,对冯某某应当适用“三年以上十年以下有期徒刑”的法定刑。由于冯某某具有自首情节,法院最终判决冯某某有期徒刑3年,缓期4年执行,并处罚金20万元。法院随后审理王某某行贿案时，根据《刑法》及《贪贿案件解释》的规定，适用“五年以上十年以下有期徒刑”的法定刑，最终判处王某某有期徒刑5年，并处罚金20万元。

本案中，受贿者判3年有期徒刑并适用缓刑，而行贿者却判处5年有期徒刑且不能适用缓刑。这样的个案裁决结果，不但严重损害了法律的公平公正性，伤及法律的权威和尊严，而且损害了一般社会公众的朴素情感，造成了不良的社会效果。即使王某某没有自首情节，对其所判处的刑罚也不应当重于冯某某。

根据《刑法》第383条和第390条的规定，倘若行贿人没有减轻处罚的法定事由，在许多情况下，对其所判处的责任刑就会重于对应的受贿罪。然而，在行贿人没有减轻处罚事由的情况下，要求对符合第二档加重罪状的行贿罪犯直接科处低于5年有期徒刑的刑罚，显然是行不通的。但是，如果同样是情节严重且均无减轻处罚情节的情形，如果对受贿罪可以科处3～5年的有期徒刑，而对行贿罪必须科处5年以上有期徒刑的做法，无论如何均有失公允。为了克服有失公允的现象，司法机关应当尽可能适用《刑法》第63条的规定。

在旧刑法时代，酌定减轻处罚的可能性较大，也是比较容易的。但是，现行《刑法》第63条第2款规定：“犯罪分子虽然不具有本法规定的减轻处罚情节，但是根据案件的特殊情况，经最高人民法院核准，也可以在法定刑以下判处刑罚。”于是，减轻处罚成为程序相当烦琐的事情，这就导致酌定减轻处罚的适用范围小。

尽管如此，司法人员还是应当具有“只要符合条件就减轻处罚”的意识。司法人员应当意识到，《刑法》规定的法定刑较重，适当减轻处罚，有利于刑罚朝着合理方向发展。在法定刑较重的立法例下，尤其应意识到这一点，并通过减轻处罚顺应刑罚的发展趋势。司法人员应当充分认识到，量刑关系到被告人的人权保障，即使被剥夺一两天的人身自由，也是一种重大痛苦。所以，司法人员没有必要将《刑法》第63条第2款视为特殊的例外规定，而应看作一般性规定。换言之，司法人员应当具有“只要符合条件就减轻处罚”的意识，充分利用《刑法》第63条第2款的规定。至于减轻处罚是否妥当，当然取决于是否存在减轻处罚的根据。但司法人员形成减轻处罚的动机，产生减轻处罚的想法，是减轻处罚的前提条件。应该说,至少在以下两种情况下,司法人员应当特别考虑能否减轻处罚:一是法定刑过重时,应当有减轻处罚的意识;二是罪行明显轻于最低法定刑对应的程度时,应当有减轻处罚的意识。

很显然,如若按照本书的观点,首先,合理解释行贿罪的情节严重(不包括单纯的行贿数额巨大等情形),或者对行贿罪第二档法定刑设定更高的适用条件,就不会出现上述案4中的局面。其次,即使适用现行《贪贿案件解释》的规定,但倘若法官善于适用《刑法》第63条第2款酌定减轻处罚的规定,也不会出现上述局面。

10.《刑法修正案(九)》将主动交代行贿行为减免处罚改为从轻减轻处罚,妥当吗?

《刑法修正案(九)》之前的《刑法》第390条第2款原本规定:"行贿人在被追诉前主动交代行贿行为的,可以减轻处罚或者免除处罚。"笔者认为,《刑法修正案(九)》对此所作的修改是不合理的。

从刑法目的与犯罪本质来考虑,处罚受贿罪与行贿罪没有不当之处。但是,由于贿赂行为总是发生于没有第三者在场的时空,贿赂双方都不是被害人,没有任何一方告发,因而导致贿赂罪的暗数高。更为重要的是,由于贿赂双方都是犯罪人,故任何一方都不希望东窗事发,导致双方自然而然地形成了一种互不告发、相互"信任"的关系。显然,只要犯罪人之间形成了这种相互信任的关系,案件就往往石沉大海。这种局面,不仅导致贿赂案件难以侦破,而且导致受贿者肆无忌惮,贿赂犯罪愈演愈烈。如果采取某种立法措施,使行贿人与受贿人之间的信任关系不复存在,至少有一方主动检举、交代贿赂犯罪事实,就可以收到较好的效果。而要使行贿人与受贿人不存在信任关系,就需要将行贿人与受贿人置于囚徒困境。

博弈论著名的囚徒困境模型告诉人们:两个罪犯正是由于相互不信任并且不敢相互信任,而都不愿意冒险选择抵赖罪行;如果一方坦白,另一方抵赖,则坦白方被释放,而抵赖方会被判处重刑,结果几乎都选择坦白而被从轻处罚。所谓置贿赂者于囚徒困境,就是采取立法与司法措施,使行贿者、贿赂介绍者选择主动交代贿赂事实,使受贿者选择拒绝贿赂,从而减少贿赂犯罪。

《刑法修正案(九)》之前的《刑法》第390条第2款,只是规定“可以”减轻或者免除处罚,而非不追究刑事责任,或者说仍然可能被追究刑事责任,主动交代者依然会担心自己实际上会受到刑罚处罚,所以,实际上在案发前主动交代行贿事实的并不多见。早在20世纪末,司法机关就曾一度将行贿罪作为打击的重点,意在通过遏制行贿来遏制受贿,可事与愿违,因为这种做法更加强化了行贿人与受贿人之间的信任关系。如果刑法将前述规定中的“可以减轻处罚或者免除处罚”修改为“不以犯罪论处”或者“不追究刑事责任”,那么,行贿人就不会心有余悸,随时可能在被追诉前主动交代贿赂事实。在行贿人不担心自己的主动交代也会使自己承担刑事责任后,受贿人就开始担心:索取、收受贿赂后,行贿人是否会主动交代?因为一旦行贿人在被追诉前主动交代,行贿人便可以“逍遥法外”,而受贿人却身陷囹圄。于是,行贿人与受贿人之间就会产生相互的不信任。进一步的局面是:国家工作人员不敢受贿,至少贿赂犯罪会大量减少。

概言之,置贿赂者于囚徒困境后,会形成如下局面:受贿人担心行贿人在案发前主动如实交代行贿事实,而不敢受贿;行贿人担心受贿人不接受贿赂而使自己成为犯罪人因而不敢行贿;行贿人在行贿后也会担心受贿人依法处理贿赂而使自己承担刑事责任而主动交代行贿事实。双方为了自己的利益而形成了相互不信任的局面。因为不存在信任关系,一方面,受贿人不敢受贿、行贿人不敢行贿,于是可以在很大程度上遏制贿赂犯罪;另一方面,已经发生的贿赂案件,因为行贿人主动交代,使贿赂暗数大大降低。贿赂暗数降低意味着贿赂受刑事追究的概率提高;这一概率的提高,又有利于实现对贿赂犯罪的一般预防。

在木已成舟的现实下,我们应该对《刑法》第390条第2款的适用条件采取宽和态度、进行扩大解释,从而尽可能避免刑事立法失误可能造成的不利后果。具体而言,其一,将《刑法》第390条第2款中的“被追诉前”解释为检察机关提起公诉前。其二,只要行贿人面对侦查、监察机关的讯问作了如实回答,就应当认定为“主动交代行贿行为”。将《刑法》第390条第2款前段的规定理解为特殊的坦白制度即可,也就是说,只要行贿人在被提起公诉前如实交代行贿行为的,就可以从轻或者减轻处罚;犯罪较轻的,则可以减轻或者免除处罚。其三,第390条第2款“犯罪较轻”的范围,应当宽于普通自首中的“犯罪较轻”。其四,只要责任刑是应当或者可能判处10年有期徒刑以上刑罚的，即只要对有责的不法所适用的法定最高刑是10年有期徒刑及以上刑罚，就符合“重大案件”的认定标准。至于行为人因为自首、立功等情节而最终没有被判处10年有期徒刑以上刑罚的，则不影响“重大案件”的认定。

第五节　对有影响力的人行贿罪

·导　读·

对有影响力的人行贿罪，是指自然人或者单位为谋取不正当利益，向国家工作人员的近亲属或者其他与该国家工作人员关系密切的人，或者向离职的国家工作人员或者其近亲属以及其他与其关系密切的人行贿的行为。本罪所保护的法益是国家工作人员职务行为的不可收买性。

本罪与利用影响力受贿罪是对向关系。有影响力的人索取或者收受贿赂后，因为国家工作人员没有许诺为请托人谋取不正当利益而不成立利用影响力受贿罪的，对于请托人也不值得以对有影响力的人行贿罪科处刑罚。行为人交付财物后，特定关系人与国家工作人员成立受贿共犯，而行为人没有认识到该受贿共犯事实的，行为人成立对有影响力的人行贿罪，当知道该共犯事实时，则成立行贿罪。应参照行贿罪将本罪加重犯的“情节严重”与“情节特别严重”，理解为因行贿谋取（特别）严重的或者（特别）重大的不正当利益，不能将行贿数额大这种单纯的行贿情节严重，认定为本罪加重犯的“情节严重”与“情节特别严重”。

对有影响力的人行贿罪的认定要点：（1）本罪与行贿罪的区分；（2）“情节严重”“情节特别严重”的认定。

条　文

第三百九十条之一　【对有影响力的人行贿罪】为谋取不正当利益，向国家工作人员的近亲属或者其他与该国家工作人员关系密切的人,或者向离职的国家工作人员或者其近亲属以及其他与其关系密切的人行贿的,处三年以下有期徒刑或者拘役,并处罚金;情节严重的,或者使国家利益遭受重大损失的,处三年以上七年以下有期徒刑,并处罚金;情节特别严重的,或者使国家利益遭受特别重大损失的,处七年以上十年以下有期徒刑,并处罚金。

单位犯前款罪的,对单位判处罚金,并对其直接负责的主管人员和其他直接责任人员,处三年以下有期徒刑或者拘役,并处罚金。

罪名精释

1. 本罪与利用影响力受贿罪之间是什么关系?

本罪与利用影响力受贿罪之间是一种对向关系。一般来说,对方不成立利用影响力受贿罪时,如国家工作人员没有许诺为请托人谋取不正当利益,也就没有必要对请托人以对有影响力的人行贿罪进行处罚。

2. 如何区分本罪与行贿罪?

行贿罪的法定最高刑为无期徒刑,而本罪的法定最高刑仅为 10 年有期徒刑,因而区分二者具有意义。行贿罪的对象是国家工作人员,而本罪的对象是国家工作人员的近亲属或者其他与该国家工作人员关系密切的人、离职的国家工作人员或者其近亲属以及其他与其关系密切的人。

行为人将财物交付给特定关系人,特定关系人仅成立利用影响力受贿罪,国家工作人员不成立受贿罪时,行为人成立对有影响力的人行贿罪。行为人将财物交付给特定关系人,因为国家工作人员知情,特定关系人与国家工作人员构成受贿罪的共犯,但行为人没有认识到该受贿共犯事实时,行为人仍然成立对有影响力的人行贿罪。反之,行为人将财物交付给特定关系人,但特定关系人与国家工作人员构成受贿罪的共犯,而行为人也明知该受贿共犯事实时,无论财物最终是否由国家工作人员占有,行为人均成立行贿罪。质言之,若行为人知道关系密切人与国家工作人员构成受贿共犯的,就不是成立对有影响力的行贿罪,而是成立行贿罪。

3. 单纯行贿数额大就是“情节严重”“情节特别严重”吗?

《贪贿案件解释》第10条第2款规定,对有影响力的人行贿罪的定罪量刑适用标准,参照本解释关于行贿罪的规定执行。该解释第8条和第9条,将行贿数额大这种单纯的行贿情节严重,认定为行贿罪加重犯中的“因行贿谋取不正当利益,情节严重”与“情节特别严重”。虽然对有影响力的人行贿罪加重犯的适用条件不同于行贿罪的表述,仅规定“情节严重的,或者使国家利益遭受重大损失”与“情节特别严重的,或者使国家利益遭受特别重大损失”,但应该认为,从法益保护考虑,对本罪加重犯中的“情节严重”与“情节特别严重”,也应理解为“因行贿谋取不正当利益,情节严重”。也就是说,应该将本罪中的“情节严重”“情节特别严重”理解为因行贿谋取(特别)严重的或者(特别)重大的不正当利益,而不能是行贿数额大这种单纯的行贿情节严重。

第六节　对单位行贿罪

·导　读·

对单位受贿罪,是指个人或者单位为谋取不正当利益,给予国家机关、国有公司、企业、事业单位、人民团体以财物,或者在经济往来中,违反国家规定,给予各种名义的回扣、手续费的行为。本罪所保护的法益是国有单位工作人员职务行为的不可收买性。

在经济往来中,违反国家规定给予国有单位以财物的,也要求为谋取不正当利益。为单位谋取不正当利益,而且因行贿所取得的利益归单位所有的,成立单位犯罪;若为了个人利益而以单位名义行贿,或者因行贿所取得的利益归个人所有的,则成立自然人犯罪。

对单位行贿罪的认定要点在于单位犯罪与自然人犯罪的区分。

条 文

第三百九十一条 【对单位行贿罪】为谋取不正当利益，给予国家机关、国有公司、企业、事业单位、人民团体以财物的，或者在经济往来中，违反国家规定，给予各种名义的回扣、手续费的，处三年以下有期徒刑或者拘役，并处罚金；情节严重的，处三年以上七年以下有期徒刑，并处罚金。

单位犯前款罪的，对单位判处罚金，并对其直接负责的主管人员和其他直接责任人员，依照前款的规定处罚。

罪名精释

1. 在经济往来中给予回扣、手续费，也要求“为谋取不正当利益”吗？

从《刑法》第 391 条的表述来看，似乎在经济往来中违反国家规定给予各种名义回扣、手续费构成本罪的，主观上不需要“为谋取不正当利益”。这种看法显然是错误的，一是“为谋取不正当利益”应同时适用于后一种行为类型；二是其他行贿犯罪均要求“为谋取不正当利益”，若认为经济往来中给予国有单位回扣、手续费构成犯罪不要求“为谋取不正当利益”，就会显得十分不协调。所以，在经济往来中，违反国家规定，给予国有单位各种名义的回扣、手续费的，仍然要求主观上具有“为谋取不正当利益”的目的。

2. 如何区分单位犯罪与个人犯罪？

被认定为单位犯罪的，必须是为单位谋取不正当利益，因行贿所取得的利益也必须归单位所有。如果为了个人利益而以单位名义行贿，或者因行贿所取得的利益归个人所有的，则应认定为自然人犯罪。

3. 本罪与单位受贿罪是什么关系？

本罪与单位受贿罪是一种对向关系。但并不意味着一方成立犯罪时另一方必然成立犯罪。单位受贿罪中的“为他人谋取利益”，不限于谋取不正当利益，在为谋取正当利益而给予国有单位财物时，行为人不构成对单位行贿罪，收受财物的国有单位构成单位受贿罪。

第七节　介绍贿赂罪

·导　读·

介绍贿赂罪，是指向国家工作人员介绍贿赂，情节严重的行为。本罪所保护的法益是国家工作人员职务行为的不可收买性。

从立法论上讲，本罪没有存在的必要。从解释论上讲，难以区分本罪与行贿、受贿的共犯。向国有单位、非国家工作人员、有影响力的人介绍贿赂的，只能按照相应犯罪的共犯论处。

介绍贿赂罪的认定要点在于，本罪与行贿、受贿共犯的区分。

条　文

第三百九十二条　【介绍贿赂罪】向国家工作人员介绍贿赂，情节严重的，处三年以下有期徒刑或者拘役，并处罚金。

介绍贿赂人在被追诉前主动交代介绍贿赂行为的，可以减轻处罚或者免除处罚。

罪名精释

1. 本罪有存在的必要吗？

一般认为，介绍贿赂罪的构成要件是，在行贿人与国家工作人员之间进行引荐、沟通关系、撮合，促使行贿与受贿得以实现的行为。责任形式是故意，即行为人必须在主观上认识到自己介绍贿赂的行为正在促成以权换利或以利换权的不正当交易，并希望或者放任这种交易实现。至于行为人是出于何种动机，或者有没有通过介绍贿赂获得利益,不影响本罪的成立。此外,本罪的成立还要求情节严重。

从立法论上讲,本罪没有存在的必要。因为无论如何都难以准确区分本罪与行贿罪、受贿罪的帮助行为。而且,对于向国有单位、非国家工作人员、有影响力的人介绍贿赂的,还是只能成立单位受贿罪、对单位行贿罪、非国家工作人员受贿罪、对非国家工作人员行贿罪、利用影响力受贿罪以及对有影响力的人行贿罪的共犯。

2. 向非国家工作人员介绍贿赂或者向单位介绍贿赂的,是否无罪?

介绍贿赂罪的对象只能是国家工作人员。向国有单位、非国家工作人员介绍贿赂的,不可能无罪,只能认定为单位受贿罪、对单位行贿罪、非国家工作人员受贿罪、对非国家工作人员行贿罪的共犯。

3. 如何区分本罪与受贿罪、行贿罪的共犯?

受贿罪的法定最高刑为死刑,行贿罪的法定最高刑为无期徒刑,而介绍贿赂罪的法定最高刑仅为 3 年有期徒刑。因此,准确区分本罪与行贿、受贿罪的共犯,就显得特别重要。

目前仍有学者认为极具中国特色的介绍贿赂罪的规定具有合理性,因而主张保留该罪名。基于保留论,有不少学者不遗余力地区分介绍贿赂罪与行贿、受贿的帮助犯。如有人认为,介绍贿赂是以行贿者或者受贿者的名义,为行贿者或者受贿者的利益,同时在两者之间进行沟通,而不是单纯地为自己的利益帮助某一方,所以其与受贿罪、行贿罪的帮助犯、教唆犯都不相同。这种根据行为人是站在中间立场还是站在一方的立场进行沟通,区分介绍贿赂罪与行贿、受贿共犯的观点,存在明显谬误。因为就法益侵害的程度而言,同时站在双方立场的行为(所谓站在中间立场实际上也是站在双方立场),比只站在一方立场的行为更为严重;将这种法益侵害更为严重的犯罪反而认定为较轻的介绍贿赂罪,导致了刑法的不协调。总之,对于帮助行贿或帮助受贿的行为,不应当认定为介绍贿赂。

张明楷教授指出，在立法上没有废除该罪的情况下，可以勉强认为以下情况只以介绍贿赂罪论处：行为人明知某人想通过行贿手段，使国家工作人员通过职务行为为其谋取不正当利益，而向国家工作人员提供这个信息，情节严重的；行为人主动为甲疏通行贿渠道，又主动向国家工作人员乙表达甲的要求，希望促成贿赂事实，但甲乙双方都没有着手实行犯罪的。①

应该说，即便是上述情况，也是成立行贿或者受贿的共犯。所以，无论如何都不能准确区分本罪与行贿、受贿罪的共犯，而且为了与向国有单位、非国家工作人员、有影响力的人介绍贿赂按照相关犯罪共犯处理相协调，只能废除本罪。

4. 能否认为根据“存疑时有利于被告”原则，无法区分的只能认定为本罪？

“存疑时有利于被告”原则，是一种刑事诉讼原则，只与事实认定有关，而不适用于对法律疑问的澄清。根据刑法解释方法得出不利于被告人的结论时，也只能照此办理。在难以区分行贿、受贿罪的共犯与介绍贿赂罪时，按照刑法的解释方法，即使得出成立行贿、受贿罪共犯的结论，也只能认定为行贿、受贿罪的共犯。换言之，不能因为难以从法律上区分介绍贿赂罪与行贿、受贿罪的共犯，便一概以轻罪介绍贿赂罪论处。

第八节　单位行贿罪

·导　读·

单位行贿罪，是指单位为谋取不正当利益而给予国家工作人员以财物，或者违反国家规定，给予国家工作人员以回扣、手续费，情节严重的行为。本罪所保护的法益是国家工作人员职务行为的不可收买性。

我国侵害国家工作人员职务行为的不可收买性的贿赂犯罪，在体系上

① 参见张明楷：《张明楷刑法学讲义》，新星出版社 2021 年版，第 1696 页。

是完备的，不足在于，对单位受贿罪、对单位行贿罪以及单位行贿罪所配置的法定刑，相对于受贿罪、行贿罪而言过轻。单位违反国家规定给予国家工作人员回扣、手续费的，也要求"为谋取不正当利益"，才成立单位行贿罪。由于单位行贿罪与行贿罪的法定刑和立案标准相差悬殊，区分二者具有重要意义。区分的关键在于，看因行贿所取得的利益归属，归属于单位的，成立单位行贿罪，归属于个人的，成立行贿罪。

单位行贿罪的认定要点在于，单位行贿罪与行贿罪的区分。

条 文

第三百九十三条 【单位行贿罪】单位为谋取不正当利益而行贿，或者违反国家规定，给予国家工作人员以回扣、手续费，情节严重的，对单位判处罚金，并对其直接负责的主管人员和其他直接责任人员，处三年以下有期徒刑或者拘役，并处罚金；情节特别严重的，处三年以上十年以下有期徒刑，并处罚金。因行贿取得的违法所得归个人所有的，依照本法第三百八十九条、第三百九十条的规定定罪处罚。

罪名精释

1. 我国贿赂犯罪体系完备吗？

根据受贿的主体是个人还是单位，分为受贿罪、利用影响力受贿罪、单位受贿罪。个人和单位向国有单位行贿的，构成对单位行贿罪。单位向国家工作人员行贿的，构成单位行贿罪。个人向国家工作人员行贿的，构成行贿罪。利用影响力受贿罪与对有影响力的人行贿罪是对向关系。所以，从体系上看，针对国家工作人员职务行为的贿赂犯罪体系还是完备的。问题仅在于，单位主体和对单位实施的犯罪与个人主体的犯罪的处罚不协调。如单位受贿罪、对单位行贿罪以及单位行贿罪，相对于受贿罪、行贿罪，法定刑过轻。

2. 如何区分单位行贿罪与行贿罪?

案1:甲公司请自然人乙帮忙请托国家工作人员丙将重要工程交给甲公司承建,并向乙承诺,若中标将按工程造价的1.8%给予乙好处费。乙为了得到好处费而向丙说情,并将自己所有的价值100万元的新车送给丙(甲公司不知情)。

单位行贿罪的法定最高刑为10年有期徒刑,而行贿罪的法定最高刑为无期徒刑,而且,按照司法解释的规定,单位行贿罪的立案标准是,单位行贿数额在20万元以上,或者在10万元到20万元之间并且有其他法定情节,而行贿罪的立案标准是,行贿数额在3万元以上,或者在1万元至3万元之间并且有其他法定情节。因而区分二者具有重要意义。行贿罪与单位行贿罪之所以在法定刑的设置上有差异,是因为两者的行为类型不同,且在违法性和非难可能性程度上存在差异。不过,应该说单独规定单位行贿罪并规定较轻的法定刑并不是一种很好的立法例。

单位行贿罪是单位犯罪,而行贿罪是自然人犯罪。单位犯罪是在单位整体意志支配下实施的,其中并不存在个人意志的决定作用,单位意志不是单位内部某个成员的意志,也不是各个成员意志的简单相加,而是单位内部成员在相互联系、相互作用、协调一致的条件下形成的意志,即单位的整体意志。单位整体意志形成后,再由直接责任人员具体实施。

根据《刑法》第393条的规定,在形式上是单位行贿的情况下,如果因行贿取得的违法所得归个人所有的,应当以行贿罪论处,而不能认定为单位行贿罪。这里的“归个人所有”,是指归个别人、少数人(不限于单位成员)所有。如果是本单位集体私分的,仍应认定为单位行贿罪。

不难看出,《刑法》是根据因行贿取得的利益归属来区分单位行贿罪和行贿罪的。根据这一标准,私营企业的负责人为了给企业谋取不正当利益,而将个人的财物作为贿赂交付给国家工作人员的,也应该认定为单位行贿罪。反过来说,单位负责人为了谋取个人利益,而将单位财物作为贿赂交付给国家工作人员的,成立行贿罪,以及对单位财物成立财产犯罪或者贪污罪,应当实行数罪并罚。

案1中,由于乙不仅是为甲公司谋利益,而且同时是为自己谋取利益,其行为构成行贿罪,而不是单位行贿罪。如果甲公司按承诺给予乙好处费,则成立对有影响力的人行贿罪。

3. 单位违规给予回扣、手续费,也要求“为谋取不正当利益”吗?

《刑法》第 393 条中的“为谋取不正当利益”的规定,当然也适用于违反国家规定给予国家工作人员以回扣、手续费的情形。也就是说,单位违反国家规定,给予国家工作人员以回扣、手续费,也要求“为谋取不正当利益”,才成立犯罪。

第三章 渎职犯罪

第一节 滥用职权罪、玩忽职守罪

·导 读·

渎职罪，旨在保护国家机关公务的合法、公正、有效执行。徇私舞弊属于构成要件要素。徇私属于犯罪动机。舞弊有的是同位语，有的系独立的行为。“本法另有规定的，依照规定”，是提醒适用重法的注意性规定。

滥用职权罪是指国家机关工作人员滥用职权，致使公共财产、国家和人民利益遭受重大损失的行为。滥用职权表现为越权、弄权、弃权、滥权 4 种情形。滥用职权罪的责任形式是故意。滥用职权罪与其他人身、财产犯罪之间可能形成竞合。滥用职权罪与玩忽职守罪之间不是对立关系。玩忽职守罪是指国家机关工作人员玩忽职守，致使公共财产、国家和人民利益遭受重大损失的行为。玩忽职守罪的责任形式是过失。丢失枪支有过失又不报告的，成立玩忽职守罪与丢失枪支不报罪数罪并罚。丢失枪支没有过错，只是不及时报告的，成立丢失枪支不报罪。

滥用职权罪、玩忽职守罪的认定要点：(1)“国家机关工作人员”的范围；(2)“徇私舞弊”的认定；(3)滥用职权罪与玩忽职守罪的关系；(4)“本法另有规定的，依照规定”的理解；(5)滥用职权、玩忽职守罪与特殊渎职罪的关系；(6)滥用职权、玩忽职守罪与相关人身、财产犯罪的竞合；(7)因果关系;(8)丢失枪支不报的处理。

条　文

第三百九十七条　【滥用职权罪】【玩忽职守罪】国家机关工作人员滥用职权或者玩忽职守,致使公共财产、国家和人民利益遭受重大损失的,处三年以下有期徒刑或者拘役;情节特别严重的,处三年以上七年以下有期徒刑。本法另有规定的,依照规定。

国家机关工作人员徇私舞弊,犯前款罪的,处五年以下有期徒刑或者拘役;情节特别严重的,处五年以上十年以下有期徒刑。本法另有规定的,依照规定。

罪名精释

1. 渎职罪的法益是什么?

渎职罪所保护的法益是国家机关公务的合法、公正、有效执行。所谓国家机关的公务,是指各级国家机关执行国家职能、贯彻国家的法律、法规与政策的活动。妨害公务罪是从外部侵害国家机关公务的依法执行。而国家机关工作人员所犯的渎职罪,是从内部侵犯国家机关公务的合法、公正、有效执行。渎职罪是侵害国家法益的犯罪,不过,由于国家机关工作人员是针对人而不是针对物行使职权,所以,渎职罪最终必然侵害国民的个人法益,常常与人身、财产犯罪发生竞合。

2. 村主任能构成渎职罪的主体吗?

众所周知,村委会成员在协助乡镇人民政府从事行政管理工作中,侵吞公共财物、收受他人财物、挪用资金的,可能构成贪污、受贿、挪用公款罪。如今,随着城镇建设和新农村建设的逐步深入推进,村民委员会、居民委员会等基层组织协助人民政府管理社会发挥越来越重要的作用。实践中,对村民委员会、居民委员会等基层组织人员协助人民政府从事行政管理工作时,滥用职权、玩忽职守构成犯罪的,应当依照刑法关于渎职罪的规定追究刑事责任。

3. 只要有人死亡,就必须追究国家机关工作人员渎职罪的刑事责任吗?

渎职罪中因果关系的确认,历来是司法实践的认定难点。司法实践中,被告人也几无例外地以缺乏刑法上的因果关系为由,否定有罪指控。因果关系的判断之所以成为渎职罪认定的难点,是因为"重大损失"的结果通常并非由渎职行为直接造成,而是由他人"自我答责"的行为所引起。监管类渎职犯罪,如食品监管渎职罪、环境监管失职罪、传染病防治失职罪等,在学理上属于一种监督管理过失责任。理论与实务仍然试图运用传统的必然因果关系、条件因果关系、相当因果关系理论破解渎职罪因果关系认定的难题。

张明楷教授指出,首先,对滥用职权、玩忽职守等渎职罪的因果关系需要采用条件说。其次,从结果归属的角度来说,由于通常介入了第三者的行为,所以,需要考虑介入行为的通常性,以及国家机关工作人员对介入行为的监管职责的内容和范围。只要国家机关工作人员有义务监管第三者的介入行为,原则上就应当将介入行为造成的结果归属于国家机关工作人员的渎职行为。最后,由于渎职行为造成死亡、伤害结果时,通常并不是以杀人罪、伤害罪论处,而是以渎职罪论处,因而降低了处罚程度,所以,对渎职罪的结果归属的判断标准也会适当低于一般的杀人罪、伤害罪的结果归属的判断标准。①

本书认为,既然渎职行为通常只是造成"重大损失"的间接原因,因此套用传统的因果关系理论未必行得通。我们应当根据规范的保护目的,或者说规制国家机关工作人员行为的行政法规本来的宗旨和目的,以及被害人"自我答责"的范围进行考量,看能否将"重大损失"的结果全部或者部分归属于渎职行为人。

实践中个案关于因果关系及重大损失的认定,还值得检讨。

案1:河南省焦作市某俱乐部业主韩某余违规取得音像制品放映经营许可证,在存在诸多安全隐患的情况下长期违法经营。2000年3月29日3

---

① 参见张明楷:《刑法学》(第6版),法律出版社2021年版,第1631页。

时许发生特大火灾，造成74人死亡，2人受伤，直接经济损失199,524元。针对本案，检察院进行了一系列指控。

法院认为，被告人陈某桐作为焦作市文化市场管理办公室主任，"徇私舞弊，滥用职权，在未经上报省文管办审批的情况下，擅自为韩某余经营的俱乐部发放音像制品放映经营许可证，并于2000年2月又为韩签批年审，使其顺利通过年审并得以继续违法经营，致使该俱乐部发生重大火灾，造成特别重大损失，其行为已构成滥用职权致使国家利益遭受重大损失罪。"①

法院又指出，被告人杜某作为河南省焦作市工商行政管理局直属分局副局长，被告人刘某平作为该局工交商业科科长，严重不负责任，为个体业主韩某余办理营业执照，使其得以长期违法经营。"3·29"特大火灾的发生，是由于诸多因素造成的，二人的玩忽职守行为是导致火灾发生的重要因素之一，对此二人负有不可推卸的责任，其他部门对俱乐部是否整改，并不影响对二人的定罪量刑。二人的行为构成玩忽职守罪。②

法院还声称，被告人刘某汉作为当地派出所指导员，主管辖区公共场所的消防监督管理工作。1999年6月，个体业主韩某余在东方派出所辖区开始经营俱乐部，刘某汉多次到该俱乐部检查，发现该俱乐部存在开业前未向公安消防机构申报消防安全检查，室内采用易燃可燃性材料装修，安全出口不足，消防管理混乱等问题，刘某汉仅口头提出了整改意见，而没有采用具体监督整改措施消除安全隐患，致使发生上述特大火灾。其行为构成玩忽职守罪。③

本书认为，存在安全隐患并不是文化管理办公室和工商局的职责，或者说，有关文化管理和工商营业执照颁发的法规的规范保护目的，并不是阻止发生火灾。阻止发生火灾、保护消费者人身安全是消防法规的规范保护目的。本案中，只有派出所指导员刘某汉和其他负有消防安全监督管理职责的工作人员应对本

① 河南省焦作市中级人民法院刑事裁定书，(2000)焦刑终字第92号。

② 河南省焦作市解放区人民法院刑事判决书，(2000)解刑初字第54号；河南省焦作市中级人民法院刑事裁定书，(2000)焦刑终字第94号。

③ 河南省焦作市解放区人民法院刑事判决书，(2000)解刑初字第55号。

案的火灾损失负责。因此，在这起特大火灾案中，文化市场管理办公室主任陈某桐，以及工商局副局长杜某、科长刘某平的行为，与特大火灾结果之间没有刑法意义上的因果关系，三人不应对火灾结果承担责任。故而，法院对三人的定罪判决是错误的。派出所指导员刘某汉对辖区内公共场所负有安全监管职责，其渎职行为与特大火灾之间存在因果关系，应对火灾结果承担责任，法院对其以玩忽职守罪定罪处罚是正确的。

值得深思的是，在发生死人的特大事件（事故）后，尤其是经媒体披露的轰动性事件，只有让一部分人承担刑事责任才能平息舆论、挽回政府形象。这时，应由哪些人对事件承担刑事责任，应当谨慎对待。不能让担责的人认为，自己之所以被定罪，是因为运气不够好、官不够大、后台不够硬。渎职犯罪在很多时候是一种监督过失责任，应由哪些人承担监督管理过失责任，是刑法理论界长期的课题。

案2：某区法院审理查明，被告人朱某荣系某经济技术开发区综合治理办公室招聘的辅警，负责协助交警做好开发区内的道路交通综合治理工作。2007年6月3日上午，被告人朱某荣驾驶警车带领4名辅警在本市栖霞区尧新大道由北向南执行交通巡逻任务。9时许发现陆某驾驶一辆无牌照机动三轮车由南向北行驶，遂上前示意陆某停车检查，陆某拒不停车并加速沿尧新大道由南向北逃逸。被告人朱某荣遂驾驶警车追赶，陆某继续加速逃逸并在尧新大道与恒通大道的交叉口违章左拐弯，由于车速过快，导致其在拐弯后翻车，将站在恒通大道北侧路边的行人周某义撞伤，周某义经医院抢救无效死亡。法院认为，被告人朱某荣在执行公务中，超越职权，违反规定驾驶警车追缉违章车辆，致使违章车辆发生重大交通事故，造成1人死亡的严重后果，其行为已构成滥用职权罪。被告人朱某荣驾警车追缉陆某，致陆某加速开车逃逸，陆某超速行驶处于危险状态，且该危险状态最终引发了事故，因此，被告人朱某荣的行为与周某义的死亡结果之间具有直接因果关系。鉴于本案中陆某违章左转弯的行为亦是导致此次事故发生的原因之一，对于被告人朱某荣犯滥用职权罪，免于刑事处罚。[①]

① 江苏省南京市下关区人民法院刑事判决书，(2007)下刑初字第277号。

案3:1999年8月5日21时30分左右,某省某县运输管理站工作人员王某飞带队,为稽查规费(养路费、管理费)在某县泾渭镇西铜公路下隧道西口巡查,执行公务。此时,高陵县泾渭镇梁村六组村民张某学无证驾驶“时风”牌柴油三轮车拉着其妻赵某玲到高陵县开发区电管所缴纳电费后返回,行至该隧道处,发现交通运输站泾渭分站的工作人员在隧道西口查车,随即在隧道东口处调头欲避开检查。王某飞看见后,令王某强等执法人员前往拦截。张某塬、尚某、裴某斌等人即乘坐王某强驾驶的无牌长江750边三轮摩托车前往追赶,并示意张某学停车检查。张某学未停车,继续沿西铜一级公路辅道向南逆行,摩托车紧随追赶,与柴油三轮车相距20米。当行至急转弯处时,王某强等人听见“嗵、嗵”几声,看见前面尘土飞扬,冒黑烟,估计是柴油三轮车翻车了。王某强随即调转车头返回,途中告诉后面乘车赶来的王某飞被追赶车辆翻车后,众人一起返回单位。附近群众将张某学及其妻赵某玲送往医院抢救,张某学经抢救无效死亡,赵某玲的伤情经鉴定属重伤。

对于本案,陕西省高陵县法院判决宣告被告人王某强、王某飞无罪,西安市中院多数意见亦认为无罪,少数意见认为构成过失致人死亡罪。陕西省高院审委会一致认为,被告人王某强、王某飞等人上路检查车辆规费缴纳情况,是合法的行政执法行为,但对王某强、王某飞在上路检查车辆规费时,能否对逃逸车辆进行追赶,二被告人的行为是否构成犯罪形成两种意见。多数意见认为,被告人对逃避检查的逃逸车辆进行追赶,属超越职权范围的违规行为,二被告人已构成过失致人死亡罪。少数意见认为,二被告人的行为不构成犯罪,只承担民事赔偿责任。因陕西省高院对该案定性亦有不同意见,故请示最高人民法院。最高人民法院批复认为,被告人王某强、王某飞的行为构成滥用职权罪。①

① 参见最高人民法院刑事审判第一、第二、第三、第四、第五庭编:《刑事审判参考》2005年第3辑(总第44辑),法律出版社2005年版,第42页。

上述两案中,逃逸的车辆均存在交通违规行为,且均存在两个问题:一是执法人员是否有权追赶违章车辆;二是追赶致使违章车辆违章驾驶发生交通事故,追赶人应否对事故承担责任。

本书认为,即使有关部门内部存在不得追赶违章车辆的规定,也宜认为追赶违章车辆系严肃法纪的必要举措;违章车辆有停车接受检查的义务,选择逃逸就是一种抗法行为,对这种行为不能纵容;另外,选择逃逸是对自己的驾驶能力的过于自信,故违章车辆车主应对逃逸中违章行为导致的事故承担全部责任。倘若认为,对违法者进行追赶的行为人应对违法者逃逸导致的死伤结果负责,则意味着警察或者行人追赶盗窃、抢劫、杀人犯,被追赶者慌不择路导致本人或者他人死伤的,追赶者亦应承担责任。结局是,警察或者行人就只能放任犯罪嫌疑人从容逃走。

综上,本书认为,执法人员对于违章车辆有权追赶,不应对违章车辆逃逸中违章导致的事故结果承担刑事责任。当然,如果追赶者是人民警察,由于本身还负有保护包括犯罪嫌疑人在内生命健康安全的义务,追赶中警察的正当防卫、紧急避险行为,或者犯罪嫌疑人自己的行为导致本人或者他人受伤的,人民警察负有救助的义务。例如,警察对正在行凶的犯罪嫌疑人可以开枪将其击伤,但击伤后仍有将其送至医院抢救的义务。上述第二个案件中,因为张某学翻车后被周围群众及时送医,不存在因不履行救助义务导致死伤结果扩大的问题,故对目睹事故后返回的行为,不应进行刑法评价。

值得注意的是,2012 年 12 月 7 日最高人民法院、最高人民检察院《关于办理渎职刑事案件适用法律若干问题的解释(一)》规定,滥用职权或者玩忽职守的立案条件之一是“造成死亡 1 人以上”。对此,有人认为,“造成死亡”给人一种国家机关工作人员直接、具体地导致某人死亡的感觉,国家机关工作人员监督过失的责任不应当用“造成死亡”的提法来确认,用“死亡一人”的提法即可,因为这个标准的核心是反映死亡的人数这一损害生命的后果,没有必要用“造成”来修饰。笔者对此深不以为然!之所以强调“造成”死亡,无非是要求渎职行为与死亡结果之间必须存在刑法意义上的因果关系。如果无论是否具有因果关系,只要有人死亡,就应追究渎职罪的刑事责任,无疑会不当扩大渎职罪的处罚范围。司法实践中，就有判决将当事人的自杀行为不加区别地评价为这里的“造成死亡”。

案4：被告人付某忠在担任辽宁省瓦房店市某乡司法助理员期间，于1998年5月受理了某乡谭家村吴某武、吴某奎两家土地排水纠纷一案。同年7月15日11时许，被告人付某忠会同西杨乡土地办临时工作人员李某昌及谭家村有关人员前往争议现场。在调处争议过程中，被告人付某忠不顾吴某奎之妻慈某琴的强烈反对，强行拔下其家地北边篱笆，又将慈某琴强行拽离。拖拽中致慈某琴左肌肋部组织出血，左上臂皮下出血。嗣后，被告人付某忠与李某昌在吴某奎地的西北角强行挖开一条1米余长的水沟，用于吴某武家菜地的排水。慈某琴因此回家服毒自杀身亡。法院认为，“被告人付某忠身为国家机关工作人员，超越法律规定的权限，擅自对公民的人身及财产使用强制的手段，致使公民利益遭受重大损失，其行为侵犯了国家机关的正常管理活动，已构成滥用职权罪”。[①]

本书不同意上述将当事人的自杀结果评价为“重大损失”，进而让被告人对其承担刑事责任的认定。即便如判决书所言，本案被告人执法粗暴，但还不至于导致当事人走投无路而选择自杀。当事人选择自杀，完全是因为其心胸狭隘所致，难以认为这种自杀结果与被告人的执法行为之间具有刑法意义上的因果关系。在任何行政执法活动中，都有可能发生当事人因气量小而选择自杀，若因此追究执法者渎职罪的刑事责任，必然导致国家机关工作人员行政管理活动的萎缩，最终不利于国家方针政策的施行和保护大多数纳税人的利益。

综上，实践中还存在唯结果论，混淆事实因果关系与刑法上的因果关系（法律因果关系），只要发生了他人死伤或者单位、个人财产损失的结果，就认为符合了渎职罪“重大损失”的要件，满足了刑法上因果关系的要求，进而以渎职罪定罪处罚，从而不当扩大了渎职罪的处罚范围，背离了责任主义及一般预防的要求。

① 辽宁省瓦房店市人民法院刑事判决书，(1998)瓦刑初字第349号。

4. 徇私舞弊是构成要件要素吗?

《刑法》渎职罪一章中有 13 个条文使用了"徇私舞弊"一词,此外,第 399 条还使用了"徇私""徇情"概念。对徇私、舞弊的地位、性质、内容等问题的认识,从司法实践层面而言,直接涉及罪与非罪、此罪与彼罪、一罪与数罪问题;从刑法理论角度而言,直接关乎解释理念、方法以及对构成要件要素的认识等问题。

《刑法》第 397 条第 2 款明确将徇私舞弊规定为法定刑升格情节,其他条文均将徇私、舞弊(或徇私舞弊)表述为基本罪状的内容。从司法实践来看,将徇私、舞弊作为部分渎职罪的成立条件,确实存在一些问题:如难以查明行为人是否"徇私",导致处罚范围不当缩小,放纵渎职犯罪。舞弊的规定也显得多余。但是,从刑法解释学的角度而言,在没有修改刑法条文的情况下,徇私、舞弊属于成立犯罪的要素,系构成要件要素。

5. 徇私、舞弊是主观要素,还是客观的构成要件要素?

应该说,徇私属于犯罪动机,是一种主观要素。

渎职罪的主体是国家机关工作人员,其基本特征之一是从事公务,而公务的重要特征是具有裁量性。有些裁量性事务,需要国家机关工作人员具有较高的法律素质、政策水平、技术能力,这种事务容易出现差错;有的裁量性事务,对国家机关工作人员的法律素质、政策水平、技术能力的要求则相对低一些,这种事务一般不会出现差错。分析《刑法》分则关于渎职罪的规定就可以清楚地看出,凡是规定了徇私要件的渎职罪,其职责内容都是需要国家机关工作人员具有较高的法律素质、政策水平、技术能力的裁量性事务;刑法之所以将徇私规定为主观的构成要件要素,显然是为了将国家机关工作人员因为法律素质、政策水平、技术能力不高而出现差错的情形排除在渎职罪之外。

例如,《刑法》第 399 条第 1 款要求徇私,是因为有罪、无罪往往界限不清、事实不明,为了避免将司法工作人员因法律素质不高而把有罪认定为无罪或者将相反的情形认定徇私枉法罪,刑法条文将徇私规定为要件。《刑法》第 400 条第 1 款规定的私放在押人员罪之所以不要求徇私,是因为谁是在押人员、具备什么条件与程序可以释放在押人员,是非常清楚的事情,不会出现因法律素质、政策水平、技术能力不高而私放罪犯的现象，所以，不必以徇私作为要件。《刑法》第401～405条以及第410～414条、第418条规定的各种渎职罪，之所以以徇私为要件，也是因为相关职责的履行需要国家机关工作人员具有较高的法律素质、政策水平、技术能力，必须将因法律素质、政策水平、技术能力不高而出现差错的情形排除于犯罪之外。第407条规定的违法发放林木采伐许可证罪不要求徇私，是因为有关林木采伐的规定相当明确，不会出现因法律素质、政策水平不高而错误发放林木采伐许可证的情形。第415条规定的犯罪之所以不以徇私为要件，是因为负责办理护照、签证以及其他出入境证件的国家机关工作人员或者边防、海关等国家机关工作人员，能够轻易判断他人是否偷越国（边）境，不会出现因法律素质、政策水平、技术能力不高而导致差错的情形。第416条规定的渎职罪也不以徇私为要件，这是因为，既然负有解救职责的国家机关工作人员接到了被拐卖、绑架的妇女、儿童及其家属的解救要求或者接到其他人的举报后，依然不解救，就不可能是法律素质、政策水平、技术能力低造成的。

不难看出，《刑法》分则条文要求部分渎职罪出于徇私动机，是为了将因为法律素质、政策水平、技术能力不高而造成差错的情形，排除在渎职罪之外；换言之，当国家机关工作人员不是因为法律素质、政策水平、技术能力不高造成差错，而是基于徇私的内心起因违背职责时，便以渎职罪论处。所以，将徇私解释为犯罪的动机，是比较符合刑法规定与现实情况的。

关于舞弊的性质，刑法理论上争议不多。本书认为，舞弊不是犯罪动机，而是指弄虚作假、玩弄职权的行为。如果说舞弊是犯罪动机，则意味着国家机关工作人员犯渎职罪时，是出于舞弊的内心起因而实施舞弊行为。如果说舞弊是犯罪动机，则不要求客观上有舞弊行为，这便难以解释一些《刑法》条文，导致有的渎职犯罪没有客观行为（如《刑法》第405条、第418条）。所以，舞弊属于客观的构成要件要素。

“徇私舞弊”作为一个术语适用，多多少少是出于习惯用法与语感要求。即使徇私与舞弊分别属于主观的责任要素与客观的构成要件要素，也应承认在不同的条文中，徇私舞弊一语侧重点不同：在有的条文中，徇私舞弊的侧重点在徇私，如《刑法》第401～404条、第410～414条等；在有的条文中，徇私舞弊的侧重点在舞弊,如《刑法》第418条。

6. 徇单位、集体、地方之私,是"徇私"吗?

徇私作为犯罪的动机,包括为了追求与职责宗旨相违背的一切物质利益与精神利益。虽然《刑法》第399条将徇私与徇情分开规定,但这并不意味着其他条文所规定的徇私不包括徇情。质言之,在没有将徇情与徇私分开规定的《刑法》条文中,徇情仍然属于徇私的内容。例如,司法工作人员碍于同级政府领导的情面,对不符合暂予监外执行条件的罪犯暂予监外执行的,构成徇私舞弊暂予监外执行罪。

关于徇私的内容,刑法理论与司法实践中争议的焦点在于"私"的范围。

有人认为,徇私仅指徇个人私情、私利,即徇一己之私;私情、私利与单位利益相对应,徇单位之私不能理解为徇私。主要理由有:(1)从文义解释的角度界定,徇私应指徇个人私情、私利。(2)从体系解释的角度出发,徇私不包括徇单位之私。例如,若将徇私解释为包括徇单位之私,那么,《刑法》第169条规定的徇私舞弊低价折股、出售国有资产罪,在逻辑上便无法说通。(3)为了单位利益实施的渎职行为可以适用其他罪名(如滥用职权罪等)。该观点也得到了准司法解释的认同。

有人主张,徇私不但包括徇个人之私,而且包括徇单位、集体、地方之私。应该说,该主张具有合理性。

首先,渎职罪所保护的法益是国家机关公务的合法、公正、有效执行,以及国民对国家机关工作人员职务行为的客观公正性的信赖。国家机关工作人员无论是徇个人之私实施渎职行为,还是徇单位、集体之私实施渎职行为,对上述法益的侵害并无区别。行为人徇单位、集体之私,不可能使其违反客观公正性的渎职行为具有客观公正性;行为人徇单位、集体之私,不可能使国民信赖其职务行为的客观公正性。不仅如此,徇单位、集体之私所造成的法益侵害,往往更为严重。例如,司法机关主管人员,为了建办公楼,对明知是有罪的人而不追诉,仅让其向司法机关交付财物的行为,对司法客观公正性的侵害达到了无以复加的程度。又如,当前在非法批地、非法低价出让国有土地使用权的案件中,大多数是地方政府（尤其是县、乡政府）借口发展地方经济，称为“为公违法”。这种情况具有严重的社会危害性。如果将徇单位、集体之私排除在徇私之外，必然不利于保护法益。

其次，刑法部分条文将徇私规定为要件，是为了将国家机关工作人员因为法律素质、政策水平、技术能力不高而出现差错的情形排除在渎职罪之外；而徇单位、集体之私实施渎职行为的，显然不是由于法律素质、政策水平、技术能力不高。换言之，徇单位、集体之私同样可以成为推动行为人实施渎职行为的内心起因。既然如此，就没有理由将徇单位、集体之私排除在徇私之外。

最后，上述第一种观点的理由难以成立。（1）从文义上看，徇私并不当然意味着徇个人之私。因为公与私总是相对的，在以徇私为要件的犯罪中，国家机关工作人员正当履行职责所实现的利益、刑法所要保护的法益就是“公”；非出于实现公的利益与保护公的法益的意图，便应评价为“私”。况且，第一种观点多次使用“徇单位之私”的表述，这从一个侧面说明徇单位、集体之私并不违背“私”的文义。此外，在司法实践中，绝大部分所谓徇单位、集体之私的，结局都是徇个人之私。如果将徇单位、集体之私排除在徇私之外，必然导致处罚范围的不当缩小。（2）即使对刑法进行体系解释，也不能得出徇私仅限于徇个人之私的结论。以《刑法》第169条为例。诚然，国有公司、企业主管人员，一般不可能为了国有公司、企业的利益而低价折股或者低价出售国有资产。但是，国有公司、企业的分支机构等仍然可能为了本分支机构的利益低价折股或者低价出售国有资产。没有理由否认这种行为的可罚性。（3）诚然，就某些渎职罪而言，即使将徇私解释为徇个人之私，对于徇单位、集体之私而渎职的，也可以按照滥用职权罪处罚。但是，其一，既然刑法除规定滥用职权罪之外，另设立了特别法条，那么，对于可能适用特别法条的行为，就应尽量适用特别法条，否则会导致特别法条丧失意义。其二，滥用职权罪要求致使公共财产、国家与人民利益遭受重大损失；如果将徇私解释为徇个人之私，必然导致许多徇单位、集体之私的渎职行为因不符合滥用职权罪的结果要件，而不能追究刑事责任，这不符合刑法设立特别法条的精神。其三，由于许多表面上徇单位、集体之私的行为，结局都是徇个人之私，而且徇单位、集体之私与徇个人之私的界限并不明确，如果对徇单位、集体之私的行为适用普通条款(认定为滥用职权罪或玩忽职守罪),对徇个人之私的行为适用特别条款(认定为特殊的滥用职权罪),便会导致此罪与彼罪之间的界限模糊不清。

综上,应该认为徇私包括徇单位、集体、地方之私。

7.“舞弊”,是实行行为吗?

舞弊作为一种客观的构成要件要素,在渎职罪中分为两种情形。

第一种情形,《刑法》分则条文规定了渎职行为的具体内容,舞弊只是渎职行为的同位语,并不具有超出具体渎职行为之外的特别含义。换言之,舞弊只是对具体渎职行为的一种归纳与概括(绝大多数条文中的“舞弊”属于这种情形)。例如,就《刑法》第 401 条而言,“对不符合减刑、假释、暂予监外执行条件的罪犯,予以减刑、假释或者暂予监外执行”,就是舞弊行为;并不是指在上述渎职行为之外,另有舞弊行为。又如,就《刑法》第 402 条而言,只要行政执法人员“对依法应当移交司法机关追究刑事责任的不移交”,就应认定为舞弊。如行政执法人员长期将卷宗材料锁在保险柜而不移送司法机关的,就属于舞弊;并非只有伪造了虚假材料或者销毁了真实材料的才属于舞弊。《刑法》第 403 条也是如此。

对此,可以与《刑法》第 399 条第 1 款的徇私枉法、徇情枉法进行比较。可以肯定的是,只要司法工作人员“对明知是无罪的人而使他受追诉、对明知是有罪的人而故意包庇不使他受追诉,或者在刑事审判活动中故意违背事实和法律作枉法裁判”,就应认定为枉法;绝对不可能在上述行为之外另行要求有其他枉法行为。第一种情形的徇私舞弊中的“舞弊”,相当于徇私枉法中的“枉法”。所以,动植物检疫机关的检疫人员“伪造检疫结果”就是弄虚作假的舞弊行为,不可能在此之外另行要求有舞弊行为。

显而易见,在上述情形下,要求行为人除实施具体的渎职行为之外,另实施其他舞弊行为的观点,不仅会不当缩小渎职罪的处罚范围,而且会导致将数罪认定为一罪、将处断上的一罪认定为单纯一罪。以《刑法》第 414 条为例。如果在不履行法律规定的追究职责之外,另行要求有其他“舞弊”行为,必然意味着放纵制售伪劣商品犯罪行为罪包含了伪造国家机关公文、证件等犯罪行为，从而导致将数罪当一罪处理。

在上述情形下，要求行为人除实施具体的渎职行为之外，另行实施其他舞弊行为的观点，反映出解释者完全按照法条的字面含义解释法律，将法条的字面含义等同于法律的真实含义。这是我国刑法解释学落后的根源之一。解释者应懂得：条文的字面含义，并不等同于刑法的真实含义。刑事立法是将正义理念与将来可能发生的生活事实相对应，从而形成刑法规范；刑事司法是将已经发生的社会生活事实与刑法规范相对应，从而形成刑事判决。作为解释者，心中当永远充满正义，目光得不断往返于刑法规范与生活事实之间，而不能大脑一片空白，目光仅往返于法条文字与汉语字典之间。解释者应知道：非正义的解释结论并不是刑事立法本身得出的，而是解释者得出的；解释者应当反思自己的解释方法与观念，而不是批判刑事立法。事实上，在上述情形下，正是因为解释者没有将"舞弊"解释为同位语，而是解释为渎职行为之外的另一舞弊行为，才形成了不合理的解释结论，进而将该不合理结论归咎于刑法本身，批判刑法条文不应将"舞弊"规定为客观的构成要件要素。

其实，《刑法》条文中的同位语现象并不罕见。例如，《刑法》第174条规定："未经国家有关主管部门批准，擅自设立商业银行、证券交易所、期货交易所、证券公司、期货经纪公司、保险公司或者其他金融机构的"，构成犯罪。其中的"擅自"并不具有特别含义，而是同位语，即只要"未经国家有关主管部门批准"，就属于"擅自"，并非在认定了"未经国家有关主管部门批准"后，还另行要求符合"擅自"要件。《刑法》第15条、第133条、第154条等条文中也存在同位语的现象。

另一种情形，《刑法》分则条文没有规定具体的渎职行为，舞弊成为具有特定含义的、具体的渎职行为。属于这种情形的有《刑法》第405条与第418条，根据第405条的规定，舞弊是指不应发售发票而发售发票，不应抵扣税款的抵扣税款，不应退税的予以退税等行为；根据第418条的规定，舞弊是指明知不合格而招收，或者故意拒绝招收应当招收的合格人员等，而不是其他表述的同位语。

8. 如何认定“徇私”？

司法机关面临的重要难题之一，是不能证明行为人的徇私动机。在本书看来，之所以如此，是因为司法机关长期以来过于相信和依赖被告人口供，不善于根据客观事实判断被告人的主观内容。当根据客观事实得出的结论与被告人的供述不一致时，司法工作人员便陷入苦恼之中。国外刑法教科书从不讨论杀人罪与伤害罪的区别问题。我国的任何一本刑法教科书都会讨论杀人罪与伤害罪的区别；司法工作人员一直为区分杀人罪与伤害罪而发愁，不断提出如何区分杀人罪与伤害罪的问题。原因何在？因为刑法理论认为，故意杀人罪与故意伤害罪的根本区别在于故意内容不同（这一说法当然存在重大缺陷），而司法机关不善于通过客观事实认定被告人的故意内容。当被告人向被害人心脏猛刺数刀导致死亡，却始终不承认有杀人故意时，司法工作人员就感到困难：一方面客观事实说明被告人具有杀人故意，另一方面被告人又否认有杀人故意，不知如何适用法律。

其实，无论是故意中的明知，还是财产犯罪中的非法占有目的，抑或徇私动机，都是需要司法工作人员根据客观事实认定或推定的。根据本书的观点，只要行为人故意实施了刑法规定的渎职行为，而且该行为不是由于法律素质、政策水平、技术能力低所致，就应认定或推定行为人出于徇私动机。

徇私是一种犯罪的动机，不要求有与之相对应的客观行为。但是，在现实案件中，并不排除行为人将徇私动机客观化（实施徇私行为）的情形。所以，在客观上的徇私行为又触犯其他罪名时，便存在一罪与数罪的认定问题。例如，税务机关工作人员因收受贿赂而不征、少征应征税款，致使国家税收遭受重大损失的，是认定为一罪还是数罪？本书主张认定为数罪，实行并罚。

税务机关工作人员实施了两个行为：一是收受贿赂；二是不征、少征税款。两个行为侵犯了不同的法益：前者侵犯了国家工作人员职务行为的不可收买性，后者侵犯了税务机关工作人员职务的客观公正性与国家财产；行为人主观上当然存在两个犯罪的故意；主客观方面完全符合两个犯罪构成。而且，其中任何一个犯罪构成都不包含另一犯罪构成的内容。受贿罪与徇私舞弊不征、少征税款罪之间并不存在吸收关系，前者并不属于状态犯，故也不能认为后行为是不可罚的事后行为。由于行为人实施了两个行为,也不成立想象竞合犯。或许有人认为,这种情况属于牵连犯,应从一重罪处罚。但在本书看来,即使承认牵连犯概念,对牵连关系也应采取类型说。即根据刑法规定与司法实践,将牵连犯的手段与目的、原因与结果的关系类型化;只有具有类型化的手段与目的、原因与结果的关系时,才存在牵连关系。本书认为,行为人收受贿赂与不征、少征税款之间,既不存在类型化的手段与目的关系,也不存在类型化的原因与结果之间的关系。所以,不宜认定为牵连犯,而应认定为数罪。

需要说明的是《刑法》第399条第4款。该款规定:"司法工作人员收受贿赂,有前三款行为的,同时又构成本法第三百八十五条规定之罪的,依照处罚较重的规定定罪处罚。"根据本书的观点,如果从立法学上讨论,对于司法工作人员收受贿赂枉法追诉、枉法裁判的,也应实行数罪并罚。刑法只是基于特殊理由,将这种行为以一罪论处。该款规定属于特别规定,特别规定只适用于特定法条,而不能普遍适用。所以,对于收受贿赂实施其他渎职犯罪的,均应实行数罪并罚。

9. 如何认定"舞弊"?

舞弊的认定应区分前述两种情形:当刑法条文将舞弊作为同位语规定时,只要行为人实施了刑法条文所规定的具体的渎职行为,就应认定其行为符合舞弊的要件;当刑法条文将舞弊规定为具有特定含义的构成要件要素时,需要根据主体的职责内容与规则,认定其行为是否属于舞弊。

由于舞弊分为两种情形,所以,对于舞弊涉及的罪数问题,也应分别讨论。

在舞弊只是同位语,而不具有特别含义的情况下,行为人除实施法定的渎职行为外,另外实施其他舞弊行为触犯其他罪名的,应根据罪数区分原则认定罪数。

案5:行政执法人员甲出于徇私动机,通过作假证明包庇的方式,对依法应当移交司法机关追究刑事责任的不移交。由于"对依法应当移交司法机关追究刑事责任的不移交"属于《刑法》第402条规定的舞弊行为,所以,作假证明包庇便属于徇私舞弊不移交刑事案件罪之外的行为,另触犯了包庇罪。由于作假证明包庇并不是徇私舞弊不移交刑事案件犯罪的类型化的手段行为,故对甲的行为应当实行数罪并罚。当然,如果将作假证明包庇的行为认定为包庇罪后,不移交刑事案件的行为不能达到情节严重的程度,就只能认定为情节严重的包庇罪,而非仅认定为徇私舞弊不移交刑事案件罪。

案6:监狱工作人员乙,通过伪造医院证明与印章的手段(触犯伪造事业单位印章罪),对并不符合暂予监外执行的罪犯暂予监外执行。倘若承认牵连犯的概念,并且主张对牵连犯从一重罪处罚,那么,因为乙的手段行为与结果行为存在类型化的牵连关系,可以认定为牵连犯,从一重罪处罚。如果不承认牵连犯的概念,或者主张对牵连犯实行并罚,则对其行为也应实行数罪并罚。

在舞弊具有特别含义的情况下,如果舞弊行为并没有超出特定渎职罪客观要件的范围,则只能认定为一罪。例如,国家机关工作人员丙在招收公务员、学生工作中徇私舞弊的,只要舞弊行为限于招收公务员、学生的工作范围,就应认定为一罪,而不可能认定为数罪。又如,只要税务机关的工作人员在办理发售发票、抵扣税款、出口退税工作范围内舞弊的,就应认定为一罪,不能认定为数罪。

10. 渎职罪均为结果犯吗?

理论与实务在没有认真辨别行为犯与结果犯的情况下,就习惯于给罪名贴上行为犯、结果犯的标签。犯罪分类的目的,是便于具体问题的处理或说明。如果事先对某种概念分类的功能缺乏准确的定位,随意贴标签,反而误导罪名的适用。例如,理论与实务几乎一致认为,渎职罪属于结果犯。但是,在刑法理论上将犯罪分为结果犯和行为犯的目的,是确立不同犯罪既遂成立的标准——结果犯以某种法定危害结果的出现作为既遂的标准,而行为犯以行为的完成作为既遂的标准。在没有认真从行为类型和立法宗旨角度进行分析的基础上,将刑法规定结果要素的故意渎职罪称为结果犯,混淆了犯罪成立与犯罪既遂的界限。其实,滥用职权、玩忽职守等渎职犯罪是以造成“重大损失”为犯罪构成要件的实害犯,行为人的行为对犯罪客体造成法定程度的实际危害结果时才成立犯罪。

犯罪的分类与溯及力、追诉时效、共犯的成立范围、既未遂、因果关系的判断等问题息息相关，应当慎贴标签。长期以来，理论与实务未能准确辨析行为犯、结果犯、危险犯（包括具体危险犯、抽象危险犯）、实害犯（也叫侵害犯）概念之间的区别和功能定位，不顾及我国犯罪概念既定性又定量，而明显不同于国外犯罪概念只定性不定量的特点，盲目照搬国外的概念定义。

本书认为，行为犯是与结果犯相对应的概念。所谓行为犯，是以一定行为的完成或者说犯罪进行到一定程度为犯罪既遂的犯罪，如强奸罪、脱逃罪。行为犯并非没有危害结果，伴随行为同时发生的是非物质性的、抽象的结果。而结果犯，是指以一定的物质性的、具体的结果发生作为犯罪既遂标志的犯罪，如故意杀人罪、故意伤害罪、盗窃罪。结果犯的结果发生，与行为的完成往往存在一定时间和空间的间隔，也称隔隙犯，故而因果关系往往需要特别判断。事实上，从来都没有人讨论强奸罪、脱逃罪的因果关系，而往往讨论故意杀人罪、故意伤害罪的因果关系。由此说明，行为犯与结果犯这种分类，主要解决的是犯罪既遂标准以及因果关系判断的问题。

危险犯与实害犯这组概念主要解决犯罪成立条件和处罚根据的问题，相应地也会影响追诉时效的计算。危险犯是以一定危险状态的形成作为犯罪成立条件和处罚根据的犯罪。其中，具体危险犯的危险，需要司法工作人员在个案中进行具体判断的危险，如放火罪；而抽象危险犯中的危险，是人们根据一般的生活经验判断得出，并由立法者进行拟制的危险，如盗窃枪支罪。而实害犯，是以实际的法益侵害结果的发生作为犯罪成立条件的犯罪，如过失犯和部分故意犯罪。实害犯只有犯罪成立与否，而无既未遂问题。

行为犯、结果犯与危险犯、实害犯两组概念存在交叉。例如，伪证罪属于行为犯，也可谓危险犯，盗窃枪支罪属于结果犯，也可谓危险犯。理论与实务常常将结果犯与实害犯相混淆，如认为生产、销售劣药罪是结果犯。其实，由于生产、销售劣药罪是以“对人体健康造成严重危害”作为成立犯罪的条件，因而应属于实害犯。

情节犯是中国刑法中因犯罪概念既定性又定量而特有的一个概念。由于情节犯中的情节往往是一个综合性要素，若个案中的情节表现为物质性的危害结果时，这种情节犯相当于实害犯，但如果情节表现为一定行为的完成时，这种情节犯又相当于行为犯。就滥用职权罪而言,如果"重大损失"表现为一定物质或非物质性损失时,可谓实害犯,但是如果"重大损失"表现为一定行为的完成时,则是行为犯,例如,2007 年 5 月 9 日最高人民法院、最高人民检察院《关于办理与盗窃、抢劫、诈骗、抢夺机动车相关刑事案件具体应用法律若干问题的解释》(以下简称《机动车案件解释》)规定,以为盗窃、抢劫、诈骗、抢夺的机动车办理登记手续的数量作为立案标准,这种滥用职权罪又是行为犯。因而,就情节犯而言,不能简单地将其归入行为犯、结果犯、实害犯或者危险犯范畴。

根据上述分类标准,本书大致认为渎职罪中属于行为犯的有:徇私枉法罪,私放在押人员罪,徇私舞弊减刑、假释、暂予监外执行罪,商检徇私舞弊罪,动植物检疫徇私舞弊罪,办理偷越国(边)境人员出入境证件罪,放行偷越国(边)境人员罪、阻碍解救被拐卖、绑架妇女、儿童罪,帮助犯罪分子逃避处罚罪。

属于实害犯的有:执行判决、裁定失职罪,执行判决、裁定滥用职权罪,失职致使在押人员脱逃罪,徇私舞弊不征、少征税款罪,徇私舞弊发售发票、抵扣税款、出口退税罪,违法提供出口退税凭证罪,国家机关工作人员签订、履行合同失职被骗罪,环境监管失职罪,食品、药品监管渎职罪,传染病防治失职罪,商检失职罪,动植物检疫失职罪,不解救被拐卖、绑架妇女、儿童罪,失职造成珍贵文物损毁、流失罪。

属于情节犯的有:滥用职权罪,玩忽职守罪,故意泄露国家秘密罪,过失泄露国家秘密罪,民事、行政枉法裁判罪,枉法仲裁罪,徇私舞弊不移交刑事案件罪,滥用管理公司、证券职权罪,违法发放林木采伐许可证罪,非法批准征用、占用土地罪,非法低价出让国有土地使用权罪,放纵走私罪,放纵制售伪劣商品犯罪行为罪,招收公务员、学生徇私舞弊罪。

《刑法》渎职罪一章没有典型的危险犯和结果犯。以上只是根据犯罪的成立条件以及有无既未遂,对渎职罪罪名所作的大致分类。

11. 渎职罪的追诉期限何时起算?

所谓追诉时效,是刑法规定的对犯罪人进行刑事追诉的有效期限;在此期限内,司法机关有权追诉;超过了此期限,司法机关就不能再行追诉。《刑法》第 89

条第 1 款规定:“追诉期限从犯罪之日起计算;犯罪行为有连续或者继续状态的,从犯罪行为终了之日起计算。”何为“犯罪之日”? 刑法理论通说认为,所谓犯罪之日,应为犯罪成立之日,即行为符合犯罪构成之日。

溯及力制度解决的是适用行为时法还是裁判时法的问题,而追诉时效制度考量的是超过一定期限能否追诉犯罪的问题。这本是两个不同的问题,但是理论与实务经常混淆这两种制度。例如,有人认为,追诉时效从犯罪之日起算,内在的客观处罚条件只是对违法性有一定影响,与犯罪的实行行为基本无关,从客观处罚条件的出现时间开始计算追诉时效并无法律依据。客观处罚条件的规定意在限制刑法适用,是有利于被告人的规定,不能将其解释为不利于被告人的规定。因此,逃税行为发生在《刑法修正案(七)》之前,但是,在之后才受到司法追究的,原则上应当适用新法,尽量做有利于被告人的处理。

在本书看来,上述观点存在疑问。是适用新法还是旧法,是溯及力制度所要解决的问题,与追诉时效制度无关。就逃税行为而言,如果逃税行为发生在《刑法修正案(七)》之前,且没有超过追诉时效,原则上应当进行追诉。如果追诉时效延续到《刑法修正案(七)》生效之后,税务机关没有下达追缴通知,或者下达追缴通知后,行为人没有补缴应纳税款和滞纳金,对行为人仍然可以进行追诉;如果行为人在追诉时效期限内补缴了应纳税款,可以考虑适用《刑法修正案(七)》不予追究逃税人的刑事责任。但不予追究的原因,不是有利于被告人的解释,而是根据裁判时法原本就不构成犯罪,因而还是溯及力的问题,而与追诉时效无关。

关于渎职罪的追诉时效,笼统地认为渎职罪属于结果犯的,通常会认为追诉时效从结果发生之日起开始计算。事实上也有人认为,结果犯类型的渎职犯罪,必须从重大损失结果发生之日起计算追诉时效。

理论与实务大多混淆了结果犯与实害犯两个概念。就结果犯而言,结果的发生只是犯罪既遂的条件,而非犯罪成立的条件,如故意杀人罪;而对于实害犯,实际法益侵害结果的发生是犯罪成立的条件,未发生法益侵害结果,不是成立未遂的问题,而是根本就不成立犯罪。因而,就结果犯而言,由于行为完成之时(甚至仅实施预备行为)犯罪就已成立,追诉时效就开始起算,而对于实害犯,只有发生实际的法益侵害结果,犯罪方成立,才能开始计算追诉期限。

就渎职罪而言,只有行为犯、实害犯、情节犯三种类型。本书认为,就私放在押人员罪、徇私枉法罪等行为犯类型渎职罪而言,行为进展到一定程度致使犯罪成立时,即开始计算追诉时效;而实害犯的追诉时效,应以实害发生之日起开始计算;对于情节犯,可以认为情节具备之日开始计算追诉期限。对于以"重大损失"作为犯罪成立条件的,若损失在持续性扩大的,可以从损失不再蔓延扩大时开始计算追诉时效。

12. 渎职罪有未遂成立的余地吗?

理论上有学者对个别渎职罪罪名的既未遂问题进行了探讨。例如,有人认为,企图徇私枉法,但其意见最终被审委会否决的,仅成立徇私枉法罪的未遂。有人主张,从徇私枉法行为的性质和刑法设立该罪所要保护的法益性质来看,徇私枉法罪不存在未遂,徇私枉法行为一旦实行,要么因为"情节显著轻微、危害不大"而不构成犯罪,要么成立犯罪且成立既遂,其既遂并不以犯罪对象得到实际错误的处理(错误的追诉、放纵)为条件。有人声称,就滥用职权型食品监管渎职罪而言,由于其主观方面可以是故意乃至直接故意,故在整个犯罪过程中可以成立犯罪预备、犯罪未遂、犯罪中止和犯罪既遂,而其犯罪既遂是以出现"重大食品安全事故或者造成其他严重后果"为标志。

本书认为,渎职罪是否存在未遂,与其属于何种犯罪类型有关。结果犯存在未遂,而实害犯没有未遂。对于行为犯,原则上存在未遂,如私放在押人员罪。对于情节犯,由于相当于实害犯,通常也应认为没有未遂成立的余地。徇私枉法罪作为行为犯,原则上有成立未遂的余地。只要开始着手徇私枉法,如开始伪造证据,在徇私枉法行为完成之前,由于意志以外的原因未能完成徇私枉法行为的,还是有未遂成立可能的。当然,所谓行为实施完成,并不需要已经实现枉法追诉或放纵犯罪的目的。例如,行为人向合议庭完整表达了自己的意见,就意味着行为已经实施完成,即便最终被审委员否决,也不妨碍犯罪既遂的成立。而就食品监管渎职罪而言,由于以"导致发生重大食品安全事故或者造成其他严重后果"为成立条件,属于实害犯或者情节犯,故应认为该罪没有未遂成立的余地。

有人将渎职罪分为4类：(1)以结果要素为基本构成要件的，即存在“致使……”或者“造成……后果”等表述的，如滥用职权罪；(2)以情节要素为基本构成要件，即存在“情节严重”之表述的，如故意泄露国家秘密罪；(3)既存在情节要素，也存在结果要素的，只有违法发放林木采伐许可证罪一个罪名；(4)既没有情节要素，也没有结果要素的，如徇私枉法罪、私放在押人员罪。进而指出，将第一种类型称为结果犯是不妥的；第一种类型与第三种类型均不存在未遂的问题；第四种类型属于行为犯，存在未遂的问题。第二种类型属于情节犯，而“情节严重”可以从多个角度来评判，因此，完全可能存在犯罪行为达到情节严重的程度，但是行为却未必满足刑法分则所要求的完整的犯罪构成。因而，情节犯是可以存在犯罪未遂等未完成形态的。例如，行为人携带了多份属于绝密级的国家秘密资料意图出售给他人，准备交易时被查获。此时，从构成要件来看，行为人已经实施了泄露国家秘密的行为，但是这一行为并没有完成，即并不符合故意泄露国家秘密罪完整的犯罪构成，因此应认定为未遂。

本书基本赞同上述观点，只是不赞同情节犯也存在未遂的结论。既然刑法要求情节严重方成立故意泄露国家秘密罪，或者说，立法者正是因为无法通过行为的描述达到值得科处刑罚的程度，为了限制处罚范围，而强调必须情节严重才值得作为犯罪论处。即便行为人企图泄露多份国家秘密，只要秘密并未实际泄露出去，就难以认为已经属于“情节严重”而值得科处刑罚。况且，虽然根据我国刑法总则的规定，原则上处罚所有故意犯罪的未遂，但实际上我国未遂犯的处罚范围比以处罚未遂犯为例外的德国、日本等国还要窄。因而，对于未实际完成泄露国家秘密行为的，不宜作为故意泄露国家秘密罪的未遂加以处罚。

综上所述，只应承认行为犯类型的渎职罪存在未遂，其他除描述行为要素外还要求具备重大损失、严重后果、情节严重等要素才成立犯罪的，不存在犯罪未完成形态。

13. 如何理解《刑法》第397条中的“本法另有规定的，依照规定”？

《刑法》第397条规定：“国家机关工作人员滥用职权或者玩忽职守，致使公共财产、国家和人民利益遭受重大损失的，处三年以下有期徒刑或者拘役；情节特别严亘的，处三年以上七年以下有期徒刑。本法另有规定的，依照规定。国家机关工作人员徇私舞弊，犯前款罪的，处五年以下有期徒刑或者拘役；情节特别严重的，处五年以上十年以下有期徒刑。本法另有规定的，依照规定。”由此，理论与实务一直都认为，普通渎职罪与特殊渎职罪之间是一种特别关系的法条竞合，行为同时符合普通渎职罪与特殊渎职罪构成要件时，只能以特殊渎职罪定罪处罚。乜就是说，作为普通渎职罪的滥用职权罪、玩忽职守罪与各特殊渎职罪之间是典型的法条竞合特别关系。《刑法》第 397 条中“本法另有规定的，依照规定”之规定，正是对法条竞合特别关系处罚原则的重申。

我国《刑法》分则除第 397 条滥用职权、玩忽职守罪条文中存在“本法另有规定的，依照规定”外，在第 233 条过失致人死亡罪、第 234 条故意伤害罪、第 235 条过失致人重伤罪、第 266 条诈骗罪条文中也有此规定。值得一提的是，无论是以陈兴良教授、周光权教授为代表的、坚持“特别法优先主义”的特别关系法条竞合适用原则之通说，还是以张明楷教授为代表的“有条件的重法优先主义”的有力说，对“本法另有规定的，依照规定”的理解是高度一致的。

本书认为，“本法另有规定的，依照规定”，并非“特别法优于普通法”的特别关系法条竞合适用原则的重申，而是一种注意性规定（可以忽略的规定），是一种重法适用的指引和提醒。

首先，我国不存在如国外“封闭的特权条款”的特别法条，而且所谓特别法条与普通法条法定刑的配置轻重失序、“没有章法”，故而我们不应照搬国外“特别法优于普通法”的特别关系法条竞合适用原则。

域外所谓的特别法条都是重有重的理由（如杀害尊亲属罪），轻有轻的理由（如同意杀人罪、生母杀婴罪），因而当特别法条法定刑轻于普通法条时，特别法条呈现所谓“封闭的特别条款”，而绝对排除普通法条即重法的适用。但我国保险诈骗罪的法定刑（最高刑为 15 年有期徒刑）轻于诈骗罪（最高刑为无期徒刑），盗伐林木罪（最高刑为 15 年有期徒刑）轻于盗窃罪（最高刑为无期徒刑），招收公务员、学生徇私舞弊罪（最高刑为 3 年有期徒刑）轻于滥用职权罪（徇私舞弊型滥用职权罪最高刑为 10 年有期徒刑），轻的理由是什么？目前学界未能给出令人信服的解释。或许可以这样认为：立法者通常根据行为侵害的主要法益配置法定刑，且配置法定刑的基准是常态下违法性、有责性的轻重，也就是所谓典型立法，而非特例立法。就保险诈骗罪而言，其侵害的主要法益是保险市场的管理秩序，而保险公司的财产权只是其保护的次要法益。同样，盗伐林木罪所保护的主要法益系生态环境，而他人林木的财产权只不过是次要法益。立法者之所以对招收公务员、学生徇私舞弊罪仅配置3年有期徒刑，是因为随着招考公务员、学生制度的日益健全，在招收公务员、学生工作中大规模徇私舞弊的现象一般不会出现，故而3年以下有期徒刑对于通常的徇私舞弊情形，能够做到罪刑相适应。如果出现如河南曾经发生的高考中大规模舞弊替考事件，这种个别时间、个别地点、个别事件的特殊情形，适用典型立法下的3年有期徒刑，就难以做到罪刑相适应。立法者其实已经预料到，在出现“情节特别严重”的情形时，司法工作人员会根据竞合论原理，转用滥用职权罪定罪处罚。

其次，法条竞合与想象竞合的区分很难，也没有必要严格区分。

域外立法轻重有序，法条竞合与想象竞合界限清楚，可以严格区分二者，但我国立法没有“章法”，加之通说固守“特别法优于普通法”，若严格区分法条竞合与想象竞合，并坚持“特别法优于普通法”，必然导致罪刑失衡。故而，我们不应严格区分，只要承认竞合时从一重处罚即可。

通说认为，特别关系法条竞合的适用原则是“特别法优于普通法”，而想象竞合的适用原则是“从一重处罚”，因而在“特别法条”法定刑轻于普通法条时，法条关系为法条竞合还是想象竞合，处罚结果迥异。是故，长期以来我国刑法理论界试图严格区分法条竞合与想象竞合，以指导司法实践。可事与愿违，理论界给出的各种区分标准，根本不具有可操作性。例如，通说认为，想象竞合犯与法规竞合的区别在于：(1)法规竞合的一个行为，只是出于一个罪过，并且是产生一个结果；想象竞合犯的一个行为，往往是数个罪过和数个结果。如开一枪打死一人，打伤一人，只能是想象竞合犯，而不可能是法规竞合。(2)法规竞合，是由于法规的错杂规定即法律条文内容存在包容或交叉关系，以致一个犯罪行为触犯数个刑法规范；想象竞合犯则是由于犯罪的事实特征，即出于数个罪过，产生数个结果，以致一行为触犯数罪名。(3)法规竞合，一行为触犯的数个刑法规范之间存在此一规范规定的犯罪构成包容另一规范规定的犯罪构成的关系;想象竞合犯,一行为触犯规定的数个罪名的法条不存在上述犯罪构成之间的包容关系。(4)法规竞合,在竞合的数个法规中,仅有一个法规可以适用其行为,其法律适用问题,依照特别法优于普通法等原则解决;想象竞合犯,竞合的数法规均可以适用其行为,其法律适用问题,依照“从一重处断”的原则解决。据此,我们可以把想象竞合犯与法规竞合清楚地区别开来。

其实,上述所谓区别,基本限于抽象意义上的讨论,在具体界定中根本不管用。通说所指的想象竞合犯,大概仅指开一枪打死一人、打伤一人的情形,而这种情形并不会被错认为法条竞合。不就具体罪名进行辨析,“纸上谈兵”式地议论,只会“误国误民”。本书注意到,理论与实务争论的焦点罪名主要有招摇撞骗罪与诈骗罪,盗伐林木罪与盗窃罪,妨害公务罪与故意伤害罪,医疗事故罪与过失致人死亡罪。之所以争论这些罪名,是因为前者法定刑比后者轻,加之诈骗罪、过失致人死亡罪、故意伤害罪条文存在“本法另有规定的,依照规定”,一旦认定上述罪名之间系特别关系的法条竞合,就只能放弃罪刑相适应原则而以轻罪定罪处罚。如若坚守罪刑相适应原则,学者们又会有意无意地将本来的法条竞合“诡辩”成想象竞合,从而名正言顺地适用“重法优于轻法”。换言之,倘若坚决捍卫“特别法优于普通法”的特别关系法条竞合适用原则,恐怕只能容忍这种局面:甲盗窃正在生长中、具有生态环境保护功能的价值100万元的林木的,以盗伐林木罪最重判处15年有期徒刑,而乙盗窃他人已经伐倒的丧失生态功能的价值100万元的木材的,反倒可以盗窃罪最重判处无期徒刑。

最后,“本法另有规定的,依照规定”的立法本意,绝不是让我们机械地适用特殊法条,而是选择罪刑最相适应的法条。

“本法另有规定的,依照规定”之规定,其实具有相当的随意性。例如,刑法在普通盗窃罪、抢夺罪、抢劫罪之外,同样存在盗伐林木罪、抢夺危险物质罪、抢劫枪支罪等为数不少的特殊盗窃、抢夺、抢劫罪。故意杀人罪之外,也存在可能包含故意杀人情形的大量罪名,如武装叛乱、暴乱罪、劫持航空器罪、抢劫罪。

立法者之所以规定“本法另有规定的,依照规定”,旨在提醒司法工作人员注意,在本条规定之外,可能存在处罚更重的法条,为了实现罪刑均衡和有效保护法益,不要忽视更重法条的适用。例如,除以特别残忍手段致人重伤造成严重残疾外,故意伤害致人重伤的法定刑为3年以上10年以下有期徒刑,而抢劫致人重伤与强奸致人重伤的法定刑均为10年以上有期徒刑、无期徒刑或者死刑,劫持航空器致人重伤的法定刑为死刑,均超过故意伤害罪(致人重伤)的法定刑。故意伤害罪条文中的“本法另有规定的,依照规定”,就是旨在提醒司法工作人员注意,不要将抢劫、强奸、劫持航空器致人重伤的情形认定为故意伤害罪。换言之,立法的本意并非认为,以故意致人重伤的方式妨害公务、抗税、打击报复证人、干涉他人婚姻自由、虐待家庭成员的,属于“另有规定”的情形,只能以法定最高刑低于故意伤害(重伤)罪的妨害公务罪、抗税罪、打击报复证人罪、暴力干涉婚姻自由罪、虐待罪定罪处罚。

又如,由于徇私枉法罪、私放在押人员罪的法定最高刑高于滥用职权罪,故《刑法》第397条中的“本法另有规定的,依照规定”,意在提醒司法工作人员:虽然司法工作人员徇私枉法、私放在押人员的行为也属于滥用职权,但因为法定刑更重,根据罪刑相适应原则,应以法定刑更重的罪名定罪处刑。反过来说,立法的本意绝非在于提醒司法人员注意:因不符合徇私舞弊条件,而不成立徇私舞弊减刑、假释、暂予监外执行罪的,亦不可能成立滥用职权罪;国家机关工作人员在招收公务员、学生工作中严重不负责任,造成极其恶劣的社会影响,因刑法仅规定了招收公务员、学生徇私舞弊罪(故意犯罪),未规定过失实施的情形,只能宣告无罪;由于招收公务员、学生徇私舞弊罪,仅规定了“情节严重的,处3年以下有期徒刑或者拘役”的情形,故而,招收公务员、学生工作中徇私舞弊,情节特别严重,造成极其恶劣的社会影响的,也只能以招收公务员、学生徇私舞弊罪最重判处3年有期徒刑。其实,即便根据“国家机关工作人员滥用职权或者玩忽职守,因不具备徇私舞弊等情形,不符合刑法分则第九章第三百九十八条至第四百一十九条的规定,但依法构成第三百九十七条规定的犯罪的,以滥用职权罪或者玩忽职守罪定罪处罚”之司法解释的规定处理,也会出现处罚明显不均衡的局面:徇私舞弊招收公务员、学生的,以招收公务员、学生徇私舞弊罪最高判处3年有期徒刑,而未徇私舞弊,只是在招收公务员、学生工作中滥用职权的,或者只是在招收公务员、学生工作中严重不负责任,玩忽职守的,却可以滥用职权罪、玩忽职守罪最高判处7年有期徒刑。

综上所述,《刑法》分则中“本法另有规定的,依照规定”,只是一种重法适用的指引和提醒,根据罪刑相适应原则原本就应如此,故属于一种可以忽略的注意性规定。

渎职罪中,法定刑低于滥用职权、玩忽职守罪的特殊渎职罪罪名有:徇私舞弊减刑、假释、暂予监外执行罪,徇私舞弊不移交刑事案件罪,国家机关工作人员签订、履行合同失职被骗罪,非法批准征用、占用土地罪,非法低价出让国有土地使用权罪,滥用管理公司、证券职权罪,违法发放林木采伐许可证罪,环境监管失职罪,传染病防治失职罪,商检失职罪,动植物检疫失职罪,放纵制售伪劣商品犯罪行为罪,不解救被拐卖、绑架妇女、儿童罪,招收公务员、学生徇私舞弊罪,失职造成珍贵文物损毁、流失罪。还有几个罪名,最高刑虽与非徇私舞弊型的滥用职权、玩忽职守罪(最高刑为7年有期徒刑)持平,但低于徇私舞弊型滥用职权、玩忽职守罪的法定刑(最高刑为10年有期徒刑),具体是:故意泄露国家秘密罪,过失泄露国家秘密罪,枉法仲裁罪,国家机关工作人员签订、履行合同失职被骗罪,办理偷越国(边)境人员出入境证件罪,放行偷越国(边)境人员罪,阻碍解救被拐卖、绑架妇女、儿童罪。

问题是,实施特殊渎职犯罪,情节、后果特别严重或者损失特别巨大,以及徇私舞弊实施非徇私舞弊型特殊渎职罪,能否转用滥用职权、玩忽职守罪定罪处罚?本书认为,特殊渎职罪与普通渎职罪是竞合关系,原则上以特殊渎职罪定罪处罚,但以特殊渎职罪论处不能做到罪刑相适应时,可以转用滥用职权、玩忽职守罪定罪处罚。理由是,特殊渎职罪的法定刑是根据常态情形配置的,或者说是根据其相对特殊的保护法益配置的,一旦违法性、有责性溢出了特殊渎职罪所能评价的范围,就应以普通渎职罪定罪处罚。正如,冒充国家机关工作人员招摇撞骗的,10年有期徒刑与行为对其所保护的主要法益——国家机关的威信或形象的侵害,是相适应的,其一,但如果招摇撞骗财产数额特别巨大,即行为对次要法益——他人的财产权的侵害,就溢出了招摇撞骗罪法定刑所能评价的范围,唯有以诈骗罪定罪处罚才能实现罪刑均衡。其二,如果严守特别法优于普通法,就会出现如下悖论:滥用管理公司、证券职权的,以滥用管理公司、证券职权罪最高判处5年有期徒刑,而在管理公司、证券活动中玩忽职守的,要么认为无罪,要么以玩忽职守罪最高可判处7年有期徒刑;林业主管部门工作人员违法发放林木采伐许可证的,构成违法发放林木采伐许可证罪,最高判处3年有期徒刑;而林业主管部门工作人员以外的国家机关工作人员违反森林法的规定,滥用职权或者玩忽职守,致使森林遭受严重破坏的,可以滥用职权、玩忽职守罪定罪,最高可判处10年有期徒刑;林业主管部门工作人员以违法发放林木采伐许可证以外的方式,滥用职权或者玩忽职守,致使森林遭受严重破坏的,可以滥用职权、玩忽职守罪最高判处10年有期徒刑。

综上所述,《刑法》第397条中的"本法另有规定的,依照规定",是一种重法适用的指引和提醒,而非特别法优于普通法的特别关系法条竞合适用原则的重申或强调;滥用职权、玩忽职守罪与特殊渎职罪是竞合关系,行为不符合特殊渎职罪构成要件,而符合滥用职权、玩忽职守构成要件时,可以滥用职权、玩忽职守罪定罪处罚。从理论上讲,行为符合特殊渎职罪构成要件,但情节、后果特别严重,或致使公共财产、国家和人民利益遭受特别重大损失,以特殊渎职罪定罪处罚难以做到罪刑相适应时,可以转用滥用职权、玩忽职守罪定罪处罚。不过,这种情况应当严格限制。一般情况下可将特殊渎职罪看作封闭的特权条款,按照特殊渎职罪定罪量刑即可。在仅规定了故意的特殊渎职罪,而未规定过失的特殊渎职时,过失为之的,可以玩忽职守罪定罪处罚,但不能判处超过故意的渎职罪的法定刑的刑罚。

14. 如何处理渎职罪与相关人身、财产犯罪之间的关系?

理论界长期因为滥用职权罪的责任形式而争论不休,其根源在于对滥用职权罪中"致使公共财产、国家和人民利益遭受重大损失"的法律地位的认识存在分歧。"过失说"对"故意说"的攻击集中于:若认为行为人对"重大损失"具有认识并持希望或者放任的态度,既不符合事实,又有违罪刑相适应原则。其实,这种指责并无根据。

一则,滥用职权的行为通常只是导致重大损失发生的间接原因,他人的行为才是造成重大损失的直接原因。例如,因产品质量不合格而侵害消费者人身、财产法益的直接原因，显然是制售伪劣商品犯罪行为本身，而非国家机关工作人员放纵制售伪劣商品犯罪的行为；又如，不阻止他人杀人的，导致他人生命丧失的直接原因，显然是他人的杀人行为，而非警察不阻止他人杀人的行为。二则，从理论上讲，国家机关工作人员利用职务上的便利帮助他人犯罪的，成立滥用职权型渎职罪，与所帮助的犯罪的共犯成立想象竞合犯，可以从一重处罚。三则，违法性与有责性是犯罪论体系的两大支柱。即便行为人对“重大损失”结果具有认识并持希望或者放任的态度，只要行为不具有故意杀人罪、故意伤害罪等罪的实行行为性，也不能认定为故意杀人罪、故意伤害罪。正如，企图让人服用硫磺后死亡，即便行为人对他人死亡的结果持希望的态度，由于给人服用硫磺的行为不具有类型性的致人死亡的危险性，即缺乏杀人的实行行为性，而不能被评价为杀人行为，不符合故意杀人罪构成要件。如果滥用职权的行为具有故意杀人的实行行为性，当然可以成立滥用职权犯罪与故意杀人罪的想象竞合犯。例如，为置他人于死地，司法工作人员伪造证据，对无辜者进行追诉、审判，并最终导致无辜者被判处死刑的，当然成立徇私枉法罪与故意杀人罪的想象竞合犯。四则，滥用职权侵犯他人人身权、财产权，同时符合非法拘禁罪、刑讯逼供罪、暴力取证罪、虐待被监管人罪、敲诈勒索罪、抢劫罪等相关犯罪的，当然成立滥用职权型犯罪与相关犯罪的想象竞合犯，从一重处罚即可。

故而，即便认为滥用职权型渎职罪的主观方面是故意，认识并希望或者放任“重大损失”结果的发生，也完全能够通过充分运用竞合、实行行为性原理，做到罪刑相适应。

案7：1995年2月24日11时许，被告人刘某因被收容审查人员王某忠在308号监房内多次大声喊叫，向该监房的主管教人（被告人）孙某帜提议，对王某忠使用电警棍予以处罚。孙某帜明知对被监管人员施行这种“处罚”方法，是违反监管法规的虐待行为，竟不加制止，反而表示同意。刘某遂与被告人胡某林，各自拿了一根电警棍至308号监房之外，对手已被铐于铁栅栏上的王某忠使用电警棍击打。但电警棍电力不足，打击力不强，刘、胡二被告人又拿了一根尼龙警棍和一根电警棍进入监房内，由胡某林打开了王某忠的手铐，刘某令王某忠趴下，王不从，刘即指挥数名其他被收审人员上前将王面朝下按倒在地，刘、胡则用电警棍电击王的身体。此时，进入监房内的被告人薛某见王某忠仍然不服，下令其他被收审人员将王的裤子下，然后从刘手中要来尼龙警棍朝王的臀部等处用力抽打。被打后王某忠要求休息。刘闻之又从薛手中接过尼龙警棍，朝着王的臀部等处用力抽打。同时，胡也用电警棍继续电击王的身体。刘、薛、胡三被告人对王某忠体罚虐待达15分钟。被告人孙某帜在刘、薛、胡三被告人对王实施体罚虐待期间内，不仅填写了"徐汇三所羁押对象处罚审批表"，并且亲自到308号监房的现场进行察看。此后，王在监房内又多次遭受同监的被收审人员的殴打。2月26日，王某忠因大小便失禁，其同监的被收审人员对其限制饮食。最终，2月28日7时许王某忠死亡。经法医学尸体检验鉴定，结论为：王某中系遭受钝器打击，手足遭电击后，仍不断受到其他打击和被限制饮食，又没有得到及时、有效的诊治，最终导致创伤性休克和急性肾功能衰竭而死亡。

法院认为，被告人刘某、薛某、胡某林身为司法工作人员，故意违反监管法规，对被监管人王某忠实行体罚虐待，造成王某忠受伤害。他们的体罚虐待行为，是导致王某忠死亡的主要原因，均已构成体罚虐待被监管人罪。被告人孙某帜，身为监房主管教人的司法工作人员，明知体罚虐待被监管人是违反监管法规的行为，竟向被告人刘某表示，同意对王某忠实施这种"处罚"的行为，并且事后对受体罚虐待的王某忠的伤情置之不管，未予及时治疗护理。其玩忽职守的行为，对造成被监管人王某忠死亡的严重后果负有直接责任，已构成玩忽职守罪。①

该案中，司法工作人员滥用职权、体罚虐待被监管人的行为，同时符合了虐待被监管人罪与滥用职权犯罪的构成要件。若按照现行《刑法》第248条的规定，该案犯罪事实属于虐待被监管人致人死亡，应依照故意杀人罪定罪处罚；对于指使纵容下属的孙某帜的行为，亦应评价为故意杀人罪的共犯。

案8：被告人向某文、叶某、陈某欣系派出所民警，在报批治安拘留之

---

① 上海市徐汇区人民法院刑事判决书，(1995)徐刑初字第386号。

前，将违法行为人张某文铐在派出所办公室的窗户上。在没有任何人看守的情况下，三人外出吃午饭，后派出所起火，张某文被烧死。一审法院认为，“被告人向某文、叶某、陈某欣身为司法工作人员，在履行职务过程中，违反法定程序、违反人民警察使用警械警具的有关规定，利用职权，非法拘禁他人，造成被拘禁人死亡的严重后果，其行为均已构成非法拘禁罪，应予处罚。三被告人明知对公民进行拘留、逮捕、羁押时，必须严格按法定程序办理合法手续，使用手铐必须符合人民警察使用警械、警具的规定，但三被告人未按法定程序传唤被害人张某文，对被害人张某文讯问完毕后，在未做出拘留决定之前又不按《中华人民共和国治安管理处罚条例》的有关规定释放被害人张某文，反而利用职权，违规使用警具，非法限制被害人张某文的人身自由，明知不能为而为之，充分说明三被告人主观上有非法剥夺张某文人身自由的共同故意；三被告人客观上实施了使用手铐限制张某文人身自由的行为；被害人张某文人身自由受到限制后，失去自我保护和防范能力，发生火灾时，不能自我救助，其死亡结果与三被告人的非法拘禁行为之间有直接因果关系”。

二审法院则认为，“上诉人向某文作为主持全面工作的派出所原副所长，在全所人员均外出的情况下，明知被害人张某文留置在派出所内，应派人看守，因严重不负责任，不履行其应尽的领导职责，对张某文被烧死这一重大损失的发生应负领导责任，且情节特别严重；上诉人叶某、陈某欣作为张某文案件的承办人，在处罚程序尚未终结的情况下，为外出吃饭，上诉人叶某提出将张某文上铐，并和上诉人陈某欣一起将张某文上铐，不履行其应尽的看守责任，对本案重大损失的发生负有直接责任，其中上诉人叶某不仅提议外出吃饭且提议给张某文上铐，其不履行职责的情节特别严重，因此，上诉人向某文、叶某、陈某欣的行为均已构成玩忽职守罪。原审判决认定上诉人向某文、叶某、陈某欣的行为构成非法拘禁罪，并致人死亡，适用法律错误”。①

① 湖南省长沙市中级人民法院刑事判决书，(2000)长中刑终字第265号。

本书同意一审认定为非法拘禁罪的意见。上述行为应当评价为非法拘禁罪与滥用职权罪的想象竞合犯,最终应评价为“非法拘禁致人死亡”,判处10年以上有期徒刑。二审判决的错误在于,没有认识到违反规定使用械具羁押违法行为人的行为,虽属于滥用职权,但同时也属于非法剥夺他人人身自由,构成滥用职权罪与非法拘禁罪的想象竞合犯,在非法拘禁致人死亡的情况下,非法拘禁罪是重罪,故最终应以非法拘禁(致人死亡)罪定罪处罚(10年以上有期徒刑)。

案9:被告人张某观、冯某系某公安处某车站派出所警务队警长。二人勾结吕某富等盗窃犯,以事后分成为条件,纵容吕某富等多次在车站作案,给乘客造成巨大的财产损失,社会影响极其恶劣。一审、二审法院均认定构成徇私枉法罪。①

本书认为,在车站这种空间行窃,车站民警的纵容,对于成功盗窃起到了至关重要的作用。而且,盗窃乘客出门在外随身携带的财物,比盗窃他人家中财产的法益侵害性要大得多,故将本案被告人的行为评价为盗窃罪的共犯(可以认定为主犯),比评价为徇私枉法罪更恰当,而且处罚通常也会更重。

综上所述,渎职行为同时符合侵犯人身、财产相关犯罪构成要件时,成立渎职罪与相关犯罪的想象竞合犯,应从一重处罚。

15.“重大损失”是否就是“情节严重”?

《刑法》第397条规定,国家机关工作人员滥用职权或者玩忽职守致使公共财产、国家和人民利益遭受重大损失的,处3年以下有期徒刑或者拘役;情节特别严重的,处3年以上7年以下有期徒刑。关于“重大损失”的规定,有人认为,应该将滥用职权罪的定罪标准修改为“造成严重后果或者情节严重”;对于适用加重法定刑的条件应该修改为“造成特别严重后果或者情节特别严重”。有人主张取消本罪的“致使公共财产、国家和人民利益遭受重大损失”的结果要件,将本罪规定为“情节犯”,甚至“行为犯”。

---

① 贵阳市铁路运输法院刑事判决书,(2005)贵铁刑初字第123号;成都市铁路运输中级法院刑事裁定书,(2006)成铁中刑终字第4号。

其实,“重大损失”本身就相当于“情节严重”。理由在于,其一,滥用职权罪法定刑升格条件是“情节特别严重”,从我国的立法例来看,与情节特别严重相对应的当然是“情节严重”。其二,立法者之所以不采用“情节严重”的表述,是因为立法者试图较为明确地描述特殊渎职罪之外的滥用职权、玩忽职守罪的成立条件。其三,立法者之所以没有采用如私放在押人员罪之类行为犯的表述,是因为立法者认为若对滥用职权罪的成立条件不加限制,则在目前行政机关运作不够规范、监督机制不够健全的情况下,可能导致处罚范围不当扩大,以致国家机关的正常管理活动出现萎缩。其四,事实上,立法者根据法益的重要程度,对渎职罪分别采用了行为犯、实害犯、情节犯等立法模式。如徇私枉法罪、私放在押人员罪就采用了行为犯的立法模式,对民事、行政枉法裁判罪、枉法仲裁罪则采用了情节犯的立法模式。对有些犯罪采用了实害犯的立法模式,如徇私舞弊不征、少征税款罪,徇私舞弊发售发票、抵扣税款、出口退税罪,将使国家税收(或国家利益)遭受重大损失,作为成立犯罪的条件。其五,立法者之所以采用“致使公共财产、国家和人民利益遭受重大损失”这种综合、抽象的表述,是因为面对纷繁复杂的滥用职权、玩忽职守案件,无法通过对行为方式、结果、对象、目的、动机、时间、地点等个别要素的描述,使行为的违法性、有责性达到值得科处刑罚的程度。

既然“重大损失”相当于“情节严重”,则是否达到“重大损失”就值得科处刑罚,只能在个案中进行具体判断。有时只需要行为进行到一定程度(相当于行为犯),有时需要物质性损失达到一定程度(相当于实害犯),有时需要社会影响恶劣这种非物质性损害达到一定程度。也就是说,根本没有必要为判断是否达到“重大损失”的程度而苦恼,只需参照特殊渎职罪成立条件,即行为、后果、损失、情节(狭义)等因素进行综合判断即可。

例如,根据最高人民法院、最高人民检察院《关于办理与盗窃、抢劫、诈骗、抢夺机动车相关刑事案件具体应用法律若干问题的解释》第 3 条的规定,国家机关工作人员滥用职权,致使盗窃、抢劫、诈骗、抢夺的机动车被办理登记手续,数量达到 3 辆以上的,以滥用职权罪处 3 年以下有期徒刑或者拘役。因为是以办理登记手续的车辆数量作为成立犯罪的条件,故可以认为该种情形下的滥用职权罪相当于行为犯。

又如,2007年5月16日最高人民检察院《关于对林业主管部门工作人员发放林木采伐许可证之外滥用职权玩忽职守致使森林遭受严重破坏的行为适用法律问题的批复》指出,以其他方式滥用职权或者玩忽职守,致使森林遭受严重破坏的,以滥用职权罪或者玩忽职守罪追究刑事责任。此种情形的滥用职权罪相当于实害犯。

再如,2012年11月15日最高人民检察院《关于印发第二批指导性案例的通知》(检例第6号罗甲、罗乙、朱某、罗丙滥用职权案)指出,实践中,对滥用职权"造成恶劣社会影响的",应当依法认定为"致使公共财产、国家和人民利益遭受重大损失"。这种情形下的滥用职权罪相当于情节犯。

16."滥用职权"主要有哪些表现?

从司法实践看,滥用职权主要表现为以下几种情形:一是超越职权,擅自决定或处理没有具体决定、处理权限的事项;二是玩弄职权,随心所欲地对事项做出决定或者处理;三是故意不履行应当履行的职责,或者说任意放弃职责;四是以权谋私、假公济私,不正确履行职责。简言之,滥用职权表现为越权、弄权、弃权、滥权4种情形。

17.滥用职权罪的责任形式是故意还是过失?

案10:原农业部发布的《拖拉机登记管理规定》与某省发布的《农用机械管理办法》均要求,办理拖拉机登记必须要有身份证、购买拖拉机的发票、车辆合格证以及其他法律法规规定的相关凭证。我国《道路交通安全法》规定,拖拉机登记还需提供车辆购置税的完税凭证。被告人是该省某市农机监理站站长,他在办理拖拉机登记时只要求车主提供了身份证、购车发票与车辆合格证,而没有要求对方提供购车的完税凭证。结果,因登记人不缴纳相关税款导致国家税收流失近170万元。

应该说,对行政法规的一些认识错误往往会影响行为人对构成要件事实的认识,如果没有认识到其他法律法规的相关规定而影响了行为人对事实的认识,这样的认识错误还应该是事实认识错误,这样的行为不能认定为故意犯罪。本案中被告人的行为不成立滥用职权罪，只可能成立玩忽职守罪。

刑法理论通说认为，滥用职权罪的罪过形式为故意，但理论界一直都有反对的声音。例如，有人认为，滥用职权罪的主观方面只能是过失，不应该是任何类型的故意。有人主张，一方面，故意说存在和我国刑法的规定相悖，和第 397 条的法定刑设置不相协调等理论上的诸多缺陷；另一方面，故意说并不符合我国司法实践中一贯的做法，将国家工作人员故意滥用职权侵害他人生命法益、公共安全法益的行为认定为滥用职权罪，使定罪失当，罪刑不均；过失说具有妥当性。实务界有人认为，滥用职权罪主观方面一般由过失构成，即行为人应当预见自己滥用职权的行为可能致使公共财产、国家和人民利益遭受重大损失，因为疏忽大意而没有预见，或者已经预见而轻信能够避免，但是也不排除故意的存在。还有人主张，滥用职权罪的主观方面一般由故意构成，即行为人明知自己滥用职权的行为会导致公共财产、国家和人民利益遭受重大损失的结果，并且希望或者放任这种结果的发生；从司法实践的情况看，对滥用职权所导致的危害结果持放任态度即间接故意的居多；在特殊情况下，也不排除过失的存在。

如前所述，滥用职权罪的罪过形式之争，其根源在于对滥用职权罪中"致使公共财产、国家和人民利益遭受重大损失"的法律地位的认识存有分歧。持故意说立场的通说，对于"重大损失"的发生是否需要行为人存在认识并持希望或者放任态度，即关于"重大损失"体系地位的诠释五花八门。例如，有人认为，行为人明知自己滥用职权的行为会给公共财产、国家和人民利益造成重大损失，而希望或放任这一结果的发生。这是"结果故意说"或"结果标准说"。有人主张，滥用职权罪在主观方面表现为故意，包括直接故意和间接故意两种形式。重大损失程度不是主观认识和意志的内容，只是一个客观的处罚条件。这是"行为故意说"或"行为标准说"。有人指出，本罪故意的内容为行为人明知自己滥用职权的行为会发生破坏国家机关的正常活动，损害公众对国家机关工作人员职务活动的合法性、客观公正性信赖的危害结果，并且希望或者放任这种结果发生。"致使公共财产、国家和人民利益遭受重大损失"的结果，虽然是本罪的构成要件要素，但是宜作为客观的超过要素，不要求行为人希望或者放任这种结果发生。一方面承认本罪是故意犯罪，另一方面将上述结果视为客观的超过要素，不要求行为人认识(但应有认识的可能性)、希望与放任,则可以避免理论与实践上的困惑。有人声称,"重大损失"是内在的客观处罚条件,行为人只需要对于结果有"极有可能发生"的高度模糊性认识、预见即可。这种认识和预见可能远低于对直接故意犯罪中典型的违法性要素的认识、预见,而只是对法益侵害(危险)的"未必"的预见——客观处罚条件的发生多多少少是有可能的。但即便发生这样的结果,行为人也无所谓、可以接受、可以容忍。

学者们之所以绞尽脑汁地论证"重大损失"的体系地位,无非是因为,如果行为人对"重大损失"结果具有认识并持希望或者放任的态度,尤其是在造成多人死伤结果时,以滥用职权罪论处可能罪刑失衡。在本书看来,这种担心完全是杞人忧天。对于法益侵害结果的态度属于有责性问题,根据三阶层构成要件体系,在进行有责性判断之前还必须进行违法性判断,而实行行为性有无的考量无疑是最重要的。如前所述,使他人服用硫磺的,行为人即便强烈希望他人因此而死亡,也因使人服用硫磺的行为不具有类型性地致人死亡的危险性,而缺乏杀人的实行行为性,即便行为人具有杀人的故意,也不会因此被评价为故意杀人罪。

就滥用职权罪而言,虽然司法解释认为"重大损失"包括死亡、重伤的结果,但通常而言,这种死伤结果并非滥用职权行为直接引起,而是由他人故意或者过失的行为造成。如前所述,在警察故意不阻止他人杀人的场合,被害人的死亡结果显然系由他人的杀人行为直接造成,而非不阻止杀人的行为直接引起。也就是说,国家机关工作人员故意不履行保护公民人身权职责的滥用职权行为,只是没有介入并切断杀人行为与被害人死亡结果之间的因果流,并非直接致人死亡,因而不具有杀人的实行行为性。倘若滥用职权行为本身具有杀人的实行行为性,应认为既成立徇私枉法罪,亦符合故意杀人罪构成要件,属于想象竞合犯而从一重处罚。同样,若滥用职权行为同时符合非法拘禁罪、刑讯逼供罪、虐待被监管人罪等罪构成要件的,成立滥用职权罪与相关犯罪的想象竞合犯,而应从一重处罚。非法拘禁中使用暴力致人伤残、死亡,刑讯逼供致人伤残、死亡,以及虐待被监管人致人伤残、死亡的,还成立故意伤害罪、故意杀人罪与滥用职权罪的想象竞合犯,从一重处罚。

综上所述,为了与玩忽职守罪相区分,应当认为滥用职权罪的罪过形式只能是故意，包括直接故意与间接故意；根据故意犯罪原理，行为人对于“重大损失”，不仅要求认识，而且要持希望或者放任的态度；在“重大损失”是由他人的行为直接造成时，即便行为人希望或者放任这种结果的发生，以滥用职权罪定罪处罚也能做到罪刑相适应；如果滥用职权行为直接导致他人死伤、人身自由被剥夺或者财产被侵害，则具有故意杀人罪等罪的实行行为性，在符合故意杀人罪、故意伤害罪、非法拘禁罪、刑讯逼供罪、虐待被监管人罪、敲诈勒索罪等罪构成要件时，成立滥用职权罪与相关犯罪的想象竞合犯，从一重处罚即可。因此，承认滥用职权行为人必须对“重大损失”存在认识并持希望或者放任的态度，不会导致重罪轻判而有违罪刑相适应原则。

18. 滥用职权罪与玩忽职守罪是对立关系吗？

理论上一直试图区分滥用职权罪与玩忽职守罪。例如，通说认为，两者在主观和客观方面都存在区别：一是主观方面不同。滥用职权罪只能由故意构成，一般是出于不正当动机，玩忽职守罪只能由过失构成，主观上存在严重的不负责任。二是客观方面不同。滥用职权罪的行为方式表现为国家机关工作人员超越职权，违法决定、处理其无权决定、处理的事项，或者违反规定处理公务；玩忽职守罪的行为方式表现为，严重不负责任，不履行或不正确地履行自己的工作职责，致使公共财产、国家和人民利益遭受重大损失的行为。还有人认为，虽然滥用职权罪的行为方式既可以是作为，也可以是不作为，但玩忽职守罪只能以不作为方式构成。虽然理论上试图严格界分两罪，但司法实践中似乎有意模糊两者的界限，有以下几点为证。

一是最高人民法院、最高人民检察院《关于办理渎职刑事案件适用法律若干问题的解释(一)》一改以前将滥用职权罪的立案标准规定略低于玩忽职守罪的做法，将立案标准合二为一。据称主要考虑是：《刑法》第397条对滥用职权罪和玩忽职守罪作了并列规定，并不是否认两罪犯罪构成上的本质区别，两罪的法定刑完全相同，实践中在对滥用职权罪和玩忽职守罪立案有时难以区分，规定统一入罪门槛既有利于及时立案，也不影响判决时根据案件具体情况准确定罪和在量刑时予以区别。本款中将滥用职权和玩忽职守罪的定罪量刑标准作统一规定，并不是否认两罪犯罪构成上的本质区别，而只是规定统一的入罪门槛和量刑幅度。

二是在《刑法修正案（八）》增设食品监管渎职犯罪之后，司法解释将本应概括为食品监管滥用职权罪（故意犯罪）与食品监管玩忽职守罪（过失犯罪）的两罪“合二为一”成“食品监管渎职罪”一罪。据称，这主要是考虑《刑法》第408条之一将食品安全监管滥用职权和玩忽职守并列规定，且法定刑完全相同，分别确定罪名没有实际意义。实践证明，滥用职权与玩忽职守的区分，往往遇到困难、引发争议，将本条确定为两个罪名，难免会给司法适用和理论研究人为制造难题，且可能引发不必要的上诉、抗诉或者申诉，浪费国家的司法资源。

实际判决中也未严格区分滥用职权罪与玩忽职守罪。

案11：被告人王某团、杨某、王某明负责动物的防疫、检疫工作，对出境生猪应检疫而未检疫，运输工具应当消毒而未消毒，且没有进行盐酸克伦特罗（俗称瘦肉精）检测，就违规出具《动物产地检疫合格证明》《出县境动物检疫合格证明》《动物及动物产品运载工具消毒证明》（以下简称“三证”），致使3.8万余头未经瘦肉精检测的生猪运到江苏省南京市、河南省济源市等地，且部分生猪喂养了瘦肉精。经中央电视台《每周质量报告》曝光后，造成了极其恶劣的社会影响。一审法院认为，被告人王某团、杨某、王某明身为动物防疫、检疫工作人员，不履行职责，对报验出境的生猪应进行瘦肉精检测而不检测，运输工具应当消毒而不消毒，违规出具“三证”，造成恶劣的社会影响，其行为均已构成玩忽职守罪。一审法院以玩忽职守罪分别判处王某团、杨某、王某明有期徒刑6年、5年、5年。二审法院维持认为，三被告人作为防疫员和检疫员，有对出境生猪进行瘦肉精检测和检疫，对运输工具进行消毒的职责，而三被告人不履行职责，未经检测、消毒，就为他人出具或者让不具备检疫资格的人员代开有关证明，导致大量未经瘦肉精检测的生猪流向市场，且部分生猪喂养了瘦肉精，客观上对广大消费者的身体健康造成了严重危害，且经媒体报道，对广大消费者造成了心理恐慌，严重扰乱了食品市场秩序，影响极其恶劣，属于情节特别严重。[①]

① 河南省焦作市中级人民法院刑事裁定书，(2011)焦刑一终字第50号。

应该说，故意不履行职责，即放弃职守，亦属于滥用职权罪的典型表现之一。本案中，被告人故意放弃检验、检疫职责，未经检验、检疫即出具合格证明，属于故意不履行职责、放弃职守的滥用职权行为，应当认定为滥用职权罪。不难看出，上述判决并未严格区分滥用职权与玩忽职守。但从理论上讲，对于故意不履行职责导致重大损失的，以非难可能性相对较高的滥用职权罪评价，更为合理。

值得注意的是，倘若认为上述被告人在主观方面是过失，按照通说对《刑法》第 397 条中“本法另有规定的，依照规定”的理解，本案只能以动植物检疫失职罪论处，最高判处 3 年有期徒刑。法院对该案不是定性为动植物检疫失职罪，而是定性为玩忽职守罪，想必潜在的原因在于，若以动植物检疫失职罪最高只能判处 3 年有期徒刑，有违罪刑相适应原则，唯有以玩忽职守判处超过 3 年的刑罚，才能罪刑相适应。这正好印证了本书上述关于“本法另有规定的，依照规定”所持的立场。

既然立法者将滥用职权与玩忽职守分别规定，还是应当承认两罪之间存在界限。我们大致可以认为，故意越权、弄权、弃权、滥权，认识到并对“重大损失”结果持希望或者放任态度的（实践中多表现为放任），属于滥用职权；因严重不负责任，未能正确履行职责，或者不履行职责，应当预见或者已经预见但轻信能够避免“重大损失”结果发生的，成立玩忽职守罪。

在肯定两罪之间存在界限的同时还应意识到，两者可能发生竞合。故意与过失并非排斥关系，而是位阶关系，即凡是符合故意犯罪构成要件的，必然符合过失犯罪构成要件。也就是说，成立玩忽职守罪，只需要满足未正确履行职责（有正确履行的可能性），并因此造成“重大损失”的最低限度要求。滥用职权的行为，显然满足这一要求，故滥用职权的行为完全符合玩忽职守罪的构成要件。这样，一是在查明行为人存在不正确履行职责（包括不履行职责）的行为，且造成了“亘大损失”的结果，但不能查明行为人是否故意不履行责任，或者不能查明行为人对重大损失结果是否具有认识并持希望或者放任态度时，只要对结果存在预见可能性，就至少可以肯定玩忽职守罪的成立。二是在行为人既存在滥用职权行为，也存在玩忽职守行为，单独评价所造成的重大损失，都没有达到立案标准或者法定刑升格的标准，但累计计算达到了标准时，可以一并评价为玩忽职守罪。例如，甲滥用职权造成重伤 1 人，玩忽职守行为造成重伤 2 人，根据最高人民法院、最高人民检察院《关于办理渎职刑事案件适用法律若干问题的解释(一)》的规定,成立滥用职权罪或者玩忽职守罪必须重伤3人以上,故而,若单独评价甲的滥用职权或玩忽职守行为,均未达立案标准,但宣告无罪显然不合适。因为玩忽职守造成3人重伤,尚成立玩忽职守罪,而甲滥用职权重伤1人、玩忽职守重伤2人,有责性更重,反而不成立犯罪。正确的评价方法是,将甲滥用职权造成1人重伤的行为,评价为玩忽职守造成重伤1人,与玩忽职守本身造成重伤2人累计评价,即为玩忽职守造成重伤3人,因而达到了玩忽职守罪的立案标准,应以玩忽职守罪定罪处罚。

综上所述,从理论上讲,滥用职权罪与玩忽职守罪的界限在于:不履行或者不正确履行职责的行为本身是故意还是过失,对"重大损失"结果是否具有认识并持希望或者放任态度。同时,我们应当认识到,二罪构成要件之间不是对立关系,而是存在竞合。只要查明行为人不正确履行职责或者不履行职责(具有正确履行职责的可能性)的行为,造成了"重大损失"结果,且对"重大损失"结果的发生存在预见可能性,即可认定为玩忽职守罪。为了有效地保护法益和实现罪刑相适应,必要时可将滥用职权行为评价为玩忽职守行为。

19. 何谓玩忽职守?

玩忽职守,是指严重不负责任,不履行职责和不正确履行职责的行为。不履行,是指行为人应当履行且有条件、有能力履行职责,但违背职责没有履行,其中包括擅离职守的行为;不正确履行,是指在履行职责的过程中,违反职责规定,马虎草率,导致职责没有得到正确履行。一般认为,玩忽职守的责任形式为过失,在许多场合,行为人主观上是一种监督过失,主要表现为应当监督直接责任者却没有实施监督行为,导致了结果发生;或者应当确立完备的安全体制、管理体制,却没有确立这种体制,导致了结果发生。

20. 丢失枪支不报,仅成立丢失枪支不报罪吗?

依法配备公务用枪的国家机关工作人员,丢失枪支不及时报告,造成严重后果的,成立法定最高刑仅为3年有期徒刑的丢失枪支不报罪。而丢失枪支后及时报告,但仍然造成严重后果的,不成立丢失枪支不报罪,却可能成立法定最高刑为7年有期徒刑的玩忽职守罪。两相比较确实存在不协调的现象。为此,张明楷教授提出,依法配备公务用枪的国家机关工作人员丢失枪支及时报告,但造成严重后果的,认定为玩忽职守罪;依法配备公务用枪的国家机关工作人员丢失枪支,不及时报告,造成严重后果的,是丢失枪支不报罪与玩忽职守罪的想象竞合,从一重处罚;其他依法配备公务用枪的非国家工作人员丢失枪支不及时报告的,造成严重后果的,认定为丢失枪支不报罪。①

应该说,上述观点存在疑问。若配备公务用枪的国家机关工作人员对枪支丢失本身有过错的,就成立玩忽职守罪,发现枪支丢失后又不及时报告,导致枪支继续处于失控状态的,又存在不及时报告的不作为。所以,国家机关工作人员丢失枪支不报,一般存在两个行为。如认为存在两个结果,完全可能以玩忽职守罪与丢失枪支不报罪数罪并罚。例如,警察甲在两个月前因为粗心大意丢失了枪支,当天被乙捡去后用之杀死了一个人。甲在丢失枪支一个月后发现枪支丢失,能报告而不报告,导致枪支继续处于失控状态,乙在半个月前又用这支枪实施了抢劫银行的行为。很显然,存在两个结果,可以分别评价为成立玩忽职守罪的"造成重大损失"和丢失枪支不报罪的"造成严重后果"。存在玩忽职守和不及时报告两个行为,发生了两个结果,当然可以考虑以玩忽职守罪与丢失枪支不报罪数罪并罚。

第二节　故意(过失)泄露国家秘密罪

·导　读·

故意(过失)泄露国家秘密罪,是指国家机关工作人员或其他有关人员,违反保守国家秘密法的规定,故意(过失)泄露国家秘密,情节严重的

① 参见张明楷:《刑法学》(第6版),法律出版社2021年版,第1643页。

行为。

本罪与为境外机构、组织、人员非法提供国家秘密罪、侵犯商业秘密罪、非法出售、提供试题、答案罪等犯罪之间可能发生竞合。单纯要求国家机关工作人员向自己泄露国家秘密的,可能成立本罪的教唆犯。故意泄露机密1件、过失泄露机密2件的,可以过失泄露国家秘密罪立案。

故意(过失)泄露国家秘密罪的认定要点:(1)本罪与相关犯罪的界限与竞合;(2)对向犯的处理。

条 文

第三百九十八条 【故意泄露国家秘密罪】【过失泄露国家秘密罪】国家机关工作人员违反保守国家秘密法的规定,故意或者过失泄露国家秘密,情节严重的,处三年以下有期徒刑或者拘役;情节特别严重的,处三年以上七年以下有期徒刑。

非国家机关工作人员犯前款罪的,依照前款的规定酌情处罚。

罪名精释

1. 要求国家机关工作人员向自己泄露国家秘密的,成立本罪的教唆犯吗?

有人泄露国家秘密,必然有人接收国家秘密,双方可谓对向犯。问题是,如果获取国家秘密的行为人张三并没有采取窃取、刺探、收买方法,而是单纯要求国家机关工作人员向自己泄露国家秘密的,在不成立非法获取国家秘密罪的情况下,能否成立故意泄露国家秘密罪的共犯?

张明楷教授对此持否定回答。理由是:(1)《刑法》第282条第1款明文限定非法获取国家秘密罪的方法(窃取、刺探、收买),就是为了限制处罚范围。如果将张三的行为以故意泄露国家秘密罪的共犯处罚,实际上就使《刑法》第282条第1款对行为手段的限定丧失了意义,或者说实际上取消了《刑法》第282条关于手段的规定。这便有违反罪刑法定原则之嫌。(2)诚然,《保守国家秘密法》第3条第2款规定："一切国家机关、武装力量、政党、社会团体、企业事业单位和公民都有保护国家秘密的义务。"就保守国家秘密而言，一般公民与国家机关工作人员具有同样的义务。但是，获取国家秘密与泄露国家秘密不是等同概念，而且，《刑法》第282条第1款所规定的非法获取国家秘密罪，应当是指非法获取国家秘密的载体，单纯打听国家秘密的行为并不违反《保守国家秘密法》，只有泄露国家秘密的对方行为才受刑罚处罚。既然如此，即使是单纯请求国家机关工作人员向自己提供国家秘密载体的，也不能认定为故意泄露国家秘密罪的教唆犯。①

本书认为，上述观点存在疑问，请求国家机关工作人员向自己泄露国家秘密的，能够成立故意泄露国家秘密罪的共犯。理由是：(1)打听国家秘密，其实就是刺探国家秘密。(2)将非法获取国家秘密罪限定为非法获取国家秘密的载体，不利于对国家秘密的保护。因为无论是把国家秘密的载体拿走，还是通过对国家秘密进行拍照而获悉，都同样导致国家秘密被泄露。(3)对于对向犯，只要不是被害人(法益的承受者，如购买毒品用于自己吸食)，不缺乏期待可能性(如本犯要求他人窝藏自己)，也不缺乏实质的违法性(如购买淫秽物品自己观看)，就不能否认对向方可成立受处罚一方的共犯，否则就与第三人教唆帮助的以共犯论处不协调。(4)李四教唆国家机关工作人员甲将国家秘密泄露给张三，无疑成立故意泄露国家秘密罪的教唆犯。张三相对于李四，根本没有可宽恕的因素。所以，不能否认将张三的行为也应以故意泄露国家秘密罪的教唆犯论处。

2. 如何处理本罪与相关犯罪的界限与竞合？

明知对方为境外机构、组织、人员，而向其泄露国家秘密的，成立为境外机构、组织、人员非法提供国家秘密罪。故意非法披露商业秘密的，成立侵犯商业秘密罪；但是如果披露属于国家秘密的商业秘密，则是本罪与侵害商业秘密罪的想象竞合，从一重处罚。单纯非法获取国家秘密的，一般仅成立非法获取国家秘密罪；非法获取国家秘密的人又故意泄露该国家秘密的，宜从一重处罚。非法出

---

① 参见张明楷：《刑法学》(第6版)，法律出版社2021年版，第1646页。

售或者提供法律规定的国家考试的试题、答案，同时构成故意泄露国家秘密罪的，是故意泄露国家秘密罪与非法出售、提供试题、答案罪的想象竞合，从一重处罚。以盗窃的故意窃取了属于国家秘密的财物后，随意抛弃该财物，导致国家秘密被泄露的，以盗窃罪与故意泄露国家秘密罪实行数罪并罚。

3. 故意泄露机密 1 件又过失泄露机密 2 件，能否以过失泄露国家秘密罪立案？

2006 年 7 月 26 日最高人民检察院《关于渎职侵权犯罪案件立案标准的规定》（以下简称《立案标准》）规定，故意泄露机密级国家秘密 2 项（件）以上的，应以故意泄露国家秘密罪立案；过失泄露机密级国家秘密 3 项（件）以上的，应以过失泄露国家秘密罪立案。问题是，故意泄露机密 1 件又过失泄露机密 2 件的，单独来看都没有达到各自的立案标准，作无罪处理肯定不合适。因为过失泄露机密 3 件，都构成犯罪，现在故意泄露机密 1 件和过失泄露机密 2 件，危害性更大，反而不构成犯罪，显然不能被人接受。

应该说，虽然传统观点认为，故意与过失之间是对立关系（对立理论），故意不能评价为过失。但现在一般认为，故意与过失之间是位阶关系、高低度关系（单一理论），故意并不缺少过失成立犯罪的条件，故意行为完全可以评价为过失行为。因而，故意泄露机密 1 件的事实可以评价为过失泄露机密 1 件，加上本来过失泄露机密 2 件，就是过失泄露机密 3 件，当然能够以过失泄露国家秘密罪立案。

第三节　徇私枉法罪，民事、行政枉法裁判罪，执行判决、裁定（失职）滥用职权罪

·导　读·

徇私枉法罪，是指司法工作人员徇私枉法、徇情枉法，对明知是无罪的人而使他受追诉，对明知有罪的人而故意包庇不使他受追诉，或者在刑事审

判活动中故意违背事实和法律作枉法裁判的行为。民事、行政枉法裁判罪，是指司法工作人员，在民事、行政审判活动中故意违背事实和法律作枉法裁判，情节严重的行为。执行判决、裁定(失职)滥用职权罪，是指司法工作人员在执行判决、裁定活动中，严重不负责任，或者滥用职权，不依法采取诉讼保全措施、不履行法定执行职责，或者违法采取诉讼保全措施、强制执行措施，致使当事人或者其他人的利益遭受重大损失的行为。

有罪的人请求司法工作人员对其犯罪不进行追诉的，不成立徇私枉法罪的共犯。司法工作人员过失导致无罪的人受追诉和有罪的人未被追诉的，不构成徇私枉法罪，也不构成玩忽职守罪。明知是无罪的人而判处死刑立即执行，或者明知是不应当判处死刑的人而判处死刑立即执行的，是徇私枉法罪与故意杀人罪的想象竞合。错误羁押、超期羁押的，可能构成非法拘禁罪与徇私枉法罪、滥用职权罪的想象竞合。民事、行政枉法裁判罪中的“民事审判”，不包括枉法调解。过失枉法裁判的，不构成犯罪。枉法裁判的标准宜采用客观说。不能因为死了人，就要追究刑事责任，必须按照客观归属的原理，谨慎认定因果关系。申请法院违法采取诉讼保全等强制措施的当事人，不应成立执行判决、裁定滥用职权罪的共犯。《刑法》第 399 条第 4 款的规定属于法律拟制，应严格限制其适用。

上述 4 罪的认定要点：(1)司法工作人员的认定；(2)片面对向犯的处理；(3)过失枉法的评价；(4)相关犯罪之间的界限与竞合；(5)枉法调解的处理；(6)“违背事实和法律作枉法裁判”的认定；(7)枉法裁判的标准；(8)因果关系的认定；(9)第 399 条第 4 款的性质。

条　文

第三百九十九条　【徇私枉法罪】司法工作人员徇私枉法、徇情枉法，对明知是无罪的人而使他受追诉、对明知是有罪的人而故意包庇不使他受追诉，或者在刑事审判活动中故意违背事实和法律作枉法裁判的，处五年以下有期徒刑或者拘役；情节严重的，处五年以上十年以下有期徒刑；情节特别严重的，处十年以上有期徒刑。

【民事、行政枉法裁判罪】在民事、行政审判活动中故意违背事实和法律作枉法裁判，情节严重的，处五年以下有期徒刑或者拘役；情节特别严重的，处五年以上十年以下有期徒刑。

【执行判决、裁定失职罪】【执行判决、裁定滥用职权罪】在执行判决、裁定活动中，严重不负责任或者滥用职权，不依法采取诉讼保全措施、不履行法定执行职责，或者违法采取诉讼保全措施、强制执行措施，致使当事人或者其他人的利益遭受重大损失的，处五年以下有期徒刑或者拘役；致使当事人或者其他人的利益遭受特别重大损失的，处五年以上十年以下有期徒刑。

司法工作人员收受贿赂，有前三款行为的，同时又构成本法第三百八十五条规定之罪的，依照处罚较重的规定定罪处罚。

罪名精释

1. 监察官能构成徇私枉法罪吗？

徇私枉法罪的犯罪主体是“司法工作人员”。现行《刑法》第 94 条规定，本法所称司法工作人员，是指有侦查、检察、审判、监管职责的工作人员。2018 年 3 月 20 日全国人大通过的《监察法》第 3 条规定：“各级监察委员会是行使国家监察职能的专责机关，依照本法对所有行使公权力的公职人员（以下简称公职人员）进行监察，调查职务违法和职务犯罪，开展廉政建设和反腐败工作，维护宪法和法律的尊严。”可见，监察机关的工作人员即监察官事实上对职务犯罪案件行使侦查职责，所以属于司法工作人员，能构成渎职罪中以司法工作人员为犯罪主体的犯罪，如徇私枉法罪、私放在押人员罪。

2. 有罪的人请求司法工作人员对其犯罪不进行追诉，成立徇私枉法罪的共犯吗？

被徇私枉法的对象，称为对向犯。当对向一方是被害人、缺乏期待可能性或缺乏实质的违法性时，不能成立受处罚一方的共犯。本犯教唆他人帮助毁灭、伪造证据、窝藏自己,之所以不成立帮助毁灭、伪造证据罪、窝藏罪的共犯,是因为作为正犯实施不具有期待可能性,那么作为违法性更轻的共犯实施就更缺乏期待可能性。同样,有罪的人教唆司法工作人员对自己的犯罪不进行追诉,也可以认为缺乏期待可能性,因而不应成立徇私枉法罪的共犯。

3. 过失枉法的,能否以玩忽职守罪追究刑事责任?

张明楷教授认为,过失导致无罪的人受追诉,或者有罪的人未被追诉的,虽然不成立徇私枉法罪,但有可能成立玩忽职守罪。理由是,既然《刑法》规定了执行判决、裁定失职罪,那么,根据当然解释的原理,对于失职导致无罪的人受追诉或者有罪的人未被追诉的,也应以玩忽职守罪论处。但需要注意以下几点:其一,对于因法律适用能力低下导致无罪的人受追诉或者有罪的人未被追诉的,不应认定为玩忽职守罪;其二,对于过失造成的重罪轻判或者轻罪重判,一般也不应当以玩忽职守罪论处;其三,只有在"无罪的人受追诉,或者有罪的人未被追诉"这一结果本身符合玩忽职守罪的结果要件时,才能认定为玩忽职守罪。当事人不服判决而自杀的,一般也不应将自杀身亡结果归属于裁判行为,但符合缓和的结果归属条件的除外。①

张明楷教授虽然对过失枉法行为成立玩忽职守罪进行了若干限制,但应认为其过失枉法可能成立玩忽职守罪的立场不能得到赞同。张明楷教授也承认,徇私枉法罪"条文两处规定了'明知'、两处规定了'故意',旨在明确将过失排除在外,因此,过失导致追诉无罪的人、包庇有罪的人或者错误判决、裁定的,不成立本罪";"徇私枉法罪还要求出于徇私、殉情动机,但是,只要排除了因法律水平不高、事实掌握不全而过失造成错判,便可以认定为'徇私枉法''殉情枉法'";"《刑法》分则关于渎职罪的规定就可以清楚地看出,凡是规定了徇私要素的渎职罪,其职责内容都是需要国家机关工作人员具有较高的法律素质、政策水平、技术能力的裁量性事务。很明显,《刑法》分则条文要求部分渎职罪出于徇私动机,是为了将因为法律素质、政策水平、技术能力不高而造成差错的情形,排

① 参见张明楷:《刑法学》(第6版),法律出版社2021年版,第1650页。

除在渎职罪之外。反过来说，当国家机关工作人员不是因为法律素质、政策水平、技术能力不高造成差错，而是基于徇私的内心起因违背职责时，便以渎职罪论处”。[①] 毫无疑问，有罪、无罪的判断，是最复杂、最具难度、最有技术含量的裁量性司法活动。可以说，几乎刑法中的任何问题，在理论上都可能存在争议。

“既然刑法规定了执行判决、裁定失职罪，那么，根据当然解释的原理，对于失职导致无罪的人受追诉或者有罪的人未被追诉的，也应以玩忽职守罪论处”的主张根本不能成立。因为对“是否需要采取诉讼保护措施”“如何履行法定执行职责”以及“应否采取强制措施”这类判决、裁定的执行事务，不具有裁量性，所以立法者才没有要求构成执行判决、裁定滥用职权罪与执行判决、裁定失职罪也要具有徇私的动机。况且，若过失枉法的，也值得科处刑罚，则立法者完全应该像执行判决、裁定滥用职权罪与执行判决、裁定失职罪一样，一并规定“枉法裁判罪”与“枉法失职罪”。

综上所述，本书认为，为了鼓励司法工作人员出于公心而大胆、自由地进行司法裁量，只要不是出于徇私、殉情的动机而做出了错误裁量的，即使客观上导致无罪的人受追诉、有罪的人未被追诉以及枉法裁判的，也不应科处刑罚，不能以玩忽职守罪论处。

4. 明知是无罪和不应判处死刑的人而判处死刑立即执行，构成杀人罪吗？

对明知是无罪的人或者不应当判处死刑的人，通过枉法侦查、追诉、裁判而判处死刑立即执行的，成立徇私枉法罪与故意杀人罪的想象竞合，应从一重处罚。监察官、警察、检察官通过伪造证据等手段，利用“糊涂法官”错判死刑的，成立故意杀人罪的间接正犯和徇私枉法罪的想象竞合，从一重处罚。

5. 司法工作人员错误羁押、超期羁押的，构成非法拘禁罪吗？

司法工作人员使无罪的人受追诉的行为，即使没有剥夺被害人的人身自由，如仅采取取保候审措施，也应认定为徇私枉法罪；通过伪造证据等方式对

---

① 参见张明楷:《刑法学》(第6版)，法律出版社2021年版，第1632、1650页。

无罪的人采取剥夺人身自由的强制措施的，是非法拘禁罪与徇私枉法罪的想象竞合，从一重（徇私枉法罪）处罚；因证据不足而超期羁押的，一般属于非法拘禁罪与滥用职权罪的想象竞合；不是为了追诉而非法剥夺他人人身自由的，应认定为非法拘禁罪；如果行为人滥用职权，则是非法拘禁罪与滥用职权罪的想象竞合。

6.《刑法》第399条第4款规定，是注意规定还是法律拟制？

由于理论与实务普遍认为，受贿渎职的，应当数罪并罚，所以该款属于将数罪拟制为一罪的法律拟制，或者说属于特别、例外规定。但应认为，这种规定是不合理的，因此应严格限制其适用。具体而言：以徇私枉法为例，只有先收受贿赂再实施枉法行为的，才能从一重处罚，对于先枉法后索取或者收受贿赂的，应当以徇私枉法罪与受贿罪数罪并罚；对于索取贿赂后枉法的，也应以受贿罪与徇私枉法罪数罪并罚。

7.枉法调解的，构成民事、行政枉法裁判罪吗？

民事诉讼法明确区分了判决书、裁定书与调解书，也区分了诉讼与调解，这表明调解不属于审判、裁判的范围。如果司法工作人员违反其中一方或者双方自愿，强迫他人达成调解协议内容的，其中并不存在"审判"与"裁判"行为，故不应认定为本罪，只能以滥用职权罪等罪论处。不过，为执行或者不执行生效的调解书所作的枉法裁定，属于本罪的枉法裁判。

8.何谓"违背事实和法律作枉法裁判"？

"违背事实和法律作枉法裁判"包括三种情形：（1）违背事实裁判，如违背事实将原告单位的普通商标宣告为驰名商标。（2）违背法律裁判，如故意错误适用法律。故意作出与法律规定不同的裁判结论。所违背的法律不仅包括狭义的法律，而且包括应当适用的其他法律法规等；既包括实体法，也包括程序法。（3）同时违背事实与法律裁判。

9. 过失枉法裁判的，构成犯罪吗？

民事、行政枉法裁判罪的责任形式为故意，即明知自己故意违背事实和法律进行枉法裁判的行为会发生侵害民事、行政审判活动公正性与当事人合法权益的结果，并且希望或者放任这种结果发生。徇私、徇情不是本罪的主观要素。因法律适用能力低下造成枉法裁判后果的，不以本罪论处。

本罪之所以强调“故意”，就是为了把过失导致枉法裁判的行为排除在犯罪之外。事实上，民事、行政裁判活动，也是最复杂、最具难度、最有技术性的司法裁量活动。为了鼓励民事、行政法官能够秉持公心，大胆自由地进行裁判，对于过失导致枉法裁判结果的，不应作为犯罪处理。如果认为过失导致民事、行政枉法裁判结果的也值得以犯罪论处，则立法者就会像规定执行判决、裁定滥用职权罪与执行判决、裁定失职罪那样，一并规定“民事、行政枉法裁判罪”与“民事、行政裁判失职罪”的。这充分说明，过失导致民事、行政枉法裁判结果的，不值得以犯罪论处，不构成玩忽职守罪。

10. “枉法裁判”的标准是什么？

关于枉法裁判的标准，国外刑法理论上有主观说、客观说与职务义务说之争。客观说认为，违反实体法或者程序法作出裁判的，都是枉法裁判。应该说，客观说具有合理性，因为与我国《刑法》第399条第2款所规定的“违背事实和法律”相符合。

11. 只要死了人，就要追究执行人员的刑事责任吗？

案1：法院执行庭执行员丁某、书记员陈某法在执行一起人身损害赔偿民事判决中，将被执行人许某某的一辆手扶拖拉机裁定给申请执行人刘某某。在刘某某言明“才学的，不很会开四轮头（手扶拖拉机）”时，被告人丁某、陈某法在没有查明刘某某有无驾驶能力和资格的情况下，让刘某某把四轮拖拉机开走。刘某某在驾驶四轮拖拉机回家时，被执行人许某某的妻子徐某某在车前拦截不让走。刘某某操作不当，将徐某某轧伤，造成徐某某T11、12椎体骨折伴截瘫，构成二级伤残。许某某家人为此多次到淮滨县委、政府上访,2008 年 3 月 28 日淮滨县人民法院垫付给许某某 23 万余元。2008 年 5 月 12 日徐某某因褥疮感染死亡。法院认为,“丁某、陈某法在执行案件的过程中,因被执行标的物系机动车辆,二人对申请人刘某某能否将被执行的四轮拖拉机安全地驾驶持过于自信的心态,因此为刘某某在开车回家的过程中,操作不当将徐某某重伤致残埋下隐患。故丁某、陈某法将执行标的物四轮拖拉机直接交付给申请人自行开回家的行为与申请人在驾驶车过程中,因操作不当将他人重伤致残,造成重大损失之间具有刑法上的因果关系……丁某、陈某法身为国家司法工作人员,在执行判决、裁定活动中,严重不负责任,采取措施不当,造成他人的利益遭受重大损失,其行为已构成执行判决、裁定失职罪”。①

本书不同意上述认定,被告人的行为与重大损失之间,并不存在刑法意义上的因果关系,应当宣告无罪。首先,《刑法》第 399 条第 3 款规定的执行判决、裁定失职罪规制的是严重不负责任,不依法采取诉讼保全措施、不履行法定执行职责,或者违法采取诉讼保全措施、强制执行措施,致使当事人或者其他人的利益遭受重大损失的行为。其规范的保护目的在于保证判决、裁定得到客观、公正、有效的执行,以保护当事人的财产权益,并不包括保护当事人的人身权益。

其次,申请执行人刘某某作为成年人,明知自己没有驾驶手扶拖拉机的能力,仍坚持由自己将执行标的手扶拖拉机开回家,之后发生的交通事故应属于其“自我答责”的范围。两被告人作为法院的执行员、书记员,只是将执行标的依法裁定交付给申请执行人,并未强制其必须由自己将执行标的手扶拖拉机开回家。事实上,手扶拖拉机作为农业机械在广大农村地区使用非常普遍,很难要求必须拥有驾照才能驾驶。要求本案被告人只有在查明申请执行人确实具有驾驶执照后才能将执行标的手扶拖拉机交付给申请执行人,显然是过分的要求。否则,按照交通肇事罪相关司法解释,本案被告人还可能承担交通肇事罪共犯的责任。

再次,本案被害人徐某某上前强行拦截手扶拖拉机的行为,不仅具有妨害公务的性质,而且由于其对强行拦截的风险具有充分的认知,因而亦属于被害人自

① 河南省信阳市中级人民法院刑事裁定书,(2009)信刑终字第 97 号。

我答责的范围。申请执行人和被告人均不应对其所遭受的重伤致残结果承担责任。相反,若因为其莽撞拦车行为,导致申请执行人或他人死伤,还应承担交通肇事罪或过失致人死伤犯罪的刑事责任。

最后,因为许某某不断上访,为息事宁人,被告人所在单位淮滨县法院被迫垫付给许某某23万元,而因此遭受的财产损失,也不宜被评价为该案中的“重大损失”。不能因为单位为息事宁人而被迫垫付或补偿给上访人金钱,就认为是由被告人的渎职行为导致。正确的做法应是,判断被告人的行为是否渎职,以及渎职行为与重大损失之间有无刑法意义上的因果关系。

综上所述,不能只因为死了人,不考虑客观归属,就要追究刑事责任。

12. 当事人申请违法采取强制执行措施的,能成立执行判决、裁定滥用职权罪的共犯吗?

从司法实践看,判决、裁定的执行人员通常不会主动采取诉讼保全等强制措施,一般都是应一方当事人的申请而采取强制措施的。问题是,申请者是否成立本罪的共犯?

应该说,申请采取强制措施是当事人的权利,不能期待当事人不申请法院采取诉讼保全等强制措施,至于应否采取强制措施,完全由法院进行裁断。所以,即使法院作出了错误的裁定,错也在法院。当事人的申请行为缺乏期待可能性,根据片面对向犯原理,当事人不应承担本罪共犯的刑事责任。

第四节 枉法仲裁罪

·导 读·

杠法仲裁罪,是指依法承担仲裁职责的人员,在仲裁活动中故意违背事实和法律作枉法裁决,情节严重的行为。本罪的法益是仲裁裁决的客观公正性和仲裁双方当事人的合法权益。

本罪的主体是承担仲裁职责的人员,不是国家机关工作人员。要求仲裁庭为自己作出枉法裁决的,因为缺乏期待可能性,不能成立本罪的共犯。

本罪认定的要点:(1)本罪主体的范围;(2)片面对向犯的处理。

条 文

第三百九十九条之一 【枉法仲裁罪】依法承担仲裁职责的人员,在仲裁活动中故意违背事实和法律作枉法裁决,情节严重的,处三年以下有期徒刑或者拘役;情节特别严重的,处三年以上七年以下有期徒刑。

罪名精释

1. 本罪的主体是国家机关工作人员吗?

本罪的主体是依法承担仲裁职责的人员,显然不是司法工作人员和国家机关工作人员。

2. 要求仲裁庭为自己作出枉法裁决的,成立本罪的共犯吗?

要求仲裁庭为自己作出枉法裁决的,可谓片面对向犯。由于不能期待行为人不要求作出有利于自己的仲裁裁决,即缺乏期待可能性,所以不能成立本罪的共犯。

第五节 私放在押人员罪、失职致使在押人员脱逃罪

·导 读·

私放在押人员罪,是指司法工作人员私放在押的犯罪嫌疑人、被告人或者罪犯的行为。失职致使在押人员脱逃罪,是指司法工作人员由于严重不负责任,致使在押的犯罪嫌疑人、被告人或者罪犯脱逃,造成严重后果的行

为。二罪的法益为国家的羁押机能(或羁押权)。

要求司法工作人员释放自己的,不成立本罪的共犯,单独成立脱逃罪。监察官可以构成本罪。本罪不能由不作为构成。本罪不是继续犯,而是即成犯,追诉期限从私放之日起计算。

二罪的认定要点:(1)主体范围;(2)行为方式;(3)片面对向犯;(4)犯罪类型。

条 文

第四百条 【私放在押人员罪】司法工作人员私放在押的犯罪嫌疑人、被告人或者罪犯的,处五年以下有期徒刑或者拘役;情节严重的,处五年以上十年以下有期徒刑;情节特别严重的,处十年以上有期徒刑。

【失职致使在押人员脱逃罪】司法工作人员由于严重不负责任,致使在押的犯罪嫌疑人、被告人或者罪犯脱逃,造成严重后果的,处三年以下有期徒刑或者拘役;造成特别严重后果的,处三年以上十年以下有期徒刑。

罪名精释

1. 在押人员要求司法工作人员释放自己,构成本罪的共犯吗?

被私放的在押人员可谓对向犯。因为不能期待在押人员不要求监管人员释放自己,所以不能成立本罪的共犯,但能够单独成立脱逃罪。

2. 监察官私放留置人员的,构成本罪吗?

由于监察官事实上履行监管所查办案件的嫌疑人的职责,所以属于司法工作人员,可以构成本罪。

3. 本罪可以由不作为构成吗?

张明楷教授认为,本罪可以由不作为构成。例如,明知罪犯脱逃而故意不阻拦、不追捕。[1]

本书认为,本罪不能由不作为构成。毫无疑问,刑法以处罚作为为原则,处罚不作为为例外。不能认为,凡是可以由作为构成的犯罪,都可以由不作为构成。考夫曼等学者一直认为处罚不真正不作为犯,是违反罪刑法定原则的。国外一般仅承认少数几个严重犯罪的不真正不作为犯,如杀人、放火、诈骗罪。即便认为可以同时由作为和不作为构成,也要求不作为必须与作为具有等价性。私放在押人员罪,不能算是重罪,而且也很难认为,"明知罪犯脱逃而故意不阻拦、不追捕"与故意"私放"具有等价性。将这种不阻拦评价为脱逃的共犯,将不追捕评价为故意不履行职责的滥用职权罪,可能更为妥当。

4. 本罪是继续犯吗?追诉期限何时起算?

脱逃罪不是继续犯,本罪也不是继续犯,而是即成犯。追诉期限从私放之日起计算。

第六节　徇私舞弊减刑、假释、暂予监外执行罪

·导　读·

徇私舞弊减刑、假释、暂予监外执行罪,是指对不符合减刑、假释、暂予监外执行的罪犯,予以减刑、假释或者暂予监外执行的行为。本罪的法益是刑罚执行的客观公正性。

要求司法工作人员为自己违规办理减刑、假释、暂予监外执行的,因为缺乏期待可能性,不成立本罪的共犯。过失违规办理减刑、假释、暂予监外执行的,可能成立玩忽职守罪,但不能判处超过本罪法定刑的刑罚。徇私是一种犯罪动机,旨在将因法律水平不高、事实掌握不全而过失造成本罪结果

① 参见张明楷:《刑法学》(第6版),法律出版社2021年版,第1654页。

的行为排除在本罪之外。罪犯实际被减刑、假释、暂予监外执行的,成立本罪的既遂。

本罪认定的要点:(1)片面对向犯的处理;(2)过失实施的评价;(3)"徇私舞弊"的理解;(4)既遂标准。

条　文

第四百零一条　【徇私舞弊减刑、假释、暂予监外执行罪】司法工作人员徇私舞弊,对不符合减刑、假释、暂予监外执行条件的罪犯,予以减刑、假释或者暂予监外执行的,处三年以下有期徒刑或者拘役;情节严重的,处三年以上七年以下有期徒刑。

罪名精释

1. 要求为自己违规办理减刑、假释、暂予监外执行,成立本罪的共犯吗?

要求司法工作人员违规为自己办理减刑、假释、暂予监外执行的,是片面对向犯。由于不能期待行为人不要求司法工作人员为其违规办理减刑、假释、暂予监外执行,所以不能成立本罪的共犯。

2. 过失为之的,无罪吗?

本罪是故意犯罪,没有规定过失。问题是,过失办理减刑、假释、暂予监外执行的,是不成立犯罪,还是成立玩忽职守罪?

应该说,虽然办理减刑、假释、暂予监外执行,也具有一定的裁量性,但总的来说,对司法工作人员的法律素质、政策水平、技术能力的要求不高。所以,过失为之的,还是值得科处刑罚,可以成立玩忽职守罪,只是不能判处超出本罪法定刑的刑罚。

3. 如何理解"徇私舞弊"?

徇私是一种犯罪动机。由于办理减刑、假释、暂予监外执行业务具有一定的裁量性,强调徇私的动机,旨在将因为法律水平不高、事实掌握不全而过失造成结果的行为排除在本罪之外。

对不符合减刑、假释、暂予监外执行的罪犯予以减刑、假释、暂予监外执行,就是舞弊,所以"舞弊"只是违规减刑、假释、暂予监外执行的同位语,没有独立的意义。

4. 本罪的既遂标准是什么?

不符合减刑、假释、暂予监外执行条件的罪犯实际获得了减刑、假释、暂予监外执行,才成立本罪的既遂。

第七节　徇私舞弊不移交刑事案件罪

·导　读·

徇私舞弊不移交刑事案件罪,是指行政执法人员徇私舞弊,对依法应当移交司法机关追究刑事责任的不移交,情节严重的行为。

徇私是一种动机,旨在将因法律水平不高、事实掌握不全而过失不移交的行为排除在本罪之外。舞弊只是依法应当移交司法机关追究刑事责任的不移交的同位语,没有独立的意义。要求行政执法人员不移交自己的案件,因为缺乏期待可能性,不成立本罪的教唆犯。过失导致应当依法移交司法机关追究刑事责任的案件不移交的,可能成立玩忽职守罪,但不能判处超过本罪法定刑的刑罚。本罪是状态犯,追诉期限从应当移交而不移交时开始计算。本罪与徇私枉法罪的区别在于主体不同。

徇私舞弊不移交刑事案件罪的认定要点:(1)"徇私舞弊"的理解;(2)片面对向犯的处理;(3)过失行为的定性;(4)追诉时效的处理;(5)与

徇私枉法罪的区分。

条　文

第四百零二条　【徇私舞弊不移交刑事案件罪】行政执法人员徇私舞弊，对依法应当移交司法机关追究刑事责任的不移交，情节严重的，处三年以下有期徒刑或者拘役；造成严重后果的，处三年以上七年以下有期徒刑。

罪名精释

1.“徇私舞弊”要素的功能是什么？

徇私是一种犯罪动机。只要排除了因法律水平不高、事实掌握不全而过失不移交的，便可认定为“徇私”。

本罪中的“舞弊”，是“对依法应当移交司法机关追究刑事责任的不移交”的同位语。也就是说，对依法应当移交司法机关追究刑事责任的案件不移交，就是舞弊，除此之外，不再需要其他客观行为。

2.要求行政执法人员不移交自己的案件的，成立本罪的教唆吗？

应该说，对于要求行政执法人员不移交自己的案件，缺乏期待可能性，所以不能成立本罪的教唆犯。

3.过失为之的，无罪吗？

本罪只规定故意为之，而且要求徇私才成立本罪。问题是，因为过失对依法应当移交司法机关追究刑事责任的案件不移交造成严重后果的，是无罪还是可能成立玩忽职守罪？

应该说，虽然对于是否应当移交的业务具有一定的裁量性，但并不需要很高的法律素质、政策水平和技术能力，所以过失为之的，还是值得科处刑罚，可以玩忽职守罪论处，只是不能判处超过本罪法定刑的刑罚。

4. 何时起算本罪的追诉期限?

本罪可谓状态犯,不是继续犯。因为应当移交而不移交的这种状态,是需要排除的,就如盗窃后占有赃物的状态。但又不像非法拘禁罪那样,可以认为法益每时每刻都受到同等程度的侵害,构成要件符合性一直在持续。所以,本罪的追诉期限应从应当移交之日起,即犯罪成立之日起开始计算。

5. 如何区分本罪与徇私枉法罪?

本罪与徇私枉法罪的明显区别在于,本罪的主体是行政执法人员,后者的主体是司法工作人员。需要注意的是公安机关工作人员的性质:如果他们是对犯罪负有侦查职责的人,则是司法工作人员;如果他们是负责行政法实施的人,则是行政执法人员。概言之,行政机关中具有刑事侦查权限的人,在负责承办(包括指示、指挥)具体案件时,将明知是犯罪的案件作为行政违法处理的,应认定为徇私枉法罪。对于负有行政执法与刑事侦查双重职责的人员,应视其在履行何种职责的过程中不将案件作为犯罪处理而得出不同结论。

第八节 滥用管理公司、证券职权罪

·导 读·

滥用管理公司、证券职权罪,是指国家有关主管部门的国家机关工作人员,徇私舞弊,滥用职权,对不符合法律规定条件的公司设立、登记申请或者股票、债券发行、上市申请,予以批准或者登记,致使公共财产、国家和人民利益遭受重大损失的行为。

本罪与滥用职权罪之间是特别关系的法条竞合,由于本罪相当于封闭的特权条款,所以竞合时,仅按照本罪论处。过失为之的,可能成立玩忽职守罪,但不能判处超过本罪法定刑的刑罚。徇私是一种动机。舞弊是滥用职权的同位语,没有独立的意义。

滥用管理公司、证券职权罪的认定要点：(1)本罪与滥用职权罪的关系；(2)过失为之的定性；(3)“徇私舞弊”的认定。

条 文

第四百零三条 【滥用管理公司、证券职权罪】国家有关主管部门的国家机关工作人员，徇私舞弊，滥用职权，对不符合法律规定条件的公司设立、登记申请或者股票、债券发行、上市申请，予以批准或者登记，致使公共财产、国家和人民利益遭受重大损失的，处五年以下有期徒刑或者拘役。

上级部门强令登记机关及其工作人员实施前款行为的，对其直接负责的主管人员，依照前款的规定处罚。

罪名精释

1. 本罪与滥用职权罪是法条竞合关系，同时构成时可以从一重处罚吗？

本罪与滥用职权罪之间是特别关系的法条竞合，本罪是特别法条，滥用职权罪是普通法条。虽然本书不主张严格区分法条竞合与想象竞合，认为竞合时从一重处罚即可。但对于明显属于特别关系的法条竞合，而且法定刑配置较为合理的，可以认为是封闭的特权条款，比如本罪。因为滥用职权罪是针对各种情形的滥用职权配置的法定刑，对于本罪的情形而言，配置5年的法定刑就能做到罪刑相适应。所以竞合时，按照本罪定罪处罚即可。

2. 过失为之的，无罪吗？

虽然本罪的业务具有一定的裁量性，但总的来说“技术含量”不高，所以过失为之的，还是值得科处刑罚，可以玩忽职守罪论处，只是不能判处超过本罪法定刑的刑罚。

3."徇私舞弊"要素有没有独立的意义?

徇私是一种动机,只要不是因为法律水平不高、事实掌握不全而过失为之的,都是"徇私"。本罪的实行行为是滥用职权,舞弊只是同位语,没有独立的意义。

第九节 徇私舞弊不征、少征税款罪

·导 读·

徇私舞弊不征、少征税款罪,是指税务机关的工作人员徇私舞弊,不征或者少征应征税款,致使国家税收遭受重大损失的行为。

"徇私"是一种动机,只要排除了由于法律、政策水平不高等原因过失不征、少征税款,便可认定为"徇私"。不征或者少征应征税款,就是舞弊行为,所以"舞弊"没有独立的意义。纳税人要求不征、少征应征税款的,因为缺乏期待可能性,不成立本罪的共犯,单独成立逃税罪。税务机关的工作人员与纳税人相勾结不征、少征应征税款的,成立逃税罪的共犯和本罪的想象竞合,从一重处罚。过失不征、少征应征税款的,可以成立玩忽职守罪。

徇私舞弊不征、少征税款罪的认定要点:(1)片面对向犯的处理;(2)共犯的认定;(3)"徇私舞弊"的理解;(4)过失不征、少征税款的定性。

条 文

第四百零四条 【徇私舞弊不征、少征税款罪】税务机关的工作人员徇私舞弊,不征或者少征应征税款,致使国家税收遭受重大损失的,处五年以下有期徒刑或者拘役;造成特别重大损失的,处五年以上有期徒刑。

罪名精释

1. 纳税人要求不征、少征税款的，成立本罪的共犯吗？

这是片面对向犯问题。由于不能期待纳税人不要求税务机关的工作人员对其不征或者少征税款，所以纳税人不能成立本罪的共犯，只能单独成立逃税罪。

2. 税务机关工作人员与纳税人相勾结，是成立本罪还是逃税罪的共犯？

对于税务机关的工作人员与纳税人相勾结不征、少征税款的案件，有人主张按照逃税罪的共犯处罚。应该说，由于逃税罪的法定刑较低，若仅按逃税罪的共犯处罚，罪刑会明显不相适应。所以，对于上述行为应认定为逃税罪的共犯与本罪的想象竞合，从一重处罚。

3. “徇私舞弊”要素有独立的意义吗？

徇私是一种犯罪动机，只要不是由于法律水平不高等原因过失不征或者少征税款的，便可认定为“徇私”。不征或者少征应征税款的行为，就是舞弊行为，所以舞弊只是同位语，没有独立的意义。

4. 过失不征、少征应征税款的，无罪吗？

应该说，虽然应否征税具有一定的裁量性，但总的说来没有什么“技术含量”。所以过失不征、少征应征税款，导致国家税款损失的，值得科处刑罚，可以玩忽职守罪论处。

第十节　徇私舞弊发售发票、抵扣税款、出口退税罪，违法提供出口退税凭证罪

·导　读·

徇私舞弊发售发票、抵扣税款、出口退税罪，是指税务机关的工作人员

违反法律、行政法规的规定，在办理发售发票、抵扣税款、出口退税工作中，徇私舞弊，致使国家利益遭受重大损失的行为。违法提供出口退税凭证罪，是指税务机关工作人员以外的其他国家机关工作人员，违反国家规定，在提供出口货物报关单、出口收汇核销单等出口退税凭证的工作中，徇私舞弊，致使国家利益遭受重大损失的行为。

纳税人要求国家机关工作人员为其违规办理上述业务的，因为缺乏期待可能性，不成立本罪的共犯，但可能单独成立逃税罪等罪。国家机关工作人员与纳税人相勾结实施上述行为的，成立逃税等罪的共犯和本罪的想象竞合，从一重处罚。过失实施上述行为，可以玩忽职守罪定罪处罚。徇私是犯罪动机，舞弊是同位语，没有独立的意义。本罪是实害犯，只有是否成立犯罪的问题，没有既未遂的问题。犯本罪同时触犯徇私舞弊不征、少征税款罪的，应以本罪论处。

二罪的认定要点：(1)片面对向犯的处理；(2)共犯的认定；(3)过失行为的定性；(4)“徇私舞弊”的理解；(5)犯罪类型的厘定。

条 文

第四百零五条 【徇私舞弊发售发票、抵扣税款、出口退税罪】税务机关的工作人员违反法律、行政法规的规定，在办理发售发票、抵扣税款、出口退税工作中，徇私舞弊，致使国家利益遭受重大损失的，处五年以下有期徒刑或者拘役；致使国家利益遭受特别重大损失的，处五年以上有期徒刑。

【违法提供出口退税凭证罪】其他国家机关工作人员违反国家规定，在提供出口货物报关单、出口收汇核销单等出口退税凭证的工作中，徇私舞弊，致使国家利益遭受重大损失的，依照前款的规定处罚。

罪名精释

1. 纳税人要求违规办理发售发票、抵扣税款、出口退税的，构成本罪共犯吗？

这是片面对向犯问题。由于不能期待纳税人不要求税务机关的工作人员为其违规办理发售发票、抵扣税款、出口退税,所以不能成立本罪的共犯,只可能单独成立逃税罪等罪。

2. 国家机关工作人员与纳税人相勾结的,是成立本罪还是逃税等罪的共犯?

由于逃税等罪法定刑较轻,所以国家机关工作人员与纳税人等相勾结实施上述行为,成立逃税等罪共犯和本罪的想象竞合,从一重处罚。

3. 过失实施上述行为的,无罪吗?

虽然上述业务的办理具有一定的裁量性,但总的来说“技术含量”不高。虽然过失为之,但导致国家税款遭受重大损失的,还是值得科处刑罚,可以玩忽职守罪定罪处罚。

4. “徇私舞弊”要素有独立的意义吗?

徇私是犯罪动机,只要不是由于法律、政策水平不高等原因实施上述行为的,便可认定为“徇私”。违规办理上述业务的,就是舞弊行为,所以“舞弊”可谓同位语,没有独立的意义。

5. 本罪是危险犯还是实害犯?

本罪以“致使国家利益遭受重大损失”为犯罪成立条件,所以是实害犯。实害犯只有犯罪成立与否的问题,没有既未遂的问题。

6. 犯本罪同时触犯徇私舞弊不征、少征税款罪的,是一罪还是数罪并罚?

犯本罪同时触犯徇私舞弊不征、少征税款罪的,应以本罪论处,不实行数罪并罚。

第十一节 国家机关工作人员签订、履行合同失职被骗罪

·导 读·

国家机关工作人员签订、履行合同失职被骗罪，是指国家机关工作人员在签订、履行合同过程中，因严重不负责任被诈骗，致使国家利益遭受重大损失的行为。

本罪是过失犯罪。故意为之的，成立滥用职权罪。与对方串通实施的，成立贪污罪的共犯。认定本罪，不以对方已被人民法院认定为诈骗罪或者民事欺诈为前提。

本罪的认定要点：(1)故意实施的定性；(2)“被诈骗”的理解。

条 文

第四百零六条 【国家机关工作人员签订、履行合同失职被骗罪】国家机关工作人员在签订、履行合同过程中，因严重不负责任被诈骗，致使国家利益遭受重大损失的，处三年以下有期徒刑或者拘役；致使国家利益遭受特别重大损失的，处三年以上七年以下有期徒刑。

罪名精释

1. 故意实施的，构成何罪？

本罪是过失犯罪。故意实施的，不可能无罪，可能成立滥用职权罪。若与对方串通实施，由于没有被骗，应成立贪污罪的共犯。

2. 成立本罪的前提必须是对方的诈骗事实已被法院判决确认吗?

被诈骗的事实不需要已被法院判决确认,只要查明存在诈骗事实即可。

第十二节 违法发放林木采伐许可证罪

·导 读·

违法发放林木采伐许可证罪,是指林业主管部门的工作人员违反森林法的规定,超过批准的年采伐限额发放林木采伐许可证或者违反规定滥发林木采伐许可证,情节严重,致使森林遭受严重破坏的行为。

要求林业主管部门的工作人员为其违法发放林木采伐许可证的,由于缺乏期待可能性,不能成立本罪的共犯,又因为是有证采伐,故也不能单独成立滥伐林木罪。过失实施本罪客观行为的,成立玩忽职守罪,但不能判处超过本罪法定刑的刑罚。本罪与滥用职权罪之间是特别关系的法条竞合,本罪是封闭的特权条款,同时构成时只能以本罪论处。林业主管部门的工作人员以违法发放林木采伐许可证以外的方式破坏森林资源的,以及其他国家机关工作人员破坏森林资源的,虽然可以成立滥用职权罪或者玩忽职守罪,但不能判处超过本罪法定刑的刑罚。

违法发放林木采伐许可证罪的认定要点:(1)片面对向犯的处理;(2)过失行为的定性;(3)与滥用职权罪的竞合。

条 文

第四百零七条 【违法发放林木采伐许可证罪】林业主管部门的工作人员违反森林法的规定,超过批准的年采伐限额发放林木采伐许可证或者违反规定滥发林木采伐许可证,情节严重,致使森林遭受严重破坏的,处三年以下有期徒刑或者拘役。

罪名精释

1. 要求为其违法发放林木采伐许可证,成立本罪的共犯吗?

这是片面对向犯问题。由于不能期待行为人不要求林业主管部门的工作人员为其违法发放林木采伐许可证,所以不能成立本罪的共犯。由于是有证采伐,也不能单独成立滥伐林木罪。

2. 过失为之的,无罪吗?

本罪是故意犯。过失为之的,只能以玩忽职守罪定罪处罚,但不能判处超过本罪法定刑的刑罚。

3. 本罪与滥用职权罪之间是什么关系?

有“批复”指出,林业主管部门工作人员以其他方式滥用职权或者玩忽职守,致使森林遭受严重破坏的,以滥用职权罪或者玩忽职守罪追究刑事责任。同时,《立案标准》规定:“林业主管部门工作人员之外的国家机关工作人员,违反森林法的规定,滥用职权或者玩忽职守,致使森林遭受严重破坏的,按照滥用职权罪或者玩忽职守罪追究刑事责任。”问题是,滥用职权罪、玩忽职守罪比本罪法定刑高得多,这样处理是否不协调?

应该说,本罪与滥用职权罪之间是特别关系的法条竞合,本罪可谓封闭的特权条款。所以同时构成本罪与滥用职权罪的,只能以本罪定罪处罚。林业主管部门工作人员以其他方式滥用职权或者玩忽职守,致使森林遭受严重破坏的,虽然可以滥用职权罪或者玩忽职守罪追究刑事责任,但不能判处超过本罪法定刑的刑罚。同样,林业主管部门工作人员之外的国家机关工作人员,违反森林法的规定,滥用职权或者玩忽职守,致使森林遭受严重破坏的,虽然可以按照滥用职权罪或者玩忽职守罪追究刑事责任,也不能判处超过本罪法定刑的刑罚。

第十三节　环境监管失职罪

·导　读·

环境监管失职罪，是指负有环境保护监督管理职责的国家机关工作人员严重不负责任，导致发生重大环境污染事故，致使公私财产遭受重大损失或者造成人身伤亡的严重后果的行为。

本罪的责任形式是过失。故意为之的，成立污染环境罪等罪的共犯和滥用职权罪的想象竞合，从一重处罚。本罪与玩忽职守罪之间系特别关系的法条竞合，本罪是封闭的特权条款。同时构成时，只能以本罪定罪处罚。

环境监管失职罪的认定要点：(1)故意实施的定性；(2)与玩忽职守罪的竞合。

条　文

第四百零八条　【环境监管失职罪】负有环境保护监督管理职责的国家机关工作人员严重不负责任，导致发生重大环境污染事故，致使公私财产遭受重大损失或者造成人身伤亡的严重后果的，处三年以下有期徒刑或者拘役。

罪名精释

1.故意为之的，如何处理？

本罪的责任形式是过失。故意为之的，不可能无罪，应成立污染环境罪等罪的共犯和滥用职权罪的想象竞合，从一重处罚。

2.本罪与玩忽职守罪是竞合关系吗？

本罪与玩忽职守罪之间是特别关系的法条竞合，本罪是封闭的特权条款，同时构成时，只能以本罪定罪处罚。

第十四节　食品、药品监管渎职罪

·导　读·

食品药品监管渎职罪，是指负有食品、药品监督管理职责的国家机关工作人员，滥用职权或者玩忽职守，造成严重后果或者有其他严重情节的行为。

本罪包括故意的滥用职权与过失的玩忽职守两种行为类型与责任形式。本罪与徇私舞弊不移交刑事案件罪之间是竞合关系。

食品、药品监管渎职罪的认定要点：(1)责任形式的确定；(2)与徇私舞弊不移交刑事案件罪的竞合。

条　文

第四百零八条之一　【食品、药品监管渎职罪】负有食品药品安全监督管理职责的国家机关工作人员，滥用职权或者玩忽职守，有下列情形之一，造成严重后果或者有其他严重情节的，处五年以下有期徒刑或者拘役；造成特别严重后果或者有其他特别严重情节的，处五年以上十年以下有期徒刑：

(一)瞒报、谎报食品安全事故、药品安全事件的；

(二)对发现的严重食品药品安全违法行为未按规定查处的；

(三)在药品和特殊食品审批审评过程中，对不符合条件的申请准予许可的；

(四)依法应当移交司法机关追究刑事责任不移交的；

(五)有其他滥用职权或者玩忽职守行为的。

徇私舞弊犯前款罪的，从重处罚。

罪名精释

1. 本罪的责任形式是故意还是过失?

按照惯例本应确定为食品、药品监管滥用职权罪与食品、药品监管失职罪两个罪名。但最终却仅确定为一个罪名。应该说,本罪责任形式既包括故意,也包括过失。没有区分故意与过失,说明对于法定刑不重的法定犯而言,严格区分故意与过失,实际意义不大。

2. 本罪是实害犯吗?

虽然基本犯的成立条件包括"其他严重情节",但由于"其他严重情节"是与"造成严重后果"并列规定的,也就是说,"其他严重情节"也必须是与"造成严重后果"相当的实害结果。所以应该认为本罪是实害犯,只有成立与否的问题,没有既未遂的问题。

3. 本罪与徇私舞弊不移交刑事案件罪之间是什么关系?

由于立法者已将"依法应当移交司法机关追究刑事责任不移交"规定为本罪的加重情节,所以本罪与徇私舞弊不移交刑事案件罪之间是竞合关系。

第十五节　传染病防治失职罪

·导　读·

传染病防治失职罪,是指从事传染病防治的政府卫生行政部门的工作人员严重不负责任,导致传染病传播或者流行,情节严重的行为。

本罪的责任形式为过失,故意实施本罪客观行为的,应以滥用职权罪定罪处罚。本罪与玩忽职守罪之间系特别关系的法条竞合,本罪是封闭的特权条款。

传染病防治失职罪的认定要点：(1)故意实施的定性；(2)与玩忽职守罪的竞合。

条 文

第四百零九条 【传染病防治失职罪】从事传染病防治的政府卫生行政部门的工作人员严重不负责任，导致传染病传播或者流行，情节严重的，处三年以下有期徒刑或者拘役。

罪名精释

1.故意为之的，如何处理？

本罪的责任形式为过失，故意为之的，不可能无罪，应以滥用职权罪定罪处罚。

2.本罪与玩忽职守罪之间是什么关系？

本罪与玩忽职守罪之间系特别关系的法条竞合关系，本罪是封闭的特权条款，同时构成时，也只能以本罪定罪处罚。

第十六节 非法批准征收、征用、占用土地罪，非法低价出让国有土地使用权罪

·导 读·

非法批准征收、征用、占用土地罪，是指国家机关工作人员徇私舞弊，违反土地管理法规，滥用职权，非法批准征收、征用、占用土地，情节严重的行为。非法出让国有土地使用权罪，是指国家机关工作人员徇私舞弊，违反土地管理法规，滥用职权，非法低价出让国有土地使用权，情节严重的行为。

本罪的责任形式为故意。过失为之,成立玩忽职守罪,只是不能判处超过本罪法定刑的刑罚。徇私是动机,舞弊没有独立的意义。应将“情节严重”理解为致使国家或者集体利益遭受重大损失,本罪还是实害犯。

二罪的认定要点:(1)过失实施的定性;(2)“徇私舞弊”的含义;(3)“情节严重”的理解。

条 文

第四百一十条 【非法批准征收、征用、占用土地罪】【非法低价出让国有土地使用权罪】国家机关工作人员徇私舞弊,违反土地管理法规,滥用职权,非法批准征收、征用、占用土地,或者非法低价出让国有土地使用权,情节严重的,处三年以下有期徒刑或者拘役;致使国家或者集体利益遭受特别重大损失的,处三年以上七年以下有期徒刑。

罪名精释

1. 过失为之的,无罪吗?

本罪业务虽然具有一定的裁量性,但总的来说没有什么“技术含量”,所以过失为之的,可能成立玩忽职守罪,只是不能判处超过本罪法定刑的刑罚。

2. “徇私舞弊”要素有独立的意义吗?

徇私是一种犯罪动机,只要不是由于法律、政策水平不高等原因造成本罪结果,都可谓“徇私”。违规批准征收、征用、占有土地,或者低价出让国有土地使用权,就是舞弊行为,所以“舞弊”没有独立的意义。

3. 应将本罪限定为实害犯吗?

从法条表述看,基本犯的成立条件是“情节严重”,法定刑升格的条件是“致使国家或者集体利益遭受特别重大损失”。应当认为,所谓“情节严重”,其实就是指“致使国家或者集体利益遭受重大损失”。所以,本罪还是实害犯。

第十七节　放纵走私罪

·导　读·

放纵走私罪,是指海关工作人员徇私舞弊,放纵走私,情节严重的行为。

“徇私”是动机,“舞弊”是“放纵”走私的同位语。既不移交走私刑事案件,又不按海关法处理的,构成放纵走私罪;按照海关法处理的,成立徇私舞弊不移交刑事案件罪。负责走私犯罪侦查的海关工作人故意使其不受追诉的,构成徇私枉法罪。海关工作人员与走私分子通谋的,成立走私罪共犯与本罪的想象竞合,从一重处罚。

放纵走私罪的认定要点:(1)片面对向犯的处理;(2)“徇私舞弊”的含义;(3)本罪与相关犯罪的罪数与竞合;(4)过失实施的定性。

条　文

第四百一十一条　【放纵走私罪】海关工作人员徇私舞弊,放纵走私,情节严重的,处五年以下有期徒刑或者拘役;情节特别严重的,处五年以上有期徒刑。

罪名精释

1. 要求海关工作人员“放自己一马”的走私犯,构成本罪的共犯吗?

由于不能期待走私犯不要求海关工作人员放过自己,所以不能成立本罪的共犯,但可以单独成立走私罪。

2. 海关工作人员与走私分子通谋,是成立本罪还是走私罪共犯?

2002年7月8日,最高人民法院、最高人民检察院、海关总署《关于办理走私刑事案件适用法律若干问题的意见》第 16 条指出:“负有特定监管义务的海关工作人员徇私舞弊,利用职权,放任、纵容走私犯罪行为,情节严重的,构成放纵走私罪。放纵走私行为,一般是消极的不作为。如果海关工作人员与走私分子通谋,在放纵走私过程中以积极的行为配合走私分子逃避海关监管或者在放纵走私之后分得赃款的,应以共同走私犯罪追究刑事责任。”其实,海关工作人员的这种行为成立走私罪的共犯和本罪的想象竞合,从一重处罚。

3.“徇私舞弊”要素有独立的意义吗?

徇私是一种动机,只要行为人明知是走私而放纵,排除了因为事实不清、政策界限不明等因素导致过失放纵走私的,就可以认定为“徇私”。“舞弊”与“放纵”走私是同位语,只要能够认定“放纵”,就不需要另外的舞弊行为。

4.过失为之的,无罪吗?

本罪的责任形式是故意,但过失为之的,不可能无罪,应构成玩忽职守罪。

5.徇私舞弊不移交走私案件的,如何处理?

如果徇私舞弊既不移交司法机关追究刑事责任,也不按海关法做出处理的,应认定为放纵走私罪;如果按照海关法做出处理的,则应认定为徇私舞弊不移交刑事案件罪。

6.作为司法工作人员的海关工作人员放纵走私的,如何处理?

负责走私犯罪侦查职责的海关工作人员,发现他人的行为构成走私罪,但故意使其不受刑事追诉的,应认定为徇私枉法罪。实施本罪行为同时触犯走私罪的(构成走私罪的共犯),属于想象竞合,从一重处罚。

第十八节　商检徇私舞弊罪、商检失职罪

·导　读·

商检徇私舞弊罪，是指国家商检部门、商检机构的工作人员徇私舞弊，伪造检验结果的行为。商检失职罪，是指国家商检部门、商检机构的工作人员严重不负责任，对应当检验的物品不检验，或者延误检验出证、错误出证，致使国家利益遭受重大损失的行为。

本罪中的伪造属于无形伪造。非国家商检部门、商检机构的工作人员伪造检验结果的，成立伪造国家机关公文罪。徇私是动机，舞弊是伪造检验结果的同位语。商检失职罪与玩忽职守罪之间是特别关系的法条竞合关系，本罪是封闭的特权条款，同时构成时只能以本罪定罪处罚。

二罪的认定要点：(1)“伪造”的含义；(2)“徇私舞弊”的功能；(3)商检失职罪与玩忽职守罪的关系。

条　文

第四百一十二条　【商检徇私舞弊罪】国家商检部门、商检机构的工作人员徇私舞弊，伪造检验结果的，处五年以下有期徒刑或者拘役；造成严重后果的，处五年以上十年以下有期徒刑。

【商检失职罪】前款所列人员严重不负责任，对应当检验的物品不检验，或者延误检验出证、错误出证，致使国家利益遭受重大损失的，处三年以下有期徒刑或者拘役。

罪名精释

1. 非国家商检部门、商检机构的工作人员伪造检验结果的,如何处理?

本罪中的“伪造”是指无形伪造,即有制作权限的人制作形式真实内容虚假的检验结果,包括无形变造。非国家商检部门、商检机构的工作人员徇私舞弊,伪造检验结果的,属于没有制作权限制作形式和内容均虚假的有形伪造,不成立本罪,而是成立《刑法》第280条的伪造国家机关公文罪。

2. “徇私舞弊”要素有独立的意义吗?

徇私是动机,只要不是因为法律、政策水平不高、事实掌握不全造成本罪结果的,都可认定为“徇私”。伪造检验结果,就是“舞弊”,所以舞弊只是同位语,没有独立的意义。

3. 商检失职罪与玩忽职守罪之间是什么关系?

商检失职罪与玩忽职守罪之间是特别关系的法条竞合,本罪是封闭的特权条款,同时构成时只能以本罪定罪处罚。

第十九节 动植物检疫(失职)徇私舞弊罪

·导 读·

动植物检疫徇私舞弊罪,是指动植物检疫机关的检疫人员徇私舞弊,伪造检疫结果的行为。动植物检疫失职罪,是指动植物检疫机关的检疫人员严重不负责任,对应当检疫的检疫物不检疫,或者延误检疫出证、错误出证,致使国家利益遭受重大损失的行为。

本罪中的“伪造”属于无形伪造,非动植物检疫机关的检疫人员伪造检疫结果的,成立伪造国家机关公文罪。动植物检疫失职罪与玩忽职守罪之间是特别关系的法条竞合，本罪是封闭的特权条款，同时构成时，只能以动植物检疫失职罪定罪处罚。本罪属于渎职罪，主体应限定为国家机关工作人员。

二罪的认定要点：(1)“伪造”的含义；(2)动植物检疫失职罪与玩忽职守罪之间的关系；(3)本罪的主体范围。

条 文

第四百一十三条 【动植物检疫徇私舞弊罪】动植物检疫机关的检疫人员徇私舞弊，伪造检疫结果的，处五年以下有期徒刑或者拘役；造成严重后果的，处五年以上十年以下有期徒刑。

【动植物检疫失职罪】前款所列人员严重不负责任，对应当检疫的检疫物不检疫，或者延误检疫出证、错误出证，致使国家利益遭受重大损失的，处三年以下有期徒刑或者拘役。

罪名精释

1. 非动植物检疫机关的检疫人员伪造检疫结果的，无罪吗？

本罪中的“伪造”属于一种无形伪造，包括无形变造。非动植物检疫机关的检疫人员伪造检疫结果的，属于有形伪造，不成立本罪，但可以成立《刑法》第280条规定的伪造国家机关公文罪。

2. 动植物检疫失职罪与玩忽职守罪之间是什么关系？

动植物检疫失职罪与玩忽职守罪之间是一种特别关系的法条竞合，本罪是封闭的特权条款，同时构成时只能以本罪定罪处罚。

3. 应将本罪的主体限定为国家机关工作人员吗？

渎职罪的主体均为国家机关工作人员，除非《刑法》个别条文的明文规定，如故意(过失)泄露国家秘密罪与枉法仲裁罪。本罪属于渎职罪,当然应将其主体限定为国家机关工作人员。

第二十节　放纵制售伪劣商品犯罪行为罪

·导　读·

放纵制售伪劣商品犯罪行为罪,是指对生产、销售伪劣商品犯罪行为负有追究职责的国家机关工作人员,徇私舞弊,不履行法律规定的追究职责,情节严重的行为。

被放纵者不能成立本罪的共犯,而是单独成立生产、销售伪劣商品罪。国家机关工作人员与生产、销售伪劣商品的犯罪分子相勾结的,成立生产、销售伪劣商品罪的共犯和本罪的想象竞合,从一重处罚。过失实施本罪客观行为的,构成玩忽职守罪,但不能判处超过本罪法定刑的刑罚。本罪与滥用职权罪之间是特别关系的法条竞合,本罪是封闭的特权条款,同时构成时只能以本罪定罪处罚。应将本罪中的"情节严重"理解为"致使公共财产、国家和人民利益遭受重大损失",本罪属于实害犯。

放纵制售伪劣商品犯罪行为罪的认定要点:(1)片面对向犯的处理;(2)共同犯罪的认定;(3)过失实施的定性;(4)本罪与滥用职权罪的关系;(5)"情节严重"的理解。

条　文

第四百一十四条　【放纵制售伪劣商品犯罪行为罪】对生产、销售伪劣商品犯罪行为负有追究责任的国家机关工作人员,徇私舞弊,不履行法律规定的追究职责,情节严重的,处五年以下有期徒刑或者拘役。

罪名精释

1. 被放纵者成立本罪共犯吗?

应该说不能期待生产、销售伪劣商品的犯罪分子不要求有关人员放过自己,所以不能成立本罪的共犯,但可以单独成立生产、销售伪劣商品罪。

2. 国家机关工作人员与制售伪劣商品的犯罪分子相勾结的,如何处理?

国家机关工作人员与制售伪劣商品的犯罪分子相勾结的,成立生产、销售伪劣商品罪的共犯和本罪的想象竞合,从一重处罚。

3. 过失为之的,无罪吗?

本罪的责任形式为故意。过失为之的,可能成立玩忽职守罪,只是不能判处超过本罪法定刑的刑罚。

4. 本罪与滥用职权罪之间是什么关系?

本罪与滥用职权罪之间是特别关系的法条竞合,本罪是封闭的特权条款,同时构成时只能以本罪定罪处罚。

5. 应否将“情节严重”,限定为造成重大损失的实害结果的情形?

本罪作为特殊的滥用职权罪,法定刑比滥用职权罪还轻,而滥用职权罪的成立条件是“致使公共财产、国家和人民遭受重大损失”,是实害犯,所以宜将本罪中的“情节严重”理解为“致使公共财产、国家和人民利益遭受重大损失”,本罪也是实害犯。

第二十一节　办理偷越国(边)境人员出入境证件罪、放行偷越国(边)境人员罪

·导　读·

办理偷越国(边)境人员出入境证件罪,是指负责办理护照、签证以及其他出入境证件的国家机关工作人员,对明知是企图偷越国(边)境的人员,予以办理出入境证件的行为。放行偷越国(边)境人员罪,是指边防、海关等国家机关工作人员,对明知是偷越国(边)境的人员,予以放行的行为。

随着社会的发展,上述两罪会逐渐消失。偷越国(边)境人员不可能成立上述两罪的共犯,但如果没有护照、签证而出入国(边)境,可能单独成立偷越国(边)境罪。过失为之的,可能成立玩忽职守罪。放行持有有效护照、签证的人出入国(边)境的,不构成放行偷越国(边)境人员罪。

二罪的认定要点:(1)共犯的处理;(2)过失实施的定性;(3)"偷越国(边)境"的理解。

条　文

第四百一十五条　【办理偷越国(边)境人员出入境证件罪】【放行偷越国(边)境人员罪】负责办理护照、签证以及其他出入境证件的国家机关工作人员,对明知是企图偷越国(边)境的人员,予以办理出入境证件的,或者边防、海关等国家机关工作人员,对明知是偷越国(边)境的人员,予以放行的,处三年以下有期徒刑或者拘役;情节严重的,处三年以上七年以下有期徒刑。

罪名精释

1. 随着社会的发展，本罪还有存在的必要吗？

应该说，随着社会的发展，本罪会自动消失。任何人都有权申请护照，国家机关不得以其企图偷越国（边）境为由而拒发护照。另外，申请入境的外国人要求办理签证时，不能认为其有偷越我国国（边）境的企图。

2. 偷越国（边）境人员构成本罪的共犯吗？

不能期待偷越国（边）境人员不要求国家机关工作人员为其办理出入境证件和放行其偷越国（边）境，所以不能成立上述两罪的共犯。如果没有出入境证件而要求边防、海关人员放行，则可能单独构成偷越国（边）境罪，而边防、海关人员构成放行偷越国（边）境人员罪。

3. 过失为之的，无罪吗？

上述两罪的责任形式为故意。过失为之的，可能构成玩忽职守罪，但不能判处超过本罪法定刑的刑罚。

4. 放行持有有效护照、签证的人进出境，成立放行偷越国（边）境人员罪吗？

由于持有有效的护照、签证出入境，哪怕是以欺骗手段申领的护照、签证，也不属于偷越国（边）境，所以放行这类人员，也不可能成立放行偷越国（边）境人员罪。

第二十二节　不解救被拐卖、绑架妇女、儿童罪，阻碍解救被拐卖、绑架妇女、儿童罪

·导　读·

不解救被拐卖、绑架的妇女、儿童罪，是指对被拐卖、绑架的妇女、儿童

负有解救职责的国家机关工作人员，接到被拐卖、绑架的妇女、儿童及其亲属的解救要求或者接到其他人的举报，而对被拐卖、绑架的妇女、儿童不进行解救，造成严重后果的行为。阻碍解救被拐卖、绑架的妇女、儿童罪，是指对被拐卖、绑架的妇女、儿童负有解救职责的国家机关工作人员利用职务阻碍解救被拐卖、绑架的妇女、儿童的行为。

本条中的“绑架”，仅限于拐卖妇女、儿童罪中的“绑架”，不包括绑架罪中的“绑架”。“被拐卖的妇女、儿童”，包括拐卖过程中以及拐卖后被他人收买的妇女、儿童。负有解救职责的国家机关工作人员与拐卖妇女、儿童的犯罪分子通谋的，成立拐卖妇女、儿童罪的共犯。不解救被非法拘禁、绑架的人的，成立滥用职权罪、玩忽职守罪。不解救被拐卖、绑架的妇女、儿童罪与滥用职权罪之间是特别关系的法条竞合，本罪是封闭的特权条款，同时构成时只能以本罪定罪处罚。

二罪的认定要点：(1)“绑架”的理解；(2)“被拐卖的妇女、儿童”的范围；(3)共犯的认定；(4)竞合的处理。

条 文

第四百一十六条 【不解救被拐卖、绑架妇女、儿童罪】对被拐卖、绑架的妇女、儿童负有解救职责的国家机关工作人员，接到被拐卖、绑架的妇女、儿童及其家属的解救要求或者接到其他人的举报，而对被拐卖、绑架的妇女、儿童不进行解救，造成严重后果的，处五年以下有期徒刑或者拘役。

【阻碍解救被拐卖、绑架妇女、儿童罪】负有解救职责的国家机关工作人员利用职务阻碍解救的，处二年以上七年以下有期徒刑；情节较轻的，处二年以下有期徒刑或者拘役。

罪名精释

1. 本条中的“绑架”,是绑架罪中的“绑架”吗?

本条中的“绑架”,是仅指《刑法》第 240 条第 1 款第 5 项拐卖妇女、儿童罪中的“绑架”,还是包括《刑法》第 239 条绑架罪中的“绑架”?应该说,从立法沿革与被害人仅限于妇女、儿童来考察,答案应该是前者。因为,如果认为是后者,就会得出“在妇女、儿童被绑架时不解救的,成立本罪,而在成年男性被绑架时不解救的,成立其他犯罪或者无罪”的不协调的结论。负有解救职责的国家机关工作人员,不解救《刑法》第 239 条中的被绑架人的,以滥用职权罪、玩忽职守罪论处。

2. 本条中“被拐卖的妇女、儿童”,包括拐卖后被他人收买的妇女、儿童吗?

应该说,本条中的“被拐卖的妇女、儿童”,不仅指被拐卖但还没有出卖的妇女、儿童,还包括拐卖过程中以及拐卖后被他人收买的妇女、儿童。因为已被收买的妇女、儿童也有解救的必要,而且已被出卖的妇女、儿童也属于“被拐卖的妇女、儿童”。

3. 负有解救职责的国家机关工作人员,可能成立拐卖妇女、儿童罪共犯吗?

负有解救职责的国家机关工作人员与拐卖妇女、儿童的犯罪分子通谋,为后者拐卖妇女、儿童提供各种便利条件的,应认定为拐卖妇女、儿童罪的共犯。若是单纯不解救,以及不解救已被拐卖的妇女、儿童的,仅成立不解救被拐卖、绑架的妇女、儿童罪。

4. 不解救被非法拘禁、绑架的人的,如何处理?

由于本罪的对象仅限于拐卖妇女、儿童罪中被拐卖、绑架的妇女,不解救被非法拘禁、绑架的人的,不能成立本罪,只能成立滥用职权罪、玩忽职守罪或者非法拘禁罪、绑架罪的共犯。

5.不解救被拐卖、绑架的妇女、儿童罪与滥用职权罪之间是什么关系?

不解救被拐卖、绑架的妇女、儿童罪与滥用职权罪之间是特别关系的法条竞合,本罪是封闭的特权条款,同时构成时只能以本罪定罪处罚。

第二十三节　帮助犯罪分子逃避处罚罪

·导　读·

帮助犯罪分子逃避处罚罪,是指负有查禁犯罪活动职责的国家机关工作人员,向犯罪分子通风报信、提供便利,帮助犯罪分子逃避处罚的行为。

负有查禁职责的人员,必须是就具体犯罪具有查禁职责的人员。成立本罪,必须利用职务上的便利。本罪中的"帮助",并非共犯意义上的帮助。犯罪分子不能成立本罪的共犯。本罪与徇私枉法罪、窝藏罪、帮助毁灭、伪造证据罪等罪之间可能形成竞合。

帮助犯罪分子逃避处罚罪的认定要点:(1)"查禁犯罪活动职责"的理解;(2)"帮助"的含义;(3)与相关犯罪的竞合。

条　文

第四百一十七条　【帮助犯罪分子逃避处罚罪】有查禁犯罪活动职责的国家机关工作人员,向犯罪分子通风报信、提供便利,帮助犯罪分子逃避处罚的,处三年以下有期徒刑或者拘役;情节严重的,处三年以上十年以下有期徒刑。

罪名精释

1.犯罪分子构成本罪的共犯吗?

犯罪分子是片面对向犯。由于不能期待犯罪分子不要求负有查禁犯罪活动职责的国家机关工作人员帮助其逃避处罚,所以犯罪分子不能成立本罪的共犯。

2. 看守所负责管教的民警给在押人员传递纸条，构成本罪吗？

负有查禁犯罪活动职责的人员，不是指一般地、抽象地具备查禁犯罪活动职责的人员，而是就具体犯罪具有查禁职责的人员，但又不要求是对该犯罪具有刑事追诉权限的人员。看守所负责管教的民警，显然不是就具体犯罪具有查禁职责的人员，所以其给在押人员传递纸条的，不能构成本罪。具有刑事追诉职权限的司法工作人员，在刑事追诉过程中，对明知有罪的人而故意使其不受追诉的，应当以徇私枉法罪论处。

3. "犯罪分子"是否限于已经被人民法院判处刑罚的犯罪分子？

作为帮助对象的犯罪分子，不限于已被人民法院判处刑罚的犯罪分子，也包括有证据证明确实实施了犯罪行为的人。但帮助一般违法人员使之逃避行政处罚的，不成立本罪。

4. 本罪中的"帮助"，是共犯意义上的帮助吗？

本罪中的"帮助"，并非共犯意义上的帮助，而应理解为旨在使犯罪分子逃避处罚所实施的实行行为，包括单独实施和与犯罪分子共同实施。

5. 本罪与窝藏罪、包庇罪、徇私枉法罪等罪之间是什么关系？

本罪与窝藏罪，包庇罪，徇私枉法罪，帮助毁灭、伪造证据罪，徇私舞弊不移交刑事案件罪等犯罪之间，可能形成竞合，从一重处罚即可。

6. 成立本罪，是否必须利用职务便利？

帮助犯罪分子逃避处罚的行为，应与行为主体的职责相关联，如将基于职务而获悉的相关信息告诉犯罪分子，利用职务之便为犯罪分子提供便利。如果提供的是与国家机关工作人员职责无关的便利，不应构成本罪。《立案标准》中关于"向犯罪分子提供钱物、交通工具、通信设备、隐藏处所等便利条件的，以及帮助、示意犯罪分子隐匿、毁灭、伪造证据，或者串供、翻供的，以本罪立案"的规定，显然存在疑问。只有所提供的便利与其职责有关的，才能成立本罪，否则只能以帮助毁灭、伪造证据罪，窝藏罪等罪论处。

7. 帮助犯罪分子“逃避处罚”，包括哪些情形？

帮助犯罪分子“逃避处罚”，主要包括以下情形：(1)帮助犯罪分子使之逃避侦查；(2)帮助犯罪分子使之不被起诉；(3)帮助犯罪分子使其免予定罪；(4)帮助犯罪分子使其免予刑罚处罚或者使其仅受行政处罚；(5)帮助犯罪分子逃避应受的重刑罚，亦即，包括使原本应受重刑罚的犯罪分子仅受到较轻的刑罚处罚；(6)在人民法院判处刑罚后，帮助犯罪分子逃避刑罚执行。但是，如果根据事实与法律，被帮助的人实际上无罪或者原本应当免予刑罚处罚的，则帮助者的行为不成立犯罪。

第二十四节　招收公务员、学生徇私舞弊罪

·导　读·

招收公务员、学生徇私舞弊罪，是指国家机关工作人员在招收公务员、学生工作中徇私舞弊，情节严重的行为。

教师和学校领导不是本罪的犯罪主体。所招收的公务员、学生不能成立本罪的共犯。过失为之的，成立玩忽职守罪。本罪与滥用职权罪之间是特别关系的法条竞合。徇私是一种动机，舞弊是本罪的实行行为。

招收公务员、学生徇私舞弊罪的认定要点：(1)本罪的主体范围；(2)片面对向犯的处理；(3)过失实施的定性；(4)与滥用职权罪的竞合；(5)“徇私舞弊”的含义。

条　文

第四百一十八条　【招收公务员、学生徇私舞弊罪】国家机关工作人员在招

收公务员、学生工作中徇私舞弊，情节严重的，处三年以下有期徒刑或者拘役。

罪名精释

1. 学校的教师和领导，能成立本罪吗？

学校的教师和领导属于文教事业单位人员，不属于国家机关工作人员，因此不能成为本罪的主体。教师接受委托或者聘请临时担任考试监考员等与招收学生相关职务的，并不具有国家机关工作人员身份，同样不能成为本罪的犯罪主体。

2. 被招收的公务员和学生，成立本罪的共犯吗？

这是片面对向犯问题。由于缺乏期待可能性，被招收的公务员和学生不能成立本罪的共犯。

3. 过失为之的，无罪吗？

本罪的责任形式是故意，过失为之的，只能评价为玩忽职守罪，只是不能判处超过本罪法定刑的刑罚。

4. 本罪与滥用职权罪之间是什么关系？

本罪与滥用职权罪之间是特别关系的法条竞合，本罪是封闭的特权条款，同时构成时只能以本罪定罪处罚。

5. “徇私舞弊”要素，有独立的意义吗？

徇私是一种动机，只要不是由于法律、政策水平不高等原因为之的，都可谓“徇私”。由于本罪没有单独规定实行行为，所以“舞弊”有独立的意义，就是本罪的实行行为。

第二十五节　失职造成珍贵文物损毁、流失罪

·导　读·

失职造成珍贵文物损毁、流失罪，是指国家机关工作人员严重不负责任，造成珍贵文物损毁或者流失，后果严重的行为。

本罪的责任形式是过失，故意为之的，成立滥用职权罪。本罪与玩忽职守罪之间是特别关系的法条竞合，本罪是封闭的特权条款，同时构成时只能以本罪定罪处罚。

失职造成珍贵文物损毁、流失罪的认定要点：(1)故意实施的定性；(2)与玩忽职守罪之间的竞合。

条　文

第四百一十九条　【失职造成珍贵文物损毁、流失罪】国家机关工作人员严重不负责任，造成珍贵文物损毁或者流失，后果严重的，处三年以下有期徒刑或者拘役。

罪名精释

1. 故意为之的，无罪吗？

本罪的责任形式是过失，故意为之的，不可能无罪。故意不履行职责，造成珍贵文物损毁或者流失的，成立滥用职权罪。

2. 本罪与玩忽职守罪之间是什么关系？

本罪与玩忽职守罪之间是特别关系的法条竞合，本罪是封闭的特权条款，同时构成时只能以本罪定罪处罚。